한국 역사학의 기원

한국 역사학의 기원

근현대 역사학의 제도·주체·인식은 어떻게 탄생했는가

신주백 지음

Humanist

■ **일러두기**

1 이 저서는 2011년도 정부(교육과학기술부)의 재원으로 한국연구재단의 지원을 받아 연구되었음(NRF-2011-812-A00013).

2 외래어 표기는 국립국어원 외래어 표기법에 따랐다. 단, 외국 도서명과 잡지명, 출판사명 일부는 뜻을 명료히 하기 위해 한자 독음대로 표기했다. 또한 옛 문헌을 인용하는 경우, 일부 띄어쓰기와 맞춤법은 문체부 고시 '한글맞춤법'에 따랐다.

3 국내 인물의 한자명과 생몰년, 외국 인물의 생몰년은 색인에서 찾아볼 수 있게 했다.

4 한국은 시기별로 조선, 대한제국(한국), 식민지 조선, 한국 등을 구분했다. 독자적 대상으로서 조선의 역사를 구분해 일본인의 조선 역사는 '조선사', 조선인의 조선 역사는 '조선역사'로 표기했다. 또 '사학과'라는 표현은 사학과 이외에 사회생활과, 역사교육학과, 사회교육과 등 역사학 관련 학과의 역사학 부분을 대표하는 취지로 사용했다.

책을 펴내며

박사학위논문 최종 심사를 받을 때, 심사위원 중 한 분이 나에게 당부의 말을 하셨다. "살아오면서 주변을 보니 첫 번째 책을 내는 사람은 많았어도 두 번째 책을 내는 사람은 많이 보지 못했네. 40대에 들어서면 연구와 행정 가운데 하나를 선택하는 시기가 오는 것 같아. 자네는 두 번째 저서를 내는 사람이 되게." 그분은 기억하실지 모르겠지만, 나는 이 말을 한 번도 잊어버린 적이 없다. 이후로 연구 성과를 책으로 내는 작업은 나에게 도덕적 압박이자 채무로 남아 있다.

1999년 박사학위논문을 《만주지역 한인의 민족운동사(1920~45)》로 출간한 이후 다섯 권의 책을 냈다. 나에게 '마음의 고향' 같은 연구주제인 '운동사'로 네 권의 책을 썼고, 가장 최근에는 나를 광장(廣場, Public square)으로 이끌고 있는 동아시아사와 역사화해라는 주제로 책을 썼다. 하지만 모두 그동안 발표한 논문들을 리모델링한 책이다. 그래서인지 '내 인생의 두 번째 책은 이것이야'라고 스스로 꼽을 만한 책은 없었다.

이 책 역시 이전에 발표한 몇 편의 논문을 밑바탕으로 시작했다. 그러나 그 논문을 그대로 리모델링한 것은 아니다. 한국연구재단의 2011년도 저술출판지원사업에 선정되었을 때 구상한 틀에 따라 발표한 몇 편의 논문을 길잡이로 삼아 새롭게 집필했다. 우연이지만 박사학위를 받은 지 꼭 20년이 되는 올해, 스스로에게 '두 번째'라고 말할 수 있는 책이 되었으면 한다.

나는 대학에서 산업심리학을 전공했다. 대학원에서 학부 때와 전혀 다른 전공인 역사학을 해보겠다고 덤벼들었다. 그래서인지 모르겠지만, 학자로서 원초적인 질문을 스스로에게 자주 던지곤 했다. 나의 학문의 뿌리는 어디일까? 어디에서 그 연원을 찾을 수 있을까? 나를 가르친 스승은 어떤 분위기에서 학문을 했을까? 스승의 스승은 어땠을까? 산만하게 자문하던 질문들을 언젠가는 지성사의 맥락으로 정리해보겠다는 포부를 가지고 말이다.

그 뿌리를 찾을 수 있는 기회는 생각보다 빨리 찾아왔다. 2009년 '21세기 실학으로서의 사회인문학'이라는 기치를 내건 연세대학교 국학연구원 HK사업단의 일원이 되어 학술사를 담당하게 되었다. 첫 발표의 연구 주제가 사학과의 '3분과체제'였는데, 여기에서 현대 한국 역사학의 식민성과 분절성, 분단성을 확인할 수 있었다. 이후 세 가지 특징을 고민하고 넘어서려는 한국 역사학계의 1980년대 초까지의 노력을 분석해왔다. 이 책에서는 세 가지 특징의 형성과 석고화 과정까지를 학술사라는 이름으로 추적했다.

지금 한국사회에서는 인문학의 위기를 넘어서려는 움직임이 일고 있다. 정부가 주도한다기보다 억지로 끌고 간다는 표현이 맞을 듯한 대학의 구조개혁도 진행 중이다. 하지만 그 어느 쪽도 유럽에서 시작된 근대학문과 미국식 분과학문체제를 어떻게 재편해야 하는가와 맞물려 심사숙고하는 것 같지 않다. 과정의 역사성을 연구하는 학문이라 할 수 있는 역사학조차 인문학의 위기와 대학의 구조개편이라는 소용돌이 속에서 스스로 어떻게 변화해갈지 적극적으로 고민하지 않는다. 이 책이 아주 미약하나마 그러한 고민에 자극이 되기를 소망해본다.

이 책을 내기까지 특히 몇몇 분의 큰 도움을 받았다. 근현대 한국 역사학의 역사에 무지했던 나에게 생생한 자극을 준 사람은 장신, 정준영 학형이다. 이 두 사람은 HK사업단의 클러스터에서 2년 넘게 대학사와 사학사를 공부하며 새로운 학문 세계에 들어설 수 있도록 도와주었다. 연세대학교 학술정보원의 도움도 많이 받았는데, 방대한 자료를 열람하면서 사서의 전문성과 네트워크의 힘을 새삼 느낄 수 있었다. 또 미완성 원고를 읽고 혹독한 조언을 해준 강창훈 씨, 빠듯한 일정을 견디며 편집을 진행해준 휴머니스트 역사팀 덕분에 이 책이 세상에 나올 수 있었다. 끝으로 건강을 회복하는 중임에도 곁에서 지켜봐준 사랑스런 아내와 조금씩 성장하고 있는 귀여운 아들의 도움으로 평온하게 연구에 정진할 수 있었다. 이 모든 분께 고맙다는 말을 전한다.

2016년 10월

동트는 새벽에, 저자 신주백

차례

2장
'제도로서 역사학'의 성립과 비대칭적 경합 구도

3장
조선학이라는 학술장과 '태도로서 역사학'

4장
대학의 사학과에 집중된 역사학
—식민경험의 연속·변용·단절

들어가며

학술사로서 역사학의 역사 들여다보기

1. 한국 현대 사학사의 현주소

사람들은 지나온 길을 되돌아보며 스스로의 삶에 대해 생각하고 기록한다. 그리고 현재를 진단하며 미래를 전망하고 계획한다. 한국 역사학계도 사학사(史學史)라는 이름으로 과거의 연구를 정리하고 분석하면서 미래를 고민해왔다.

한국 역사학계가 자신을 적극 되돌아보기 시작한 때는, 4·19혁명 이후 민족주의가 고조되고 민족의 주체성이 강조되어가던 1960년대였다. 1961년 이기백은 반도적 성격론, 사대주의론, 당파성론, 문화적 독창성의 결여, 정체성론을 '식민주의적 한국사관'으로 규정하고 이를 극복해야 한다고 문제를 제기했다.[1] 1963년 김용섭과 홍이섭도 식민주의 역사학의 한국사 인식을 한국사의 본질로 규정하고 이를 극복하기 위해 자

1) 이기백, 〈서론〉, 《국사신론》, 태성사, 1961.

세와 가치관을 달리해야 한다며 이기백보다 더 분석적이고 명확하게 발언했다.[2] 이후 학계에서는 식민주의 역사학이 무엇이고, 그것이 우리 사회에 어떤 영향을 미쳤는가를 해명하려는 움직임이 크게 일어났다. 식민주의 역사학을 극복하기 위한 구체적인 연구도 활발히 진행되어 한반도에도 구석기 시대와 청동기 시대가 있었다고 밝힘으로써 신석기와 청동기의 중간지대였다는 식민주의 역사학자들의 금석병용기론도 넘어설 수 있었다. 또 조선 후기에 자본주의적인 상품화폐관계가 싹트고 있었다고 해명함으로써 봉건제가 결여되었다는 정체성론도 극복해갔다. 새로운 연구성과를 얻는 과정에서 북한과 일본, 그리고 당시 사용하던 용어로 말하면 '중공(中共)'의 연구도 의식하게 되었다.

한국 역사학을 되돌아보려는 노력은 1970년대 들어 한국 역사학의 역사 전체로까지 확대되었다. 여러 사람이 참가해《삼국사기》부터 식민지 시기의 민족사학론까지 정리한《한국의 역사인식 상·하》(1976)는 본격적인 출발을 알리는 첫 성과였다. 이즈음 한국사 학계는 민중을 재인식하고 분단을 발견하는 한편, 식민지 시기와 현대 한국사학사에 대한 관심을 본격적으로 표출하였다. 새로운 흐름을 상징적으로 보여주는 성과가 강만길의《분단시대의 역사인식》(1978)이다. 이어 '비판적 한국학'을 재구성하려는 움직임도 일어났다.[3] 1980년대 들어서도 역사학회의《현대 한국 역사학의 동향 1945~1980》(1982)처럼 한국사 전 시대를 시야에 넣고 여러 논문을 모아 사학사 전체를 정리하려는 시도가 꾸준히 이어졌다. 한편에서는 분단을 의식하는 시선을 가진 사람들이 정치 민

2) 김용섭, 〈일제관학자들의 한국사관 : 일본인은 한국사를 어떻게 보아왔는가?〉,《사상계》117호, 사상계사, 1963 ; 홍이섭, 〈한국식민지 시대사의 이해방법〉,《동방학지》7집, 연세대학교 국학연구원, 1963.

3) 자세한 내용은 신주백, 〈관점과 태도로서 '내재적 발전'의 분화와 민중적 민족주의 역사학의 등장: 민중의 재인식과 분단의 발견을 중심으로〉,《동방학지》165집, 연세대학교 국학연구원, 2014 참조.

주화의 진전과 더불어《남북한 역사인식 비교강의》(1989)와《북한의 한국사인식 1·2》(1990)처럼 남북한의 역사인식을 비교하는 연구를 진행했다. 대결적이고 경직된 정부기관보다 역사연구를 민주화운동의 일부로 받아들인 신진 연구자들이 나선 결과였다. 한국 근현대 역사학의 역사를 집중하여 다룬《한국사 23 : 한국사의 이론과 방법 1》,《한국사 24 : 한국사의 이론과 방법 2》(1994)은 한국사회에서 정치 민주화가 진전되고 세계에서 냉전체제가 해체되는 가운데 신진 연구자들의 새로운 연구 흐름이 더욱 종합적이고 체계적으로 이루어진 결과물이었다.

1990년대 후반에는 학계의 성과를 흡수하여 한국 사학사를 통사적으로 다룬 연구가 조동걸, 한영우, 이만열에 의해 시도되었다.[4] 한영우는 고대부터, 이만열은 조선 후기부터, 그리고 조동걸은 개항기부터 현대까지의 사학사를 각각 다루었지만, 세 연구는 한국 근현대 역사학의 역사에 집중했다는 공통점이 있다. 특히 개인 차원의 노력으로 일궈낸 이들의 연구는 1976년의《한국의 역사인식》에서 전혀 다루어지지 못했던 1945년 이후 한국 역사학의 역사뿐 아니라 북한의 역사인식까지 포함하고 있으며,[5] 1945년 이전의 역사학에서 문화사학 또는 문화주의사학이라 분류되는 경향까지 폭넓게 언급함으로써 한국 역사학의 역사를 확장시켰다. 세 연구의 또 다른 공통점은 왕조나 시대에 대한 분석을 생략한《한국의 역사인식》과 달리 시대적 상황과 역사연구의 흐름을 연관시켜 특정한 그룹의 학문 경향이나 개인의 연구성과를 구체적으로 분석하고자 했다는 점이다.

---

4) 조동걸,《현대 한국사학사》, 나남출판, 1998 ; 한영우,《역사학의 역사》, 지식산업사, 2002 ; 이만열,《한국 근현대 역사학의 흐름》, 푸른역사, 2007.

5) 특히 조동걸은 식민지 시기 역사학과의 연관성을 의식하며 1990년대까지 한국 현대 역사학의 전체적인 흐름을 처음으로 정리했다.

21세기에 들어서면서 민족과 국가의 경계를 넘어서려는 시야와 태도로 한국사 학계의 기존 패러다임을 비판하고 재검토하는 움직임이 일어나고 있다. 대표적으로 《국사의 신화를 넘어서》(2004), 《역사학의 세기》(2009) 그리고 윤해동의 연구를 들 수 있다.[6] 이러한 일련의 움직임은 문명화의 이름으로 침략을 정당화한 일본 근대 역사학의 자기중심성과 한국 학계의 국사 인식을 비판했다. 최근에는 식민주의(역사학)를 특수한 현상으로 보지 않고 근대주의(역사학)의 일부라는 시각으로 접근하며, 탈식민과 탈근대를 지향하는 역사학의 대안으로서 동아시아사에 주목하려는 연구로 이어지고 있다.

1960년대부터 50여 년 동안 한국사 학계가 언급한 사학사의 핵심 주제 가운데 하나는 식민(주의)사학과 반식민(주의)사학, 반민족사학과 민족사학이란 용어가 시사하듯, 식민사관과 그에 대칭되는 역사관에 관한 검토였다. 오랜 연구과정에서 식민사관을 어떻게 유형화할 것인가를 놓고 연구자에 따라 다양한 의견이 제출되어왔지만, 식민사관이란 한국사의 정체성론과 타율성론을 바탕으로 침략과 지배를 정당화한 관제사학의 역사인식이라는 데는 최소한의 공감대가 형성되어 있다.

식민사관을 해명한 선행연구에서 가장 많이 추구해왔던 방법은 특정한 학문 경향의 주장을 분석하거나 개인의 연구를 비판하며 재구성하는 것이었다. 이에 따라 학문 주체들의 현실에 대한 태도, 그들 사이의 네트워크 또는 역학관계, 그리고 제도의 측면을 주목하지 않아 현실에서 식민주의 역사학의 모습을 제대로 볼 수 없었다. 달리 말하면, 선행연구는 한국사를 바라보는 관점인 식민사관을 해명하는 데 초점을 두었을 뿐, 식민주의 역사학이란 입장에서 접근하지 않아 역사학을 다양한 측

6) 윤해동, 《근대역사학의 황혼》, 책과함께, 2010 ; 윤해동, 《탈식민주의 상상의 역사학으로》, 푸른역사, 2014.

면에서 인식하는 데 한계를 드러냈다. 또한 식민주의 역사학은 식민주의를 근대의 일부로 간주함으로써 스스로를 근대 역사학의 산물이자 한 영역으로 위치 지었다.[7] 이에 비해 식민사관의 해명이란 이름으로 이루어진 그동안의 연구는 식민사관을 한국 근대에서 예외적인 역사인식이거나 불필요한 역사인식으로 간주하여 근대 역사학의 영역에 포함시키지 않는 경우가 많았다. 더구나 반식민사학은 식민사관의 극복을 목표로 연구해왔지만, 식민주의 역사학자들이 글을 쓰면서 구체적으로 어떤 자료를 활용하고 어떤 방법을 구사했는지에 대한 실체적인 분석은 아직까지도 부족한 편이다. 따라서 선행연구는 식민주의 역사학이 무엇인가에 대해 분명하게 규정하지 못함으로써 역설적이게도 반식민주의 역사학과 식민주의 역사학의 경계를 모호하게 만들어 반식민주의 역사학의 내용을 뚜렷하게 정리할 수 없게 한 측면도 있었다.

식민주의 역사학을 제대로 해명하지 못한 또 다른 주요 이유는 한국 현대사와 연관이 있다. 원래 38도선은 일본군의 패전 이후 미군과 소련군이 일본군의 항복을 처리하기 위해 설정한 항복 접수 경계선이었다. 일본의 식민지배를 처리하는 과정이 한반도의 분할과 밀접하게 연관되어 있었던 것이다. 시간이 흐르면서 좌우 세력 또는 남북한 사이에 대결이 격화되고, 미국과 소련의 세력 경쟁이 치열해지는 과정에서 경계선은 분단선으로 그 의미가 바뀌었다. 그 와중에 한국에서는 식민주의 역사학의 정치적 목표와 개인의 운명을 일치시켰던 사람들이 주류세력으로 부상했다. 이후 분단은 서로 다른 이념을 우선시하는 체제 사이의 갈등을 압축하는 말이 되었고, 이념이란 잣대가 '역사적 사실'과 인식을

7) 이러한 관점에서 식민주의 역사학을 분석한 최근의 글로는 심희찬, 〈근대역사학과 식민주의 역사학의 거리 : 이마니시 류가 구축한 조선의 역사상〉, 《한국사학사학보》 28집, 한국사학사학회, 2013 참조.

지배하기 시작했다. 이렇게 해서 분단체제는 식민주의 역사학의 보호장치 역할을 하고, 동시에 식민주의 역사학은 분단체제의 촉진제로 작용해왔다. 더 나아가 식민주의 역사학은 냉전세력에 영합하여 베트남, 중국과 대만, 그리고 한반도로 이어지는 동아시아 지역의 분단체제를 주목하지 못하도록 작용했다.

그런데 한국의 역사학, 특히 한국사 연구는 분단체제의 영향을 강하게 받아왔지만, 아직까지 어떤 영향을 받았는지 어떻게 극복해야 하는지를 놓고 구체적인 분석이 충분히 이루어졌다고 말할 수 없다. 분단체제의 영향이란 북한의 역사연구가 한국사 학계에 준 자극이란 측면과 함께, 남한의 정치상황과 연관되어 작동한 분단체제와 그에 반응하는 주체의 움직임까지를 고려한 관점이자 접근 태도를 말한다.

전자의 측면은 연구자 사이에 회자되고 있는 말들이 있을 뿐 그것을 학문적으로 제대로 논증한 경우는 많지 않다.[8] 후자의 측면에서도 분단체제와 한국사 연구의 상관성이 공개적으로 논의된 경우가 별로 없다. 가령 한국사 연구의 경향을 분류할 때 문헌고증사학, 민족주의사학, 사회경제사학이란 세 분류로 나눌 수 있는데, 1960년대에 이를 처음 제기한 김용섭은 사회경제사학을 유물사관에 입각한 역사연구라는 의미로 한정했다. 마르크스-레닌주의 역사학, 또는 유물사관이란 용어를 직접 사용하는 것 자체가 부담스러웠던 시대를 헤쳐가기 위한 지혜였던 것이다. 이에 대해 조동걸은 해방 이후 사회경제사학을 역사주의 경제사학과 유물론사학, 양자의 절충식 경제사학으로 나누어 분석했다.[9] 의견의 분화만 있을 뿐인 것이다. 심지어 세계적인 차원에서 냉전체제가 해

---

8) 신주백, 〈관점과 태도로서 '내재적 발전'의 형성과 1960년대 동북아시아의 지적 네트워크〉, 《한국사연구》 164호, 한국사연구회, 2014 참조.

9) 조동걸, 《현대 한국사학사》, 388~389쪽.

체될 즈음부터 한국 학계에 급속히 유입되기 시작한 탈식민주의담론 등 각종 포스트 담론의 영향으로 분단 현실과 한국의 역사학 연구를 접목시키려는 문제의식이 약화되거나 불투명해지기조차 하고 있다. 하지만 한반도는 여전히 분단체제 아래 있으며, 한반도의 분단체제는 2010년을 전후로 동아시아의 지역 질서를 재편하려는 미국과 중국의 경쟁적인 움직임과 대결적인 남북관계로 그 아성이 더욱 견고해지고 있다.

2. 무엇을 연구할 것인가

한반도의 구성원이 주체로 나서는 역사학을 수립하기 위해서는 식민주의 역사학과 분단체제의 역사학을 제대로 해명할 필요가 있다. 그러기 위해서는 연구자 개인 또는 특정집단이 갖는 역사인식의 배경과 지향점, 곧 역사학의 주체들이 처한 시대적 상황, 역사학 이론 등과 연관하여 더 다양하고 깊이 있게 분석해야 한다. 역사학의 주체가 형성되는 과정을 파악하기 위해서는 제도의 영역을 간과해서는 안 된다. 지금까지 한국의 사학사 연구가 가장 간과한 부분이 제도의 영역이고, 그 제도 속에 있었던 주체에 대한 분석이 부족했다고 말해도 지나치지 않다.

제도와 주체, 역사인식이라는 역사학의 세 가지 핵심 요소가 온전히 기능하고 있는 곳이 대학의 사학과다. 사학과에서는 식민주의 역사학과 분단 역사학을 동시에 학술 연구의 대상으로 삼아 한국 역사학 연구의 진지이자 중심지 역할을 했다. 현채의 《동국사략(東國史略)》(1906)과 신채호의 〈독사신론(讀史新論)〉(1908)이 발표될 즈음부터 한국사회에 서유럽의 근대 역사학이 도입되었지만,[10] 분과학문으로서 역사학은 전통 학문인 경학(經學)에서 분화하는 과정을 거치는 가운데 경성제국대학 사학과라는 이식된 일본식 제도와 만나 성립하고, 해방 이후 각 대학에 사학과가 설치되면서 대학과 역사학의 견고한 결합이 이루어지며 뿌리를 내렸다. 사학과는 일본식 분과 시스템인 한국사, 동양사, 서양사라는 3분과체제로 제도화되었고, 연구와 교류 역시 3분과체제의 범주를 넘어서지 못했다. 또 연구의 주체는 교수와 제자들이 중심이었고, 재야사학과 마니아층은 겉도는 존재였다.

필자는 이 책에서 제도, 주체, 역사인식의 측면에서 한국 역사학이 어떤 과정을 거쳐 형성되어왔는가를 살펴보겠다. 이를 위해 제도, 주체, 역사인식을 아우르며 시간의 흐름, 곧 경학에서 문학, 철학과 함께 역사학이 분립해가는 과정, 그리고 그에 대칭한 기구로서 관제사학의 거점이었던 조선사편수회를 살펴본다. 이어 관제사학의 또 다른 기축이었던 경성제국대학 사학과를 연희전문학교 문과(文科)와 대비하여 살펴보는 한편, 관제사학 내부의 역학관계와 그 주변을 고찰한다.

1930년대에 들어서 관제사학이나 민족사학이나 한국사를 깊이 있게 분석한 연구물을 꾸준히 생산했다. 필자는 관제사학에 포섭되었든 그렇지 않았든 식민주의 역사학과 직간접적으로 연관되어 있던 사람들, 특히 조선학운동과 관련된 조선인 사회의 움직임과 함께 식민주의 역사학까지 포괄하여 민족을 불문하고 하나의 시야 속에 나란히 놓고 여러 경향을 비교하겠다.

나아가 해방 이후부터 1950년대까지 제도로서 사학과와 그를 둘러싼 역사학계의 움직임을 정리하는 한편, 해방 이전과의 연속·단절·변용의 측면에서 변화 양상을 추적해보겠다. 이때 일본(식민지)형과 미국형 대학 시스템이 무엇이었는지를 의식하며, 역사학의 형성과정을 사학과 제

10) 도면회, 〈한국 근대 역사학의 창출과 통사 체계의 확립〉, 《역사와 현실》 70호, 한국역사연구회, 2008 참조.

도 및 운영과 연관시켜 분석하여 식민성, 분절성, 분단성을 특징으로 하는 현대 한국 역사학의 초창기 모습을 해명한다. 3분과체제를 근간으로 하는 사학과에 대해서 어떤 구성과정을 거쳐 정착되었으며, 운영의 측면에서 학점, 커리큘럼, 교수진이 어떻게 운영되었는지 연구와 교육의 주체가 결집하고 형성되는 과정을 고찰한다. 주체의 역사인식은 당시 사용된 교재를 중심으로 별도의 항목에서 다룸으로써 '지(知)의 식민성'과 그것을 극복하려는 움직임을 분석한다.

3. 새로운 시선으로 접근하기

한국 역사학의 형성과정을 해명하려는 연구목적을 달성하기 위해 아래와 같은 연구방법을 활용한다.

첫째, '제도·태도·인식으로서 역사학'을 구분하고, 한국 역사학의 연구기반과 재생산의 기초를 학술사의 측면에서 고찰한다.

'제도로서 역사학'이란 측면에서는 한국의 정규교육과정인 사학과 중심의 아카데미즘과 3분과체제가 형성·정착되어가는 과정을 추적한다. 특히 한국의 고등교육이 일본이나 미국의 기독교계로부터 이식된 제도였다는 관점과 더불어 조선사회 내에서의 내적 분화와 형성과정이란 차원에서도 접근하겠다. 그러면서 제도로서의 역사학의 중심축이었던 조선사편수회 및 경성제국대학 사학과의 제도와 운영, 그리고 여기에 대칭하는 존재였던 연희전문학교 문과의 제도와 운영을 파악해보겠다. 해방 이후에는 식민지 시기의 경험을 바탕으로 미국식 단과대학 제도와 학과 시스템이 도입되는 가운데 실제 한국의 대학에서 사학과 시스템이 어떻게 구축되고 운영되며 오늘에 이르렀는지를 검토하겠다.

더구나 식민지 시기 조선인의 역사학은 제도권 밖에 존재하는 역사학이 주류였다. 이들이 제도권 안의 역사학인 경성제국대학 사학과와 조선사편수회를 중심으로 한 식민주의 역사학과 어떤 관계를 설정하며 자신의 역사인식을 채워갔는지 '태도로서 역사학'에 대해 관심을 가질 필요가 있다. 학문권력과의 친화 여부에 관심을 두자는 뜻이 아니다. 특정 개개인의 역사인식에만 초점을 맞추어 학문 경향을 판단해왔던 선행연구의 한계를 극복하기 위해서 권력과 지식의 관계에 대해 어떤 태도를 취하며 학문을 했는지 살펴보겠다는 뜻이다. 이를 위해 개개인의 역사인식을 구체적으로 검토한 선행연구들을 바탕으로 하되, 선행연구가 시도하지 않은 방식인 대학과 전문학교, 그리고 역사 관련 조직들의 내부 또는 상호관계를 역사인식과 적극적으로 연계하는 방식을 취하겠다. 이렇게 지식과 권력의 관계를 살펴보려는 접근방식은 해방 후 한국인이 직접 사학과를 제도화하고 역사학을 수립해가는 과정을 들여다볼 때도 동일하게 시도할 것이다.

'인식으로서 역사학'이란 측면에서는 역사학의 지적 원천과 한국고대사의 구성체계에 대한 인식을 추적한다. 이때 제도권 안과 밖을 나누거나 민족을 잣대로 연구자들을 구분하지 않는다. 식민지 조선에서 조선사를 연구하고 가르쳤던 사람들, 특히 경성제국대학 사학과의 교수들과 식민지 조선의 조선인 연구자들의 역사인식을 검토한다. 그리고 이들 가운데 일부 연구자에게 일정한 영향을 주었던 본토의 일본인 연구자, 예를 들어 시라토리 구라키치(白鳥庫吉) 등의 견해를 고려하며 역사인식을 분석한다. 이때 식민주의 역사학자 개개인의 다양한 주장이나 특정한 주제들 하나하나를 세세하게 대비하거나 한국사 전체에 대한 인식을 분석하지 않고, 한국고대사의 구성체계에 대한 인식으로 단순화하여 비교 분석할 것이다. 이를 다시 해방 이후 한국인 연구자들의 연구와 비교하고, 이들 사이의 미묘한 차이와 교집합, 즉 인식에서의 연속과 단절의 현황을 파악하고 그 이유를 추적한다. 이렇게 접근하면 한국사의 경우 민족주의사학과 마르크스주의사학의 역사인식이 좌우대결과 한국전쟁을 거치며 어떻게 잠복되어갔는지를 고찰하는 데 유용할 것이다.

이렇게 제도·태도·인식으로서 역사학을 추적하려면 대학사, 더 넓게는 고등교육사, 그리고 지식사회사의 측면까지 함께 고려해야 한다. 필자는 세 가지 측면을 적극 적용하여 한국 역사학의 역사를 분석하겠다. 따라서 이 책은 한국 역사학계에서 흔히 말하는 '사학사'에 대한 연구라기보다 '학술사'의 측면에서 한국 역사학의 역사를 해명하려고 시도한 글이다.

둘째, 위와 같은 연구방법을 구현하기 위해 다음 두 가지 사항을 도입하고자 한다.

우선 1930년대 역사학의 동향을 설명할 때 '학술장(學術場)'이란 용어를 사용하고자 한다. 학술장이란 학술과 관련한 특정한 유형과 내용을 가리키는 것이 아니다. 잡지와 학술회의 그리고 학회 등을 중심으로 학술 토론과 학문 논의과정을 통해 생산된 담론이 유통되는 공론공간을 말한다. 따라서 학술장의 외형과 내용은 시기와 관여하는 사람에 따라 언제든지 움직이며 변화하는 유기체와 같다. 이렇게 접근하면 조선인과 일본인을 구분하는 사학사 연구와 거리두기를 할 수 있다. 그뿐 아니라 식민주의 역사학은 일본인의 조선사 연구라고 치부해온 한국 역사학계의 문제점도 극복할 수 있을 것이다. 더불어 전체 학술지형에서 봤을 때 지나치게 높이 부각되어 있는 조선학운동과 친일과 반일의 구도에서 벗어나지 못한 진단학회 등에 대한 평가에서 새로운 가능성을 확인할 수 있을 것이다.

다음으로 1945년 전후로 시대 상황이 급속히 바뀌어감에 따라 역사학계 안팎의 학술장 또한 크게 바뀌었다는 점을 고려할 필요가 있어 학술 담론과 제도의 연속·변용·단절이라는 관점을 도입한다. 1945년 이전 조선사를 둘러싼 논의에서도 일본인의 식민사학이 일방적으로 관철되는 것이 아니었으며, 조선인 연구자의 대응과정에서 일본인의 식민사학도 자기 논리화를 정밀하게 추진해갔고, 그 과정에서 자기 한계도 드러냈다고 볼 수 있다. 해방 이후에도 식민지 시기의 역사인식이 일방적이고 직접적으로 관철되었다기보다 좌우대결과 한국전쟁을 거치며 분단체제가 고착화되는 과정에서 적용·변용되어왔다고 볼 수 있다.

셋째, 민족사학과 민족주의사학, 식민사학과 식민주의 역사학을 엄밀히 구분했다. 민족사학과 식민사학을 가르는 기본 기준은 민족이다. 그래서 조선인과 일본인의 역사학을 각각 민족사학과 식민사학이라 말할 수 있다. 민족주의사학은 항일의 태도를 견지한 역사학을 가리키는 단어로 사용했다. 민족사학이라 해서 꼭 민족주의사학의 범주에 포함된다고 말할 수 없다는 것이다. 이렇게 구분하면 식민주의 역사학에는 일본인의 역사학인 식민사학만이 아니라 조선인의 역사학 일부도 포함할 수 있다.

사실 그동안 한국사 학계에서는 민족사학을 민족주의사학으로 이해하는 사람도 있었고, 양자를 구분하려는 사람도 있었다. 1960, 70년대 김용섭과 강만길의 글에서 민족사학이란 용어를 자주 확인할 수 있고,[11] 이기백도 민족사학이란 용어를 사용하다 1970년경부터 민족사학과 민족주의사학을 구분해야 한다고 주장했다.[12] 이기백은 민족사학이란 개

11) 예를 들어 이우성·강만길 편, 《한국의 역사인식 상·하》, 창작과비평사, 1976이다. 민족사학이란 명칭을 처음 사용한 사람은 김용섭이다. 《사상계》 1963년 2월호에 수록된 글과 1966년 《역사학보》 31호에 수록된 글에서 이렇게 발언하였다. 그는 민족사학이라는 용어를 잠정적으로 사용한다는 전제를 달면서 사실상 민족주의사학의 의미로 사용하였다.

12) 이기백, 〈민족주의사학의 문제〉, 《민족과 역사》, 일조각, 1971 ; 이기백, 〈민족주의사학의 발전〉, 같은 책 ; 이기백, 《한국사학의 방향》, 일조각, 1978. 이기백은 앞의 책에서부터 '민족사학'을 '민족주의사학'으로 고쳐 수록하였다.

념이 극히 애매하여 학문적으로 적당하지 않다며 민족주의사학이란 용어를 사용했다.[13] 그러면서 강만길과 달리 최남선, 이광수를 민족주의사학의 일부로 포함시켜 설명했다. 하지만 강만길은 반식민사학을 민족주의사학과 사회경제사학으로 설명한다.[14] 한국인의 실증사학인 문헌고증사학을 민족사학에서 배제한 것이다.

이러한 혼란을 피하고 필자가 위에서 언급한 대로 민족사학과 식민사학, 민족주의사학과 식민주의 역사학을 구분하면, 민족주의사학이 한국인의 문헌고증사학 및 사회경제사학과 구별되면서도 병존해온 역사인식으로 자리매김될 수 있다. 민족주의사학 내에 '실증(주의)사학', 곧 문헌고증사학을 포함시키려는 주장에 대해서도 비판적인 검토가 가능하다. 동시에 우리 안의 식민성, 한국 역사학계의 식민사관까지를 포함하는 역사인식을 식민주의 역사학으로 설명할 수 있을 것이다.

넷째, 공론적인 역사인식을 만들어가는 과정에 주목하여 '경합하는 공공성'이란 용어를 활용한다. 다양한 역사인식은 국가와 민족 단위 또는 사회적 차원의 요구와 무관하게 연구되고 형성되어온 것이 아니다. 그것은 개인 차원을 넘어 사회적 공감대를 형성하며 미래의 어떤 것을 실현하기 위한 기제로써 작동하는 담론이자 가치이다. 동시에 그것을 구현하려는 사람들 사이의 관계를 역사적으로 설명할 수 있는 성질을 내포하고 있다. 이 책에서는 그것을 공공성이란 개념으로도 설명한다. 공공성은 통치권력, 윤리의 원리, 그리고 이익과 여론의 측면에서 매우 다양하며, 각 사회에서 주체에 따라 사회구성원들이 함께 공유할 수 있

---

13) 이기백, 〈근대 한국사학의 발전〉, 《한국사학의 방향》, 72쪽. 《근대한국사론선(近代韓國史論選)》(1973)에 발표된 글이다. 그런데 이기백은 1960년대에 발표한 《사론(史論)》에서 '민족사학'이라는 용어로 신채호와 최남선을 분석하였다. 첫 발표문은 《사상계》 1963년 2월호에 수록된 글인데, 역사학회가 편집한 《한국사의 반성》(1969)에도 게재되었다.

14) 강만길, 〈일제시대의 반식민사학론〉, 한국사연구회 편, 《한국사학사의 연구》, 을유문화사, 1985.

는 가치들을 생산하고 확장하기 위해 경합한다. 필자는 이를 '경합하는 공공성'이라는 용어로 한국 역사학의 역사가 특정한 시기에 갖는 의미를 좀 더 풍부하게 해명해보겠다.

다섯째, 이 책에서는 1950년대 말까지, 달리 말하면 1960년 4·19혁명 이전까지 한국 역사학의 역사를 다룬다. 흔히 한국 역사학의 역사를 시기 구분할 때 쉽게는 1945년으로 한 획을 그을 수 있지만, 4·19혁명을 기준으로 시기 구분을 할 수도 있다. 1960년대는 식민주의 역사학에 대한 해명, 그리고 그것을 극복하기 위한 노력이 크게 일어난 시기였다. 더구나 그 시기에 한국사 학계 내에서 관점과 태도로서 내재적이고 주체적인 한국사를 파악하려는 노력이 본격화했다. 그 과정에서 미국으로부터 근대화론이 유입되었고, 존 K. 페어뱅크(John K. Fairbank)를 중심으로 '조공체제'에 입각한 동아시아 인식이 유입되어 한국 역사학계와 역사교육계에 큰 영향을 주었다. 일본 및 북한의 학문이란 새로운 자극제로부터 영향을 받은 것도 이때였다. 식민지 시기를 거쳐 1945년 이후 정착된 한국의 현대 역사학이 변모하기 시작한 때가 1960년대였던 것이다. 이 변모의 구체적인 역사에 대한 해명과 더불어 한국 역사학계에 내재된 식민주의를 어떻게 극복할 것인가에 대한 비판과 대안 제시는 후속 원고에서 다루겠다.

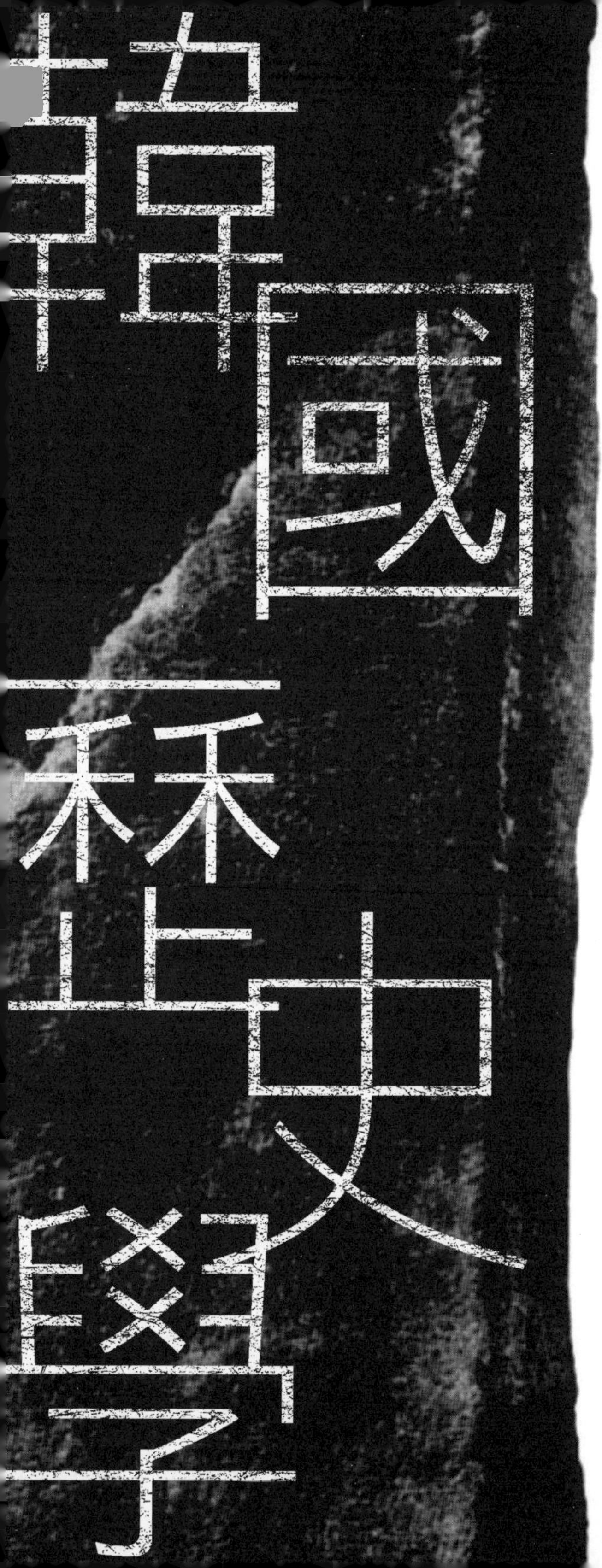

1장 조선역사 · 조선사의 성립과 비대칭적 구도화

1. 조선인의 '조선학'으로서 '조선역사'

학문의 내용과 형식의 전환—구학(舊學)에서 신학(新學)으로, 한문에서 한글로

유교문화권에서 학문하는 사람은 사서와 경전을 읽고 의미를 파악하며 자신을 도덕적으로 수양하는 과정에서 객관에 도달하고 실천하는 태도를 취한다. 주자학에서 말하는 '학(學)'은 개체의 내면에 기반하여 자기완결성을 지향하며 순환 지속의 구조를 이루고 있기 때문이다.[1] 또한 동아시아의 전통 지식체계가 인간과 자연을 통일체로 사유하는 가운데 인간과 사회, 우주와 자연을 하나의 유기체로 설명하는 통합학문이기 때문이기도 하다.[2] 이에 따라 동아시아에서 '학'은 그 자체의 고유한 대상

---

1) 류준필, 〈'논어'경학에서의 '학(學)' 개념과 그 인식 층 : 조선 주자학자의 '학이시습지(學而時習之)'장(章) 주석을 중심으로〉, 《한국한문학연구》 45집, 한국한문학회, 2010.

2) 이행훈, 〈학문 개념의 근대적 변환 : '격치(格致)' '궁리(窮理)' 개념을 중심으로〉, 《동양고전연구》 37집, 동양고전학회, 2009, II장.

을 갖고 있지 않다. 모든 것이 대상인 것이다. 반면에 서구에서 수용된 근대 학문은 과학과 합리성을 내세우며 분과학문마다 대상을 달리하고 있다. 정치를 대상으로 한 정치학, 경제를 대상으로 한 경제학처럼 역사학도 과거에 일어난 일 자체를 대상으로 실증과 같은 연구방법론에 입각하여 분석하고 해석하는 학문이다.

한국에서는 전통 지식체계에서 서구의 근대 지식체계로 매우 빠른 전환이 이루어졌다. 특히 1905년 러일전쟁에서 일본이 승리한 이후 조선에서 애국계몽운동이 전개되면서 잡지와 신문을 매개로 일본 등지에서 들어오는 다양한 신지식이 급속히 넘쳐났다. 그 과정에서 구학과 충돌하고 변용되는 경향이 나타나 '지식혁명'이란 말이 나올 만큼 지식체계가 빠르게 바뀌어갔다. 당시 지식인들은 전통 학문과 신지식의 관계를 어떻게 풀어갈 것인가를 놓고 동도(東道)와 서기(西器), 구학과 신학 논쟁을 펼치며 유학을 비판하고 쇄신하거나, 부정하고 폐기하려 했다.[3)]

시간의 흐름을 따라 추적해보면, 처음에는 동도와 서기, 구학과 신학의 조화를 주장한 사람이 많았다.

> 구학문이란 동양의 학문을 가리키고, 신학문이란 태서(泰西)의 학문을 가리킨다. 양자를 둘로 나누어 하나되게 합칠 수 없다. 학문에 고유한 신구의 다름이 있던가. 어찌 하나를 주장하여 다른 하나를 폐기할 수 있겠는가. …… 구학이라 폐기하고 신학이라 거부해서는 안 된다. 동체이용(同體異用)을 분별하되 체용상수(體用相須)의 묘를 얻을 수 있어야 한다. 혹자는 동양의 학문은 이(理)를 주로 하는데 이(理)는 형체가 없어서 그 설이 장황하고 효과는 더디며, 서학은 기(氣)를 주로 하는데 기(氣)는 작위(作爲)

3) 이행훈, 〈학문 개념의 근대적 변환 : '격치(格致)' '궁리(窮理)' 개념을 중심으로〉, III장 ; 이행훈, 〈신구(新舊) 관념의 교차와 전통 지식 체계의 변용〉, 《한국철학논집》 32집, 한국철학사연구회, 2011, IV장.

가 있으니 일이 현저하고 효과도 빠르다고 한다. 비록 그렇다 하더라도 이기(理氣)로 말하면 천지 사이에 이(理) 없는 물(物)이 없고, 기(氣) 없는 물(物)도 없다. 이(理)와 기(氣)가 분리될 수 없듯이 기(氣)도 이(理)와 분리될 수 없다.[4)]

학문의 내용만이 아니라 형식에 해당하는 언어에서도 한문과 한글을 어느 한쪽으로 편향되게 사용하지 말도록 조화를 강조하는 사람도 있었다.[5)] 《독립신문》으로부터 시작된 한글 전용 원칙[6)]을 거부한 주장이기도 하지만, 동시에 전통 지식이 고수해왔던 한문만으로 학문을 해서는 안 된다는 주장이기도 해서 당시로서는 파격적이었다.

학문의 형식과 내용의 측면에서 조화를 강조하던 흐름이 이어지는 와중에도 과학으로서의 근대 학문이 잡지를 중심으로 매우 빈번하게 소개되었다. 구장률의 연구에 따르면 원본을 확인할 수 있는 잡지 34종 가운데 29종에서 신학인 각종 분과학문을 소개했으며, 분과학문별로 소개된 빈도를 보면 법률학, 국가학, 정치학, 교육학, 경제학, 언어학, 농학 등의 순이었다.[7)] 그런데 주목할 점은 사회과학과 자연과학 관련 분야가 인문학 관련 분야보다 많이 소개되었다는 것이다. 신학을 활용해 문명화와 부국강병, 달리 말하면 실용을 지향했기 때문일 것이다.

이에 반해 문학, 사학, 철학 관련 분야에 대한 소개는 거의 없었다. 구장률의 연구에 따르면 잡지에서 분과학문으로서 문학을 소개한 경우가

4) 김사설, 〈학문체용(學問體用)〉, 《대동학회월보》 1호, 대동학회, 1908. 2. 25, 41~42쪽.

5) 임형택, 〈국학의 성립과정과 실학에 대한 인식〉, 《실사구시의 한국학》, 창작과 비평사, 2000, 16쪽 참조(원전 : 이규환, 〈서(序)〉, 《동국역사》, 학부편집국, 1899).

6) 그 이유에 대해서는 〈창간사〉, 《독립신문》 창간호, 1896. 4. 7 참조.

7) 구장률, 《근대 초기 잡지와 분과학문의 형성》, 케포이북스, 2012, 49~60쪽.

한 편, 철학을 소개한 경우가 두 편이었고, 역사학은 없었다.[8] 오늘날의 분과학문 개념으로 보면 문·사·철의 통합학문인 경학이 세 분과학문으로 분화되어 가는 과정에서 경학의 한계와 문·사·철 각각의 성립 이유를 내세우거나 유학에 대해 비판적인 태도를 취하지 않으면 소개가 쉽지 않았기 때문일 것이다.

그럼에도 도면회의 연구에 따르면 'History'를 번역한 서구 역사학계의 '역사', 곧 '과거에 일어난 일 자체'라는 의미가 1906년을 분기점으로 광범위하게 유통되면서 역사라는 말이 '史(記)', 곧 지나간 사건의 선악과 시비를 판단하여 현재의 교훈을 삼기 위해 과거의 일을 기록하는 것이라는 의미를 대신해 일상의 용어로 정착해갔다.[9] 도면회가 예로 든 원영의와 유근의 《신정동국역사(新訂東國歷史)》(1906) 서문은 장지연이 썼는데, 장지연은 '역사'라는 교과목에서 간략히 핵심 내용을 요약할 필요가 있다며 '단군 기자 이래 4천여 년간의' 역사 가운데 몇 가지를 이 책이 살려냈다고 언급했다.[10] 전통 언어인 '사(史)'보다 근대 역사학에서 말하는 '역사'라는 말이 점차 많이 쓰이기 시작한 경향은 러일전쟁에서 일본이 승리함에 따라 일본의 역사지식이 일본어와 중국어 번역본 등으로 많이 유입되고 있던 사정과도 무관하지 않을 것이다.

과거에 일어난 일로서 역사라는 용어가 사용되기 시작하는 가운데, '역사학'이란 용어도 유통되면서 역사를 다루는 독립 학문 영역이 있다는 점을 인지한 사람도 있었다. 비록 메이지유신(明治維新)을 설명하기

---

8) 구장률, 《근대 초기 잡지와 분과학문의 형성》, 60~61쪽.

9) 도면회, 〈한국에서 근대적 역사 개념의 탄생〉, 《한국사학사학회보》 27집, 한국사학사학회, 2013, 329~342쪽.

10) 《신정동국역사》는 민족정신을 고취하기 위해 유학적 사상에 바탕을 두고 편년체로 쓴 역사서다(김여칠, 〈개화 후기의 국사교과서 연구(하)〉, 《논문집》 19집, 서울교육대학, 1986, 151~155쪽). 휘문의숙에서 교재로 사용하기도 했으나, 1911년 조선총독부가 출판법에 근거하여 출판 및 반포를 금지시켰다.

위해 언급한 부분에 나오는 내용이지만, "옛날이나 지금이나 천하에 사람이 있으면 사회가 있고, 사회가 있으면 국가가 있고, 국가가 있으면 역사가 있어 사회 인류와 문명·야만과 국가·정치의 득실이 매우 간결하고 명백하다. 이 때문에 여러 나라 박사들이 역사학을 전공하는 자 많아 자기의 학술에만 더 깊이 몰두하고 연마할 뿐 아니라 자국의 문명과 야만의 득실에 큰 영향과 큰 이익이 되는 것을 이에 따라 볼 수 있으니, 그렇다면 역사학이 세도공익(世道公益)에 과연 어떠하겠는가"라고 언급한 데서 알 수 있다.[11] 학문으로서 '역사학'이라는 영역이 있으며, 그것이 세상을 다스리는 도리이자 공공의 이익에 필요한 학문임을 말하고 있는 것이다. 그렇다고 위의 언급만을 놓고 볼 때 아직까지 경학에서 분화된 분과학문으로서의 역사학이란 관념까지는 도달하지 못했다.

한편, 1907년 헤이그밀사사건을 계기로 조선의 정치상황이 급변했다. 고종이 강제로 퇴위하고 순종이 황제가 되었으며, 일본이 대한제국 군대를 해산시켰다. 여기에 반발한 사람들 가운데 일부가 의병을 조직해 격렬하게 저항했다. 하지만 일본은 군대를 동원하여 호남의병에 대한 남한대토벌작전(1909년 9월~10월)을 벌여 그나마 남아 있던 조직적인 의병세력도 소멸시켰다. 군사작전을 시작한 직후인 9월 4일 청과 '간도에 관한 청일협약', 흔히 말하는 '간도협약'을 체결해 압록강과 두만강을 경계로 국경도 획정했다. 일본은 한국병합을 구체적으로 추진하는데 큰 걸림돌이었던 두 사안을 해결하고 이어 경찰 지휘권과 감옥 행정 사무권까지 장악했다.[12]

11) 《황성신문》 1906. 4. 30. 일본어 책인 《일본유신30년사》의 중국어 번역본을 국문으로 번역한 의도를 밝힌 〈역사의독(歷史宜讀)〉의 일부이다. 《일본유신30년사》와 그것의 국내 수용에 관해서는 이예안, 〈대한제국기 "유신(維新)"의 정치학 : 개념의 치환과 《일본유신 30년사》〉, 《개념과 소통》 14호, 한림과학원, 2014 ; 허재영, 〈지식 수용의 차원에서 본 《황성신문》 〈일본유신30년사〉 역술(譯述) 과정과 그 의미 : '학술사상사'와 '교육적' 측면의 지식 수용을 중심으로〉, 《한민족어문학》 70호, 한민족어문학회, 2015 참조.

일련의 역사적 사건은 저항적 지식인들에게 대한제국이 일본의 지배 아래 들어가는 일이 시간문제라는 인식을 심어주었다. 그래서 적극적으로 대안을 모색하는 움직임이 나타났다. 미주 한인 단체인 공립협회는 대한제국의 군대가 일본에 의해 해산된 직후인 1907년 8월 9일《공립신보》논설을 통해 미국의 식민지 해방전쟁을 독립전쟁이라 말하며 우리도 독립전쟁을 시작하자고 호소했다.[13] 또한 민족운동단체 가운데 1907년 국내에서 결성된 항일 비밀결사체인 신민회를 주목하는 이유도 여기에 있다. 신민회는 대한제국의 국체가 지속되고 있는 상황에서 공화정을 지향했고, 1909년에 이르면 해외에 독립운동기지를 세우려는 움직임을 구체화했다.

공개적인 논설을 통해 새로운 시각과 진로를 제시한 선각적인 지식인도 있었다. 신채호는 1909년 5월의 시점에서 한반도가 일본의 지배를 받게 된 이유를 "한인(韓人)의 민족주의가 강건하지 못한" 데서 찾고, "민족주의를 대분발하여 '아족(俄族)의 국(國)은 아족이 주장한다' 하는 일구(一句)로 호신부(護身符)를 작(作)하여 민족을 보전할지어다"라고 하여 민족주의만이 제국주의에 저항할 수 있는 유일한 길이라고 강조했다.[14] 그에게 민족주의는 황제나 소수의 관료, 또는 일부의 지식인층이 주도하는 것이 아니라 국민이 주도하는 것이었다.[15] 요컨대 신채호는 일본과의 경쟁 주체를 국민과 민족에서 찾았다.[16] 역사의 주체로 민족과

---

12) 한국의 역사학계는 남한대토벌작전과 간도협약이 한국병합을 구체적으로 추진하는 과정의 하나였다는 시각이 부족하다. 남한대토벌작전과 한국병합의 추진 사이에 어떤 관계가 있는지는 신주백, 〈호남의병에 대한 일본 군·헌병·경찰의 탄압작전〉,《역사교육》87집, 역사교육연구회, 2003, 240~241쪽 참조.

13) 《공립신보》1907. 8. 9.

14) 단재신채호선생기념사업회 편,《단재신채호전집 하》(개정판), 형설출판사, 1977, 108~109쪽(〈제국주의와 민족주의〉,《대한매일신보》1909. 5. 28).

15) 단재신채호선생기념사업회 편,《단재신채호전집 별집》(개정판), 형설출판사, 1987, 210~229쪽(〈20세기 신국민〉,《대한매일신보》1910. 2. 22~3. 3).

국민이 떠오른 것이다. 다만, 당시에 그는 반제국주의 입장에서 민족주의를 언급한 것은 아니었다. 그가 만국공법(萬國公法)의 질서를 수용하고 사회진화론에 입각한 경쟁 법칙을 인정한 데서 알 수 있듯이, 신채호는 제국주의가 지배하는 국제질서를 법칙적으로 받아들이고 있었다.[17]

국가 존립의 위기감이 고조되는 가운데 새로운 저항의 주체를 국민과 민족에서 찾은 신채호는 구학, 즉 유학사상은 현실을 제대로 설명해주지도 못할 뿐 아니라 현실을 헤쳐갈 수 있는 지식도 아니라는 인식을 명확히 하게 되었다. 이제 구학은 부정하고 폐기해야 할 대상으로 바뀌어갔다.

> 우리는 공자를 선생으로 삼을가, 예수를 선생으로 삼을가, 회회교조 모하메드를 선생으로 삼을가. 가로되 모다 아니라. 다만 진리를 선생으로 삼을지니라.
>
> 그런고로 공자와 예수와 모하메드의 하신 일이라고 진리에만 합할진대 반드시 공손히 본받어 합하려니와 만일 진리에 합하지 아니한 일이면 우리는 머리가 깨어져도 결단코 반대하고 우리의 진리 선생만 쫓으리라. ……
>
> 그럼으로 어떠한 성경 현전이라도 진리에만 합하면 이어니와 진리에 합하지 아니하면 우리는 쇄분신을 할지라도 결단코 정의를 잡고 우리 진리 성경만 읽을지니라.
>
> 대저 헐어버리는 일이 없으면 서로 짓는 일도 없으니, 구학문을 깨쳐버

16) 辛珠柏, 〈民族運動勢力の共和主義·共存意識の變化に關する試論〉, 《世界の日本研究 2002》, 国際日本文化研究センター, 2003, 2장 참조.

17) 박찬승, 〈한말 신채호의 역사관과 역사학 : 청말 양계초와의 비교를 중심으로〉, 《한국문화》 9호, 서울대학교 한국문화연구소, 1988, 318쪽.

리지 아니하면 신학문을 세울 수 없을지며, 옛날 사상을 깨쳐버리지 않으면 신사상을 발할 수 없을지며 전일 제도와 풍속을 깨쳐버리지 아니하면 신제도와 신풍속을 잃을 수가 없을지니…… 오호-라, 옛사람과 옛학문의 노예가 되지 말지어다 동포들아.[18]

신채호는 한국병합 7개월 전인 1910년 1월의 시점에서 신학의 건설을 주장했다. 이와 같은 주장은 2월의 다른 잡지에 실린 어떤 인사의 주장에서도 확인할 수 있다. 국망과 멸족을 당하지 않기 위해서는 각성하여 "수구(守舊) 완고(頑固)의 사상"을 버리고 "진취의 사상을 취"하여 "과학적 국민과 세계적 국민의 자격을 양성"할 필요가 있다.[19] 새로운 사상은 구악과 구습을 버리고 새로운 학문을 추구해야 가능하다고 본 것이다.

신채호는 신학을 주장하는 한편에서 신학의 언어로 한문보다 한글이 더 적합하다고 역설했다. 그는 한글이 '내국문(內國文)'이고 한문이 '외국문(外國文)'이기 때문에 한문보다 국문을 중시해야 한다고 보았다. 그렇게 해야 자국의 언어로 자국의 문자를 편성하고, 자국의 문자로 자국의 역사지지(歷史地誌)를 한데 묶어 전국의 인민이 널리 공경하고 받들어 읽을 수 있도록 함으로써 고유한 국정(國情)을 지키며 순수하고 아름다운 애국심을 고취하고 발현할 수 있다고 보았다.[20] 그는 단지 새로운 학문을 하기 위해 새로운 학문 언어로 한글을 사용하자고 주장한 것이 아니었다. 신채호가 새로운 언어를 주장한 목적은 '인민' 모두가 더 쉽

---

18) 신채호, 〈잡동산이〉, 《대한매일신보》 1910. 1. 7. 한글판에는 제목 없이 코너명인 '잡동산이'에 실려 있다.

19) 신채호, 〈고아한사(告我韓士)〉, 《대한흥학보》 10호, 대한흥학회, 1910. 2. 20, 1~4쪽.

20) 단재신채호선생기념사업회 편, 《단재신채호전집 별집》(개정판), 74~76쪽(〈국한문의 경중〉, 《대한매일신보》 1908. 3. 17~19).

게 이해하고 깨달을 수 있는 언어로 '국정'을 지키고 '애국심'을 고취하는 데 있었다.

그런데 신학을 건설하고 한글을 더 중요시하자는 신채호의 주장이 계몽운동기에 지식인 사회에서 보편화된 담론이었다고 볼 수는 없다. 신채호조차 구학의 완전한 폐지를 주장하는 데는 한계가 있었다. 그는 1909년 6월에 쓴 〈유교확장(儒敎擴張)에 대한 논(論)〉[21]에서 "유교를 확장코자 하면 유교의 진리를 확장하여 허위를 버리고 실학에 힘쓰며, 소강(小康)을 버리고 대동(大同)에 힘써 유교의 광(光)을 우주에 비출지어다"라고 하여 종교로서 유교를 개신하여 확장시키는 길을 제시했다. 1910년 2월의 시점에서도 "유교는 한인에게 부여한 바 감화력(感化力)이 심대한지라" "유교를 개량하는 동시에 그 정신을 보전"할 필요가 있다고 주장했다.[22] 1910년 한국병합 직전까지 계몽운동에 참여한 지식인들 가운데서는 여전히 구학과 신학의 조화 내지는 결합을 주장하는 사람들이 많았다. 구학을 폐기하지 않고 새롭게 하는 가운데 신학을 받아들이자고 강조하는 사람이 있는가 하면, 구학과 신학의 관계를 선후 또는 본말로 받아들이는 사람도 있었다.[23] 지난 과거의 일 자체를 학문의 대상으로 간주하는 역사학, 또는 독립된 학문으로서 역사학이 자리를 잡기에는 아직 시대적 분위기가 어려웠다.

신학과 구학의 공존이란 주장이 설 땅을 잃고 신학으로 세상을 이해해야 한다는 주장이 전면에 나설 수 있었던 직접적인 계기는 1910년 8월에 일어난 사건, 곧 대한제국이 몰락하고 일본의 식민지로 전락한 '한국

---

21) 단재신채호선생기념사업회 편, 《단재신채호전집 하》(개정판), 119~120쪽. 《대한매일신보》 1909년 6월 16일자에 발표된 글이다.

22) 단재신채호선생기념사업회 편, 《단재신채호전집 별집》(개정판), 210~229쪽(〈이십세기(二十世紀) 신국민(新國民)〉, 《대한매일신보》 1910. 2. 22~3. 3).

23) 성낙현, 〈속한신학선학구학(俗韓新學先學舊學)〉, 《대동학회월보》 20호, 대동학회, 1909. 9. 25, 16~20쪽.

병합'이었다. 그것은 서구의 자본주의 문명을 수용하여 근대 국민국가를 건설한 일본이 제국주의화하여 대한제국을 멸망시킨 결과였다. 반대로 유교사상으로 백성을 통치해오던 왕과 양반이 일본에 나라를 빼앗긴 결과이기도 했다. 한국병합을 전환점으로 이제는 구학과 신학의 조화가 아니라, 신학으로서 문·사·철의 형식과 내용을 어떻게 수립하고 제도화할 것인가가 초점이 되었다. 그 진행 과정과 정립된 모습은 문·사·철에 따라 달랐다. 이제부터 살펴보자.

경학에서 분립한 문·사·철—'국수'와 조선연구

대한제국이 위기에 빠져드는 가운데 지식체계가 급속히 바뀌어가자 세상의 변화에 가장 적극 대응한 사람이 신채호였다. 그는 1910년 8월 병합 이전부터 발 빠른 움직임을 보였다. 이미 1910년 1월에 '합방'이 '한국사람'을 일본에 "순종하는 노복(奴僕)"으로 만들 것이라고 지적하며, 일진회의 움직임을 비판하고 일본에 헛된 꿈을 꾸지 말 것을 경고했다.[24] 그렇다면 민족적 위기 상황에서 신채호가 유교의 개신을 주장하는 한편, 구학의 파괴와 부정을 공공연하게 제기하며 건설하고자 했던 '신학문'의 '신사상'은 무엇이었을까? 그것은 한마디로 말하면 '국수(國粹)'를 보전하는 것이었다.

신채호에게 국수란 자기 '나라에 전래하여 오는 종교와 풍속과 언어와 습관과 역사상의 정밀하고 아름다운 말'을 의미했다.[25]

24) 신채호, 〈론설: 한국과 일본을 합병할 의론을 하는 자에게 고하노라〉, 《대한매일신보》 1910. 1. 6.
25) 신채호, 〈잡동산이: 국수〉, 《대한매일신보》 1910. 1. 13.

국성(國性)도 국수를 인하여 보전하며, 국혼(國魂)도 국수를 인하여 생기느니, 진정하여 말할진대 내가 나를 높이며 내가 나를 사랑하는 마음이 국수를 인하여 발생하는다라.

그런고로 파괴라 함은 국수를 파괴함이 아니오, 악한 성질을 파괴하여 국수를 부식케 함이라.

만일 국수를 파괴하고 법국의 문명을 수입하면 이는 제 나라 사람들을 몰아 법국[프랑스]의 노예를 만들게 함이오, 국수를 파괴하고 덕국[독일]의 문명을 수입하면 이는 제 나라 사람들을 몰아 덕국의 노예를 만들게 함이니, 그런고로 외국의 문명을 수입하려는 자 우선 국수 이 자를 다시 생각할지니라.

우리나라에는 왕건 태조 이후로 천여 년에 국수주의를 가진 사람이 없어 노예의 성질이 점점 자랐도다.[26]

신채호가 파괴하고자 한 것은 조선인의 "노예 성질"이라는 "악한 성질"이었으며, 건설하고자 한 것은 서양의 문명을 수용하되 '국수'를 지켜 국성, 국혼, 존아심(尊我心), 애아심(愛我心)을 보존하는 데 있었다. 이런 그에게 '학으로서의 유학'은 노예의 성질을 정당화하는 이념이었을 뿐이다. 신채호가 전통 관념이자 지식체계인 경사일체(經史一體)로부터 상대적으로 빨리, 그리고 한국병합 이전에 벗어날 수 있었던 이유 가운데 하나가 여기에 있을 것이다.

신채호의 〈독사신론〉(1908)은 '학으로서 유학'을 부정하고 역사를 경학으로부터 독립시킨 선구적인 사설이다. 〈독사신론〉은 신채호가 국한문체 신문인《대한매일신보》에서 주필로 근무하며 1908년 8월부터 12월

26) 신채호, 같은 글.

까지 모두 50회에 걸쳐 연재한 사론(史論) 성격의 글이다. 이 사설의 '제1편 상세(上世)'에서 신채호는 처음으로 한국고대사 체계를 10개의 장으로 짜임새 있게 구성해 제시했다.

신채호는 〈독사신론〉의 첫 문장에서 "국가의 역사는 민족 소장성쇠(消長盛衰)의 상태를 펼쳐 열거"한 것이며, 민족을 버리면 역사가 없고 역사를 버리면 민족의 국가에 대한 관념이 크지 않다고 언급함으로써 민족과 역사를 전면에 내세웠다.[27] 단군을 민족시조이자 개국시조로 명시하고, 묘향산이 아니라 백두산에 강림했음을 주장하며 단군과 백두산을 연결시켰다. 또 김부식이 《삼국사기》에서 신라 중심의 삼국통일을 미화하고 민족의 역사를 반도에 가두어 소국처럼 묘사했다고 비판했다. 그렇기 때문에 '통일신라'라는 단어는 그의 글에 없으며, 김춘추를 다른 민족으로 하여금 '동족을 멸한' 사람이라 지적했다. 그래서 신채호는 민족을 주어로 고대 국가의 흥망성쇠를 말했는데 '제1편 상세'에서 단군조선→부여→고구려 중심의 삼국→발해를 중심으로 신라와의 양국시대로 이어지는 한국고대사의 구성체계를 제시했다.

신채호의 한국고대사 체계는 단군조선→기자조선→마한 중심의 삼한→삼국→통일신라로 이어지는 조선 후기의 인식과도 달랐다.[28] 통감부의 검정을 통과한 역사교과서 대부분이 차용했던 단군조선→기자조선→[위씨조선→고구려, 마한→백제, 진한→신라, 변한→가락]→통일신라로 이어지는 인식과도 달랐다.[29] 문명동화를 지향한 통감부는 교과서 검정을 통해 애국심과 배일사상을 고취하고 한일관계를 비판

27) 단재신채호전집편찬위원회 편, 〈독사신론〉, 《단재 신채호 전집 3 : 역사》, 독립기념관 한국독립운동사연구소, 2007, 5쪽(《대한매일신보》 1908. 8. 27).

28) 이만열, 《한국 근현대 역사학의 흐름》, 푸른역사, 2007, 288쪽.

29) 도면회, 〈한국 근대 역사학의 창출과 통사 체계의 확립〉, 《역사와 현실》 70호, 한국역사연구회, 2008, 199쪽.

하거나, 중국과 일본으로부터 독립한 독자적인 조선역사와 그를 둘러싼 주체적인 관계사를 기술하지 못하게 했다. 그들이 강요한 역사인식은 조선사의 독자적인 역사의 기원이 불분명하며, 문약(文弱)하고 독립성이 없는 한국'인', 그리고 침략자 중국이었다. 이에 따라 1906~1910년 사이에 발간된 12종의 역사교과서 가운데 1910년 당시 검정을 통과한 것은 4종에 불과할 정도였다.[30] 그런데 신채호는 북방 중심의 주체적인 민족사, 특히 만주를 포함해 조선역사를 체계화했던 것이다.

조동걸은 〈독사신론〉이 '신론'일 수 있는 이유로 다음 두 가지를 들며 한국 역사학의 역사에서 차지하는 의미를 부여하고 있다.[31]

하나는, 신채호의 논리는 사회진화론과 민족주의를 기본 논조로 했다. 그는 경사일체나 정통론의 명분을 극복하고 편년체 서술 대신에 상세—중세—근세로 조선역사를 시간의 흐름에 따라 시기를 구분했다. 인습적인 사고였던 순환론을 떠나 인과관계를 규명하려 노력했으며, 사회와 국가를 발전의 맥락에서 파악하려 하는 가운데 역사발전의 동력으로 민족에 주목했다. 역사와 민족을 접목시킨 신채호의 관점은 민족 기원의 독자적 기표가 단군이고, 조선역사의 시초부터 중국적 요소와 단절된 주체적인 역사의 상징이 단군이며, 그 이후 4천 년 역사 동안 삼천리강산에 함께 살아온 사람들의 단일성, 동질성, 순수성을 역사화한 집단으로서 민족이 존재해왔다는 1908년 시점의 지적 분위기와 깊은 연관이 있었다.[32] 달리 말하면 민족이란 말이 역사와 만나 종족, 인종과 구별되는 역사 개념이 되었을 뿐 아니라 혈연적인 측면이 부각되며 확장

---

30) 양정현, 〈근대 개혁기 역사교육의 전개와 역사교재의 구성〉, 서울대학교 박사학위논문, 2001, 94~108쪽 ; 이계형, 〈대한제국기 통감부의 식민교육정책 연구〉, 국민대학교 박사학위논문, 2008, 87~91쪽.

31) 조동걸, 《현대 한국사학사》, 나남출판, 1998, 137~148쪽. 조동걸은 현채의 《동국사략》(1906)과 《일본서기》의 내용을 그대로 전제한 김택영의 《동사집략(東史輯略)》(1902)을 통해 하야시 다이스케의 논지가 국내에 전파되었다며, 두 사람의 저서가 민족주의사학의 형성을 가로막았다고 보고 있다.

된 가족 개념으로 유통되던 시대 분위기와 무관하지 않았다.

다른 하나는, 한계가 있기는 하지만 신채호는 근대 역사학의 핵심 가운데 하나인 실증성을 높이는 가운데, 민족을 주체로 사회진화론을 극복해가고, 단군을 민족시조로 제시하며 중화주의적인 역사인식과 식민주의 역사학을 비판했다. 또한 단군을 부정하고 조선사의 타율성을 부각시킴으로써 일본의 침략의도를 정당화한 하야시 다이스케(林泰輔)의 《조선사(朝鮮史)》(1892)와 같은 식민주의 역사학의 논리가 확산되고 있을 때《삼국사기》,《삼국유사》 등 우리 측 사료와 비교하며 비판했다. 신채호의 역사학은 반중·반일이란 정치적 과제, 그리고 학술적 독립과 맞물려 민족 정체성의 확립을 강조한 민족정신사관이었던 것이다.

이렇듯 신채호는 한국병합 이전에 경사일체라는 지식체계로부터 벗어나 조선이라는 대상의 독자적인 역사를 독립시켜 근대 역사학의 방법론에 입각하여 이해했다. 민족을 주체로 내세우며 한국 역사의 시작을 묘향산이 아닌 압록강과 두만강의 시작점인 백두산에서 발원한 단군왕조로 설정하는 등 식민주의 역사학을 비판하며 민족사학의 방향을 제시했다. 백두산 발상지설은 오늘날에도 한국사회에서 정설이다. 신채호가 근대 역사학의 방법론에 입각해 민족 주체적인 조선역사를 인식하려 했던 태도는 조선문학과 동양철학을 정의하려 한 1910년대 후반의 움직임과도 매우 다르다. 이는 1910년 대한제국이 일본의 식민지로 전락할 때까지만 해도 조선인 사회 내부에서 경학으로부터 문·사·철이 아직 완전히 분과화되지 않았다는 것을 의미한다.

민족정신사관을 강조하는 조선역사에 관한 조선인의 연구와 교육은

32) 이와 관련한 당시의 지적 분위기는 이진경, 〈근대 계몽기 《대한매일신보》에서 근대적 역사 개념의 탄생〉, 《사회와 역사》 74호, 한국사회사학회, 2007, 127~130쪽 참조.

해외로 망명한 민족운동가에 의해 계승되었다. 앞선 계승자 가운데 한 사람은 1909년부터 동만주의 화룡현 명동촌에 있는 명동학교에서 역사를 가르친 황의돈이었다. 명동학교는 동만주에서 첫 번째 근대 민족학교인 서전서숙(瑞甸書塾)이 1907년 폐교되자 이를 계승하여 1908년에 김약연이 주도해 세운 학교다. 황의돈은 명동학교의 교사로 재직하며 1909년에서 1910년 초 사이에 《대동청사(大東靑史)》라는 조선역사서를 집필하고 교재로 사용했다. 《대동청사》는 단군의 건국에서부터 조선의 영정조 시기까지 상고사, 중고사, 근고사로 시대를 구분하고 사실에 충실하려 노력한 통사 책이다. 조동걸은 《대동청사》가 〈독사신론〉의 영향을 받아 우리 민족을 부여족으로 보고, 대외관계 서술에 중점을 두며, 단군을 민족사의 시작으로 간주하면서 모든 왕조의 국왕을 정통론으로 평가하지 않았다고 했다.[33)]

조선문학, 정의 내리기

그런데 경학에서 문·사·철로 분화하는 과정에서 연구와 교육의 대상이 명확했던 일본인의 조선사 또는 조선인의 조선역사와 달리, 조선문학은 출발과 동시에 조선문학을 어떻게 정의할 것인가를 놓고 두 경향으로 나뉘었다. 조선문학의 등장과정을 짧게라도 짚어보자.

1910년 이후 조선문학에 관한 규정을 처음 시도한 사람은 안확이었다. 1915년 일본 유학 2년째로 정치학을 공부하던 안확은 문학을 "미감상(美感想)을 문자로 표현"한 것으로 정의하며 시가, 소설과 같은 '순문학'

33) 조동걸, 《현대 한국사학사》, 28쪽.

과 평론과 같은 '잡문학'으로 분야를 나누었다.[34] 그는 한문으로 된 문학인 한문학도 조선문학의 일부로 포함시켰다. 그가 보기에 한문은 "지나(支那)의 한문"과 "조선적 한문"으로 구별할 수 있고, 조선적 한문은 "비당비송(非唐非宋)이며 또한 비명비청(非明非淸)"이었다.[35] 구학을 버리지 않고 신학과의 조화를 추구한 것이다. 안확은 자신의 문학 개념에 입각하여 문채(文彩)를 평하던 전통적인 방식을 취하지 않고, 당시 역사가들의 영향을 받아 조선문학의 역사를 단군으로부터 시작되는 상고시대에서 중고, 근고와 근세시대를 거쳐 당대까지 "국민의 심적 현상의 변천과 발달을 추적하고 연구"해 1922년에 《조선문학사》를 발표했다.[36]

안확이 조선을 독립된 대상으로 설정하고 문학사를 정리할 수 있었던 이유는 유학 내지는 중국문학, 그리고 일본문학에 대한 그의 입장이 명확했기 때문이다. 그가 보기에 '지나문학'이 발달하지 못한 이유는 "공자가 선황의 도(道)를 말하여 후세의 영구한 본보기를 만들게 하였는데 세상 돌아가는 추이를 모른 채 오로지 이상만을 좇음으로써 미래의 동아줄이 되지 못하게 한 "유교, 즉 공자에" 있었다. 유교 때문에 "보수주의, 물질주의, 문약형식(文弱形式), 자존(自尊) 등의 악영향"이 후세에 미쳐 중국이 '멸망'했다는 것이다. 안확은 그 유교의 폐해가 조선에 유입되어 "온갖 폐단이 전부 나타나 결국 참상을 만들었으니" "한문과 유교는 자연경외(自然境外)에 격퇴할 시기"에 이르렀다고 보았다. 그러면서 그는 자신이 '유교정벌의 선봉'에 서겠으며 동서양의 사상을 '조화'

34) 안확, 〈조선의 문학〉, 《학지광(學之光)》 6호, 학지광사, 1915, 64쪽. 1886년생인 안확의 호는 자산(自山)이며, 국어학자이자 역사학자이며 문학자였다. 또한 그는 조선국권회복단에 활동한 경력이 있는 독립운동가다. 《조선문학사》(1922), 《조선문명사》(1923) 등을 집필했다.

35) 안확, 〈조선의 문학〉, 69쪽.

36) 《조선문학사》의 서론에 나온 문학사에 대한 정의와 시대 구분을 정리한 것이다. '근고(近古)'라는 시기의 추가 설정도 이때 나타난다(안자산, 최원식 역, 《조선문학사》, 을유문화사, 1984, 17~18쪽).

하여 "조선 고유의 특성"을 규명하는 일이 문학가의 책임이라고 주장했다.[37]

중국문학과의 단절을 통해 우리의 '특질'을 찾으려는 안확의 시도는 일본 문화의 영향에 대한 태도에서도 확인할 수 있다. 안확은 〈조선의 문학〉이라는 글보다 한 달 앞서 발표한 〈조선의 미술〉에서 조선미술이 중국과 인도에서 수입·모방했다는 일본의 연구가 사실과 다르다고 지적했다.[38] 또한 일본문학에 대해 직접 언급한 내용이 없지만, 〈조선의 문학〉에서도 당시 발행된 신간 소설, 시가, 번역 소설이 '외래 문학만 상(尙)하다'면서 그러다가는 "유불(儒佛)에 미혹한 것같이 조선 고유의 특성을 영멸(永滅)하고 다시 외풍에 화(化)할 뿐"이라고 지적하고 있어 간접적으로 그의 생각을 확인할 수 있다.[39]

이처럼 안확은 '조선'문학이란 독자적 대상을 설정하고, 조선의 고유성과 독자성, 곧 '조선적인 것'과 함께 신소설, 신체시와 같은 신문학까지도 아우르며 발전사의 시각에서 시대를 구분하고 정치 현실과 연관지어 문학의 흐름을 역사적으로 추적했다.

그런데 안확의 근대적 조선문학 이론과 다른 입장을 제출한 사람은 안확보다 1년 늦은 1916년 11월에 자신의 견해를 발표한 이광수였다. 물론 이광수도 안확처럼 조선문학이 발달하지 못한 최대 원인을 "문학이라 하면 반드시 유교식 도덕을 고취"한 데서 찾았다.[40] 또 다른 문장에서는 중국사상이 '침입'하면서 그 "노예가 되어" 선인들이 조선문화를 '절멸'시켰으며, "한문의 노예"가 되어 조선문학이 왕성하지 못했다

37) 안확, 〈조선의 문학〉, 71~73쪽.

38) 안확, 〈조선의 미술〉, 《학지광》 5호, 학지광사, 1915, 50쪽.

39) 안확, 〈조선의 문학〉, 73쪽.

40) 이광수, 〈문학이란 하(何)오〉, 《이광수전집 1》, 삼중당, 1962, 549쪽(원전 : 《매일신보》 1916. 11. 10~23).

고 보았다.[41] 조선역사에서처럼 안확과 이광수가 말하는 조선문학에 관한 정의에서도 중화로부터의 탈피라는 비판적 문제의식이 밑바탕에 깔려 있었던 것이다.

안확보다 8살이 적은 이광수는 와세다대학(早稲田大学) 철학과에 재학 중일 때 발표한 〈문학이란 하(何)오〉에서 문학이란 "특정한 형식하에 사람의 사상과 감정을 발표하고 기록한 것"이라고 정의했다. 그래서 그는 문자로 기록되지 않은 구비전설이나 사상과 감정을 시, 소설, 평론과 같은 일정한 형식으로 기록하지 않은 글은 문학이 아니라고 단정했다.[42] 그에게 있어 문학은 'Literature'의 번역어, 달리 말하면 서양어의 문학인 것이다.

이광수는 전통과 무관한 서양어의 문학 개념에 따라 '조선문학'이란 "조선인이 조선문으로 작(作)한 문학을 지칭"한다고 명쾌하게 정의했다.[43] 그에게 있어 조선문학은 특정한 형식과 체제를 갖추고 조선인의 사상과 감정을 조선어로 기록한 것이다. 이광수는 민족과 언어를 기준으로 조선문학의 범주를 설정함으로써 유교적 한학적 전통으로 인식된 문학, 곧 한문학을 배제하고 한글을 언어로 하는 국문주의를 내세웠다. 이에 비해 안확은 앞서도 보았듯이 "조선 고유의 특성"이란 측면에서 한문학, 곧 "시가, 소설과 같이 상상력을 위주로 한 것"만이 아니라 "다소 사상성을 더한 사전(史傳), 일기, 수록(隨錄)"과 "교술적(敎術的)인 문류(文類)"같이 한자로 된 재래의 문학도 "미적 감상에 바탕을 둔 저작"이면

41) 이광수, 같은 글, 551쪽, 554쪽.

42) 이광수, 같은 글, 549쪽.

43) 이광수, 같은 글, 517쪽. 국문학사 연구에 따르면, 이 글이 한국근대문학론을 최초로 확립했으므로 '문학에 대한 근대적 지식의 시작'이라는 역사적 의의를 부여할 수 있다(김윤식, 〈초창기의 문학론과 비평의 양상〉, 《근대한국문학연구》, 일지사, 1973 ; 황종연, 〈문학이라는 역어(譯語) : 〈문학이란 하(何)오〉 혹은 한국 근대 문학론의 성립에 관한 고찰〉, 《동악어문논집(東岳語文論集)》 32집, 동악어문학회(東岳語文學會), 1997).

조선문학에 포함시켰다.[44]

크게 보면 이광수와 안확의 차이는 과거 유산을 부정하며 근대문명을 구축하려는 태도와 고유한 유산을 인정하고 근대문명과 조화를 이루어가려는 자세의 차이라고도 말할 수 있다. 경학으로부터 문학의 독립이란 측면에서 보면 '자율적 체계'를 갖춘 조선문학, 곧 신문학과 그것의 역사에 관한 분석이 출발 단계에서부터 분화되어갔음을 의미한다. 조선문학(한국문학)의 개념에 대한 고민은 1930년대 조선인 문단에서도, 그리고 해방 이후의 국문학계에서도 계속되었다.

실종된 조선철학

일상의 삶과 정치의 영역을 지배해왔던 유학사상을 부인하는 학문적 흐름은 철학이란 학문 분야에서도 문학 못지않게 강했다. 구학인 경학 자체가 자연과 사람에 대한 사유의 영역인 철학에 가깝다는 점을 고려할 때, 신학의 하나로 철학의 범주와 내용을 탐색하던 사람들에게 유학은 일본의 식민지로 전락한 나라의 이념으로서 개혁해야 할 직접 대상이었기 때문이다. 반면에 서양철학은 서구화된 일본을 상대해야 할 시대의 요청과 맞물려 새롭게 수용할 사상으로 간주되었다. 그래서 서양철학이 "일상생활과 세속사업에 관계가 무(無)하며, 교섭을 두절하는 바의 사상"이라는 말에 동의하지 않았다.[45] 그러면서 최남선의 동생으로 1917년 와세다대학 철학과를 나온 우리나라 최초의 철학과 졸업생이었던 최두

44) 안자산, 최원식 옮김, 《조선문학사》, 1984, 17쪽.

45) 염석우, 〈서양철학사서론(西洋哲學史序論)〉, 《학지광》 4호, 학지광사, 1915, 41쪽.

선은, 철학이란 "자연 인생 및 지식(의 현실 및 이상)에 관한 근본적 원리의 학(學)"이라고 규정했다.[46)]

그런데 우리가 여기에서 주목해야 할 점은 1910년대 중반의 시점에서 철학이란 무엇인가를 정의한 염석우와 최두선의 글에서 '철학'은 곧 '서양철학'을 가리켰다는 사실이다. 두 사람은 왜 철학이 곧 서양철학인지, 아니면 조선철학 또는 동양철학을 왜 고려하지 않았는지를 설명하지 않았다.

언급하지 않은 것이 당연해서였을까, 아니면 설명할 수 없어서였을까. 달리 말해, 철학은 곧 서양철학이란 도식이 성립한다면 조선역사와 조선문학처럼 조선철학은 없었을까? 없었다면 그 이유는 무엇일까? 반대로 있었다고 한다면, 1910년대 지식인 사이에서 개념화 내지는 사유의 대상으로서 조선철학은 어떤 위치에 있었을까?

의문을 풀 수 있는 하나의 힌트를 한국역사정보통합시스템에서 찾을 수 있다. 검색창에 '조선철학'이란 용어를 입력하면, 1910년대에 조선철학에 대해 개념화를 시도하거나 학문 영역을 고민한 글이 없음을 확인할 수 있다.[47)] 이러한 경향은 식민지 시기 전체를 보아도 크게 다르지 않다. 잡지의 경우 333건의 기사 가운데 서양철학 관련 기사는 240건으로 73%가량을 차지한 데 비해, 동양철학 관련 기사는 89건으로 26%에 불과했다. 3 대 1의 차이가 날 정도로 서양철학에 관한 언급이 압도적이었으며, 조선철학을 정의한 글은 없었다.

그러면 조선철학은 어디로 갔을까? 니혼대학(日本大學)을 졸업하고

---

46) 최두선, 〈철학이란 하(何)오〉, 《청춘》 11호, 신문관, 1917, 64쪽 ; 윤사순 · 이광래, 《우리 사상 100년》, 현암사, 2001, 303~306쪽.

47) 이상린, 〈일제강점기 잡지를 통해 본 당시 동양철학의 현황〉, 《동북아문화연구》 16집, 동북아시아문화학회, 2008, 134쪽.

1912년부터 배재학당에 재직하고 있던 강매는 1914년에 옛날이나 지금이나 인재의 출현이 다르지 않고 "리(理)의 발명"이 동서로 한정되어 있지 않은데, 철학의 원리를 말하는 사람 가운데 그리스와 로마의 연원을 말하면서 송과 명의 유학자, 이토 진사이(伊藤仁齋), 이황을 아는 사람이 몇이나 되는지 모르겠다며 서양철학을 편식하는 지식인의 동향에 대해 지적했다.[48]

그러면서 강매는 "동아반도(東亞半島)에 철학종장(哲學宗匠)을 작(作)한" 사람으로 퇴계 이황을 들고 〈동양철학과 퇴계선생〉이란 글에서 "동양철학계에 가장 중요한 문제를 작(作)하여 의심스러운 내용을 거듭한 것은 이기설(理氣說)"이라며 그의 주장을 소개하고 있다.[49] 여기에서 알 수 있는 사실은 조선의 유학이 조선철학으로 재탄생한 것이 아니라 '동양철학'으로 분류되었다는 점이다.

유학사상을 조선철학 대신 동양철학의 일부로 간주하는 분류법은 일본의 근대 인문학이 대학의 분과학문들로 제도화되는 과정에서 정착한 동양학의 범주, 달리 말하면 일본의 자국학을 제외한 동양과 관련한 모든 학문은 외국학의 일부로 간주하고, 대학의 교과목을 설정하는 방식에 영향을 받은 결과였다. 예를 들어 1881년 도쿄대학(東京大學)에 철학과라는 이름의 학과가 세워졌을 때 추가된 철학 과목이 '인도 및 지나철학'이었고, 이듬해 '철학사'와 '인도 및 지나철학'을 아우르며 '동양철학'이란 과목으로 변경되었다.[50] 이때까지 철학이라 하면 서구철학을 의미

---

48) 강매, 〈동양철학과 퇴계선생〉, 《신문계(新文界)》 2권 1호, 신문사, 1914, 19쪽. 강매는 《조선일보》, 《중앙일보》, 《시대일보》의 편집국장을 차례로 역임했다. 여러 차례 옥고를 치렀고, 1940년대에는 만주로 이주했다. 주요한 저서로 1921년 《조선문법제요(朝鮮文法提要)》(1921), 《잘 뽑은 조선말과 글의 본》(1925)(김진호와 공저), 《정선조선어문법(精選朝鮮語文法)》(1932)가 있다.

49) 강매, 같은 글, 19~20쪽.

50) 東京大學百年史編纂委員會 編, 《東京大學百年史》 部局史一, 東京大學出版會, 1986, 489~490쪽.

했던 개념이 확장된 것이다. 이 점이 조선이란 독립된 대상의 철학을 연구하고 교육하는 학문이 조선철학이 아니라 동양철학이란 범주에 속하게 된 외재적 배경이었다면, 내재적인 요인은 조선의 현실과 연관시켜 찾아볼 수 있다. 이광수가 유교를 "우리의 정신의 만반 기능을 소모하고 마비한 죄책"이라며 "비판의 제일시(第一矢)는 당연히 유교사상"이라고 말한 데서 알 수 있듯이, 유학사상이 조선 몰락의 원인을 제공했으며 그것을 구현하고 있던 양반은 제1의 '공공의 적'으로 간주되었다.[51] 더구나 유학사상은 서구화된 일본의 식민지에서 살아가는 조선인의 삶을 더 이상 이끌어나갈 수도 없었다. 그래서 조선인 지식인들은 조선철학도 아니고 동양철학도 아닌 서양에서 발신한 철학, 곧 서양철학을 받아들여 '철학'이라 생각했다.

그렇다고 조선철학의 학문화 시도가 전혀 없었다고 말할 수 없다. 서양철학에 관심이 모아지고 있을 때인 1922년 안확은 한글로 쓴 최초의 한국철학사인 〈조선철학사상개관〉이란 글에서 조선철학의 역사를 상고—중고—근세로 나누어 언급했으며, 강매와 달리 서경덕의 태일설(太一說)과 이황의 이기설을 근세의 2대 '학파'로 내세웠다.[52] 비록 안확이 이후 작업에서 조선철학사를 상세하게 기술한 단행본이나 글을 발표하지 않았고,[53] 또한 그의 주장을 계승하는 지식의 흐름이 식민지 조선에 정착되지 못했지만, 이 글은 우리나라에서 처음으로 조선철학이란 독립된 용어와 언문일치의 문체를 사용하며, 고대사상과 유불교에서 현

---

51) 이광수, 〈신생활론〉, 《이광수전집 10》, 삼중당, 1962, 329쪽(《매일신보》 1919. 9. 6~10. 19).

52) 안확, 〈조선철학사상개관〉, 《신천지》 11호, 신천지사, 1922. 안확의 시기 구분은 앞에서 인용한 〈조선의 문학〉(1915)에서와 같다.

53) 안확이 조선의 문학, 역사에 관해 저술하고, 조선미술사와 조선음악사도 발표했다는 점을 고려하여 언급한 내용이다. 여기에 관련된 글은 자산 안확, 최원식·정해렴 편역, 《안자산 국학논선집》(현대실학사, 1996)을 참조했다.

대 사조까지를 모두 포함하여 전반적으로 철학사를 언급한 최초의 사례라는 데 의미가 있다.[54]

'조선학의 핵심으로서 조선역사'라는 시각의 등장과 구성체계의 일반화

학문으로서 조선사·조선역사, 조선문학, 동양철학이 각자의 모습으로 정립되고 있을 때인 1919년에 3·1운동이 일어났다. 3·1운동은 일본인과 조선인의 학술연구에도 큰 영향을 주었다.

1919년 3월부터 3개월가량 200만 명이 넘는 사람들이 독립을 요구하는 만세시위에 참가했다. 식민지 조선에서 농민과 학생을 비롯해 광범위한 대중이 참여한 대중운동이 일어나자 일본의 하라 다카시(原敬) 내각은 그렇지 않아도 식민지 경영을 내각의 책임 아래 운영하려고 모색하던 차였던지라 이를 기회로 식민지 지배정책을 무단통치에서 문화통치로 전환했다.[55]

또 하나 주목할 점은, 3·1운동을 계기로 노동자와 농민을 비롯한 대중이 자신의 권리와 일상의 이해관계를 계속해서 대변할 수 있는 노동단체와 농민단체 등을 만들고 활동하기 시작한 것인데, 이는 한국 역사에서 처음 있는 현상이었다. 한국 근현대사를 장기 지속의 관점에서 볼 때 대중이 자신의 이해를 대변하기 위해 조직을 만들고 일상적인 활동

54) 박홍식, 〈일제강점기 《신천지》에 발표된 안확의 〈조선철학사상개관〉에 대한 고찰〉, 《동북아문화연구》 16집, 동북아시아문화학회, 2008, 126~127쪽.

55) 이에 대해서는 신주백, 〈일제의 새로운 식민지 지배방식과 재조일본인 및 '자치'세력의 대응(1919~22) : 3·1운동 직후 '자치'에 대한 논의〉, 《역사와 현실》 39호, 한국역사연구회, 2001 참조.

을 지속했다는 사실은 대중민주주의의 가능성을 보여준 역사적인 경험이었다. 이제 각성해가는 대중 사이에서 조선을 알기 위해 조선인이 조선의 역사를 알아야 한다는 공감대가 확산되고 있었다.[56] 더구나 조선어 신문과 잡지를 발행하는 등 담론 공간과 정치 공간도 제한적이나마 열려 있었다.

새로운 상황은 학문 분야에도 영향을 미쳐 조선역사, 조선문학, 서양철학으로의 분과화 경향이 촉발되고 내용이 풍부해지는 등 새로운 지평을 열어주었다. 최남선은 3·1운동을 계기로 "우리가 이제 민족적 일대 각성을 가진 것은 사실이"라고 보았다. 그러는 한편에서 "그 각성은 아직 일혼돈(一混沌)이다"고 진단했다. 그는 조선인의 손으로 '조선적인 것'을 찾는 '조선학'을 세워 "명료한 자각"을 "정제(整齊)한 내용", 곧 중국, 일본, 서양으로부터 독립된 정신·사상·학술을 가져야 한다고 보았다. "특별히 자기를 호지(護持)하는 정신, 자기를 발휘하는 사상, 자기를 구명(究明) 하는 학술의 상으로 절대한 자주·완전한 독립을 실현할" 것을 주장했다. 그러면서 조선학을 통해 "활발발(活潑潑)한 대조선 경전을 우리 자리에서 우리 힘으로 만드는 것"이 필요하다고 방향이자 목표를 제시했다.[57] 최남선이 조선인 주체의 '조선학'을 천명한 것이다.[58]

조선인의 손으로 조선학을 세우기 위해 최남선이 가장 역점을 두어야 한다고 본 분야는 역사였다.

---

56) 〈배재학생 동맹휴학, 조선말로 조선역사를 가르쳐달라〉,《매일신보》1920. 7. 7 ; 〈역사교육에 대(對)하야, 역사는 산 것이다〉 1~2,《동아일보》1921. 3. 2~3. 3 ; 〈밀양군에서 사립보교(私立普校)를 설립하고 조선역사를 교수(教授)한 이균호 선생은 마츰내 구류〉,《동아일보》1921. 10. 22 ; 〈조선어창가와 조선역사의 교수(教授), 영암학생의 동맹휴학의 이유〉,《동아일보》1922. 9. 20.

57) 최남선, 〈조선역사통속강화(朝鮮歷史通俗講話) 4〉,《동명(東明)》6호, 1922. 10, 11쪽.

58) 자세한 내용은 류시현,《최남선 연구 : 제국의 근대와 식민지의 문화》, 역사비평사, 2009, 3부 1장 참조.

자기를 알면 일절 지식의 근본이다. 자기의 과거를 알고 현재를 알고 그리하여 당래(當來)하는 운명을 똑바로 알려 함은 자기의 존엄과 그 생활의 가치를 생각하는 이에게 아무것보담 앞서는 긴절(緊切)한 지식이다. …… 민족적 발전을 유발하고 진(進)하여 자각의 내용을 충실하게 하여 진실한 자조심을 조장하고 확실한 자주력을 수립케 하기는 아무러한 시편보다도 철학설보다도 가장 유력한 것이 역사이다.[59]

그러면서 최남선은 역사를 정확하게 알면 새삼스럽게 자각하거나 스스로 힘쓸 필요도 없고, 자조와 자주도 문제되지 않는다면서 구체적이고 정확하게 역사를 이해할 필요가 있음을 강조했다. 앞서 언급했던《조선문학사》에서 안확이 '국민의 심적 현상의 변천 발달을 추적하여 연구하는 것'을 목적으로 저술했다고 밝힌 이유와도 상통한다. 최남선에게 조선인의 독립한 학술인 조선학을 세우는 출발점은 조선역사를 아는 것, 조선역사를 연구하는 것이었다. 달리 말하면 1920년대 초반에 조선인의 조선역사에 대한 연구가 조선학이란 지역학의 핵심이라는 시각이 표출되기 시작한 것이다.

민족의 역사에 대한 자각을 강조한 최남선이 1920년대 들어 중점을 두고 연구한 분야가 단군이었다. 그는 단군을 신화와 역사로 구분하여 접근했다. 환웅에 관한 언급은 동북아시아의 민족신화에서 공통되게 나타나는 천강신화(天降神話)에 해당하며, 단군에 관한 언급은 고조선의 역사를 사실에 입각하여 이해할 수 있는 부분이라는 것이다. 그는 단군조선을 한반도 서북부에 있었던 작은 나라 정도로 보았다.[60] 최남선의

59) 최남선, 〈조선역사통속강화 1〉,《동명》3호, 1922. 9, 11쪽.

60) 이영화, 〈일제시기 단군을 둘러싼 한일간의 공방〉,《한국사학사학보》22집, 한국사학사학회, 2010, 162쪽.

주장은 백두산이 발원지인 단군이 압록강과 두만강을 넘어 만주 벌판의 역사와도 관계있다는 신채호의 역사인식과도 확연히 다름을 알 수 있다.

이렇듯 단군에 관해 여러 갈래의 주장들이 등장했음에도 불구하고 단군을 민족의 시조이자 건국의 시조로 보려는 태도는 바뀌지 않았다. 오히려 대중적으로 시조로서 단군에 대한 인식이 강화되어가는 흐름도 있었다. 1920년 4월 1일자로 창간된 《동아일보》는 10일 후인 4월 11일자 광고에서 "단군은 우리 민족의 종조(宗祖)이시오 우리 근역(槿域)에 건국하신 제1인이시오 가장 신성하신 대위인이라"는 문구로 시작되는 '단군 영정 현상 모집'을 시작했다.[61] 조선총독부는 조선역사의 고유성과 민족성을 찾으려는 조선인 사회의 움직임에 대해 민감하게 반응했다. 예를 들어 1920년 5월 인사동의 승동예배당에서 조선학생대회 주최로 열린 강연회 때 한 연사가 연설 도중 '단군자손'이라는 어휘를 사용하자 참석한 경찰이 토론을 중지시킬 정도였다.[62]

조선역사를 알고 자각하려는 조선인 사회의 공감대가 확산되던 와중인 1923년에 4종, 1924년에 3종의 통사 책이 간행되었다. 민족주의사학으로 분류할 수 있는 안확(《조선문명사》, 1923), 보성고보에서 역사교사로 재직 중인 황의돈(《신편조선역사(新編朝鮮歷史)》, 1923), 한성도서주식회사를 운영하며 잡지 《조선지광(朝鮮之光)》 등을 출판하고 있던 언론인 장도빈(《조선역사요령(朝鮮歷史要領)》, 1923),[63] 중앙고보에서 교사로 재직 중인 권덕규(《조선유기(朝鮮留記)》 상, 1924 ; 중, 1926)[64]의 개설서와 친일

---

61) 《동아일보》 1920. 4. 11. 이후 5, 6월에 연일 이 사업을 광고했다.

62) 《동아일보》 1920. 5. 31.

63) 이 시기 장도빈의 현실인식과 역사의식은 김진한, 〈구한말 일제하 장도빈의 활동과 현실인식〉, 《동양학》 60집, 단국대학교 동양학연구원, 2015 참조.

64) 권덕규의 연보와 저서목록은 조동걸, 《현대 한국사학사》, 184쪽의 주 78번, 187쪽의 주 84번에 상세하게 나와 있다. 그의 역사인식은 최기영, 〈권덕규의 생애와 저술〉, 《애산학보》 42호, 애산학회, 2016 참조.

성향으로 분류할 수 있는 현채(《동사제강(東史提綱)》, 1924), 박해묵(《반만년조선역사》, 1923)의 저서가 여기에 해당된다.[65] 조선역사에 대한 대중의 갈증을 반영하듯 황의돈의 책은 1929년까지 4판이 발행되었으며, 박해묵이 황의돈의 《신편조선역사》를 《반만년조선역사》로 변작하여 출판함으로써 조선에서 처음으로 저작권 소송이 일어나기도 했다.[66] 당시 보성고보의 역사교사로 재직하고 있던 황의돈은 1926년 10월에도 "조선문으로서 소년 독자에게 편의를 줄 만한 사책(史冊)"[67]으로 사용될 수 있게 《신편조선역사》를 쉽게 풀어 쓰고 삽화 등 시각자료를 더해 만든 《중등조선역사》를 출판했다. 이 책은 명문 사립학교인 보성고보, 휘문고보, 양정고보, 경신학교 등에서 교재로 사용할 만큼 인기가 높아 1929년에 이미 9판까지 발행되었다.[68] 황의돈의 저서는 1930년대에도 학생들 사이에서 인기가 이어졌는데, 해방 후 동국대학교 사학과 교수로 재직했던 조좌호는 1934년 대구사범학교에 재학 중이던 당시에 그 책을 기숙사에서 몰래 읽었다고 회고했다.[69]

황의돈의 《신편조선역사》는 조선역사를 단씨조선(檀氏朝鮮)으로부터 시작되는 상고사—중고사('삼국시대', '남북 양조시대')—근고사—근세사—최근세사로 시대를 나누었다. 그가 말하는 근고사란 '고려의 통일'로부터 시작되는 고려왕조이며, 근세사란 조선왕조를 가리키고, 최근세사는 흥선대원군의 집정부터였다. 《신편조선역사》는 앞서 언급한 《대동청사》(1909)에서 밝힌 한국사의 구성체계인 상고사—중고사(삼국—'신

65) 박종린, 〈'조선사'의 서술과 역사지식 대중화〉, 《역사문제연구》 31호, 역사문제연구소, 2014, 253쪽. 박종린은 조동걸, 《현대 한국사학사》, 182쪽에 있는 〈표〉를 보강했다.

66) 《동아일보》 1924. 8. 17 ; 《동아일보》 1925. 12. 2 ; 《시대일보》 1926. 5. 10 ; 《동아일보》 1926. 8. 10.

67) 《동아일보》 1927. 1. 27. 책의 '서언'의 일부분을 광고 문구에 그대로 인용했다.

68) 박종린, 〈'조선사'의 서술과 역사지식 대중화〉, 265~267쪽.

69) 조좌호, 〈해원 황의돈 선생님을 추모하면서〉, 《동국사학》 8집, 동국사학회, 1965, 1쪽.

라의 통일'—고려에 대한 몽골의 내습)—근고사(몽골의 압제—조선의 영정조)를 크게 바꾼 것이다. 14년이 지난 1923년에 와서 시기 구분과 시대적 의미를 바꾼 것은, 황의돈이 중고사에서 고려를 빼고 발해와 신라를 동시에 설명하는 남북국의 관점을 도입하는 한편, '신라의 통일' 대신 '고려의 통일'이란 용어와 관점을 추가하면서 근고사로 독립시킨 결과였다.[70]

황의돈의 생각은 1926년에 간행한 《중등조선역사》에서 더욱 선명하게 드러나고 있는데, 관련 부분을 소개하면 아래와 같다.

> 제9장 남북조의 대립
>
> 남조신라(南朝新羅)의 척경(拓境). 여제(麗濟) 양국을 멸한 뒤에 당인(唐人)이 그의 유지(遺地)를 홀로 차제코자 하여 소부리(부여)에 웅진도독부, 평양에 안동도호부를 둠으로 나당 양국의 국교가 충돌되야 당인은 백제 여중(餘衆)을 끼고 나인(羅人)은 고구려 유민과 합하여 서로 싸우기 7, 8년간에 이르더니 마침내 당군(唐軍)을 여러 번 깨쳐 쫓고 문무왕 16년(서기 676년 병자)에 이르러 백제의 유지를 다 차지하니 이에 칠중하(임진강) 이남의 반도가 다 신라의 땅이 되니라.
>
> 북조발해(北朝渤海)의 흥기. 고구려가 망한 뒤 그의 유민이 고국을 회복하고자 하여 여러 번이나 싸웠으나…[71]

여기에서 주목되는 황의돈의 서술기법은 임진강 이남이 신라의 땅이 되었다고 밝히면서도 곧 바로 "고구려의 발운인 발해"를 언급함으로써 두 국가의 성립, 발전, 소멸을 병렬하고 있다는 점이다. 민족의 대립보

70) 1926년에 발행된《중등조선역사》에서는 '고려의 통일'이란 표현이 사라진다.

71) 황의돈,《중등조선역사》, 홍문원, 1927, 111쪽. 2판이 발행된 시점은 4월이었다.

다 공존을 드러내고 싶은 의도가 담긴 해석의 결과일 것이다. 발해와 신라를 하나의 시대 속에서 함께 설명함으로써 신채호의 영향을 받은 것으로 추측되지만, 두 국가를 '병립'한 관계로 동등하게 취급한 점은, 신채호가 고구려를 계승한 발해를 중심에 두고 '통일'이란 말 자체를 사용하지 않으며 외세의존적이고 사대적인 신라의 통합에 무척 비판적이었던 것과 달랐다. "대분립시대의 후기(남북조시대)" 부분을 '문무왕의 통일'로부터 시작하며 '통일신라'를 중심으로 남북조시대를 기술한 안확의 《조선문명사》와도 달랐다.[72] 황의돈의 역사인식은 북방계통의 왕조를 조선역사의 주류로 간주한 권덕규의 《조선유기》와도 달랐다. 그럼에도 불구하고 두 왕조를 하나의 시대로 이해하려는 역사관을 드러낸 점에서는 신채호 이후의 안확, 황의돈, 장도빈, 권덕규의 책과 일치했다.[73]

이렇듯 경학으로부터 분립해온 조선인의 역사연구는 3·1운동 이후 일본, 중국과 다른 조선이란 독립된 공간의 지정학적 위치를 자각해가고, 조선역사에 대한 대중의 갈증을 해소시키기 위한 개설서를 발간함으로써 조선이란 대상을 역사화하려는 방향으로 나아갔다. 신라의 통일을 어떻게 받아들일 것인가의 문제처럼 개개인의 편차도 있었지만, 조선인 민족주의 역사가들이 조선학의 핵심 부분으로 인지하기 시작한 조선역사는 민족의 시조이자 개국의 시조인 백두산의 단군으로부터 시작했다. 그들은 이어 부여족을 주체로 내세운 고조선—삼국시대—발해와 신라의 남북양조시대로 이어지는 흐름을 기본으로 간주하며 중국·일본과 다른 조선역사의 독자성과 민족의 고유성을 다양하게 짚어내고자 했다.

---

72) 안확, 송강호 역주, 《조선문명사》, 우리역사연구재단, 2015, 26~27쪽.

73) 이들은 삼국시대까지만 서술한 신채호와 달리 발해 유민의 부흥운동에 관해서도 언급함으로써 민족주의사학의 발해 인식을 더욱 진전시켰다. 김영하, 《신라중대사회연구》, 일지사, 2007, 80쪽.

결국 1920년대 중반에 이르면 다음에서 살펴볼 관제사학이 지향하는 역사인식과 확연히 다른 공감대가 국내에서 뚜렷하게 정립되었다고 말할 수 있다. 이는 식민지 조선사회의 공론장에서 식민주의 역사학의 담론과 경합할 수 있는 내적 기반이 형성되어갔음을 의미한다.

단군으로부터 시작하는 민족 주체적인 조선역사가 이어져왔다는 인식은 역사가들만의 주장에 그치지 않고, 해외에서도 나름대로 공감대를 형성해갔다. 가령 1925년 북만주의 민족주의운동 단체인 신민부를 창립하기 위해 민족운동가들이 모였을 때, 그들은 스스로 회합의 이름을 '부여족 통일회의'라 했다. 이는 같은 시기 남만주에 있었던 민족주의운동 단체인 정의부, 참의부와 달리 신민부에 대종교 신도들이 특히 많았던 현실과도 무관하지 않았을 것이다.

한편, 조선역사를 체계적으로 이해하려는 흐름이 확산되는 가운데 '과거'의 역사에만 주목하는 데 그치지 않고 식민지 조선의 현실을 객관화하려는 움직임도 나타났다. 1925년 9월 창립된 조선사정조사연구회(朝鮮事情調査研究會)가 바로 그것이다.[74] 연구회 참가자들은 당대의 조선을 조사·연구하기 위해 교육, 재정금융, 상공농업 분과를 설치했다. 11월 28일에 '현행 세금' 제도를 조사·연구한 첫 발표회를 가졌다.

우리가 주목해야 할 점은 연구회에 참여한 회원들의 면면이다. 몇 사람만 예를 들어보면, 연희전문학교에 새로운 바람을 불어넣고 있던 백남훈, 《조선일보》의 주필로 재직 중 1927년부터 전개된 신간회운동을 주도하고 1934년경에는 조선학운동을 이끈 안재홍, 연희전문학교 교수

---

74) 조선사정조사연구회의 조직과 활동에 관한 자세한 내용은 다음 두 편의 논문을 참조할 필요가 있다. 고정휴, 〈태평양문제연구회 조선지회와 조선사정연구회〉, 《역사와 현실》 6호, 역사비평사, 1991 ; 윤덕영, 〈1920년대 중반 민족주의 세력의 정세인식과 합법적 정치운동의 전망 : 동아일보 주도세력을 중심으로〉, 《한국 근현대사 연구》 53집, 한국근현대사학회, 2010.

인 사회경제사학자 백남운, 교토제국대학(京都帝国大学) 출신으로 연희전문학교 교수인 이순탁, 앞서도 인용한 철학자 최두선, 동아일보 정치부장인 한위건, 베를린자유대학(Freie Universität Berlin) 출신의 조선일보 기자인 김준연 등이 참여했다.[75] 참여자들을 보면 연구회가 민족주의운동과 사회주의운동의 경계를 뛰어넘는 조직이었음을 알 수 있다. 이는 조선의 현재를 스스로 직접 파악하고 미래를 준비하기 위한 지식인 사회의 분위기가 반영된 결과다. 그것은 앞서 인용했던 최남선이 말하는 독립된 정신, 학술, 사상을 우리 손으로 갖추어야 한다는 주장과 서로 통한다고도 볼 수 있다.[76] 또한 조선사편수회와 경성제국대학을 비롯해 제도화된 관제사학의 등장을 계기로 조선총독부가 조선 민족의 주체적인 역사를 왜곡하려는 통치 의도를 공공연하게 드러냄에 따라 이에 대응하려던 움직임이기도 하다.

그러면 이번에는 역사적 측면에서 지배를 정당화한 관제사학의 두 축, 곧 조선총독부의 역사정책을 추진한 기관과 사학과를 축으로 한 경성제국대학 가운데 전자의 움직임을 먼저 살펴보자. 전자의 움직임은 1910년대부터 통치기관의 일부로 기능하며 뚜렷한 족적을 남겼다. 반도사편찬사업과 조선사편찬위원회의 문제점을 보강하며 사학과보다 앞선 1925년에 조선사편수회로 이어졌다. 이에 비해 후자의 움직임은 1926년부터 본격화했다. 후자의 움직임은 다음 2장에서 고등교육사, 지식사회사와 연관해 좀 더 깊이 있게 살펴보겠다.

---

75) 《동아일보》 1925. 11. 30. 이후 한위건과 김준연은 1927년 ML파 조선공산당에서 선전부장과 책임비서로 활동했다.

76) 그런데 최남선은 1928년 조선사편수회에 위원으로 참가했다. 민족주의사학에서 이탈한 것이다.

2. '통치의 학(學)'으로서 '조선사' 연구체제의 정비

일본의 대륙팽창과 조선사 연구

조선인의 근대 역사학이 성립하기 훨씬 전부터 일본에서는 서구의 역사방법론인 랑케의 실증주의사학에 입각하여 한국사 연구가 시작되었다. 당시까지 일본인의 한국인에 대한 우월의식은 신화와 전설을 기록한 문헌자료에 근거한 관념적인 것이었다. 일본 국학자들을 중심으로 한 우월의식은 1883년 광개토대왕의 비문이 발견되면서 새로운 전기를 맞이했다. 임나일본부설을 주장할 수 있는 근거를 발견했다는 것이다. 비문은 이후 도쿄제국대학(東京帝国大学) 일본사 연구자들이 중심이 되어 제기한 일선동조론(日鮮同祖論)의 역사적 논거가 되었다.[77]

1892년 근대적 역사연구방법론을 도입하여 한국인에 대한 일본인의 우월의식을 학문 차원에서 역사화한 첫 개설서가 나왔다. 하야시 다이

---

77) 旗田巍, 〈日本における朝鮮史研究の傳統〉, 《日本人の歴史観》, 勁草書房, 1969, 228~231쪽.

스케의 《조선사》(요시카와 한시치吉川半七, 1892)이다. 하야시는 조선사를 태고사(기씨—삼한)—상고사(삼국의 분립—'신라의 통일', '신라의 쇄망', 태봉 및 후백제, 발해)—중고사(고려)로 시기를 구분하고 1, 2, 4권에 각 시대사를 시간 축으로 기술하는 한편, 3, 5권에서 제도·문학·산업·풍속이란 분류사 측면에서 상고사와 중고사를 서술했다.[78] 그는 "조선은 나라를 세운 지 오래되었지만 …… 거의 중국의 속국과 같았다"며,[79] 단군조선을 부인하고, 조선사를 기자조선과 위만조선에서 시작한 것으로 기술하여 타율성을 부각시켰다. 발해라는 나라 이름도 말갈이 고구려의 유민을 귀속시켜 국가를 확장하는 도중에 당의 예종(睿宗)이 내린 칭호라며 고구려의 후신으로서 발해를 부정했다. 발해와 통일신라를 남북국의 관점에서 보지 않고, 발해의 역사보다 신라에 의한 삼국통일에 방점을 두고 상고사를 기술했다. 하야시의 조선사 구성체계는 앞서 언급한 조선인 역사가들의 기본 인식과 달리 조선사의 시작으로 단군과 부여족의 주체성, 그리고 남북국의 시각을 부정했다.

하야시 다이스케의 책은 왕실을 중심으로 한 서술을 지양하고, 시간의 흐름에 따라 인과관계를 고려하며 정치사를 서술하면서 분류사 서술기법을 채용했다. 그때까지의 역사서술 방식인 편년체를 벗어난 역사책의 체제는 현채가 《동국사략》(1906)에서 차용함으로써 이후 조선인의 조선역사 기술에 큰 영향을 주었다. 현채는 책의 '자서(自序)'에서 과거의 방식으로 역사서를 쓸 수 없고, 그렇다고 별도의 방법이 떠오르지 않아 하야시의 서술방식을 차용하는 한편, 스스로 여러 차례 수정하여 여

78) 《조선사》에 대해서는 이만열, 《한국 근현대 역사학의 흐름》, 450~466쪽에 상세히 분석되어 있다. 하야시는 《조선사》에서 다루지 못한 근세사를 조선의 개국에서부터 '동학당' 이후까지 집필하여 《조선근세사(朝鮮近世史)》(吉川半七) 1, 2권으로 1901년에 출판했다.

79) 하야시 다이스케, 편무진·김현욱·이태훈 옮김, 〈제1편 총설〉, 《조선사 번역·해제》, 인문사, 2015, 51쪽.

러 나라의 역사서술 방식과 어울릴 수 있도록 했다고 밝혔다.[80] 그렇다고 현채가 하야시의 《조선사》를 그대로 편역한 것은 아니었다. 한국사의 기본 체계를 단군조선—기자조선—삼한—삼국—통일신라—태봉, 후백제, 발해—고려—조선으로 구성했고, 하야시가 매우 중요시한 한사군과 임나일본부는 언급하지 않았다.[81] 중국사로부터의 독립성을 추구하고 일본 중심의 시각에서 벗어나려는 노력도 눈에 띄는 대목이다. 따라서 현채의 《동국사략》은 중국과 일본을 조선민족의 타자로 의식하는 '국사'의 확립을 지향했으며, 정통론적인 통사체계의 확립을 모색함으로써 한국 근대 역사학이 태동하는 과정에 있음을 보여주었다는 평가도 있다.[82]

1904년 일본은 러일전쟁을 일으켜 이듬해 승리했다. 이로써 일본은 서구 열강의 동의 아래 한반도를 확실히 자신의 세력권 안에 두게 되었다. 1903년부터 전쟁 중이던 1904년 사이에 사회경제사적 방법론에 입각하여 한국경제를 분석한 후쿠다 도쿠조(福田德三)의 논문이 발표되었다. 그는 조선사에서 봉건제가 결여되어 있으며 현재의 조선이 9세기 중후반 일본의 후지하라씨(藤原氏)시대 수준이라는 정체성론을 제기했다.[83] 1905년 러시아와의 전쟁에 승리한 일본은 한반도에 대한 독점권을 갖게 되었을 뿐 아니라 랴오둥 반도(遼東半島)의 뤼순(旅順)과 다롄(大連)을 조차하여 관동주라는 이름을 붙이고, 그곳에서 창춘(長春)까지의

---

80) 한국학문헌연구소 편, 《한국개화기교과서총서 15 : 국사편 5》, 아세아문화사, 1977, 5~6쪽(현채, 《동국사략》, 1906).

81) 김용섭, 〈일본·한국에 있어서의 한국사서술〉, 《역사학보》 31집, 역사학회, 1966, 131~132쪽.

82) 윤선태, 〈'통일신라'의 발명과 근대역사학의 성립〉, 《신라문화》 29집, 동국대학교 신라문화연구소, 2007, 141쪽 ; 도면회, 〈한국 근대 역사학의 창출과 통사 체계의 확립〉, 《역사와 현실》 70호, 193쪽.

83) 福田德三, 〈韓國の經濟組織と經濟單位〉, 《內外論叢》, 寶文館, 1903. 9~1904. 11. 후쿠다 도쿠조는 이후 《經濟學硏究》(1915)에 학술논문으로 정식 발표했다.

철도부설권도 확보해 1906년 남만주철도주식회사를 세웠다. 일본은 만주 침략의 교두보를 한반도와 관동주에 확보한 것이다. 일본은 이제부터 제국을 경영하는 차원에서 '만한경영(滿韓經營)'을 깊이 고민할 수밖에 없었고, 이를 뒷받침해줄 이론적 근거도 필요했다.

일본 동양사학의 개척자라 불리는 도쿄제국대학 교수인 시라토리 구라키치(白鳥庫吉)는 이처럼 새로운 상황에 매우 능동적으로 대응했다. 그는 만주와 조선의 역사, 곧 만선사 연구 30년을 회고하는 글에서 "1903년 유럽에 갔다 러일전쟁이 일어나기 몇 개월 전 시베리아철도를 이용해 귀국했다. 이때 일본인으로서 서구학계의 연구에 견줄 수 있는 '근본적 동양 연구의 필요'를 절감했다"고 밝히며 서구학계가 손을 대지 않은 만주와 조선에 대한 역사지리를 연구할 필요가 있다고 제창했다. 그의 주장은 특히 1905년 9월에 일본과 러시아가 포츠머스조약을 체결할 즈음 더욱 왕성해졌다. 대다수의 학자와 정치가들이 문제제기에 냉담한 반응을 보였지만, 남만주철도주식회사의 초대 총재인 고토 신페이(後藤新平)는 달랐다. 일본 식민의 아버지라고도 불리는 고토는 시라토리의 주장에 동조하여 남만주철도주식회사 산하에 만선역사지리조사부를 개설하도록 했다.[84]

남만주철도주식회사의 도쿄 지사에 설치된 조사실에서는 1908년 1월부터 연구가 시작되었다. 이케우치 히로시(池內宏), 쓰다 소기치(津田左右吉), 이나바 이와키치(稻葉岩吉) 등 향후 조선사 인식에 지대한 영향을 끼친 사람들이 핵심 연구원이었다. 이들은 1913년 《만주역사지리 1·2》, 《조선역사지리 1·2》를 출판했다. 《조선역사지리》를 집필한 쓰다는, 나중에 '연(燕)'에 복속되는 '기씨조선'에서부터 조선의 역사가 시작

84) 白鳥庫吉, 〈滿鮮史研究の三十年〉, 《白鳥庫吉全集 10》, 岩波書店, 1971, 403~405쪽.

된다고 '서언'에서 밝히며 조선사의 타율성을 부각시켰다.[85] 연구원이었던 이케우치는 1914년《분로쿠 게이초의 역(文祿慶長の役)》을 조사실에서 출판했다. 2년 뒤인 1916년 이케우치는 도쿄제국대학 조교수가 되었고, 쓰다는 와세다대학에서 강의했으며, 이나바 이와키치는 조선사편수회의 핵심으로 활약하다 퇴직 후 만주건국대학의 교수가 되었다. 흔히들 만선사관(滿鮮史觀)이라 불리는 이들의 역사인식은 한국이 중국대륙의 일부였으며, 조선사는 대륙사에 부속된 역사라는 관점 아래 조선인의 주체성을 부인했다.

장기적 통치기반 조성과《조선반도사》편찬사업

식민사관은 일본이 조선 지배를 정당화하는 기제로 이용되었다. 일본은 조선을 지배하는 순간부터 식민사관을 뒷받침할 구체적인 자료, 즉 지배를 정당화하고 지속할 수 있는 실증적인 결과물을 확보하는 데 힘을 썼다. 조선총독부의 초대 총독 데라우치 마사타케(寺內正毅)는 "목적의 정치적 시설 이상으로 다시 영구적, 근본적인 사업이 필요하다. 이것이 곧 조선인의 심리연구이며 역사적 연구이다. 저들의 민족정신을 어디까지나 철저히 조사"하는 것이 필요하다고 말하며, "나는 세인(世人)이 우원(迂遠)하다고 경시하는 학술적 조사가 절대로 필요하다고 인정하여 조사의 보무(步武)를 진행시키고 있다"고 발언할 정도였다.[86]

식민지 초기 일본이 벌인 조선에서의 고적조사와 보존사업은 도리이

85) 白鳥庫吉 監修, 津田左右吉 著,《朝鮮歷史地理 1》, 南滿洲鐵道株式會社, 1913, 1쪽.

86) 青柳綱太郎,《總督政治史論》, 京城新聞社, 1928, 262~267쪽.

류조(鳥居龍藏)가 1911년부터 주도한 사료조사가 공식적인 시발점이라고 할 수 있다. 도리이는 이미 1909년부터 세키노 다다시(關野貞)가 주도한 고건축과 고적조사, 그리고 타이완(臺灣)에서의 고적조사와 고구려의 장군총을 비롯한 만몽조사 등으로 이름을 날리고 있던 인물이었다. 앞서 세키노가 주도한 조사사업은 1916년 네 권의 《조선고적도보해설》의 출판으로 이어졌고, 이후에도 1935년까지 11권이 발행되는 성과로 나타났다. 세키노 역시 이 책으로 명성을 얻어 프랑스학사원으로부터 표창을 받기도 했다.[87]

식민지배 초기 문화지배의 중요성을 먼저 파악하고 있던 데라우치 총독은 1916년 7월 조선총독부 총무국에 조선고적조사위원회를 조직했고, 중추원에 편찬과를 두었다. 그리고 5개년 계획으로 조선고적조사사업과 《조선반도사》 편찬사업을 각각 추진했다. 데라우치는 자신이 조선총독으로 재직하는 중에 발행된 《조선고적도보해설》 시리즈를 총독 집무실에 두고 방문한 손님에게 직접 서명하여 전달했고, 외국의 관련 인사와 기관에 보내도록 했다. 그리고 전체 시리즈 중 제5권까지는 영문 해설을 첨부하도록 할 정도로 조선의 고적조사 활동에 공을 들였다.[88] 1932년부터 경성제국대학에서 조선사 제1강좌를 담당했던 후지타 료사쿠(藤田亮策) 교수는 '고문화재의 보존조사'에 관한 한 데라우치 총독만큼 적극적이고 계획적으로 정책을 추진한 총독은 없었으며, 뒤에 부임한 나머지 일곱 명의 조선총독은 "단순히 타성적으로 이를 계속하는데 불과"했다고 회고할 정도였다.[89]

---

87) 藤田亮策, 〈朝鮮古蹟調查〉, 黑板博士紀念會 編, 《古文化の保存と研究 : 黑板博士の業績を中心として》, 吉川弘文館, 1953, 332쪽. 조선고적조사에 관해서는 최석영, 〈일제의 조선고적조사 및 발굴 사업 : 1910년대~1940년대〉, 《일제의 조선 연구와 식민지적 지식 생산》, 민속원, 2012, 291~308쪽 참조.

88) 藤田亮策, 〈朝鮮古蹟調查〉, 333쪽.

89) 藤田亮策, 같은 글, 330쪽.

그렇다면 조선총독부는 왜 이 시점에 식민지 조선에서 역사정책을 구체적이고 체계적으로 추진하기 시작했을까? 조선총독부는 의병을 비롯한 저항세력을 진압하는데 어느 정도 성과를 거두자 1914년 면과 군을 통폐합하면서 지방행정구역을 개편하여 조선 지배의 행정체계를 마련했다. 1915년에는 '시정 5주년을 기념'한다는 명분으로 100만 명 이상이 참관한 조선물산공진회라는 박람회를 경성에서 열어 통치효과를 과시했다. 〈사립학교규칙〉을 개정하여 일본어와 일본사에 대한 교육을 강화하고 천황숭배와 배치되는 종교교육을 통제해갔다. 또한 그해 일본 제국의회가 한반도의 치안과 대륙침략을 동시에 겨냥하여 일본 본토와 식민지 조선에 교대로 근무하던 주차군을 대신하여 상주하는 주둔군을 배치하기로 결정함에 따라, 1916년부터 함경북도 나남과 서울을 중심으로 2개 사단이 편성되기 시작했다. 이렇듯 고적을 조사하고 표준 역사서를 편찬하려는 조직적인 역사정책은 통치체계를 정돈하는 과정에서 조선총독부가 추진한 여러 지배정책 가운데 하나였다. 당시 역사정책은 식민주의자들이 목표로 하는 새로운 사회질서, 곧 식민지 조선에서 자기들을 중심으로 윤리의 원리로서 '공(公)'을 내세워 새로운 공공영역을 만들어가려는 노력의 일환이었다. 조선총독부의 역사정책은 1916년 7월에 간행한 '《조선반도사》 편찬 요지'에서도 명확히 확인할 수 있다.

…… 조선인을 방치하여 그들이 일진월보(日進月步)의 대열에서 낙오되게 하고 돌보지 않는 일은 처음부터 국가의 기초를 공고히 하는 소이(所以)가 되지 못하는 것이다. 하물며 그들을 무지몽매한 지경에 묶어 놓으려 함은 오늘날과 같은 시대에 있어서는 전연 불가능한 일에 속함에 있어서랴.

오히려 끝까지 그들을 교화하여 인문의 영역으로 나아가게 하고 일치

합동의 단합된 힘으로 제국일본의 앞날의 융성을 도모케 함은 만세의 양책(良策)으로 병합의 큰 뜻이 실로 여기 있다 할 것이다. 그러므로 이미 조선의 인민을 교화함을 목적으로 하는 이상은 처음부터 그들의 이목을 가리는 계책으로 나와서는 안 된다. 뿐만 아니라 더더욱 교화의 본뜻이 어디에 있는지 분명히 밝혀두어야 한다. 조선인은 다른 식민지의 야만미개한 민족과 달라서 독서와 문장에 있어 조금도 문명인에 뒤지지 않는 민족이다. 예부터 사서(史書)가 많고, 새로이 저작에 착수한 것도 적지 않다. 그래서 전자는 독립시대의 저술로서 현대와의 관계를 결(缺)하고 있어 헛되이 독립국 시절의 옛 꿈에 연연하는 폐단이 있다. 후자는 근대 조선에서서의 일러·일청 사이의 세력경쟁을 서술하여 조선의 나아갈 바를 설파하고, 혹은 **'한국통사'라고 불리고 있는 재외 조선인의 저서 같은 것이 사실의 진상을 규명하지 않고 함부로 망설을 드러내 보이고 있는 것이다. 이들 사적(史籍)이 인심을 현혹시키는 해독 또한 참으로 말로 다 할 수 없다.**

그러나 이를 절멸시키는 방책만을 강구한다는 것은 헛수고에 그치게 될 뿐이다. 혹은 전파를 장려하는 일이 될지도 모른다는 점을 헤아려야 한다. 오히려 구사의 금압 대신 **공명 적확한 사서로서 대처하는 일이 더욱 첩경(捷徑)이고 또한 효과가 더욱 클 것**이다. 이 점을 조선반도사 편찬의 주된 이유로 삼으려 한다. 만약 이러한 서적의 편찬이 없다면 조선인은 무심코 병합과 관련 없는 고사나, 병합을 저주하는 서적만을 읽을 것이다. 그리하여 점점 세월이 흐르다 보면 눈앞에 닥쳐오는 당면한 일에만 익숙해지고, 오늘의 밝은 세상이 오로지 병합의 은혜에서 연유한 것임을 망각하고 부질없이 구태만을 회상하여 도리어 진보에의 기력을 상실하게 될 우려가 없지 않을 것이다. 이렇게 된다면 어떻게 조선인 동화의 목적을 달성할 수 있겠는가.[90] [강조—인용자]

위의 글을 통해 일본인 지배자들이 조선의 문화 수준을 높이 치면서도 조선인의 주체성을 인정하지 않고 있음을 확인할 수 있다. 조선인을 교화하는 일이 병합의 목적이었다고 함으로써 피식민자에 대한 제국주의자의 계몽의식과 함께 감춰진 오만과 허위의식 또한 읽을 수 있다. 그러면서 조선인의 역사인식을 바꾸기 위해서는 강압적인 방식보다 "공명 적확한 사서"를 만드는 일이 더 적절한 대응책이라고 보았다. 왜냐하면 공명 적확한 역사서가 일치하는 의식의 "표준 근거"이자 "일본 전체 역사의 참고자료로 활용"될 수 있다면 "조선통치의 동화방침을 원만하고 신속하게 수행, 성취하는 편리함"이 있기 때문이다.[91] 《조선반도사》 편찬사업을 벌인 1차적인 목적은 여기에 있었다.

더구나 공격이 최선의 방어라는 말 그대로, 조선총독부는 조선인 민족주의사학의 공세에 맞서 마찬가지로 역사를 통해 통치의 정당성을 확보하고자 했다. 앞의 인용문에도 언급되었듯이, 식민주의 역사학의 논리를 정면으로 부정한 박은식의 《한국통사》가 1915년 상해에서 발행되어 비밀리에 유통되고 있는 데 따른 대책이기도 했다. 《한국통사》는 1864년 고종의 즉위부터 1911년 '105인사건'까지 일본이 47년 동안 조선과 대한제국의 주권을 침탈한 '아픈 역사'가 주로 기술된 책이다. 일본 지배자들이 보기에 박은식의 책은 앞의 인용문에서 스스로 고백한 대로 "재외조선인의 저서와 같은 것이 사실의 진상을 규명하지 않고 함부로 망설을 드러내"고 있어 "이들 사적이 인심을 현혹시키는 해독 또한 참으로 말로 다 할 수 없"을 정도였다. 이는 일본 지배자의 조선사 연구와 논리가 비록 일방적이지만, 그들이 특정한 기획을 하여 담론화하는

---

90) 朝鮮總督府朝鮮史編修會 編, 《朝鮮史編修會事業概要》, 朝鮮總督府, 1938, 5~7쪽.

91) 친일반민족행위진상규명위원회 편, 《친일반민족행위관계사료집 V : 일제의 조선사 편찬사업》, 친일반민족행위진상규명위원회, 2008, 32~33쪽(원전 : 《朝鮮半島史編成ノ要旨及順序》, 朝鮮總督府, 1916).

〈표 1-1〉《조선반도사》 시기 구분과 집필자

시기	집필자	시기	집필자
제1편 상고삼한	이마니시 류(今西龍)	제4편 고려	오기야마 히데오(荻山秀雄)
제2편 삼국	이마니시 류	제5편 조선	세노 우마쿠마(瀨野馬熊)[92]
제3편 통일신라	이마니시 류	제6편 조선최근사	스기모토 쇼스케(杉本正介)

과정에서 조선인 사회의 동향을 의식했음을 알 수 있다. 달리 말하면 침략·문명화 논리를 정립하려는 일본인 침략자, 그리고 저항·민족보존의 논리를 정립하려는 조선인 저항자라는 역사인식 구도가 형성되어가는 가운데, 양측은 조선의 역사를 둘러싸고 서로를 의식하며 대립하는 논점을 제기하고 적대적 대결 관계를 형성해갔음을 의미한다.

1924년까지 5년 기한으로 짜여진 《조선반도사》의 통사체계와 집필진을 정리하면 〈표 1-1〉과 같다.

집필진 가운데 주목해야 할 사람은 한국고대사를 집필한 이마니시 류다. 그는 한국고대사를 연구하는 한국 연구자들로부터 한때 매우 상반된 평가, 곧 한국고대사의 기초를 왜곡하고 말살한 사람이라는 평가와 반대로 이 분야에서 상당한 공로를 세운 사람이라는 평가를 동시에 받았다.[93] 그는 1903년 도쿄제국대학 대학원에 입학하면서부터 조선사를 공부했고, 1906년 경주를 답사한 이후 세키노 다다시가 주도한 조선고적조사에 참여하게 되었다. 이마니시는 1916년에 결성된 조선고적조

92) 세노 우마쿠마에 관한 기록은 현재 한국과 일본에서 정리된 것이 없다. 그는 1874년 구마모토현 출신이고, 타이완총독부에서 문서편찬과 '토비토벌사' 편수를 담당했으며, 1910년 5월 남만철도주식회사 조사부에서 근무했고, 1916년 10월 식민지 조선에 건너와 조선총독부 중추원에서 별인 조선인명사서 편찬 사무의 촉탁을 맡으며 조선사와 인연을 맺었다. 1934년에 사망했다(池內宏, 〈序〉, 《瀨野馬熊遺稿》, 瀨野いと, 1936).

93) 예를 들어 다음 두 연구가 있다. 박성봉, 〈금서룡의 한국 고사(古史)연구와 그 공과〉, 《한국학》 12집, 중앙대학교출판부, 1976 ; 최재석, 〈금서룡의 한국고대사론 비판〉, 《한국학보》 13권 1호, 일지사, 1987.

사위원회의 촉탁으로 활약했고, 1920년대 들어서는 교토제국대학 교수로 재직하면서도 경성제국대학 사학과에서 조선사학 제1강좌를 책임졌다.

《조선반도사》 편찬사업에서 이마니시와 함께 주목해야 할 사람은 조선총독부 학무국의 편집과장으로 있던 오다 쇼고(小田省吾)다. 그는 편찬사업을 구체적으로 담당할 기관인 편찬과의 과장을 겸임했다. 오다는 앞서 1908년 대한제국의 초빙 공무원으로 한반도에 건너와서 통감부의 교과서 편찬업무 등을 맡았다. 이후 그는 조선고적조사위원회 위원으로 활동했으며, 경성제국대학 사학과 교수를 지내면서 조선사 제2강좌를 담당했다.[94)]

이마니시 류와 오다 쇼고는 조선고적조사위원회에서 세키노 다다시, 도리이 류조, 그리고 도쿄제국대학 조교수인 구로이타 가쓰미(黑板勝美)의 후원 아래 편찬사업 등 실질적인 역할을 수행했다. 특히 시종일관 일선동조론을 주창한 구로이타 가쓰미는 이 시기 《조선반도사》 편찬사업, 1920년대 조선사편찬위원회, 조선사편수회의 결성과 사업 방향을 설정하는 데 지대한 영향을 끼친 사람이었다.[95)] 따라서 《조선반도사》 편찬은 구로이타의 적극적인 후원 아래 고적조사 경험이 풍부한 이마니시가 집필분야에서, 교과서 편수 등을 경험한 오다는 편찬 관련 분야에서 각자 중요한 역할을 맡았다. 1910년대 중반을 지나며 조선 내에서 식민주의 역사학을 이끌어갈 중심축이 형성되기 시작한 것이다. 두 사람이 1926년 경성제국대학 사학과에 개설된 조선사학의 제1, 2강좌를 각각 책임

94) 오다 쇼고의 자세한 경력은 최혜주, 〈오다 쇼고(小田省吾)의 교과서 편찬활동과 조선사 인식〉, 《동북아역사논총》 27호, 동북아역사재단, 2010, II장 1절 참조.

95) 구로이타 가쓰미의 경력과 식민주의 역사인식에 관해서는 이성시, 〈구로이타 가쓰미의 역사학 연구와 식민주의〉, 윤해동·이성시 엮음, 《식민주의 역사학과 제국》, 책과함께, 2016 참조.

졌다는 점이 시사하듯이, 식민주의 역사학이 한시적인 기획을 넘어서 안정적이고 지속 가능한 제도화로 전환하고 있는 시점에 두 사람은 중요한 견인차 역할을 했다.

조선총독부는 《조선반도사》의 집필방향도 확정했다. 편찬사업을 추진하기 위해 아래 세 가지 사항에 대해 내용상의 주안점을 두도록 한 것이다.

> 첫째, 일본인과 조선인이 동족(同族)이라는 사실을 분명히 할 것.
>
> 둘째, 상고시대부터 조선에 이르는 군웅의 흥망기복과 역대의 역성혁명에 의한 민중의 점진적 피폐와 빈약에 빠진 실황을 서술하고 지금 시대에 이르러 성왕의 치세(治世)의 혜택에 의해 비로소 인생의 행복을 완성하게 된 사실을 상세하게 기술할 것.
>
> 셋째, 편성은 모두 신뢰할 수 있는 사실을 기초로 할 것.[96]

《조선반도사》는 일시동인(一視同仁)의 한일관계를 증명함으로써 조선인과 일본인이 애초부터 하나의 민족이었음을 밝히고, 이후 조선인만의 역사는 정체되고 후퇴했을 뿐이라는 점을 드러내도록 기획된 제국주의 역사서인 것이다. 비록 정식 출판되지는 않았지만, 원고본으로 남아 있는 내용을 정리해보면 위의 주안점대로 기술되었음을 확인할 수 있다. 즉 조선반도의 "현재 조선민족의 본간을 이루는" 주민은 반도의 남부와 서부에 정착한 '한종족(韓種族)'이다. 강원도와 함경도 지역에 정착한 예맥족은 반도의 구석진 지역만을 차지한 데 불과했다. 한종족을 중심으로 한반도의 역사를 계통화하면, 원시 주민과 중국에서 온 한(漢)민

96) 친일반민족행위진상규명위원회 편, 《친일반민족행위관계사료집 V : 일제의 조선사 편찬사업》, 32쪽.

족이 세운 위씨조선의 원시시대→한(漢) 영토 시대→삼국성립시대→삼한 및 가라시대(일본의 보호시대)→삼국정립시대→통일 후 신라(당에 복속한 시대)→고려→조선→조선 최근세(대원군이 집정한 1864~1910)로 이어졌다. 《조선반도사》는 일선동조론을 내세워 조선인과 일본인이 같은 민족이었지만, 대규모 이주에 따라 하나는 조선반도에, 다른 하나는 일본에 정착했다는 시각을 녹여 기술했다. 《조선반도사》는 흔히 말하는 단군조선과 기자조선을 전설상의 존재로 치부했고, 예맥족의 일부인 부여족이 세운 고구려를 조선민족의 역사를 이루는 요소가 아니라고 단정했다. 통일신라도 당에 종속된 국가였으며, 발해는 일본, 당과의 대외관계를 설명하는 부분에서 매우 간략히 언급했다. 또한 당의 도움을 받아 성립한 통일신라 이후 조선민족은 중국의 발전된 문물을 일본에 전해주는 중계자였을 뿐이며, 독자적인 문화 능력을 갖추지 못한 것으로 서술했다.[97)]

이처럼 《조선반도사》 편찬사업은 조선역사의 종속성, 타율성을 드러내며 일본이 지배해야 할 이유를 합리화하려는 정치적 목적이 뚜렷한 역사왜곡정책이었다. 조선총독부는 《조선반도사》를 통해 일선동조론을 드러내고, 당대에 이르러 천황의 은덕으로 조선인이 비로소 행복하게 되었다는 점을 강조하려 했다. 더 나아가 조선인의 일본인화를 의미하는 '조선인의 동화', 곧 조선인 입장에서 말하자면 민족말살이라는 궁극적인 방향성도 분명히 했다.

그러나 사업은 계획대로 진행되지 않았다. 조선총독부가 애초에 간행

97) 《조선반도사》는 친일반민족행위진상규명위원회가 편역한 《친일반민족행위관계사료집 V : 일제의 조선사 편찬사업》에 수록되어 있다. 번역본은 경상대학교 소장본과 하와이대학 소장본을 참조했다. 필자는 원고지에 필사되어 있는 두 대학의 소장본을 확인했고, 정서되어 사료집에 수록된 원고를 읽고 본문처럼 요약한 것이다. 《조선반도사》의 내용에 대한 첫 분석은 도면회가 시도했다. 도면회, 〈조선총독부의 문화 정책과 한국사 구성체계〉, 《역사학보》 222집, 역사학회, 2014, 76~81쪽.

을 완료할 시점으로 잡았던 1924년에 이르렀을 때, 제1편 상고삼한, 제2편 삼국, 제3편 통일신라, 제5편 조선 부분 등 네 편의 초고가 완성되었으나, 제4편 고려와 제6편 조선최근세사의 집필자인 오기야마 히데오가 조선총독부 관장으로 이동하고, 문학사 학위를 가진 스기모토 쇼스케가 병사하면서 초고가 완성되지 못했다. 그 시점에서 조선총독부는 미완인 부분을 완성하여《조선반도사》편찬사업을 마무리하지 않고 사실상 중지했다. 자체 판단 결과 4편과 6편뿐 아니라 초고가 작성된 편들도 완성도가 높지 않은 데다 새로운 사실들이 밝혀지면서 수정해야 할 부분이 많았기 때문이다. 그들이 편찬사업을 기획할 때 기대했던 '공명 적확한 사서'가 되기 어려웠던 것이다. 더구나 일본은 3·1운동이란 거대한 소용돌이를 계기로 새로운 역사정책을 수립해야 할 필요성도 절감했다.

이제 3·1운동 이후 1920년대 식민주의 역사학의 동향을 살펴보겠다.

조선사편수회의 성립과 관제사학 시스템의 구축

1919년 3·1운동이 일어났다. 말 그대로 조선 민족의 거대한 저항이었다. 일본 지배자들은 상황이 폭발할 때까지 감도 잡지 못했다는 점에서 충격을 받았다. 그들은 3·1운동의 원인을 조선인의 독립 열망에서 찾지 않았다. 단지 1910년대의 헌병경찰통치에 대해 조선인이 반발한 것이라고 여기며, 독립을 위해 만세를 불렀다는 사태의 본질을 직시하려 하지 않았다.

하라 다카시 수상은 문제의 해결책으로 우선 조선인을 '토벌'하기로 결정하고 조선에 병력을 보내 만세운동을 진압했다.[98] 그리고 근본적인 해결책이라며 "내지(內地)의 연장으로 인정하여 조선을 동화"시키겠다는 방침을 제시했다.[99] 이를 구체적으로 정리한 것이 〈조선통치사견(朝鮮統治私見)〉이란 글이다. 하라 다카시는 1919년 8월 조선총독부 총독에 임명된 사이토 마코토(齋藤實)에게 이를 제시하며 조선의 지배구조를 새로 짜도록 지시했다. 그것이 우리가 흔히 말하는 '문화통치'다. 하라 다카시 수상은 총독이 시급히 시행해야 할 15가지 '요점'을 제시했는데, 그 가운데 일시동인에 중요하므로 천황에게 충성하는 신민을 키우는 교육과 신을 받드는 종교를 혼동하지 말라는 내용도 있었다.[100] 이 지침은 1922년 2월 '칙령(勅令) 제19호'로 제정된 〈제2차 조선교육령〉으로 구체화되었다. 교육정책은 하라 내각이 동화정책의 목표를 달성할 수 있는 가장 기본적이면서 근본적인 수단으로 간주되었다. 일본은 일시동인을 내세워 일본과 동일한 학제로 조선인 학교를 개편하고, 비록 법적인 차원이지만 '내선공학(內鮮共學)'도 승인했다.[101]

사이토 마코토 총독은 1919년 9월 2일 경성에 도착해 그 다음 날 조선총독부 및 소속 관서의 관리들에게 천황의 1919년 8월 19일자 칙서에 따라 "일한병합의 본뜻에 기초하여 일시동인"을 위해 여러 정책을 실시하겠다고 '훈시'했다. 또한 9월 10일 시정방침의 〈유고(諭告)〉를 발표하여 "일시동인의 대의에 따라" 조선을 통치할 것임을 선언했다.[102] 두 차례의 성명을 통해 사이토는 〈조선통치사견〉을 공개하지 않은 채 앞으로 모든 정책이 '일시동인'에 따라 조선인의 일본인화를 지향할 것임을 공

98) 《原敬日記》 1919. 4. 4, 4. 8.

99) 《原敬日記》 1919. 4. 9. 야마가타 이사부로(山縣伊三郎) 정무총감이 왔을 때 그에게만 "내시(內侍)"한 것이다. 조선을 포함해 하라 수상의 식민지 경영전략에 대해서는 신주백, 〈일제의 새로운 식민지 지배방식과 재조일본인 및 '자치'세력의 대응(1919~22) : 3·1운동 직후 '자치'에 대한 논의〉, 《역사와 현실》 39호, 2장 1절 참조.

100) 〈조선통치사견〉, 《사이토 마코토 문서 13》, 고려서림, 1999, 68~93쪽.

101) 자세한 것은 정재철, 《일제의 대한국식민지교육정책사》, 일지사, 1985, 337~398쪽 참조.

102) 〈훈시〉와 〈유고〉는 外務省 編, 《外地法制誌 第9卷 : 日本統治時代の朝鮮》, 1990, 169~170쪽 참조.

식화했다. 달리 말하면 궁극적으로는 조선민족을 말살하는 방향으로 나아가겠다는 뜻을 공개적으로 천명한 것이다.[103]

그렇다고 해서 하라 수상과 조선총독부가 드러내놓고 당장 동화정책을 추진할 의사는 없었다. 그러한 입장은 식민지 조선에 대한 그들의 관점 때문이었다. 하라 수상은 비록 일본과 조선이 언어와 풍속이 다르지만, 그 근본이 "거의 동일 계통에 속하고, 인종은 옛날부터 다르지 않으며, 역사도 상고(上古)"로 거슬러 올라가보면 거의 동일하다고 하면서 동문동종(同文同種)을 주장했다.[104] 그래서 그는 행정, 사법, 군사, 경제, 재정, 교육제도를 조선과 일본에서 동일하게 실시해야 한다고 확신했다. 다만 현재 조선인의 상태, 즉 생활이나 문명의 정도에 차이가 있어 일본인화 할 수 없기 때문에 "조선을 통치하는 원칙으로서는 모두 내지인민을 통치하는 것과 같은 주의, 혹은 방침"에 따라 점진적으로 나아가야 한다고 실행 방향을 제시했다.[105]

오랜 시간이 걸리더라도 본토의 연장으로서 조선을 만들겠다는 '점진적 내지연장주의' 관점에서 보면 조선인의 역사인식을 바꾸는 것이 불가능한 일은 아니었다. 더구나 '문명의 정도 차이'를 없애는 데 역사인식 개조는 필수사항이었다. 그런데 전국에서 독립을 요구하는 3·1운동이 일어나고, 이후 조선인 사회에 불기 시작한 애국열이 교육열로 이어지면서 전통 교육기관인 서당보다 서구식 근대 교육기관인 학교교육에 참여하는 분위기가 확산되었다. 각 지역의 인사들 가운데는 미래세대를 육성하겠다며 학교를 세우거나 야학을 설치하는 움직임도 활발했

103) 사이토의 '문화정치'는 민족분열정치에 그치는 것이 아니라, 조선에 적용된 하라의 점진적 내지연장주의의 압축된 표현으로서 조선인의 저항을 무력화시키면서 장차 조선민족을 말살하겠다는 동화정책의 또 다른 표현이다.

104) 〈조선통치사견〉, 63~64쪽

105) 같은 글, 64~65쪽

다. 모두 조선인의 민족의식이 확산되어가는 측면에서 볼 수 있는 현상이었다.

이런 상황에서 조선총독부는 지지부진한 5년 기한의 《조선반도사》 편찬사업을 재검토할 수밖에 없었다. 조선인의 민족의식을 제어하고 일본이 바라는 방향으로 조정하기 위해 조선인의 역사인식을 새롭게 재구성하는 사업을 추진할 필요가 있었다.

조선총독부는 새로운 역사정책을 추진하기 직전에 실무적으로 신중하게 검토하고자 도쿄제국대학의 일본사 교수인 구로이타 가쓰미, 교토제국대학의 동양사 교수인 나이토 고난(内藤湖南)과 상의했다. 그 결과 애초 5년 기한의 《조선반도사》 편찬사업으로는 "현대에 적합한 조선사를 편찬"[106]하기 어렵다고 보아 10년 기한의 위원회를 조직하기로 결정했다. 이에 따라 조선총독부는 1922년 12월 조선사편찬위원회를 설치하는 〈조선사편찬위원회규정〉을 '훈령 제64호'로 제정했다.

조선사편찬위원회는 《조선반도사》 편찬사업 때와 몇 가지 점에서 제도적으로 달랐다. 조선총독부는 산하기관으로 위원회를 두고, 그 책임을 조선총독부의 2인자인 정무총감이 맡도록 했으며, 자료의 수집과 편찬을 담당할 전문사서도 두었다. 조선총독부는 사업을 3단계로 나누어 사료수집 3년, 사료수집과 편찬·기고 5년, 그리고 초고 정리 2년, 이렇게 10년 동안 조선사편찬위원회를 운영할 계획이었다.[107]

조선사편찬위원회가 사료의 수집과 편찬을 주된 목적으로 조직된 기관이라면, 위원회의 관계자들이 모여 1923년 결성된 조선사학회는 조선

---

106) 친일반민족행위진상규명위원회 편, 〈제1회 조선사편찬위원회 회의록〉, 《친일반민족행위관계사료집 V : 일제의 조선사 편찬사업》, 435쪽. 사이토 마코토 조선총독의 인사말을 인용한 것이다.

107) 김성민, 〈조선사편수회의 조직과 운용〉, 《한국민족운동사연구》 3집, 한국민족운동사학회, 1989, 136~137쪽.

사에 관해 공개적으로 논의하고 '조선사 강좌' 시리즈와 같은 성과를 대중에게 전파하기 위해 만든 조직으로, 조선사편찬위원회의 구성원들이 주축이 되었다.

오다 쇼고가 회장으로 있던 조선사학회의 활동에서 가장 주목되는 점은 관찬사업이 아닌 민간 차원의 연구라는 의미에서 "순학술적 연구"[108]라는 명분을 내세웠다는 사실이다. 그리고 4개의 시대사로 구성된 '일반사 강의'(상세사—중고사—근세사—최근세사), 17개 주제의 '분류사 강의', 8개 주제의 '특별 강의'로 분류한 방대한 분량의 '조선사 강좌' 시리즈를 1923년에 출판했다는 사실이다.

'조선사 강좌'에서 '일반사 강의'의 시대사의 경우, 단군을 부정하며 신라의 통일까지를 다룬 '상세사'는 오다 쇼고, 고려를 다룬 '조선중세사'는 조선총독부 도서관장인 오기야마 히데오, 조선을 다룬 '조선근세사'는 와세다대학 출신의 문학사인 세노 우마쿠마, '조선최근세사'는 스기모토 쇼스케가 각각 집필했다. 각 시대의 담당 필진은 앞의 〈표 1-1〉에 나오는《조선반도사》의 집필진과 거의 일치한다. 다만, 이마니시 류가 담당한 '통일신라'까지의 고대사 부분을 오다 쇼고가 집필했다는 점이 다르다. 집필자가 바뀐 데는 여러 이유가 있겠지만, 이마니시 류가 1922년부터 영국, 프랑스, 중국 등지를 2년 동안 유학한 점도 연관이 있을 것이다.

'조선사 강좌' 가운데 시대사 책은 아래의 〈표 1-2〉처럼 '조선사대계(朝鮮史大系)'라는 이름의 시리즈물로 확대되어 1927년에 출판되었다. 다만, 상세사의 내용은 자구만 수정한 데 비해 중세사와 근세사의 내용은 크게 바꾸었고, 최근세사에는 부록이 추가되었다.[109]

---

108) 朝鮮史學會 編,〈'朝鮮史講座'發刊の辭〉,《朝鮮史講座 : 要領號》, 朝鮮史學會, 1923, 3쪽.

〈표 1-2〉 **'조선사대계'(1927)의 시기 구분과 집필자**

시기	집필자	시기	집필자
상세사 원시~ 통일신라	오다 쇼고	최근세사 고종~한국의 병합 (부록 총독의 조선통치)	오다 쇼고 스기모토 쇼스케
중세사 고려	세노 우마쿠마	연표	오하라 도시타케 (大原利武)
근세사 조선	세노 우마쿠마		

조선사정조사연구회에 관여하고 있던 안재홍은 조선사학회에서 발행할 '조선사대계' 시리즈의 편수가 끝났다는 소식을 듣고 비판적인 논설을 《조선일보》에 게재했다. 그는 조선사의 권위자라는 어떤 일본인이 "조선인에게는 우선 조선역사를 알릴 필요가 있다. 이 역사에 정통함에 의하여 병합의 의의가 명료하게 될 것이다. 한갓 조선역사를 봉하여 두는 것은 좋지 못하다"고 한 발언에 대해 자신은 매우 다른 필요론을 가지고 있다[110]고 하면서 '조선사대계'의 출판에 대해 다음과 같이 비판했다.

> 근일 조선의 위정당로(爲政當路)는, 짧지 않은 시일에 적지 않은 공력을 들여서 《조선사》의 편수를 일단락을 지었다. 수천 페이지에 달하는 거질(巨帙)을 이루었다. 오배(吾輩) 아직 전편을 통독하는 자심(姿心)을 발휘하지 아니하였지마는, 적지 않은 두찬(杜撰)이 있다 한다. 더구나 **단군을 말살하거나 혹은 그 가실을 혼효(混淆)하는 짓도 엔간치 않게 하였다** 한다.

109) 小田省五, 〈總序〉, 《朝鮮史大系 1 : 上世史》, 朝鮮史學會, 1927, 4~5쪽.

110) 안재홍, 〈조선사 문제〉, 안재홍선집간행위원회 편, 《민세안재홍선집 1》, 지식산업사, 1981, 155쪽. 《조선일보》 1926년 8월 8일자 사설이다.

피등(彼等) 소위 심모원려(深謀遠慮)가 미치지 않는 바가 없다고 스스로 자랑할지 모르나, 대개 매우 무용한 짓이다. 무릇 구속을 실현하고 압박을 미워하며 주구(誅求)에 진저리치고 그리고 해방을 싫어하기를, 거꾸로 달린 자가 풀리기를 원하는 것처럼 하는 자이면, 어찌 반드시 과거사로써 구구히 좌우되는 바 있으랴. …… 무릇 인성이 있는 곳에 반드시 억압에 반항하는 해방의 투쟁이 있을 것이니, 어찌 반드시 역사론을 운위(云爲)함을 하리오. 피등(彼等) 논하는 바, 대개는 **무용의 무용한 자**일진저.[111] [강조—인용자]

'조선사대계'의 출판은 '무용의 무용', 곧 매우 쓸데없는 짓이라는 것이다. 안재홍은 단군을 말살하는 등 역사를 왜곡하는 식민주의 역사학에 대해 정면으로 비판했다.

다시 조선사편찬위원회로 돌아가보자. 조선사편찬위원회는 1923년 1월 1차 회의를 열면서 활동을 시작했다. 하지만 사료 수집과 편찬이란 본래의 목적은 계획대로 진행되지 않았다. 그 이유를 조선총독부는 아래와 같이 고백했다.

조선사 편찬의 목적은 …… 학술적이고 또한 공평무사한 편년사를 편찬하는 데 있지만, 과거 몇 년간의 경험에 비추어보건대 본 사업의 수행에 대해 **일부 조선인 사이에서 이를 오해하고 또는 경시하는 유감스러운 경향**마저 있어 각 방면에서 사료의 수집 등에 곤란을 느낄 뿐만 아니라 장래 편찬 작업에도 커다란 장애가 예견되었다. 또한 '조선사편찬위원회'의 **조직은 본부의 훈령에 근거하는 것이어서 직원은 촉탁의 신분으로 임용하**

111) 안재홍, 〈조선사 문제〉, 156~157쪽.

지 않으면 안 되었기 때문에 유능한 인재를 모으는 데 많은 어려움이 있었다.[112] [강조—인용자]

위의 글에서 조선사편찬위원회가 직면했던 안팎의 어려움을 확인할 수 있다. 제도의 미비로 우수한 인재를 확보하는 데 어려움이 있었다는 점이 내적인 한계였다면, 조선인 사회의 비협조로 위원회의 운명을 좌우할 수도 있는 민간이 소장한 미공개 사료들에 대한 수집이 어려웠다는 점이 외적인 난관이었다.

조선총독부는 제기된 문제점을 해결하고자 1925년 6월 6일자 '칙령 제218호'로 〈조선사편수회관제〉를 제정하고, 1925년 9월 조선총독의 직할로 조선사편수회를 두었다.[113] 조선사편수회는 조선사편찬위원회의 사업목적을 그대로 이어받으면서 이전처럼 조선통치의 2인자인 정무총감이 회장을 맡았고, 위원으로 조선총독부 학무국장과 중추원 서기관장 등 고위관리들도 참가했다. 그리고 조선사편찬위원회가 총독부의 훈령으로 제정한 불안정한 기구였던 것과 달리, 조선사편수회는 천황의 명령을 뜻하는 칙령으로 법적 근거가 명확히 마련된 기구였으며, 구성원을 더욱 폭넓게 보강했다. 특히 3명에 불과하던 전임 직원을 늘려 수사관 3명, 수사관보 4명, 서기 2명으로 크게 늘리고, 조선총독부 소속의 고등관을 일본 내각에서 임명하도록 하여 안정된 지위를 확보했다. 이는 역사정책을 구체적으로 체계화하는 데 더 집중할 수 있는 기초를 마련하고 인력을 편성했다는 의미이다. 달리 말하면 1925~1926년의 시점에서 조선총독부가 역사정책 사업의 성과를 거두기 위해 1916년의 《조선

---

112) 朝鮮總督府朝鮮史編修會 編, 《朝鮮史編修會事業概要》, 28쪽.

113) 〈朝鮮史編修會官制〉, 勅令 第218號, 《朝鮮總督府官報》, 1925. 6. 12.

반도사》 편찬사업, 1922년의 조선사편찬위원회를 만들 때와 달리 제도, 인사 면에서 매우 적극적인 행보를 취한 것이다.

또 다른 측면은 일본 본토와의 연계성이 매우 강력해졌다는 점이다. 앞서도 언급했듯이 조선사편찬위원회 출범과 개편에 큰 영향력을 행사한 사람은 도쿄제국대학 교수인 구로이타 가쓰미와 교토제국대학 교수인 나이토 고난이었다. 친구 관계인 두 사람은 확실한 자기 사람을 배치하여 조선사편수회의 사업을 주도하고자 했다. 조선사편찬위원회 때와 다른 점 가운데 하나가 바로 이 측면이었다. 조선사편수회의 출범 때부터 해산될 때까지 근무한 나카무라 히데타카(中村榮孝)는 그 당시 정황을 다음과 같이 회상했다.

> 구체적인 계획의 입안과 사업을 담당해야 할 전문학자의 인선에 관해서는 평소 중국사 만선사의 권위로서 형으로 모시고 있는 교토제국대학 교수 나이토 고지로(內藤虎次郎, 나이토 고난)와 상의하며 신중을 기했다.[114]
>
> 그 결과, 일찍이 남만주철도주식회사 학술조사부에서 만주역사지리 조사연구에 참가하고, 만주사 연구자로서 영명(令名)이 있던 이나바 이와키치가 추천되어 편찬 주임에 임명되고, 도쿄제국대학 사료편찬과에서 대일본사료 및 고문서의 편찬에 종사하고 있던 기시와라 쇼조(栢原昌三)와 함께 새로운 사업의 중심으로 나설 예정이었다.[115]

이후 조선사편수회의 편수 업무는 나이토 고난의 '분신'으로 불리며

114) 인사에 관해 나이토 고난과 구로이타 가쓰미가 협의하고 결정한 사례는 고려사 담당자를 확정하는 과정에서도 확인할 수 있다. 內藤虎次郎, 〈1927년 3월 27일자 서한〉, 《內藤湖南全集 14》, 筑摩書房, 1976, 583쪽.

115) 中村榮孝, 〈朝鮮史の編修と朝鮮史料の募集 : 朝鮮總督府朝鮮史編修會の事業〉, 《古文化の保存と研究》, 吉川弘文館, 1953, 372~373쪽.

그에게 절대 충성할 뿐 아니라, 구로이타 가쓰미의 기본방침을 매우 능숙하게 실행하는 이나바 이와키치를 중심으로 추진되었다. 이나바를 도운 '참모'는 나카무라 히데타카였다. 그는 구로이타 가쓰미의 제자로 도쿄제국대학을 졸업하자마자 구로이타의 지시로 편수회에 합류했으며, 이나바 이와키치보다 스무 살 정도 어렸지만 조력자로서 외교 수완이 탁월한 사람이었다. 그리고 나카무리 히데타카의 대학 1년 후배인 스에마쓰 야스카즈(末松保和)도 구로이타 가쓰미가 "조선사의 나카무라 히데타카 군 한 사람으로는 곤란하므로" 조선에 가서 도와주라며 '억지로' 등을 떠미는 바람에 1928년 3월에 최종 합류하게 되었다. 이로써 조선사편수회는 구로이타 가쓰미, 나이토 고난—이나바 이와키치—나카무라 히데타카—스에마쓰 야스카즈로 이어지는 핵심 라인이 1930년대 중반까지 사업을 주도했다.[116] 이처럼 특정한 라인이 확실하게 역사정책 기구를 장악한 점은 《조선반도사》 편찬사업과 조선사편찬위원회 때와 크게 다른 점 가운데 하나였다. 이후 조선사편수회에서 핵심 라인에 있던 사람들은 전문적인 역사지식을 갖추고 경성제국대학 사학과 교수들과의 편수 업무를 둘러싼 주도권 경쟁에서도 우월한 영향력을 발휘했으며, 1930년 창간된 《청구학총(青丘學叢)》의 편집과 발행을 주도했다. 훗날 한 대담에서 스에마쓰 야스카즈는 《청구학총》을 발행하는 데 나카무라 히데타카가 6할, 자신이 4할 정도 기여했다고 밝혔다.[117]

116) 1930년대 중반이라 말한 이유는, 1935년 스에마쓰 야스카즈가 경성제국대학 사학과의 조선사 제2강좌를 담당하는 교수로 부임하고, 이어 나카무라 히데타카가 조선총독부 학무국으로 갔으며, 이나바 이와키치는 퇴임 후 만주의 건국대학 교수로 갔기 때문이다.
식민지 조선에서 식민주의 역사학의 권력적 측면이란 점에서 이들 계보를 본격적으로 주목한 사람은 정상우다(정상우, 《조선총독부의 '조선사' 편찬 사업》, 서울대학교 박사학위논문, 2011, 130~134쪽). 정상우의 논문에서 많은 시사를 받았다. 다만, 독자 여러분께서는 필자와의 차별점도 주목해 읽어주면 좋겠다.

117) 이상은 末松保和 等, 〈朝鮮史編修會の事業〉, 旗田巍 編, 《日本と朝鮮 : シンポジウム》, 勁草書房, 1969, 77~82쪽 ; 田中健夫·平野邦雄·末松保和, 〈朝鮮史の研究と私〉, 《日本歷史》 560号, 吉川弘文館, 1995, 25~33쪽.

달리 말하면, 일본 동양사학의 창시자 시라토리 구라키치의 실질적인 영향력, 곧 조선총독부의 역사정책에 대한 장악력은 1920년대 중반부터 사실상 실종되어갔다고 보아야 할 것이다. 시라토리 구라키치의 지도 아래 남만주철도주식회사 조사부의 연구원으로 있다가 도쿄제국대학 교수로 전직한 이케우치 히로시도 일본인 제자를 두 명이나 조선사편수회에 보냈지만 영향력은 미미했다. 1925년 조선사편수회가 설립 당시 그해 8월 8일자로 수사관보에 임명된 이병도의 움직임도 이와 연관해 해석해볼 여지가 있다. 이병도는 이케우치 히로시 교수와의 인연을 다음과 같이 회고했다.

> 당시 한국인으로서 국사에 뜻을 둔 이는 이능화, 최남선, 이중화, 안자산, 문일평, 황의돈, 권덕규 등 제씨였다. 나는 이들과의 교유에서 자극을 받기도 했으나 내게 직접 간접으로 큰 격려와 영향을 준 것은 일본 와세다대학의 쓰다(津田左右吉) 박사와 도쿄제국대학의 이케우치 박사였다. 이분들은 일본 사학계의 권위로서 특히 쓰다 박사는 내 은사의 한 분이요, 사학뿐 아니라 중국사상사의 대가이기도 해서 재학시절부터 지도를 받은 바 많았다. 이케우치 박사에게는 직접 강의를 받지 않았지만, 당시 한국사연구에 최첨단을 걷던 분이었다. 이 두 분이 나를 사랑해서 그들의 역작이 실린 《만선지리역사보고(滿鮮地理歷史報告)》와 《동양학보》 등을 보내주어서 거기서 배운 바가 적지 않았다.[118]

이병도가 조선사편수회에 취직하는 과정에서 이케우치 히로시 교수와의 인연이 부정적인 영향을 미치지는 않았을 것이다. 하지만 조선인

---

118) 이병도, 〈나의 삼십대〉, 《풀뭇간의 쇠망치》, 휘문출판사, 1971, 35쪽. 1971년판의 수정 재판본이다.

이라는 약점과 핵심 라인과 연계되어 취직하지 않았다는 점을 고려할 때 내부 권력관계에서 어떤 영향을 받았을 가능성은 있다.

이케우치 히로시와 마찬가지로 이마니시 류도 조선사편수회의 주류에서 비켜나 있는 존재였다. 그는 조선사 연구로 최초의 박사학위를 받고 경성제국대학 사학과에서 조선사 제1강좌를 책임지며 교토제국대학의 교수까지 겸임했지만 교토제국대학 내에서 나이토 고난 계열은 아니었다. 조선사편수회의 실무를 사실상 책임지고 있던 이나바 이와키치와도 관계가 원만하지 않았다.[119] 조선사편수회보다 앞선 조직인 조선사학회, 조선사편찬위원회에서도 이마니시 류는 자신의 학문적 위상에 걸맞은 자리에 오르거나 학문권력을 행사한 경우가 많지 않았다. 두 조직에서 모두 오다 쇼고가 더 영향력이 있었던 듯하다. 다음 2장에서 살펴볼 경성제국대학 사학과와 졸업생 조직인 사학회에서도 오다 쇼고는 편집권을 행사할 정도로 영향력이 있었다. 조선사와 관련한 학문적 권위는 이마니시 류가 오다 쇼고보다 높았을지 몰라도 식민지 조선에 있는 관제사학 내부의 현실 공간에서는 오다 쇼고가 이마니시 류보다 더 큰 학문권력을 누렸던 것이다.

조선사편수회는 조선인 연구자를 채용할 때 정치적인 인물보다 사료 수집과 분류 등 실무를 잘 할 수 있는 전문인력을 일부러 대폭 보강했다. 이능화, 어윤적, 정만조 이외에도 와세다대학을 졸업한 이병도가 참여했으며, 1928년 10월에 최남선, 1929년 4월에 경성제국대학 사학과 제1회 졸업생인 신석호, 윤용균이 합류한 점을 주목할 필요가 있다. 이 가운데 이병도, 신석호, 윤용균은 정규 대학의 사학과에서 체계적인 훈

119) 자료 조사를 위한 여비 지불 등 조선사편수회의 운영을 둘러싸고 일어난 이나바 이와키치와의 갈등이 그러한 보기가 될 수 있겠다. 이와 관련한 시사는 內藤虎次郎, 〈1927년 3월 27일자 서한〉, 《內藤湖南全集 14》, 589쪽 참조.

련을 받은 사람들로서 학력과 전문성이 뒷받침되는 사람들이었다. 조선총독부는 조선인 사회의 거부감을 줄이면서 조선사와 관련된 민간 사료를 원만히 수집하고 자료집을 편찬하는 데 그들의 간판과 경력을 이용하고자 했다. 또한 당시 일본의 조선통치에 동의하고 참가하려는 조선인을 조선사편수회에 끌어들여 그들이 직접 식민주의 역사학의 논리를 체계화하는 데 동참하도록 했다. 이는 하야시 다이스케의 식민주의 역사학이 1902년의 김택영과 1906년의 현채 등을 통해 유입되었다가, 조선사편수회의 결성을 계기로 조선인 연구자가 식민주의 역사학을 단순히 제조하는 데 그치지 않고 창조하고 확산시키는 데 가담했음을 의미한다. 달리 말하면 식민지 시기에 식민주의 역사학이 제도적으로 안착하는 과정에서 조선인 사회에서 반민족사학의 한 축을 이루는 집단이 뚜렷하게 형성되기 시작했음을 알려준다.

조선사편수회는 1925년 10월 1차 위원회를 열어 사업을 시작한 이래, 1932년부터 1938년까지 7년 동안 2만 4,000여 쪽에 달하는 방대한 분량의 사료를 《조선사》 37권에 담아냈고, 한 권의 《조선사》 총목록도 출판했다. 또한 수집된 자료를 선별하여 1944년까지 21종 22권 108책의 《조선사료총간(朝鮮史料叢刊)》을, 1937년까지 세 권의 《조선사료집진(朝鮮史料集眞)》을 출판했고, 1944년에는 《조선근대사연구》와 《조선통치사논고(秘)》라는 연구서를 '조선사편수회 연구 휘찬(彙纂)'이란 시리즈로 간행했다.[120]

조선사편찬위원회와 조선사학회의 관계처럼, 야심차게 출발한 조선사편수회도 활동을 시작한 이듬해인 1926년 1월에 조선사편수회의 직

120) 이들 통계는 '朝鮮史編修會研究彙纂 第1輯'에 나와 있는 것으로 조선총독부에서 1944년 3월 발행한 《近代朝鮮史研究》(1944)의 맨 뒤에 있는 〈附錄 朝鮮史編修會刊行書目〉에 근거하여 작성했다. 이후 조선총독부가 '연구보국'을 외칠 만큼 다급한 상황이었으므로 더 이상 조선사편수회의 성과가 책으로 출판되지는 못했다.

원들을 중심으로 "사학을 고연(考硏)하고 아울러 조선문화의 연구를 위한" '조선사학동고회(朝鮮史學同攷會)'를 조직하였다.[121] 조선사학동고회는 기관지 《조선사학》을 창간하여 7호까지 발행하였다.[122] 또한 조선사학동고회는 조선사편찬위원회보다 폭넓은 층을 확보하고자 지방에서 역사를 가르치는 교사를 비롯해 일반인도 회원으로 받아들였다. 하지만 조선사학동고회의 핵심 직책인 평의원, 편찬원, 서기는 모두 조선사편수회에 소속된 사람들이었다.

조선사학동고회는 1926년 7월 제1회 대회를 개최했다.[123] 이들은 조선사 연구가 "첫째 국사를 위함이고, 이미 국사의 일부가 된 조선사를 위함이다. 장차 또한 동양사 연구의 위에서 보니 가장 필요함을 느낀다"고 밝혔다.[124] 조선총독부는 조선사에 관한 사료 편찬을 조선통치의 기반을 마련하는 데 국한하지 않고, 동북아시아 전체를 아우르기 위한 사전 작업의 하나로 여겼다. 이처럼 식민주의 역사학의 활용도를 제국의 경영에 맞추어 넓고 장기적으로 설정하고 있었으므로 식민지 조선에서 주조하는 식민주의 역사학 또한 시야와 활용도 면에서 조선에만 국한된 것이 아니었다.

이처럼 조선사편수회의 결성과 활동의 시작은 조선사편찬위원회 때보다 식민주의 역사학의 체계가 더 견고해지고 내용도 더욱 확대·심화되면서 식민지 조선에서 식민사관을 발신할 수 있는 외연이 본격적으

121) 朝鮮史學同攷會 編,《朝鮮史學》3號, 朝鮮史學同攷會, 1926. 3.

122) 1926년 1월 15일 1호를 발행했고, 7월 15일에 7호를 간행했다. 이후 간행 여부는 확인할 수 없는데, 더 이상 나오지 않은 것 같다.

123) 대회에서는 〈高麗文宗朝に於ける醫人求請問題〉(中村榮孝), 〈內地の儒學一斑に就いて〉(洪憙), 〈朝鮮史の年代別に就いて〉(今西龍), 제목이 그때까지 미정인 구로이타 가쓰미, 오다 쇼고, 후지타 료사쿠(藤田亮策)의 강연이 예정되어 있었다.

124) 朝鮮史學同人, 〈發刊之辭〉,《朝鮮史學》1號, 朝鮮史學同攷會, 1926. 1.

로 정착되기 시작했다는 신호였다. 다음 2장에서 살펴볼 경성제국대학의 설립과 법문학부 사학과의 제도화는 '제국의 학(學)' 가운데 하나로서 역사학이란 분과학문의 체계가 수립되고, 연구와 교육을 병행할 수 있는 지배자들의 또 다른 진지가 확고히 구축되기 시작했음을 의미한다. 그래서 도쿄제국대학 사학과에서 발행하고 있던 《사학잡지》에서도 "조선사 연구의 일대 중심"이 형성되었다고 평가했다.[125] 결국 '한국 근현대 역사학의 역사'에서 1925년, 1926년은 식민주의 역사학의 논리를 지속적으로 창조하고 확산시키기 위한 관제사학의 시스템이 갖추어진 시기였다. 따라서 식민주의 역사학이 새로운 통치력과 통치기구의 공적 영역을 본격적으로 채워가기 시작했다는 점에서 관제적 공공성이 형성된 시기였다고도 말할 수 있다. 달리 말하면, 1925년과 1926년은 '제도와 인식으로서 식민주의 역사학'이 형식(제도, 학술지)을 갖추고 내용(연구)을 본격적으로 채워가기 시작한 시기로, 식민지 조선에 식민주의 역사학의 견고한 진지가 구축된 해였다. 이에 따라 식민주의 역사학은 역사학 분야에서 학술적 헤게모니를 장악하기 위해 체계를 갖추어 움직일 수 있게 되면서 포섭과 배제를 구체화할 수 있게 되었다. 때문에 이 시기에 포섭과 배제의 경계 지점에 있는 회색지대도 형성되기 시작했다.

식민주의 역사학의 진지를 강력하게 뒷받침해준 또 다른 제도가 다음 2장에서 살펴볼 위계적이고 차별적인 고등교육체계였다. 경성제국대학이 그 정점에 있었으며, 이와 비대칭적으로 경합한 제도권의 대표적인 학교가 연희전문학교 문과였다. 그러면 먼저 일본의 고등교육시스템과 그 속에서 역사학의 모습을 추적해보자.

---

125) 〈朝鮮史研究の一大中心〉,《朝鮮史學》2號, 朝鮮史學同攷會, 1926. 2.

2장 '제도로서 역사학'의 성립과 비대칭적 경합 구도

1. 일본형 고등교육 시스템 속의 역사학

국가의 대학'인 제국대학 중심의 연구와 교육

경성제국대학은 1924년 예과, 1926년 법문학부와 의학부를 개교했다. 마쓰다 도시히코(松田利彦)의 연구에 따르면, 1929년 제1회 졸업생이 나오기 전까지 임명된 법문학부의 조교수와 교수는 모두 60명이었다. 그 가운데 도쿄대학과 고부대학교(工部大學校)가 통합하며 1886년 제국대학령에 따라 출범한 도쿄제국대학 출신자가 55명으로 압도적으로 많았다.[1] 그러므로 제국대학을 중심으로 일본의 근대 교육제도, 특히 관립 고등교육체계가 어떻게 바뀌어갔는지를 먼저 살펴보자.

1872년 일본 문부성이 처음 제정한 일본의 학교체계는 소학—중학—대학으로 나뉘었다. 대학은 문부성에서 모두 관리하는 것이 아니

1) 松田利彦, 〈京城帝國大學の創設〉, 《帝國日本と植民地大學》, ゆまに書房, 2014, 122쪽. 〈표 2〉에는 61명으로 나온다. 그러나 사학과에서 조선사를 담당한 후지타 료사쿠는 사망한 이마니시 류의 후임으로 1932년에 임명되었으므로 통계에 다시 포함하지 않았다.

라, 문부성의 도쿄대학, 공부성(工部省)의 고부대학교, 사법성의 법학교, 내무성의 고마바(駒場) 농학교처럼 중앙 부처의 각 성(省)을 비롯해 관청들이 독자적으로 관리하는 시스템이었다. 당시는 이를 '전문학교'라 불렀는데 1877년까지만 해도 52개 학교가 있었다.[2] 도쿄대학은 1877년 서양의 근대 학문을 섭취하고 지도할 학자를 육성하는 목적으로 세워졌는데 당시만 해도 최고의 대학은 아니었다.

일본정부는 1886년 학교별 법령인 제국대학령, 사범학교령, 중학교령, 소학교령을 공포해 국민교육에서 각 학교의 역할을 규정하고, 소학교(6세부터 4년)—고등소학교(2년)—심상중학교(5년)—고등중학교(본과 2년)—제국대학(3년)으로 이어지는 16년간의 교육체계를 완성했다. 또한 각 현의 소학교 교원을 양성하는 심상사범학교와 중등교원 이상을 육성하는 고등사범학교 1개교를 도쿄에 우선 설치했다. 초기에 전국에 5개교만 있던 관립 고등중학교는 제국대학 입학을 위한 예비학교로서의 성격이 강했으며, 법과, 의과, 공과, 문과, 이과, 농업, 상업 등의 분과를 설치한 사실상 고등교육 전문기관이었다. 심상중학교와 고등중학교 사이에 학력 격차가 매우 커서 고등중학교에 별도로 보충과 과정 2년, 예과 과정 3년을 두었다. 두 과정은 고등중학교에 설치된 부속중학교라고 보면 될 것이다. 결국 일본정부는 1886년에 이르러 엘리트교육을 담당하는 고등중학교와 제국대학 과정, 그리고 소학교부터 심상중학교로 이어지는 대중교육 과정으로 양분된 이중 교육체계를 확립했다.

이후 1894년 고등학교령을 제정해 고등중학교에 있던 별도의 과정을 없애고, 2년제 고등중학교를 명칭과 수업연한을 달리하는 3년제 고등학

2) 가타기리 요시오·기무라 하지메 외, 이건상 옮김, 《일본 교육의 역사 : 사회사적 시각에서》, 논형, 2003, 117쪽.

교로 전환해 엘리트 양성기관으로 자리매김시키며 이중 교육체계를 더욱 분명히 했다. 이로써 제국대학에 입학하기 위한 예비교육기관으로서 고등학교의 위상이 더욱 분명해졌다. 이해를 돕기 위해 참고로 미리 언급하자면, 경성제국대학 예과도 고등학교를 모델로 한 교육기관이었다. 하지만 1933년까지는 3년제인 일본 본토의 고등학교와 달리 경성제국대학 예과는 2년제였기 때문에 일본 본토에서 사회적으로 동등한 대우를 받지 못했다.[3]

일본식 이중 교육체계의 정점에는 제국대학이 있었다. 제국대학은 그 위상이 기존의 각 관청의 대학과 확연히 달랐다. 새로 제정된 제국대학령에 따라 각 관청에서 관리하던 각종 관립 고등교육기관은 삿포로(札幌) 농학교를 제외하고 모두 문부성이 직접 관할하는 도쿄제국대학에 합병되었다. 법과, 문과, 이과, 의과, 공과의 다섯 개 '분과대학'으로 구성된 '제국대학'이라는 종합대학이 탄생한 것이다.[4] 이후 제국대학령에 따라 1903년 교토, 1907년 도호쿠(東北), 1911년 규슈(九州), 1918년 홋카이도(北海道)에 제국대학이 새로 설립되었다. 제국대학은 일본정부가 운영하는 일본 전체 고등교육과 학문적 연구기능을 한데 모은 '국가의 대학'이었다. 이는 일본으로 들어오는 서양의 지식이 제국대학을 통해 흡수되고, 제국대학을 통해 일본 내 다른 학교로 전파되는 통로가 확보되었음을 의미한다.

그런데 제국대학이 출범했다고 해서 '국가의 대학'에 소속된 교수가 곧 바로 학문성과를 축적하고 전문교육을 제대로 실시할 수 있는 상황은 아니었다. 더구나 도쿄제국대학 교수들 가운데는 일본정부의 기대와

3) 이충우, 《경성제국대학》, 다락원, 1980, 206쪽.

4) 1890년 농과대학도 설치되었다.

달리 연구와 교육에 전념하지 않는 경우도 있었다. 심지어 정치에 기웃거리거나 제국대학에 부임하는 것을 주저하거나 부임했다가 관료로 직업을 바꾸는 사람도 있었다. 사회적 지위와 경제적 대우가 높지도, 안정적이지도 않았기 때문이다. 이에 일본정부는 연구와 교수의 전문성을 강화하면서 교수사회의 유동성과 불안정성을 해소하기 위해 1893년 제국대학령을 개정하여 강좌제를 도입했다.

이후 20세기 들어 일본의 고등교육은 국가의 성장 및 팽창과 맞물려 빠르게 정착하면서 성장해나갔다. 고등교육 발전의 토대가 되었던 강좌제에 대해 살펴보자.

강좌제란 대학체계상에서 학과 아래에 위치하며 교육과 연구를 통합하여 담당하는 대학의 가장 기본적인 조직단위였다. 오늘날 한국의 대학에서 교육과 연구의 기본 조직단위인 '학과'와 비교하면 쉽게 이해할 수 있을 것이다.

강좌제는 정교수 한 명이 자신의 연구분야와 연관된 하나의 강좌, 즉 '1인 1강좌'만을 1년 단위로 전담하는 제도다. 학과 소속 교수가 한 학기 동안 한 주에 9시간 전후의 강의를 해야 하는 오늘날 한국의 대학 시스템과는 완전히 다르다. 강좌제에서 교수는 자신이 담당한 강의와 관련한 교육, 연구, 인사, 재정에 관해 전권을 행사했으며, 조교수에 대한 인사권도 갖고 있었다. 오늘날 한국의 대학교수가 네 분야에서 독점적 권한을 갖는 경우는 거의 없다. 강좌제의 기본 교수체계는 교수—조교수—조수—학생인데, 주로 이과 계통 학과에서 조교수를 많이 채용했다. 이때 조교수는 독립적인 연구자라기보다 강좌를 책임진 교수 아래에서 그를 전담하여 보좌하는 사람이었다. 그래서 학과에 소속된 정년이 보장된 교수들이 조교수—부교수—교수라는 직급에 따라 구분되고 일정한 요건이 갖추어지면 승진하는 오늘날 한국의 대학 교수제도와 달리 당시의 조교수는 말 그대로 교수를 도와주는 교수라는 의미였다. 그래서 조교수는 특정 강의를 담당하는 교수가 있는 한 승진이 불가능했으며, 오늘날 한국 대학의 조교수가 학과와 단과대학, 대학 전체의 교수회의에 참석해 발언할 수 있는 것과 달리 교수회의에 참석할 권리도 없었다. 조교수에게는 특정 강의를 담당할 교수가 없는 경우에만 강의가 주어졌고, 강의는 교수의 전권이나 마찬가지였다.

강좌제가 무엇인지에 대해 경성제국대학 시절의 개인 경험을 한국 대학의 현실과 비교하며 회고한 유진오의 글을 통해 다시 한 번 확인해 보자. 1928년 민법 담당교수인 후지타 도조(藤田東三)는 유진오에게 학교를 졸업하고 민사소송법 강좌를 담당할 것을 제안했다. 이와 관련하여 유진오는 강좌제를 다음과 같이 설명했다.

> 이곳[경성제국대학—인용자]에서 소위 강좌라는 것은 유럽의 체어(chair) 제도를 본뜬 것으로서 미국식 제도를 본뜬 지금 우리나라의 제도에는 없는 것이다. 우리나라에서는 대학에서 교편을 잡는 사람은 자격과 근무연한만 차면 전임강사·조교수·부교수·교수 이렇게 사다리식으로 올라가지만 강좌제도가 있는 나라에서는 제한된 수의 강좌가 차례가 오지 않는 한 아무리 자격이 차고 근무연수가 오래되어도 교수가 되지 못하는 것이다. 그러므로 강좌를 얻지 못한 사람은 언제까지나 조교수로 있을 수밖에 없어 그런 사람을 만년 조교수라 하였다.[5]

이렇듯 강좌제는 대학의 교수가 연구와 교육을 전담하는 책임제, 특히 강좌를 담당한 교수가 자신의 전공 책임을 명확히 하는 제도였다. 강

5) 유진오, 《젊음이 깃칠때》, 휘문출판사, 1978, 102쪽.

좌제는 교관조직과 교육연구조직을 유기적으로 통합함으로써 교수직을 학술전문직으로 만들어 꾸준하면서도 자립적으로 발전할 수 있도록 하는 제도였다.[6] 이로써 담당교수는 강좌와 관련한 연구와 교육영역에서 무소불위의 권력을 휘두를 수 있게 되었다.

강좌제는 강좌에 임명된 제국대학의 교수에게 이전과 비교할 수 없을 만큼 강력한 경제적 유인책도 병행했다. 제국대학 교수의 봉급은 본봉과 특별한 봉급인 직무봉(職務俸), 곧 강좌봉으로 구성되었다. 교수는 5년 이상 1급봉을 받고 학술 분야에서 현저한 업적을 이룩한 경우 본봉의 3분의 1을 더 받았다. 또 문부 대신의 강좌 평가에 따라 400엔에서 1,000엔 사이의 직무봉을 받을 수 있었다.[7] 1893년 당시 전국 소학교 교원의 평균 월급이 8엔이고, 1년치를 합산해도 100엔 정도였던 점[8]과 비교하면 직무봉 하나만도 대단한 우대조치였다. 교수의 대우를 개선해 업적과 능력 요소를 반영한 봉급제도를 운영한 것이다.[9]

일본정부의 1893년 조치들은 이후 일본대학사를 놓고 볼 때 성공적인 측면이 있었다. 전문성 확립을 내세워 관립대학 교수들이 정치에 눈을 두기 어렵게 했으며, 도쿄제국대학의 연구와 교수(敎授)의 질을 크게 바꾸어놓았기 때문이다.[10] 또한 짧은 시간에 서구의 선진 대학과 같은 체제와 운영방식을 제국대학에 안착시킬 수 있었고, 국가가 필요로 하는 학문을 꾸준히 생산해냈다. 강좌제를 중심으로 충실히 직무를 수행

6) 물론 강좌에 교수가 없는 경우 조교수 또는 촉탁, 곧 우리 개념으로 이야기하면 시간강사가 강좌를 맡는 경우도 있었다. 교수진 확보에 애를 먹었던 경성제국대학의 경우 교수—조교수—조수로 계통화한 복수의 교관체계를 제대로 시행하지 못했다.

7) 寺崎昌男, 《東京大學の歷史》, 講談社, 2007, 92쪽.

8) 寺崎昌男, 같은 책, 94쪽.

9) 寺崎昌男, 〈'講座制'の歷史的研究序說 : 日本の境合(1)〉, 《大學論集》 1, 1973, 8쪽.

10) 寺崎昌男, 《東京大學の歷史》, 98쪽.

하던 교수들은 지식인 사회 내에서 아카데미 지식인으로 분리되어 사회적 지위와 영향력을 크게 발휘할 수 있었다. 제국대학의 위상이 올라가고 학력 엘리트층이 늘어가면서 일본사회의 최고 엘리트층을 채워나갔다. 같은 번(藩) 출신자들끼리의 정치파벌, 곧 번벌(藩閥)을 대신해 학벌이 탄생한 것이다.

이번에는 일본만의 독특한 교육제도인 전문학교에 대해 간략히 살펴보자. 전문학교는 관립학교인 제국대학, 고등학교, 고등사범학교 이외에 일본의 고등교육을 담당한 또 다른 핵심 축이었다.

일본정부는 1903년 '칙령 제61호'로 제국대학 및 고등학교와 다른 고등교육기관으로 "고등의 학술 기예를 가르치는" 3년제의 전문학교를 설치하는 법령인 〈전문학교령〉을 공포했다.[11] 이에 따라 의학, 농림, 공업, 상업, 미술, 음악 등 관립전문학교 15개교, 의학, 문학, 법경제, 상업, 종교, 의치약 등 공립전문학교 47개교가 설치되었다.[12] 관립과 공립의 전문학교는 동경제국대학처럼 법과, 문과, 이과, 의과, 공과, 농과로 구성된 종합대학과 달리, 공업, 상업, 농업 등 특정 분야만을 교수하는 단과(單科) 학교였다. 관립 전문학교는 산업계의 요청에 따라 각 분야에서 활약할 전문가를 육성하는 역할을 담당했다. 전문학교는 실과적(實科的)인 교육기관 내지는 실용적인 '저도(低度)대학'[13]으로 자리매김된 것이다. 또한 대학을 지향한 사립전문학교인 와세다(早稲田), 게이오(慶應), 메이지(明治), 호세이(法政) 등 사립전문학교도 설치되었다. 1910년대까지 일본에서 이들 법률상의 '대학', 곧 제국대학 이외의 모든 고등교육

11) 우리가 1903년의 전문학교령에 특별히 관심을 가져야 하는 이유는, 뒤에서 살펴볼 조선총독부의 〈사립학교규칙개정〉의 준거로 활용되었기 때문이다. 또한 다음에 살펴볼 연희전문학교의 대학 설립 움직임 등이 어떤 어려움에 직면했는지를 이해하는 데도 중요하기 때문이다.

12) 가타기리 요시오·기무라 하지메 외, 이건상 옮김, 《일본 교육의 역사 : 사회사적 시각에서》, 162쪽.

13) 天野郁夫, 《大學の誕生 上 : 帝國大學の時代》, 中央公論新社, 2009, 382쪽.

기관을 통칭하여 가리키는 용어가 '전문학교'였다.

일본정부는 전문학교로 정식 인가를 받고자 하는 경우 전문학교령을 구체화한 〈공립사립전문학교규정〉의 설치기준을 지키도록 했다. 기준의 첫 번째 핵심은 입학자의 자격을 중등교육과정인 심상중학교와 고등여학교 졸업자 및 이와 동등한 학력을 갖춘 사람만이 입학할 수 있도록 했다. 두 번째 기준인 전문학교 교원은 박사학위 취득자 또는 제국대학의 학사학위 소지자여야 했다. 세 번째 기준은 재단법인을 설립하고 일정 수준의 시설을 갖춘 곳이어야 했다.[14] 이러한 인가 기준이 얼마나 엄격히 적용되었느냐 하는 문제는 차치하고, 이제 일본에서는 전문학교를 세우려면 기본 재산을 소유하고 법인 자격을 취득해야 하는 시대가 된 것이다.

그런데 전문학교들의 대학 승격 욕구는 매우 강했다. 외국에 학교를 소개할 때도 '칼리지(college)'라는 용어를 사용할 정도였다. 일본사회의 현실은 이들의 요구가 정당함을 보여주고 있었다. 일본은 청일전쟁, 러일전쟁 등 침략전쟁에 승리하면서 산업사회로 들어섰다. 제1차 세계대전이 끝나자 채무국에서 20억 엔의 채권국이 되었으며, 공업생산액이 농업생산액을 추월하기 시작했다. 이에 따라 사회 각 분야에서 고도로 훈련된 전문 인력의 양성이 시급했지만, 기존 교육제도가 이를 감당하기에는 역부족이었다. 일본사회에서는 산업계의 요구에 부응하지 못하는 제국대학 중심의 위계적인 고등교육체계에 대한 비판이 높아져갔다.

대학 승격을 열망하는 전문학교의 운명이 바뀐 것은 1918년 〈대학령〉 개정이었다. 개정된 대학령에는 대학에서 국가가 필요로 하는 학술 이론과 응용을 가르치고 연구한다는 기존의 목적 이외에, 인격을 도야하

---

14) 天野郁夫,《大學の誕生 下 : 大學への挑戰》, 中央公論新社, 2009, 144~146쪽, 210~213쪽.

고 국가사상을 함양하는 데 유의하도록 한다는 내용이 추가되었다. 제국대학만이 독점해왔던 '대학'이란 타이틀을 포기하고 산업계와 사립전문학교 등의 요구에 따라 일부 전문학교를 대학으로 승격시킴으로써 양적 규모가 확대되는 과정에서 교양의 중요성을 강조한 결과였다. 이때부터 1945년 일본이 패전할 때까지 제국대학을 제외한 종합대학과 단과대학을 합쳐 49개 대학이 출범했다.[15]

일본정부는 대학령을 개정한 데 이어 제국대학령도 1919년에 개정했다. 개정의 큰 변화는 농과대학, 문과대학처럼 학과들의 형식적인 결집체인 분과대학 대신에 '학부'제를 실시했다는 점이다. 제국대학의 학부에는 이전에 없던 교수회, 대학원 과정인 연구과가 설치되었다. 이에 따라 학부는 교수, 연구, 연구자 양성, 관리라는 네 가지 기능을 집중 수행하는 대학의 기간조직으로 바뀌었다.[16] 도쿄대학 초창기의 학부와 예를 들어 비교하면, 문학'부'에서 문'학부'로 의미가 바뀐 것이다. 대학본부에서 여러 학문 분야의 학부를 거쳐 개별 강좌에까지 연결되는 대학의 체계성이 갖추어진 것이다. 일본정부가 경성제국대학과 타이베이(臺北)제국대학을 설립하고 학부제를 운영한 것도 개정된 법률에 근거를 두고 있었다. 또 한 가지 주목해야 할 변화는 제국대학의 규모가 커졌다는 점이다. 예를 들어 도쿄제국대학 문과대학의 경우 1901년 철학, 사학, 문학의 3개 학과만 두었으나, 개정된 법령에 따라 문학부 산하에 국사학과가 신설되고, 사학과의 일부였던 서양사학이 '학과'로 발족하는 등 19개 학과가 설치되었다.[17]

---

15) 사립전문학교는 주로 종합대학으로 발전해갔으며, 관립전문학교는 단과대학(college) 형식으로 승격된 경우가 있었다(天野郁夫, 《大學の誕生 下 : 大學への挑戰》, 364쪽).

16) 寺崎昌男, 《東京大學の歷史》, 68쪽.

17) 東京大學百年史編纂委員會 編, 《東京大學百年史》 部局史 1, 東京大學出版會, 1986, 607~608쪽; 643쪽.

새로운 대학이 급속히 늘어났음에도 불구하고 제국대학의 사회적 지위와 임무에는 동요가 없었다. 1945년 일본이 패전할 때까지 전문기술자의 양성과 지도층 육성과 같은 사회적 요구는 대부분 관립대학, 곧 제국대학, 고등학교, 고등사범학교가 담당했다. 특히 1919년 이후에는 제국대학과 관립의 단과대학, 전문학교라고 말할 수 있다. 이렇듯 관학이 사학을 선도한 고등교육시스템, 즉 제국대학, 그중에서도 도쿄제국대학의 절대 우위를 전제로 한 위계적 고등교육체계는 1945년까지도 바뀌지 않았다.

그러면 이제부터는 제국대학 중심의 고등교육체계와 강좌제, 전문학교에 관한 분석을 바탕으로 제도의 측면에서 사학과를 검토해보자.

3분과체제의 성립과 동양사학

오늘날 한국의 4년제 대학에 있는 사학과는 기본적으로 국사(한국사), 동양사, 서양사로 구분하여 교수를 채용하고 강의를 개설한다. 학내외의 역사 관련 교육과 연구조직들도 기본적으로 이 체제에 속한다. 한국의 역사학계에서는 이를 '3분과체제'라고 말해왔다.

그런데 3분과체제는 일본과 한국에만 있는 시스템으로 같은 동북아시아 국가인 중국에는 없다. 중국에는 중국사와 세계사, 곧 외국사만 있을 뿐이다. 조선처럼 일본의 식민지였던 타이완도 1945년 일본의 지배로부터 벗어난 이후 타이베이제국대학을 타이완대학으로 전환하면서 3분과체제를 철폐하고 중국사와 세계사로 학과를 재편했다. 북한도 '조선로동당역사'라는 당사(黨史)와 함께 조선역사, 서양역사를 기본 체제로 삼아 역사연구와 역사교육체계를 구성하고 있다.[18]

그렇다면 한국의 대학 사학과에서 채용하고 있는 3분과체제는 어디에서 유래한 것일까? 이제 그 연원을 살펴보자.

일본에서 외국역사를 서양역사와 동양역사로 나누어 접근하는 사고방식이 공개석상에서 처음 언급된 것은 1894년이었다. 나카 미치요(那珂通世)가 대학·고등사범학교·고등중학교의 교수들이 모여 중등학교 교과과정에 관해 조사하고 연구하는 위원회에서 "동양의 역사는 지나를 중심으로 하여 동양 여러 나라의 치란흥망(治亂興亡)의 대세를 설명하는 것으로서 서양역사와 상대하여 세계역사의 일반(一半)을 구성한다"고 발언한 것이다.[19] 이후 세계사를 서양사와 일본을 제외한 동양사로 구분하려는 관점은 일본 지식인 사회의 전반적인 역사관이 되었으며, 이러한 경향이 도쿄제국대학과 교토제국대학의 사학과에도 그대로 반영되었다.

도쿄제국대학은 일본의 중앙 관료와 대학 교원의 출신대학 비중에서 압도적으로 높았다. 1903년에 설립된 교토제국대학 출신조차 도쿄제국대학 출신이 100명이라면 다섯 명 정도에 불과했다.[20] 특히 문과대학이 그러했다. 그래서 교토제국대학 사학과는 도쿄제국대학의 학풍에 부화뇌동하지 않으면서도 중국을 있는 그대로 볼 수 있는 전문가를 찾았다. 1장에서 식민주의 역사학을 다룰 때 언급한 나이토 고난이 1907년 동양사학 강좌의 강사가 되고, 이어 1909년에 사학과 교수가 될 수 있었던 이유 가운데 하나도 여기에 있었다.[21] 또한 경성제국대학의 교수진, 특히 사학과의 경우도 일본인 강사조차 도쿄제국대학 출신이었다.

---

18) 강성윤, 〈북한의 학문분류체계〉, 《북한연구학회보》 10권 1호, 북한연구학회, 2006 ; 이영화, 〈북한 역사학의 학문체계와 연구동향〉, 《한국사학사학보》 15집, 한국사학사학회, 2007.

19) 五井直弘, 《近代日本と東洋史学》, 青木書店, 1976, 52쪽.

20) 1909년 통계이다. 자세한 것은 天野郁夫, 《大學の誕生 下 : 大學への挑戰》, 54~62쪽 참조.

대학에서 연구와 교육을 책임지는 사람에 대한 도쿄제국대학의 독점화는 사학과의 학문체계에도 큰 영향을 주었다. 1910년 도쿄제국대학 사학과는 일본사, 동양사, 서양사라는 3분과체제를 갖추었다.[22] 이때까지 사학과의 성립과정을 간략히 정리하면, 1877년 화한문학과(和漢文學科)에 한문학의 일부로 중국고대사를 가르치는 내용이 포함되었지만, '동양사'라는 용어는 없었다. 제국대학령이 공포된 이듬해인 1887년 독일인 루드비히 리스(Ludwig Riess)를 중심으로 사학과가 설치되었다. 사학과 수업은 서양의 역사가 중심이었다. 1889년 국사학과가 설치되었다. 청일전쟁이 한창이던 1894년에 중등교육분야에서 외국 역사를 서양역사와 동양역사로 구분하자는 제안이 있었다. 서양사란 분야명도 고등사범학교의 교수과목이 정착한 1898년부터 사용되었다. 1893년 강좌제가 설치되었다. 러일전쟁이 일어난 1904년에 도쿄제국대학의 문과대학에서는 기존의 9개 학과를 사학과, 문학과, 철학과로 통폐합했다. 이때의 사학과는 수업과 학사를 독립적으로 운영한 서양사학, 지나사학으로 구성되었고, 국사학과는 별도의 학과로 남아 있었다. 여기에서 말하는 지나사학은 '지나사학 전공'이란 의미다.[23] 1905년에는 중국과 중국 이외의 동양 여러 지역을 포괄한 지나사학과가 설치되었다. 지나사학과는 1910년에 동양사학과로 이름이 바뀌었다. 또한 당시 도쿄제국대학 문과대학에 있던 문학과, 사학과, 철학과에는 오늘날 '전공'이라는 말과도 상

21) 礪波護, 〈內藤湖南(東洋史學)〉, 礪波護 · 藤井讓治 編, 《京大東洋學の百年》, 京都大學學術出版會, 2002, 84~89쪽. 그는 아키타(秋田)고등사범학교를 졸업한 사람으로 유학파도, 도쿄제국대학 출신자도 아니었다. 그럼에도 중국에 대한 그의 전문지식은 계몽성과 실용성을 내세운 도쿄제국대학의 학풍과도 다르고, 중국을 왜곡된 시선으로 본다고 간주되던 한학자들과도 다르다고 평가받고 있었다.

22) 교토제국대학은 도쿄제국대학보다 앞선 1907년에 사학과를 국사학, 동양사학, 서양사학, 지리학으로 구분했다.

23) '專修學科'라는 의미에서 '지나사학과'라는 말도 사용했다.

통하는 전수학과가 19개가 설치되었다.[24] 사학과에는 국사학과, 동양사학과, 서양사학과라는 전수학과가 있었다.

일본에서 역사학 연구와 교육이 3분과체제로 귀결되는 과정은 1894년의 청일전쟁, 1904년의 러일전쟁, 1910년의 한국병합까지 일본의 대외침략과도 깊은 연관이 있었다. 특히 동양사학은 일본사회의 정치적 요구를 제도화하는 과정에서 독립한 학문이었다. 즉 일본은 청일전쟁에서 동아시아의 전통적 맹주인 청을 이기면서 자신감을 가졌다. 이어 서양과 구별되면서도 그들과 동등한 지위를 갖는 일본이 주도하는 동양을 만들 필요가 있었다. 러일전쟁을 전후한 시기는 이러한 인식이 크게 도약한 전환기였다. 일본 동양사학의 창설자 시라토리 구라키치는 러일전쟁을 마무리하는 종전협상이 미국 포츠머스에서 막바지로 치닫고 있던 1905년 8월에 〈동양사 연구의 필요〉라는 제목의 글을 《사학계》 잡지에 발표했다. 그리고 이를 1906년 1월에 출판된 다카쿠와 고마키치(高桑駒吉)의 《동양대역사(東洋大歷史)》 서문으로 게재했다.[25] 여기에서 시라토리는 서양인의 세계사 인식에 대해 다음과 같이 비판했다.

> 돌이켜 보건대, 메이지 초년 우리나라가 서양의 문물을 서둘러 수입하여 이를 선택 음미할 여유가 없이 편향되게 그 나라를 모방했으며, 학교에서 역사를 가르칠 때에도 그 나라에서 사용된 교과서를 직접 선택해 와서 사용했다. 그리고 이들 책은 제목이 세계사 혹은 만국사로 칭해지고 있지만, 실은 구미 여러 나라의 치란흥망을 기술하는 데 머물러 동방아시아의 사적은 거의 등한시했다. 한때 우리나라의 학교 사이에서 환영받은 스켈

---

24) 자세한 것은 東京大學百年史編纂委員會 編, 《東京大學百年史》 部局史 1, 418~423쪽, 624~626쪽 참조.

25) 高桑駒吉, 《東洋大歷史》, 宝文館, 1906.

톤 씨의 《세계사》 같은 경우는 카우카스 민족에게는 진정한 역사가 없다고까지 단언했다. 이는 크게 우리나라 사람이 잘못된 사상의 하나를 갖게 했다.[26] [밑줄—인용자]

시라토리 구라키치가 보기에 유럽에서 말하는 만국사는 유럽사이지 진정한 세계사가 아니며 동방아시아, 곧 동양의 역사를 배제하고 있었다. 그래서 그는 '국사와 서양사의 연결을 꾀하는' 길로서 동양사에 관한 교육이 필요하다고 보았다. 또 러일전쟁 이후의 '전후 경영에서 외국을 압도할 길을 강구'하는 방법의 하나로 국민을 교육하고 세계로 웅비할 인물을 양성하기 위해서 학회를 만들고 동양의 언어를 교수하는 학교를 세워 동양학 연구를 일으켜야 한다고 보았다.[27] 시라토리는 독립적인 동양사 연구를 통해 서양에 견줄 수 있는 동양의 역사와 문화를 일본이 나서서 정립함으로써 일본 국민이 협소한 섬을 탈출하여 아시아 대륙으로 발전해나갈 수 있다고 여긴 것이다.

러일전쟁이 마무리되고 있던 그 시점에 시라토리가 보기에는 조선과 만주가 동양의 여러 지역 가운데 가장 중요했다. 그래서 그는 1장에서 보았듯이 러시아와 일본 사이에 종전협상이 벌이지고 있던 그즈음부터 '근본적인 동양 연구'의 일환으로 만주와 조선의 역사지리를 우선 연구해야 한다고 강력히 주장하고, 고토 신페이의 도움을 받아 남만주철도 주식회사의 도쿄 지사에 만선역사지리조사부를 설치했다. 도쿄제국대

---

26) 白鳥庫吉, 〈高桑駒吉著《参考東洋大歷史》序〉, 《白鳥庫吉全集 10 : 雜纂他》, 岩波書店, 1971, 445쪽. 이 인용문은 원래 스테판 다나카, 박영재·함동주 옮김, 《일본 동양학의 구조》, 문학과 지성사, 2004(Stefan Tanaka, *Japan's Orient: Rendering Pasts into History*, Berkeley:University of California Press, 1993), 80~81쪽을 참고했다. 그러나 필자가 일본어 원문과 대조한 결과, 밑줄 부분이 크게 달랐다. 문장의 흐름이 다른 점을 예로 들면 너무 복잡하므로, 인용문에서 강조한 부분에 대해서만 언급하면 아래와 같다. '학교에서'—'사학과의 과정에서도', '동방아시아'—'동아시아', '사적'—'사건', '세계사'—'세계사 대강', '카우카스 민족에게는'—'비백인계 민족은'.

27) 白鳥庫吉, 〈高桑駒吉著《参考東洋大歷史》序〉, 447쪽.

학 동양사학과 역시 아시아에 대한 일본 국민의 지식 수준을 향상시켜 승전의 효력을 높이기 위한 방편이자 제도화의 결과였다.[28] 이즈음 일본 정부와 역사교육계는 '동양사의 범위'를 사실상 확정하고 있었다. 예를 들어 다카쿠와 고마키치가 문부성의 중학교 동양역사 교수요목에 따라 집필한 참고서에서는 정치체를 기준으로 동양사의 범위를 청국, 조선, 샴, 아프가니스탄, 페르시아, 포르투갈령 마카오, 네덜란드령 자바와 수마트라, 영국령의 인도와 페르시아 및 홍콩, 프랑스령 통킹과 코친차이나, 러시아령 투르키스탄과 시베리아, 독일령 산둥반도, 미국령 필리핀까지로 규정했다.[29] 일본사를 뺀 채 동양사의 범위를 정의한 것이다.

그렇다고 일본의 역사연구자들이 유럽사를 라이벌로만 간주했던 것은 아니다. 주지하듯이 일본이 지향한 '탈아입구'의 문명화 전략은 유럽이 달성한 문명화, 근대화를 모델로 했다. 근대 일본인은 서양이 곧 유럽이라는 일치 의식을 갖고 있지는 않았지만, 유럽이 곧 서구이자 동시에 세계로 간주하는 의식이 지배적이었다. 그래서 일본의 서양사는 고대오리엔트사, 그리스·로마사, 유럽의 중세사, 그리고 구미의 근대사를 기본 체계로 짜여졌다. 동시에 동방세계와 중근동지역을 근대화, 서구화할 수 없는 주변지역이자 정체한 후진지역으로 간주하고 멸시하는 관점을 갖고 있었다.[30] 때문에 일본에서 제도화한 국사, 동양사, 서양사라는 3분과체제는 '(서)유럽 중심주의'와 오리엔탈리즘이 '일본적 오리엔탈리즘' 및 침략주의와 만난 결과라고도 말할 수 있다.

---

28) 백영서, 〈'동양사학'의 탄생과 쇠퇴〉, 《한국사학사학보》 11집, 한국사학사학회, 171쪽. 러일전쟁 직후인 1905년 10월 《教育公報》에 실린 글에 근거한 분석이다.

29) 高桑駒吉, 《中等東洋歷史詳解》, 三省堂, 1908, 緖論 2~3쪽. 동양사의 범위에 관한 언급은 다카쿠와 고마키치가 언급한 순서와 용어 그대로이다. 샴은 오늘날 타이를 가리킨다.

30) 吉田悟郎, 《自立と共生の世界史學》, 青木書店, 1990, 70~77쪽.

그러면 이제부터 앞선 검토를 바탕으로 식민지 조선에서 이루어진 조선총독부의 고등교육정책을 살펴보자.

2. 차별적·위계적 고등교육체계 정비

〈전문학교규칙〉과 조선인 고등교육의 제도권 편입

본국에서 전문학교가 늘어나고 사학과에서 3분과체제가 제도화되던 그 즈음 식민지 조선에서의 교육정책은 1911년 〈제1차 조선교육령〉을 통해 확인할 수 있다. 1911년부터 1921년까지 조선총독부 학무과장으로 재직한 유게 고타로(弓削幸太郎)의 기록에 따르면, 데라우치 마사타케 조선총독은 식민지 조선에서 '시세와 민의에 적합'하게 "먼저 보통교육의 완비를 기하고 또한 중점을 실용교육"에 두려고 했다.[31] 조선인에게 초등교육 수준의 교육, 특히 실업교육에 중점을 두는 대신 과학과 예술 분야의 교육은 방기하겠다는 뜻이었다. 사범교육과 고등교육, 특히 대학교육을 당분간 실시할 생각이 없다는 선언이기도 했다.[32]

31) 정재철, 《일제의 대한국식민지교육정책사》, 일지사, 1985, 290쪽 재인용. 데라우치 마사타케 총독이 1911년 7월 제2회 지방장관 회의에서 한 연설의 일부이다.

일본의 정책논리에는 민정(民情), 풍속, 관습과 같은 시세(時勢)와 문화가 본토와 동일하지 않다는 근거가 밑바탕에 깔려 있다. 그래서 데라우치 조선총독은 식민지 조선이 일본 본토의 연장이기에 내외지를 구별할 필요가 없다는 '내지연장주의'와는 다른 운영 방식인 '조선통치특별주의', 곧 본토의 수준에 도달하지 못한 식민지 조선을 별도의 법체계를 갖고 통치해야 한다는 통치기조를 내세웠다. 조선통치특별주의는 조선이 일본의 식민지라는 사실을 겉으로 드러내지 않고 통치하면서 실제로는 본국과 다른 분리통치를 정당화하고 차별을 합리화하는 지배이념이었다.[33] '시세와 민의'의 차이를 부각시켜 문명동화를 정당화하면서 동시에 그 차이의 주체인 조선인과 일본인이 다르기 때문에 민족동화(民族同化, 同和)를 달성하기까지의 과정에서 조선인에 대한 '민족' 차별은 정당하다는 것이다.

조선교육령의 제정은 이전과는 전혀 다른 사회구성 원리에 따라 식민지 조선사회를 재구성하려는 대표적인 사례 가운데 하나였다. 전근대 조선사회에서는 양반이 독점하고 있던 교육영역에서 공공영역을 일부러 만들 필요가 없었다. 그렇지만 식민지 사회는 신분제 사회가 아니고 양반이란 지배층을 부정한 사회였다. 더구나 일본인이라는 새로운 이민족이 조선인을 통치하는 구조였다. 조선총독부는 자신들이 추구하는 목표에 합당하다고 판단되는 공공영역을 새로이 구축할 필요가 있었다. 달리 말하면 조선총독부는 식민지 사회라는 새로운 사회적 관계를 재구성하고 지속하기 위한 통치기구, 그리고 그 속에서 인간관계를 규

32) 〈제1차 조선교육령〉 7, 25, 26, 27조에는 일본 본국과 같은 학력을 인정하지 않으면서도 전문학교에 관한 규정이 있기는 했다.

33) 신주백, 〈일본의 '동화'정책과 지배전략〉, 강만길 외, 《일본과 서구의 식민통치 비교》, 선인, 2004, 249~250쪽.

정하는 통치질서와 가치규범을 만들고자 했다.

1911년의 조선교육령은 교육의 영역에서 새로운 '관제적 공공성'을 구성해가려는 조선총독부의 첫 시도였다. 하지만 조선총독부가 지향하는 공공영역에서 주체들의 재구성은 일본의 지배가 끝날 때까지 차이로 차별을 정당화한 식민지적인 것이었다. 이런 점에서 조선교육령은 '식민지 공공성'을 정당화한 기제였다고도 말할 수 있다.

그런데 식민지 조선에서 고등교육을 매우 소극적으로만 생각하고 있던 조선총독부의 방침에 약간의 변화가 생겼다. 조선총독부는 〈제1차 조선교육령〉을 공포한 1911년에 〈사립학교규칙〉을 제정했는데, 1915년 3월 24일 이를 개정하여 총독부가 규정한 요건에 따라 재단을 설립하고 교원을 채용하는 전문학교만 인정하겠다고 명시했다. "조선인을 교육"할 규정을 명시한 '부령 제26호' 〈전문학교규칙〉도 같은 날 공포했다. 새로운 규칙에서는 조선총독부의 인가를 받을 수 있는 재단의 조건, 학칙, 교과목 등 전문학교의 설립요건과 통제를 받게 될 운영사항을 명시했다.

일본이 이렇게 4년여 만에 방침을 바꾼 이유는 무엇일까? 앞서 1장에서는 식민지 조선 전반의 지배정책과 연관지어 설명했으니, 여기에서는 고등교육과 관계 있는 움직임만 들어보겠다.

조선총독부가 방침을 바꾼 이유 중 하나는 대학 설립을 목표로 학교를 운영하고 있던 기독교 선교사들의 움직임과도 깊은 연관이 있을 것이다. 숭실대학을 만든 베어드 등 평양의 선교사와 서울에 조선연합기독교칼리지를 세우려던 언더우드를 비롯한 서울의 선교사, 그리고 미국의 북장로교 선교본부 사이에 '대학 문제'를 둘러싸고 3년에 걸친 첨예한 논쟁이 있었다. 선교사들 사이에서 벌어진 논쟁의 주요 논점은 대학의 위치와 더불어 비기독교인을 대학에 받아들일지 여부였다. 이들 사이의 갈등은 1914년 2월 미국에 있던 공동위원회가 북장로교 "선교본부들 등에 서울에 연합기독교대학 설립에 연합할 것을 권고하기로 결의"함에 따라 국면이 전환되었다.[34] 서울에 연합기독교대학(Seoul Union Christian College)을 설립하자는 주장은 1914년 12월경 미국에 있는 북장로교 선교본부가 서울에 연합기독교대학을 세우고 평양에 있는 숭실대학을 대학보다 낮은 고등교육기관인 초급대학으로 삼아 직업인을 육성하는 데 목적을 두겠다고 잠정 결론을 내림으로써 일단락되었다.[35] 대학을 지향한 이 학교는 1915년 4월 YMCA에서 학생 수가 60명이 조금 넘는 '경신학교 대학부'라는 이름으로 개교했다. 비록 조선총독부의 허가를 받지 않았지만 선교사들은 이 학교를 '조선기독교대학'이라고 불렀다.[36]

조선총독부는 선교사들이 주도하여 조선인 위주의 대학교육을 실시하는 현실을 방관할 수 없었다. 특히나 종교계에서 운영하는 고등교육은 교육과 언어를 수단으로 문명동화를 추진하며 먼 미래에 민족동화를 지향하고 있던 조선총독부의 동화정책 기조를 심각하게 위협하는 움직임이었다. 그래서 데라우치 조선총독조차 〈사립학교규칙개정〉을 공포할 때 '유고'를 통해 국민교육의 완전한 통일을 위해 학교에서 종교교육과 종교의식을 할 수 없다고 명확히 밝혔다.

---

34) 이만열·옥성득 편역, 《언더우드 자료집 V》, 연세대학교출판부, 2010, 20~21쪽. 자료집에는 연합기독교대학 이외에 기독교연합대학, 기독교대학, 조선기독교대학의 명칭이 나온다. 당시 논의를 이해하는 데 지장이 없으므로 연합기독교대학으로 통일하였다.

35) '대학 문제'를 둘러싼 논란의 경과는 숭실대학교100년사편찬위원회 편, 《숭실대학교100년사 1 : 평양숭실편》, 숭실대학교출판부, 1997, 175~188쪽. '대학 문제'에 관한 논란은 정준영도 논문에서 간략히 규명하고 있다(정준영, 〈1910년대 조선총독부의 식민지교육정책과 미션스쿨 : 중고등교육의 경우〉, 《사회와 역사》 72호, 한국사회사학회, 2006 참조).

36) 이만열·옥성득 편역, 《언더우드 자료집 V》, 131쪽. 언더우드가 1915년 4월 21일자로 미국의 이사회에 보고한 보고서의 일부이다.

또한 조선총독부는 선교사들의 대학 설립안을 받아들이기 어려웠다. 당시 일본의 고등교육체계에서 '대학'이란 이름을 합법적으로 사용할 수 있는 경우는 천황의 '칙령'으로 설립하는 제국대학만이 가능했기 때문이다. 앞서도 언급했듯이 1910년대까지 일본에서 법률상의 '대학', 곧 제국대학 이외의 모든 고등교육기관을 가리키는 통칭적인 용어는 '전문학교'였다. 일본에만 있는 독특한 교육제도인 전문학교는 1903년 '칙령 제61호'로 제정된 〈전문학교령〉에 의해 설립 운영되었다. 일본 본토의 이중 고등교육체계를 바꾸지 않는 한 일본정부도 조선총독부도 1915년 당시 식민지 조선에서 선교사들이 설립하려는 대학에 대한 인가는 불가능했다.[37)]

그럼에도 미국 출신의 선교사들이라는 점과 이들의 활동이 종교의 자유와 같은 보편적 가치의 실현에 해당한다는 점을 고려할 때 서구와 어깨를 나란히 하고자 하는 일본정부의 입장에서는 선교사들의 대학 설립 움직임을 무조건 막을 수도 없었다. 그래서 조선총독부는 제국대학과 전문학교의 위계성을 갖추고 천황제를 받드는 본국의 고등교육체계 아래 기독교계의 대학 설립 움직임을 흡수하면서도 이를 통제할 필요가 있었을 것이다.

1915년의 두 규칙, 곧 〈사립학교규칙개정〉과 〈전문학교규칙〉은 본토의 〈전문학교령〉에 의거하면서도 전문학교의 설립과 운영에 관해 까다로운 규정을 담아 흡수하고 제어하며 통제하려 한 대비책이었다. '조선왕'이라고도 불렸을 정도로 강권 통치를 하고 있던 데라우치 조선총독은 개정된 사립학교규칙에 지리, 역사와 더불어 성경 과목을 교과과정

37) 대학령이 없다는 이유를 내세워 전문학교로 인가했다고 언급한 경우도 있다(연세창립80주년기념사업위원회,《연세대학교사》, 연세대학교출판부, 1969, 280쪽). 언급한 이 시점은 맞을 수 있지만, 대학령이 공포된 1918년부터는 맞지 않는 언급이다.

에 '절대로' 포함시킬 수 없다고 명시했다.[38] 이어 5개월 후인 8월에 조선총독부는 부령 제83호로 〈포교규칙〉을 공포했다. 이 규칙을 통해 포교자의 자격 요건과 포교장소에 대해 엄밀히 규정하고 이를 조선총독에게 신고하도록 하여 종교에 관한 통제를 강화했다.

서울에 연합기독교대학을 설립하기 위해 활동하던 사람들이 조선총독부의 새로운 고등교육정책에 대응하여 가장 크게 관심을 기울인 사항은 성경수업 문제였다.[39] 조선총독부는 경신학교 대학부의 교과목 점검 때 종교를 가르치는지에 대해 민감하게 반응할 정도로 관심을 두었다. 1915년 당시 사립학교규칙을 개정한 중요한 목적 가운데 하나가 사립학교에서 종교교육을 금하는 데 있었다고 말해도 지나치지 않을 정도였다. 미국 남장로교의 파견으로 호남지방에서 선교활동을 한 선교사의 회고담을 통해 고등교육 이외의 학교교육에서도 종교교육을 금하는 압박이 상당했음을 확인할 수 있다.

> 우리의 네 선교 거점에 있는 기존 학교들은 모두 허가를 얻었다. 그러나 우리가 순천에 개설한 두 학교들은 허가 신청 작업이 2년 이상이나 끌었음에도 허가를 얻지 못한 채 문을 닫고 말았다. 정부의 규제에 순응하기 위해서는 성서를 학과 과정 중의 하나로 채택할 수 없었기 때문이다.[40]

---

38) 이에 대한 시사는 이만열 옥성득 편역, 《언더우드 자료집 V》, 159쪽 참조. 언더우드가 미국의 브라운 박사에게 보낸 1915년 8월 26일자 편지의 일부이다

39) 이만열·옥성득 편역, 《언더우드 자료집 V》, 178쪽. 언더우드가 미국의 스피어 박사에게 보낸 1915년 10월 14일자 편지의 일부이다

40) 애너벨 메이저 니스벳, 한인수 옮김, 《호남 선교 초기 역사 : 1892-1919》, 경건, 1998, 141쪽. 니스벳은 목사인 남편을 따라 1906년 한국에 와, 전주와 목포 등지에서 선교활동을 했다. 영문 저서는 1919년 미국 남장로교출판위원회에 의해 리치몬드에서 간행되었다. 니스벳은 책 출판 이듬해인 1920년에 세상을 떠났다.

이렇듯 종교교육을 학교교육에서 배제하려는 움직임 속에서도 "성경을 가르치는 것이 학교 시간 과외"에 학생들이 자발적으로 참여한 수업이라면 조선총독부도 용인할 의도가 있었다.[41] 조선총독부는 종교교육을 전면적으로 금할 수 없다는 현실을 고려하여, 종교적 예배가 정식 교과과정에 들어오는 것을 막는 데 초점을 두었던 것이다. 일본 본토에서의 종교정책과 크게 괴리되지 않으면서도 미국과의 외교관계까지 고려해야 하는 정치외교적인 환경도 고려했을 것이다. 더구나 선교사들은 〈사립학교규칙개정〉의 '부칙'에 1925년 3월 31일까지 10년간 이 규정을 적용하지 않는다는 예외 조항이 추가되어 있는 점도 놓치지 않고 적극 활용했다.[42]

전문학교로 정식 인가를 받기 위해 가장 우선해야 할 새로운 조치인 재단을 설립하는 문제는 그리 큰 난관이 아니었다. 대학 설립 추진자들은 두 규칙이 발표된 직후에 기독교도인 일본인 판사의 소개로 일본 메이지가쿠인(明治學院)의 재단법인 정관을 참고하여 재단 설립에 필요한 문서를 바로 마련할 수 있었다. 또 한 가지 어려움은 재단 출범을 위해 미국과 관련된 '사단법인'임을 명시하는 문제였다. 이에 연합기독교대학을 설립하려던 관계자들은 조선총독부에 제출할 '재단법인' 정관에서 종교와 천황제 국가의 관계가 명확히 드러나지 않도록 하면서도 실제로는 미국에서 작성한 '정관'을 그대로 따르기로 했다.[43] 이들은 조선총독부와 적절하게 타협하며 재단 설립을 추진한 것이다.

경신학교 대학부를 발판으로 대학 설립을 지향했던 선교사들의 노력

---

41) 이에 대한 시사는 이만열·옥성득 편역, 《언더우드 자료집 V》, 168~169쪽 참조.

42) 이만열·옥성득 편역, 같은 책, 159쪽.

43) 이만열·옥성득 편역, 같은 책, 137쪽, 153쪽. 언더우드가 미국의 브라운 박사에게 보낸 1915년 7월 24일자 편지의 일부이다.

은 마침내 1917년 연희전문학교와 더불어 세브란스의학전문학교에 대한 정식 인가를 받으면서 결실을 맺었다.[44] 초기부터 문학과가 있었던 연희전문학교의 출범으로 고등교육 영역에서 문과 분야의 교육과 연구가 가능한 거점이 확보되었다. 하지만 외국인 선교사를 중심으로 구성된 문과 교수진에서는 아직까지 조선인을 대상으로 한 조선의 학문을 다루기는 어려웠다.

조선총독부의 대응 가운데 주목해야 할 또 한 가지는 조선총독부가 직접 관장하는 전문교육기관인 관립학교를 정비한 점이다. 조선에서 고등교육의 주도권을 놓칠 수 없었던 일본정부와 조선총독부는 연희전문학교와 세브란스의학전문학교의 설립을 인가하기 이전에 먼저 관립전문학교를 정비했다. 그것이 1916년 4월 처음 제정한 '칙령 제80호' 〈조선총독부전문학교관제〉이다. 조선총독부가 사립과 경쟁할 수 있는 관립전문학교를 정비한 것이다. 달리 보면 조선총독부 나름대로 고등교육 분야에서 관제적 공공의 영역을 설정하고, 사(私)를 배제하거나 흡수할 수 있는 기반을 만든 것이다.

이에 따라 조선총독부는 "법률 경제에 관한 지식을 배우"는 경성전수학교, "의술에 관한 지식 기능을 배우"는 경성의학전문학교를 전문학교로 개편하고, "공업에 관한 지식 기능을 배우"는 경성공업전문학교를 신설하여 관립전문학교를 체계적으로 정비했다.[45] 일본정부가 1903년 제정한 〈전문학교령〉 제1조 1항에 나오는 "고등의 학술기예를 교수하는 학교는 전문학교라 한다"는 규정을 분야에 따라 실질적으로 구체화한

44) 연희전문학교의 간략한 역사와 학풍에 관해서는 이준식, 〈연희전문학교와 근대 학문의 수용 및 발전〉, 연세대학교 국학연구원 편, 《근대 학문의 형성과 연희전문》, 연세대학교출판부, 2005 참조.

45) 〈朝鮮總督府專門學校官制制定ノ件(1916. 3. 22)〉, 신주백 편, 《조선총독부 교육정책사 자료집 1》, 선인, 2002, 121~122쪽. 관제의 통일에 따라 경성전수학교의 관제는 폐지되었다.

것이다. 결국 조선총독부는 관립과 사립을 불문하고 전문학교에 본토의 법령을 직접 적용하지는 않았지만, 관립전문학교의 경우 실제로는 본토의 전문학교령에 입각해 법률, 상업 등과 같은 실용적이고 기능적인 분야별 학교 또는 학과를 두고 전문 실무자를 육성하는 방향으로 정비했다. 달리 말하면, 이는 새로운 관제를 제정하여 '문·사·철의 대상으로서 조선'을 전문적으로 연구하고 고등교육을 실시할 수 있는 기회를 원천적으로 차단하려는 조치였다. 조선인의 고등교육 열기를 실용분야로 흡수하여 불만을 어느 정도 해소하는 한편, 인문학 분야에서 전문인을 양성하지 않음으로써 조선인에 의한 인문학의 생성 자체를 가로막겠다는 의도인 것이다.

실용적이고 기능적인 분야만을 대상으로 한 고등교육정책은 차별 정책을 동반할 수밖에 없었다. 조선총독부는 식민지 조선의 관립전문학교에 일본 본토의 〈전문학교령〉을 직접 적용하지 않음으로써, 조선에서 관립전문학교를 졸업하더라도 일본에서 동등한 학력을 인정받지 못하게 했다. 가령 경성의학전문학교의 의사 자격증으로는 일본에서 개업할 수 없었다. 다만, 조선총독부는 본국의 의료진 부족 문제를 해소하기 위한 일환으로 1918년 경성의전 내에 본토의 〈전문학교령〉에 의거하는 '특별의학과'를 만들어 일본인 학생을 중점 육성한 예외적인 정책을 실시하기도 했다.[46] 자신들의 필요에 따라 예외를 둔 것이다.

이때까지 설치된 고등교육 과정의 학교를 포함하여 식민지 시기에 존재했던 대학 및 전문학교 현황을 정리하면 다음의 〈표 2-1〉과 같다.

---

46) 〈朝鮮總督府專門學校官制制定ノ件(1918. 7. 23)〉, 같은 책, 364~366쪽.

〈표 2-1〉 식민지 조선의 대학 및 전문학교 현황*

		1910년 이전	제1차 조선교육령 (1911)	제2차 조선교육령 (1922)	제3차 조선교육령 (1933)	제4차 조선교육령 (1943)
대학	관립			경성제국대학(1924)		
전문학교	관립	제중원(1885) 경성의학교(1899)	조선총독부의원 부속의학강습소(1910) 경성의학전문학교 (1916), 경성의학전문학교 내 특별의학과(1918, 본국 전문학교령 적용)			
		외국어학교(1895)	폐교(1911)			
		상공학교(1899) 농상공학교(1904) 수원농림학교(1906)	수원농림전문학교 (1918. 3)	수원고등농림학교 (1922)		
		경성법학교(1909)	경성전수학교로 변경 (1911.10. 20) 전문학교로 재가 (1916. 4) 경성법학전문학교로 개칭(1920. 8) 요청, 재가(1921. 1)			경성경제전문학교 (1944, 통합)
			경성공업전문학교 (1916)	경성고등공업학교 (1922)		
			동양협회전문학교 (1918, 사립)	경성고등상업학교 (1922, 관립)		경성경제전문학교 (1944, 통합)
					경성광산전문학교 (1939)	
					부산고등수산학교 (1941)	
						경성사범학교(1943) 경성여자사범학교 (1943) → 두 학교는 '전문학교 정도로 승격'

		1910년 이전	제1차 조선교육령 (1911)	제2차 조선교육령 (1922)	제3차 조선교육령 (1933)	제4차 조선교육령 (1943)
전문학교	공립			대구의학전문학교 (1933)		
				평양의학전문학교 (1933)		
	사립	숭실학당(1901)		숭실전문학교(1925)	폐교(1939)	
		보성전문학교(1905)	보성법률상업학교 (1915)	보성전문학교(1922)		경성척식경제 전문학교(1944)
		명진학교(1906) 불교사범학교 (1910, 동년 휴교)	불교고등강숙 (1914, 동년 폐교) 중앙학림(1915)	휴교(1922) 불교전수학교(1928) 중앙불교전문학교 (1930)		혜화전문학교(1940) 폐교(1944)
		대동전문학교(1908)	폐교(1916)			
		이화학당(1908)		이화여자전문학교 (1925)		이화여자청년연성소 지도자양성과(1943)
			연희전문학교(1917)			경성공업경영 전문학교(1944)
			세브란스연합 의학전문학교(1917)			아사히(旭)의학 전문학교(1942)
				경성치과의학전문학교 (1929)		
				경성의학전문학교 (1930)		
					대동공업전문학교 (1938)	
					경성여자의학전문학교 (1938)	
					숙명여자전문학교 (1930)	숙명여자청년연성소 지도자양성과(1943)
					명륜전문학교(1942)	폐쇄(1944)

* 정해성·여지숙, 〈일제강점기 한국 대학 및 전문학교 도서관 현황 연구〉, 《한국도서관·정보학회지》 38권 3호, 한국도서관·정보학회, 2007, 409~408쪽. 이 논문은 정재철, 〈일제하의 고등교육〉, 《한국교육문제연구소논문집》 5호, 중앙대학교 한국교육문제연구소, 1989, 106쪽을 수정 보완했다고 언급하고 있다. 신주백 편, 《조선총독부 교육정책사 자료집》, 전 11권, 선인, 2002.

차별적·위계적 고등교육체계의 법제화와 사회화

〈표 2-1〉에서 알 수 있듯이, 전문학교에 관한 명칭이 〈제1차 조선교육령〉과 〈제2차 조선교육령〉 사이에 바뀌었음을 알 수 있다. 제도권 밖에 있던 조선인의 고등교육에 관한 움직임이 제도권 안으로 포섭되었음을 시사한다. 1919년 3·1운동은 일본 지배층과 조선인 사회를 불문하고 그러한 전환에 매우 큰 영향을 끼친 사건이었다. 3·1운동을 계기로 제도화된 법령에다 본토의 〈전문학교령〉을 식민지 조선에 적용하여 새로 마련한 법령이 1922년 〈제2차 조선교육령〉이다. 〈제2차 조선교육령〉은 점진적 내지연장주의에 입각하여 일본 본국과 동일한 교육제도를 실시하고, 조선인 학교의 학력도 인정해주겠다는 기획이었다.[47]

이처럼 조선총독부가 〈조선교육령〉을 11년 만에 대폭 개정할 수밖에 없었던 이유는 무엇일까?

우선, 일본의 식민지 경영전략이 바뀌고 있었다. 앞서 1장에서도 언급했지만 하라 다카시 수상은 식민지 조선을 본국, 곧 내지의 연장으로 여겨 동화시켜야 한다는 정치적 입장을 갖고 있었다. 그는 내각에서 직접 책임지며 식민지 기구들을 통제하고 관리하는 한편, 식민지가 본국의 연장이라는 관점에서 동일한 법률을 적용하는 정책을 점진적으로 지향했다. 이를 점진적 내지연장주의라고 말한다. 하라 내각의 새로운 모색에 큰 힘을 실어준 사건은 역설적이게도 1919년의 3·1운동이었다. 1920년대 지배정책을 문화통치라고 말하는 배경은 여기에 있었다.

둘째, 문화통치는 식민지 조선인에게 새롭게 열린 합법공간이었다.

47) 〈제2차 조선교육령〉의 개정과정에 대해서는 강명숙, 〈일제시대 제2차 조선교육령 개정 과정 연구〉, 《교육사상연구》 23권 3호, 한국교육사상연구회, 2009 참조.

각성한 조선인의 다양한 요구 가운데 하나가 교육에 대한 욕구였다. 조선인들은 학교의 확충과 같은 기본 교육시설의 설치, 민족 간 차별교육의 철폐, 조선인 중심의 학교교육 등을 요구했다. 조선총독부는 통치의 안정을 위해 어떤 방식으로든 이러한 요구사항을 정책으로 수렴할 필요가 있었다.

일본은 전문학교를 비롯해 식민지 조선에서의 고등교육정책도 전환할 수밖에 없었다. 〈제2차 조선교육령〉 제12조 "전문교육은 전문학교령에, 대학교육 및 그 예비교육은 대학령에 의한다"는 규정은 본토의 법을 조선에 적용하겠다는 입장을 명시해놓은 것이다. 〈제1차 조선교육령〉에서는 전혀 언급하지 않았던 내용이다. 조선총독부라는 관료기구가 내세우는 지배기구 또는 통치권력으로서의 '공(公)'을 강화함에 따라 관립전문학교와 대부분 미션계의 사립전문학교로 이루어져 있던 조선의 고등교육체계에 변화가 생길 수밖에 없었다.

조선총독부는 조선인의 사립전문학교를 통제하고 관리하는 법적 근거인 〈전문학교규칙〉을 폐지했다. 대신에 도 지방비로 설립되는 공립전문학교까지를 포함하는 '부령 제21호' 〈공립사립전문학교규정〉을 1922년 4월부터 시행했다. 이에 따라 연희전문학교와 세브란스의학전문학교는 1923년 3월 조선총독부로부터 다시 인가를 받는 절차를 밟았으며, 보성전문학교는 1922년에, 숭실전문학교와 이화여자전문학교는 1925년에 각각 새로운 규정에 따라 조선총독부로부터 인가를 받았다. 또한 조선총독부는 관립의 중학교, (여자)고등보통학교, 사범학교, 전문학교에 관한 개별적인 법제를 폐지하고, 1922년 4월부터 시행한 '칙령 제151호' 〈조선총독부제(諸)학교관제〉에 통합했다. 이로써 조선인 학생의 수업연한이 8년에서 11년으로 늘어났으며, 고등보통학교를 졸업하고 일본에 있는 전문학교와 대학에도 입학할 자격이 주어졌다. 또한 조선총독부는 식민지 조선에 있던 관립전문학교의 이름도 일본 본토의 전문학교와 마찬가지로 분야별 전문영역을 표시하게 했다. 이에 따라 수원농림전문학교를 수원고등농림학교, 동양협회전문학교를 경성고등상업학교로 개편하고, 1910년대부터 있었던 경성법학전문학교, 경성의학전문학교, 경성고등공업학교와 함께 새로운 관제의 제1조에 포함하여 명시했다. 〈제1차 조선교육령〉이나 〈사립학교규칙〉을 개정한 때와 달리, 공사립을 불문하고 본토의 전문학교령을 식민지 조선에도 적용한 〈제2차 조선교육령〉은 조선인과 일본인의 차별을 없애고 함께 배운다는 '내선공학(內鮮共學)'을 추구했다.

하지만 일본은 식민지 조선이 식민지가 아니라 내지라며 내지연장주의를 구체화하여 중등교육과 전문학교를 개편했음에도 불구하고 여전히 차이를 내세워 차별을 정당화했다. 조선총독부는 국어인 일본어를 일상에서 사용할 수 있느냐에 따라 중등교육을 구분한다며 내선공학을 부정하고 내선별학(內鮮別學)을 지속했다. 또한 민족별 고등교육을 정당화하고자 사립과 관립의 법적 체계도 여전히 분리했다. 그러면서 아무런 경제적 지원도 하지 않은 채 공사립전문학교의 설립과 운영, 그리고 학사 전반을 모두 조선총독의 인가사항으로 규정함으로써 〈전문학교규칙〉보다 더 구체적으로 통제할 수 있는 법적 장치를 마련했다. 이처럼 일본은 식민지 조선에서 내선공학을 추구하며 다수 또는 공동의 이익과 의견으로서의 '공(共)'을 지향하겠다는 변화된 경영전략을 실질적으로 이행하지 않았다. 여기에 일본이 추구한 관제적 공공성의 결정적인 한계가 있었다.

이에 비해 조선총독부의 전폭적인 지원을 받는 관립전문학교는 본토에서와 마찬가지로 사회과학과 자연과학 분야 가운데 특정한 한 분야의 고등인력을 양성하는 단과제 원칙에 따라 재편되었다. 이는 종합대학을 지향하며 출범한 연희전문학교가 초기에 문학과 이외에 신학과, 농학과, 상과, 수학급 물리학과, 응용학과를 두어 인문학 교육과 이과 교육을 함께 시도했던 점과 차이가 있다. 1922년 정식 인가를 받은 보성전문학교도 실용적인 전문지식을 전달하는 법과와 상과를 병렬하여 설치하는 등 조선인 사회가 지향한 사립전문학교는 기본적으로 단과제가 아니었다. 결국 실용적이고 기능적인 고등인력만을 키우려는 식민지 조선의 관립전문학교에는 인문학이 들어설 여지가 없었다. 그나마 전문학교 교육에서 인문학이 조금이라도 비집고 들어갈 수 있었던 곳이 사립전문학교의 '문학과(문과)'였다.

문학과 또는 문과의 등장은 조선총독부가 요구하는 일정 수준의 교원자격에 맞춰야 하는 제도적 강제와 함께 종합대학의 설립을 지향하는 사립전문학교가 스스로 노력한 결과였다. 조선에 관한 근대 학문을 연마한 사람들은 1920년대 중반부터 이곳에 교수로 취직하기 시작했다. 그들은 대부분 문학과(문과)에 소속되어 문학, 역사, 철학 분야와 관련된 과목을 강의하면서 연구를 병행했다. 다만, 조선총독부가 요구하는 기능적이고 실용적인 분야의 전문인력을 양성하려는 교육기능 때문에 사립전문학교는 후속 연구자를 키워내기가 애초부터 어려웠다. 더구나 대학이 아니므로 대학원도 설치할 자격이 없었다. 그럼에도 불구하고 연희전문학교에 자리 잡은 정인보(1922년 임용), 이순탁(1923년 임용), 백남운(1925년 임용), 최현배(1926년 임용), 백낙준(1927년 임용) 같은 연구자들은 교육과 연구를 병행하며 꾸준히 논문을 발표하고 신문과 잡지에 글을 게재하면서 전문성을 확장해나갔다. 역량 있는 연구자들 덕분에 전문학교는 조선인 인문학 연구의 거점으로서의 역할을 겸하게 되었다.

전문학교의 연구자들은 조선인이 지향하는 공정한 '공(公)'을 추구하며 지배권력으로서의 관제적 '공'과 경합하는 사람들이었다. 달리 보면,

사립전문학교는 조선총독부에 의해 배제된 '공'을 전면적으로 추구하지는 않았지만, 식민지 조선사회의 다수인 조선인 사회를 위해 공동의 이익과 의견으로서의 '공(共)', 달리 말하면 조선총독부가 추진할 수 없었던 공(共)을 앞세워 공정과 공평을 내포한 '공(公)'을 추구할 수 있는 울타리이자 기지였다.

일본의 고등교육체계상 특정 분야에 관한 전문교육과 깊이 있는 연구를 병행할 수 있는 제도와 시스템은 '대학'에서만 가능했다. 식민지 조선에서 제도상으로 대학의 설립이 가능했던 것은 1918년 '칙령 제388호'로 제정된 〈대학령〉에 입각하여 대학교육을 실시할 수 있다고 규정한 1922년의 〈제2차 조선교육령〉 때부터였다. 〈대학령〉 제2조에 따르면 대학에는 여러 개의 학부를 둘 수 있는데, "학부는 법학, 의학, 공학, 문학, 이학, 농학, 경제학 및 상학(商學)의 각 부(部)로 한다"고 되어 있다. 대학은 이들 학부를 통해 "국가에 필요한 학술 이론 및 응용을 교수하고, 그 온오(蘊奧)를 공구(攻究)함"을 목적으로 하는 체계였다. 식민지 조선의 현실에서는 '칙령 제12호' 〈제국대학령〉(1919)에 따라 1924년에 발족한 경성제국대학에서만 대학교육, 더 좁게 말하면 인문학 교육과 연구를 담당할 수 있었다. 1926년 경성제국대학에 설치된 법문학부가 바로 그런 역할을 했다.

법문학부의 등장으로 이제 식민지 조선의 고등교육에서 제국의 공공지식을 직접 생산하고 유통시켜 지배력을 꾸준히 확장 심화할 수 있게 되었다. 게다가 경성제국대학의 법문학부는 본국 제국대학들의 법문학부 또는 문학부에서 할 수 없는 영역까지 구체적으로 연구하며 통치논리를 확대 재생산할 수 있는 거점 역할을 했다. 강좌제는 경성제국대학 법문학부를 더욱 강력하게 운영하며 확장시킬 수 있는 기본적인 핵심 제도이자 장치였다. 실제로 일본에서 강좌제는 교수가 전문연구와 전문교육에 집중함으로써 분과학문의 분화를 촉진하며 분과학문 내에서 교수의 역할을 권력화할 수 있는 제도적 장치였다.

그런데 조선총독부는 '부령 제31호'로 법문학부의 다섯 개 학과를 지정하고 1926년 5월 1일에 수업을 시작한다고 공포함과 동시에 '부령 제30호'로 〈대학규정〉을 공포했다. 이 규정은 식민지 조선의 고등교육을 분석한 선행연구로부터 전혀 주목받지 못했지만, 제국대학 이외의 대학을 설립하고 학사를 운영하는 데 필요한 제반사항이 담겨 있었다. 〈대학규정〉은 실제로 한 번도 적용되지 않았지만, 조선총독부가 식민지 조선에서 대학을 설립하려는 움직임에 대응하여 미리 마련한 법적인 장치였다.

조선총독부는 왜 이 시점에 대학 설립 규정을 만들었을까? 이를 직접 해명해주는 자료를 찾지 못했지만 다음 세 가지 정도의 정황과 연계되어 있었을 것이다.

첫째, 1915년 〈사립학교규칙개정〉 때 보강했지만 10년을 유예했던 조항, 곧 재단법인의 재산 정도, 교과과정, 교원의 학력과 일본어 능력에 관한 예외 규정의 유예 시한이 만료되었다는 점과 관련이 있을 것이다. 둘째, 그런 상황에서 조선의 사립전문학교 가운데 대학을 지향해왔던 4개의 사립전문학교들이 1925년까지 〈공립사립전문학교규정〉에 의해 조선총독부로부터 모두 인가를 받았을 정도로 형식과 내용을 갖추게 되었다는 현실도 조선총독부가 〈대학규정〉을 공포하는 데 영향을 미쳤을 것이다. 셋째, 4개의 사립전문학교 가운데 조선총독부로부터 인가를 받았던 연희전문학교의 언더우드와 어비슨이 1925년에 모금활동을 강화하는 등 종합대학을 설립하기 위해 구체적으로 움직였다는 점이다.[48] 연희

48) 두 사람은 600만 원의 후원금을 마련하고자 미국에 가서 140만 원을 모금했다. 미국인인 두 사람의 노력에 대해 조선인 사회의 여론도 우호적이었다. 〈사설 : 종합대학 계획〉, 《동아일보》 1925. 12. 3.

전문학교의 움직임에 대해 조선총독부에서 민감하게 반응할 수밖에 없었다는 점은, 〈제2차 조선교육령〉 제정안을 심의하던 당시 일본의 제국의회에서 나온 발언을 통해 간접적으로 확인할 수 있다. 즉, 일본정부와 제국의회에서는 식민지 조선에 〈제2차 조선교육령〉을 적용함에 따라 "외국인이 경영에 관계하는 불완전한 사립대학이 관립대학에 앞서 설립되는 경우와 같은 일이 있다면 통치상 생각하건대 심각하게 걱정할 수 있는 점이 있다는 것을 우려"했다.[49]

그런데 사립전문학교들이 〈대학규정〉의 설립요건과 운영지침을 따른다 하더라도 식민지 조선에서 대학을 세우기는 쉽지 않았을 것이다.

우선 일본이 요구하는 대학의 기능관과 대학의 이념이 연희전문학교의 그것과는 확연히 달랐다. 〈대학령〉 제1조에 따르면 대학은 '국가'가 필요로 하는 학술 이론을 가르치고 연구하는 곳이어야 한다. 그런데 연희전문학교는 "기독교주의하에 동서 고근사상(古近思想)의 화충(和衷)으로 문학, 신학, 상업학, 수학, 물리학 및 화학에 관한 전문교육을 시(施)하여 종교적 정신의 발양으로써 인격의 도태를 기(期)하며 인격의 도태로부터 독실한 학구적 성취를 도(圖)하되 학문의 정신에 반(伴)하여 실용의 능력을 겸비한 인재의 배출"에 교육방침을 두었다.[50] 이화여자전문학교도 전문교육의 궁극적인 목표를 "가장 풍성하고 완전한 기독교인의 삶을 위한 폭넓은 기반을" 다지는 데 두었다.[51] 조선인을 대상으로 한 기독교계 전문학교의 교육목표는 '신'인 천황의 국가가 필요로 하는 학술

49) 《枢密院会議筆記》 大正十一年一月二十五日. 1922년 1월 25일자 추밀원회의에서 〈제2차 조선교육령〉의 특징을 설명하는 가운데 나온 발언의 일부이다.

50) 〈연희전문학교상황보고서 1932〉, 연희전문학교, 2쪽. 상황보고서는 1930년도부터 1937년도까지 있다. 필자가 인용한 내용은 1930년과 1937년 상황을 설명한 보고서에는 나오지 않고, 1932~36년까지의 네 차례 보고서에만 나온다. 보고서의 형식이 바뀐 것인지 아니면 다른 정황이 반영된 결과인지 모르겠다.

51) 이화100년사편찬위원회 편, 《이화100년사》, 이화여자대학교출판부, 1994, 191쪽.

이론을 가르치고 연구하는 대학의 교육목표와 결국 충돌할 수밖에 없었다. 대학의 이념과 교육목표가 충돌하는 핵심에 민족동화의 이념 및 정책과 천황제가 있었다.

더구나 교육체계가 뒷받침될 수 있었는지도 의문이다. 일본의 대학은 고등학교 또는 대학 예과를 졸업한 사람, 곧 보통교육을 마치고 전문예비교육의 과정을 끝낸 사람들이 입학하는 곳이었다. 그래서 〈대학령〉 제정 이후 대학으로 인가받은 사립대학은 예과를 두어야 했고, 공립대학은 제국대학에 입학하기 위한 예비교육기관으로서의 위상을 갖춘 관립의 3년제 고등학교인 '구제(舊制)고교'를 졸업한 사람을 받아들였다.[52] 이에 따른다면, 연희전문학교는 학부 시스템을 만드는 일 이외에도 예과를 만들거나 그에 버금가는 다른 교육과정을 마련해야만 대학으로 전환할 수 있었다. 이는 4년제 대학과정을 만드는 일보다 더 복잡한 셈법과 많은 자금이 필요한 일이었다. 한편, 이화여자전문학교는 연희전문학교에 비해 대학으로 전환하기가 더 어려웠을 것이다. 당시 일본에서도 여학생의 대학 입학이 공인된 형태로 열려 있지 않았던 데다가, 여자대학이 인정되지도 않았기 때문이다. 당시 대학의 신입생 모집은 남자 고등보통교육기관의 학생들을 대상으로 이루어졌다.

이처럼 〈제2차 조선교육령〉을 계기로 새롭게 마련된 식민지 조선의 고등교육체계는 1945년까지 지속되었다. 1922년부터 23년간 고등교육을 규정한 법적 장치는 〈공립사립전문학교규정〉, 〈조선총독부제학교관제〉, 그리고 〈제국대학령〉과 〈대학규정〉이었다.

관립과 사립을 구분하고 대학과 전문학교를 분리하는 이중구조 속에

52) 1918년 새로운 고등학교령에 따라 공립과 사립의 고등학교도 학력을 인정받아 졸업생이 대학에 입할 수 있게 되었다. 이에 따라 기존의 관립 고등학교를 '구제고교'라 불렀다. 이들의 역사에 관해서는 秦郁彦, 《旧制高校物語》, 文藝春秋, 2003 참조.

서 조선총독부가 관립과 대학을 중심으로 제도를 위계적으로 운영했다는 점은 본토의 고등교육체계와 하등 다를 바 없었다. 이에 따라 〈제국대학령〉과 〈대학규정〉을 정점으로 하는 고등교육체계하에서 또 다른 고등교육의 영역으로 자리 잡고 있는 전문학교, 특히 사립전문학교는 아무리 발버둥을 쳐봐도 제국대학보다 하위의 고등교육기관일 수밖에 없었다.

〈제국대학령〉과 〈대학규정〉은 차이를 제도화한 〈전문학교규칙〉보다 더 심하게 차별을 정당화한 법률이었다. 이는 조선총독부가 관제적 '공(公)'을 내세웠지만 공평의 의미를 담지 않음으로써 식민지 조선인이 기대하는 '공(共)'과는 거리가 멀 수밖에 없었다. 달리 보면, 1920년대 중반에 조선인과 일본인의 차이를 내세워 차별을 정당화한 관제적 '공(公)'과 병립하며 두 민족 사이의 상호침투보다 경합하는 측면이 더 강한 공공영역이 생겼다는 점은 이 시기 식민지 공공성의 특징이라 할 수 있다.

조선인의 고등교육이라는 공공 영역이 사회적으로 유효했음에도 불구하고, 〈제2차 조선교육령〉의 발효는 식민지 조선의 사립전문학교가 대학을 지향했지만 대학이 아니라는 위계적 관념을 전문학교 당국자와 조선인 대중에게 명확히 심어주는 계기가 되었다. 1920년대 초까지만 해도 조선인 사회에서 불러왔던 '이화학당 대학과', '숭실대학', '경신학교 대학부'라는 이름이 사라지면서 조선총독부의 인가와 무관하게 조선인 스스로 대학 설립에 대한 기대를 접게 되었다. 하지만 사립학교에 대한 관심이 점차 확산되면서 "명칭은 '퇴보'해도 내용은 더욱 진보"해나갔다.[53]

---

53) 《동아일보》 1926년 1월 12일자 〈문패(文貝)의 내력담(來歷談) 9〉 코너에서 이화여자전문학교를 소개하는 기사의 타이틀이다.

이처럼 식민지 조선에서 〈제2차 조선교육령〉을 계기로 후속 연구자를 육성하는 제국대학과 전문기능 인력을 육성하는 전문학교가 분리되고 서열화되는 현실을 인정하는 사회 분위기가 정착되었다고 말할 수 있다. 조선총독부에 의해 구축된 차별적이고 위계적인 고등교육체계는 일본이 패전할 때까지 이어졌으며, 해방 이후 한국의 대학교육에 계승된 측면도 있다. 다른 한편에서 새로운 제도에 적응하며 자신의 공간을 만들어가려는 조선인 사회의 노력도 '문과'의 재편, 전문학교의 재인가로 나타났다. 이는 1920년대 중반에 조선인 사회를 둘러싸고 제도적 측면에서 고등교육의 공공영역을 확보하고 확장하려는 지배 측과 조선인 사회 사이의 경쟁이 본격화되었음을 의미한다. 비록 비대칭적이지만 관제적 공공성과 저항적 공공성 간의 경합 구도가 본격적으로 형성되었다고 할 수 있다.

그러면 이제부터 제도의 영역 안에 있었던 역사학의 동향을 경성제국대학 사학과와 연희전문학교 문과를 통해 구체적으로 살펴보자. 먼저 경성제국대학 사학과를 보겠다.

3. 경성제국대학—차별적·위계적 고등교육체계의 정점

법문학부—조선을 학문 대상으로 한 제국의 핵심 거점

1924년 5월 2년제의 경성제국대학 예과가 문을 열었다. 160명 정원의 예과생 가운데 조선인 학생은 법학 10명, 문학 19명, 이과 16명 모두 45명이 합격하여 44명이 입학했다. 예과는 일본의 3년제 고등학교처럼 제국대학의 '예비문'과 같은 위상이었는데, 1934년 제11회 예과 입학생부터 3년제로 바뀌었다. 문과와 이과로 구분된 예과에서 2년의 수업을 받은 이과생은 1926년 4월부터 4년제의 의학부에서, 문과생은 3년제의 문학부에서 각자 전공 수업을 받았다.

사이토 마코토 조선총독은 1926년 4월 경성제국대학의 시업식 때 "조선에서의 대학교육은 동양문화, 조선 특수의 질병약물학의 연구에 중대한 사명"을 가진다고 '훈사(訓辭)'에서 밝혔다.[54] 초대 총장에 취임한 핫토리 우노키치(服部宇之吉)도 경성은 "지나문화와 조선문화가 일본문화에 미치는 영향을 연구하기에 최적의 땅"이라고 하면서[55] "여러 방면에 걸쳐 조선연구를 행하여 동양문화연구의 권위"[56]가 되어달라고 '훈사'했다. 경성제국대학은 식민지 조선에 관한 연구의 거점이지만, 그렇다고 해서 조선이라는 지리적 공간에 시야를 가두지 말고 동양이라는 넓은 시야 속에서 연구를 진행해야 할 곳이라는 것이다.

그러기 위해 구축한 제도가 경성제국대학이다. 경성제국대학은 식민지 조선에서 위계적·차별적 고등교육체계의 최고 정점에 위치한 기구로서 일본이 서구로부터 수용하고 재분류한 지식체계를 식민지 조선사회에 일방적으로 제시하고 밀어붙일 수 있는 진지였다. 달리 말하면 일본의 도쿄제국대학이 나름대로 소화한 서구 학문체계와 내용을 조선인 사회에 본격적으로 유입하는 창구였다. 경성제국대학의 최고위 운영자는 당연히 일본인이었고, 운영을 위한 구체적인 시스템으로 '학과'와 거기에 소속된 교수가 담당하는 '강좌', 곧 강좌제가 있었다.

경성제국대학의 강좌제는 도쿄제국대학과 마찬가지로 학부—학과—강좌제라는 체계 속에 위치했다. 연구와 교육의 기본은 역시 강좌제였으며, 학과는 1년 동안 개설할 강좌를 준비하고 학생들을 행정적으로 관리하는 단위였다. 강좌는 학년제, 달리 말하면 연급제로 운영되었다. 오늘날 한국의 대학에서 운영되고 있는 학기제와 달랐다. 그리고 경성제국대학의 학년제는, 학생 각자가 스스로 이수과목을 등록하고 시험을 쳐 불합격한 과목만을 재수강하고 모든 과목을 합격하면 언제라도 졸업시험을 치를 수 있는 교토제국대학의 과목제와도 달랐다.[57]

---

54) 〈總督の訓辭〉, 《朝鮮史學》 5號, 朝鮮史學同攷會, 1926. 5, 31쪽. 경성제국대학 전반에 관한 체계적인 분석은 정준영, 〈경성제국대학과 식민지 헤게모니〉, 서울대학교 박사학위논문, 2009 참조.

55) 〈服部總長の訓辭〉, 《朝鮮史學》 5號, 朝鮮史學同攷會, 1926. 5, 32쪽.

56) 〈京城帝國大學始業式に於ける總長訓辭〉, 《文教の朝鮮》 六月號, 朝鮮教育會, 1926. 6, 3쪽.

57) 교토제국대학의 과목제에 관해서는 天野郁夫, 《大學の誕生 下 : 大學への挑戰》, 28~29쪽 참조.

그런데 강좌제를 책임지는 교수에 조선인은 임명될 수 없었다. 물론 경성제국대학 규정에 교수의 출신 민족을 제한한다는 내용은 없었다. 그럼에도 조선인은 식민지 지배민족이 만든 경성제국대학의 교수가, 특히 법문학부에 소속된 교수가 될 수는 없었다. 앞에서 한 차례 인용한 유진오의 회고록을 통해 이러한 내용을 확인해보자.

민법을 담당한 후지타 도조 교수는 교수회에서 민사소송법 강좌를 유진오에게 맡기자고 제안했다. 그의 제안이 통과되면 유진오는 민사소송법 강좌를 담당하는 교수의 지위를 보장받게 되는 것이었다.

> 그러나 문학부 교수들까지도 한데 합석한 교수회에서는 …… 교수가 되면 교수회에 참석하게 되는데 교수회는 **대학의 의결기관으로서 기밀에 속하는 사항도 많이 다루게 되어 조선인이 끼게 되면 곤란하다는 것이 부결된 이유**였다 한다. 후지타 교수는 내가 강의 강좌담당이 아니라도 좋다 한다면, 즉 만년 조교수라도 좋다 한다면 민사소송법 강의를 나에게 맡기는 것은 교수회에서도 별 이의가 없다고 덧붙여 이야기했다.[58] [강조—인용자]

교수회에서 논의하는 내용과 수준을 고려할 때 조선인은 교수가 될 수 없다는 것이다. 가령 교수회에 식민지 조선인 유진오가 참석한다면 일본인 교수들이 식민지 조선에 관한 내밀한 이야기를 허심탄회하게 밝히거나 지배담론의 생산 및 유통과 관련한 여러 논의들을 할 수 없다는 것이 이들의 입장이었다. 이런 이유로 규정에는 없지만, 조선인은 근본적으로 경성제국대학의 교수가 될 수 없었다.

일본은 경성제국대학의 조선인 학생에 대해서도 일본인과 같은 대우

58) 유진오, 《젊음이 깃칠때》, 103쪽.

를 해줄 의도를 애초부터 갖고 있지 않았다. 핫도리 우노키치 총장은 시업식에서 "대학은 진리의 탐구 이외에 국가사상의 함양을 꾀하고, 또 인격의 도야(陶冶)를 꾀하는 곳"으로 "학(學)의 연구에 편중해서는 안 된다"고 신입생들에게 당부했다.[59] 학문 연구뿐 아니라 인격 수양을 위해서도 노력해야 한다는 당부의 말이지만, 실상은 일본이 기대하는 학문의 육성에 조선인 학생들까지 적극 포함시킬 생각은 애초부터 없었다고 보아야 한다. 국가사상을 강조한 점에서 알 수 있듯이, 경성제국대학 출신의 조선인 학생이 일본의 정치적 입장과 반대편에 서서 발언하며 식민지 조선의 지도자로 성장하는 모습은 더더욱 바라지 않았다.

그런데 식민지 조선에서 일본정부와 다른 정치적 입장과 태도를 갖춘 미래의 조선인 지도자가 나올 수도 있는데 굳이 법문학부를 설치한 이유는 무엇일까? 법문학부의 학과를 보면 법률학과, 정치학과, 문학과, 철학과와 함께 사학과가 있다. 오늘날 한국의 대학 같으면 법과대학, 사회과학대학, 문과대학에 소속된 학과를 억지로 묶어놓은 것이다. 이처럼 억지로라도 법문학부를 만든 의도는 무엇일까?

일본정부와 조선총독부는 '무'보다는 '문'을 지향하는 조선인의 전통적 특성을 반영하여 인문학 계통의 학과를 설치했다. 또한 공학 계통의 학과는 실험 기자재 구비와 교육 등에 비용이 많이 드는 탓에 설치를 꺼릴 수밖에 없었다. 문과와 법학을 합쳐 하나의 학부로 만든 것도 비용 문제 때문이었다. 일본정부와 조선총독부가 문과를 설치한 또 다른 이유는 "근년 조선에서 보통교육 발흥의 결과 중등교육의 증설에 대해 교원의 부족을 많이 느꼈기 때문에 위의 문과 졸업생을 이 방면에 채용하는 취지에서"였다.[60] 즉, 교원 양성이 경성제국대학의 매우 중요한 임무

---

59) 〈服部總長の訓辭〉,《朝鮮史學》5號, 32쪽.

의 하나였던 것이다. 이처럼 일본정부와 조선총독부로서는 '문·사·철의 대상으로서 조선'을 폭넓게 연구하고 교육할 의도가 애초부터 없었다. 이런 측면에서 본다면 전문학교 관제를 설치할 때의 정치적 의도가 그대로 재현되었다고 말할 수 있다.

그럼에도 불구하고 '제국대학' 소속 법문학부의 등장은 식민지 조선에 서구의 분과 학문체제가 제도적으로 이식되었음을 의미한다. 동시에 한국의 전통 지식체계인 경사일체를 대신하여 분과화된 서구식 인문학이 새로운 학문체계로 제도화되었음을 의미한다. 그 과정에서 역사학의 경우 일본사, 조선사, 동양사, 서양사라는 분류체계가 도입되었다. 새로운 분류체계로의 제도화는 이미 1장에서 보았던 조선인 사회 내부에서의 분과화, 즉 경학이 문·사·철로 분화되는 과정에서 1910년대 후반에 이르러 조선문학, 조선역사, 서양철학이란 분과학문으로 자리 잡은 상황과 맞닿아 있다. 조선인 사회에서 분과화에 대한 공감대가 이미 형성되어 있었기 때문에 경성제국대학 법문학부의 문학 부분이 문학, 역사학, 철학으로 제도화된 데 대해서 비판의 목소리가 크게 나오지는 않았다.

그렇다고 해서 전통적 지식체계를 서구식 학문 분과체계로 재편하는 과정이 매끄러웠던 것은 아니다. 다음에서 살펴볼 '문·사·철학과의 강좌' 가운데 문학에 대한 정의를 둘러싸고 벌어진 견해 차이에서 알 수 있듯이, 경성제국대학의 교수들과 조선인 지식인 사이에 분과학문의 틀과 내용을 둘러싸고 마찰이 이어졌다. 이는 한국사회에서 서구식 지식체계의 성립과 학문 분류, 그리고 현대 역사학과 대학의 성립이 외부로

60) 《枢密院会議筆記 : 一, 京城帝国大学ニ関スル件·大正十三年四月三十日》. 1924년 4월 30일자 추밀원회의에서 경성제국대학 설립에 관해 논의하던 도중 나가노 위원이 한 발언의 일부이다.

부터 일방적으로 이식되어 정착된 결과가 아니었음을 의미한다.[61] 더 좁혀서 보면 경성제국대학, 그리고 법문학부의 성립은 한국 현대 인문학의 형성과정에서 매우 중요한 전환점이기는 했지만, 그렇다고 전부는 아니었던 것이다.

문·사·철학과의 강좌

법문학부에서 '문·사·철의 대상으로서 조선'에 대해 정밀하게 짜인 지배담론, 특히 정체성론과 타율성론을 생산하고 이를 믿고 구현할 인재를 육성한 곳은 주로 문학과, 사학과, 철학과였다. 그러면 거기에 소속된 구성원들의 면면을 간략히 짚어보며 위에서 언급한 의미를 확인해보자.

1926년 법문학부에 개설된 30강좌 가운데 조선에 관한 강좌는 각각 7단위인 '조선사학', '조선어학·조선문학'이었다.[62] 30강좌 가운데 1926년 첫 해 수업을 시작할 때부터 제1강좌와 제2강좌를 동시에 매년 개설한 경우는 앞서 언급한 두 강좌뿐이었다.[63] 조선사학의 제1강좌와 제2강좌는 각각 이마니시 류와 오다 쇼고가 담당했다. '조선어학·조선문학' 강좌에서는 다카하시 도루(高橋亨)가 문학을, 오구라 신페이(小倉進平)가

61) 우마코시 도루(馬越徹) 교수의 말처럼 경성제국대학은 '제국대학모델'이 이식된 결과물이었다(우마코시 도루 지음, 한용진 옮김,《한국 근대대학의 성립과 전개 : 대학 모델의 전파연구》, 교육과학사, 2001, 119~159쪽). 하지만 일방적으로 분과학문의 구성과 내용이 이식되었다고 강조해서는 안 된다.

62) 1927년에 조선의 역사와 문화에 관한 두 강좌는 7단위에서 각 8단위로 변경되었다(〈京城帝國大學法文學部規程〉,《朝鮮總督府官報》76호, 1928).

63) 학년 진행이 완료된 1928년도 '법문학부 강좌 설치 연도할'에 근거했다(〈大正15年勅令第47號(京城帝國大學各學部ニ於1ケル講座ノ種類及其ノ數ニ關スル件) 中改正案說明書〉, 신주백 편,《조선총독부 교육정책사 자료집 3》, 선인, 2002, 9~111쪽). 가령 국사학은 1926년과 1928년, 국어학, 국문학은 1926년과 1927년에 각각 개설되었다.

어학을 각각 담당했다.[64] 이로써 경성제국대학은 "여러 방면에 걸쳐 조선연구를 행하고 동양문화연구의 권위"를 확보하기 위한 시스템을 갖췄다.[65] 조선사와 조선문학에 대한 일본의 특별한 노력은, 식민지 조선에 관한 지배담론을 연구하고, 이를 지속적으로 생산할 수 있는 사람을 길러내기 위한 의도와도 무관하지 않았을 것이다.

이때부터 1945년까지 경성제국대학 사학과의 교수진을 정리하면 다음의 〈표 2-2〉와 같다.

사학과는 국사, 조선사, 동양사, 서양사를 기본 구성으로 했다. 여기에 조선고고학이 포함되었다. 오늘날 한국의 대학 사학과가 한국사, 동양사(중국사 중심), 서양사, 고고학으로 구성되어 있는 것과 편제상 별다른 차이가 없다. 분과학문별로 독립된 강좌를 개설하는 것도 이 체제를 따랐다. 사학과에서는 1928년부터 1945년까지 기본적으로 매년 7강좌를 운영하며, 여타 강좌를 추가하는 형식이었다. 예를 들어 1931년 사학과에서 개설한 20강좌 가운데 조선고고학, 조선반도(비교인문지리학), '금문화(金文化)의 일고찰' 같은 강좌는 추가된 강좌다.[66]

1926년 사학과의 개강 당시부터 교수를 모두 충원한 분야는 조선사 제1강좌와 제2강좌였다. 1장에서도 언급했듯이, 제1, 2강좌를 맡은 두 교수의 이력을 좀 더 자세히 살펴보면, 이마니시 류와 오다 쇼고는 이미 1910년대부터 조선총독부에서 시행한 조사사업에 참여했던 공통점이 있다. 이마니시 류는 조선사학을 전공한 최초의 박사로서 신라 이전의 조선사를 주로 연구했다. 조선고적조사 위원, 《조선반도사》 편찬사

---

64) 이들의 연구성과는 田川孝三, 〈京城帝國大學文學部と朝鮮文化〉, 京城帝國大學創立五十周年記念誌編集委員會 編, 《紺碧遙かに》, 京城帝國大學同窓會, 1974, 133~196쪽 참조.

65) 〈京城帝國大學始業式に於ける總長訓辭〉, 《文教の朝鮮》 六月號, 3쪽.

66) 青丘學會 編, 《青丘學叢》 4號, 大阪屋號書店, 1931, 186쪽

〈표 2-2〉 경성제국대학 법문학부 사학과 강좌 담당 (조)교수*

<table>
<tr><th colspan="2">강좌</th><th colspan="2">담당 (조)교수</th></tr>
<tr><td rowspan="3">국사학</td><td>국사학 강좌</td><td colspan="2">다보하시 기요시(田保橋潔) 1927. 1. 10. 조교수 취임</td></tr>
<tr><td>국사학 제1강좌</td><td colspan="2">다보하시 기요시 1928. 4. 18. 교수 취임~1945. 2. 26. 사</td></tr>
<tr><td>국사학 제2강좌</td><td colspan="2">마쓰모토 시케히코(松本重彦) 1929. 7. 1. 취임~1945. 8.</td></tr>
<tr><td rowspan="2">조선사학</td><td>조선사학 제1강좌</td><td>이마니시 류 1926. 5. 7. 취임~1932. 5. 20. 사망</td><td>후지타 료사쿠 1932. 6. 25. 조교수 취임, 1932. 7. 27. 교수 취임~1945. 8.</td></tr>
<tr><td>조선사학 제2강좌</td><td>오다 쇼고 1926. 4. 1. 취임(예과부장 겸임) ~1927. 5. 14.(겸임)~1932. 3. 30. 퇴임 1932. 4. 19. 강사 취임~1933. 3. 31.</td><td>스에마쓰 야스카즈 1935. 11. 30. 조교수 취임, 1939. 5. 19. 교수 취임~1945. 8.</td></tr>
<tr><td rowspan="3">동양사학</td><td>동양사학 강좌</td><td colspan="2">오타니 가쓰마(大谷勝眞) 1926. 4. 1. 취임~1927. 3. 11. 퇴임</td></tr>
<tr><td>동양사학 제1강좌</td><td>오타니 가쓰마 1928. 12. 2. 취임~1941. 12. 7. 사망</td><td>마쓰다 스나미(松田壽男) 1942. 5. 23. 조교수 취임~1943.
1944. 7. 6. 교수 취임~1944. 11. 30. 퇴임</td></tr>
<tr><td>동양사학 제2강좌</td><td colspan="2">도리야마 기이치(鳥山喜一) 1928. 3. 3. 취임~1929. 2. 1. 퇴임,
1931. 3. 30. 취임~1945. 8.</td></tr>
<tr><td colspan="2">서양사학강좌</td><td>가네코 고스케(金子光介) 1928. 1. 4. 조교수 취임, 1928. 4. 18. 교수 취임 ~1941. 5. 15. 퇴임</td><td>다카하시 고하치로(高橋幸八郎) 1941. 10. 28. 조교수 취임~1945. 8.</td></tr>
</table>

* 정근식 외,《식민권력과 근대지식 : 경성제국대학 연구》, 서울대학교 출판문화원, 2011, 349~351쪽.
다마이 제하쿠(玉井是博)는 동양사학 전공으로 1926년 12월 6일 조교수로 취임했고, 1940년 10월 22일~1940년 10월 23일 퇴임할 때까지 교수로 근무했다. 후지타 료사쿠는 1926년 6월 23일에 조선사편수회 수사관에서 조선고고학 담당 조교수로 이임했다. '표'의 1932년은 조선사학 제1강좌 담당 조교수에 임명된 날짜다. 스에마쓰 야스카즈는 1935년 6월 8일에 조선사편수회 수사관직을 퇴임하고 같은 해 조선사학 제2강좌 담당 조교수로 취임했다(末松保和·田中健夫·平野邦雄,〈朝鮮史の研究と私〉, 日本歴史学会 編,《日本歴史》560号, 霞ヶ關書房, 1995, 32쪽). 위 연구에서는 스에마쓰가 1938년 11월 30일자로 취임했다고 나온다.

업의 촉탁과 조선사편찬위원회와 조선사편수회의 위원으로 활동했다. 오다 쇼고는《조선반도사》편찬사업을 전담할 조선총독부 학무국의 편찬과장이자 고적조사과장으로 고적조사사업에 관여하는 한편, 구관제도조사사업에도 위원으로 참여했다. 조선사학회 회장으로 활동하면서 조선사편찬위원회에도 깊이 관여했으며, 조선사편수회의 위원을 역임했다.

조선총독부의 역사정책에 적극 호응하고 있던 두 사람이 경성제국대학 사학과 개설 당시부터 조선사 제1강좌와 제2강좌를 책임지게 되었으므로 식민주의 역사학의 형성에도 영향을 미칠 수밖에 없었다. 이마니시 류의 조선사 인식을 알 수 있는 대표적인 글은 유고집《조선사의 간(朝鮮史の栞)》(1935)에 수록된 〈조선사개설〉이다. 이 글은 1919년 8월 교토제국대학 여름 강연회에서 행한 강연을 정리한 원고로, 여기에서 이마니시 류는 "일·한 양민족"의 분리는 매우 유구한 상고 때부터라는 의견을 제시했다.[67] 나카 미치요와 시라토리 구라키치 이래 일본 동양사학계의 인식을 그대로 계승한 주장이었다. 이마니시 류는 단군이 고려 중기에 이르러 개국시조로 '가작(假作)'되었다고 보았다.[68] 이러한 이마니시 류의 단군론은 식민주의 역사학자들에게 많은 영향을 끼쳤다.[69] 이어 〈조선사개설〉에서 기자조선과 위만조선으로부터 시작되어 신라의 삼국통일로 이어지는 한국고대사 체계는《조선반도사》와 별다른 차이가 보이지 않는다. 그것은 오다 쇼고도 마찬가지였다.《조선반도사》와 이미니시 류의 역사인식처럼 한반도를 남부와 북부로 나누어 북부가 중국의 영향을 받았다면 한(韓) 종족의 남부가 일본의 영향을 받아 각각 발달하다 신라를 중심으로 통일되었다는 관점을 공유하고 있었다.

그런데 오다 쇼고는 이마니시 류와 달리 단군 전설이란 "묘향산 산신의 녹기(緣起)와 평양 선인(仙人)의 전설"을 합친 신화라고 보았다.[70] 그

---

67) 今西龍 遺著,《朝鮮史の竿》, 近澤書店, 1935, 66쪽. 후지타 료사쿠, 스에마쓰 야스카즈, 다가와 고조(田川孝三)가 유고집의 간행을 주도했다.

68) 今西龍 遺著, 같은 책, 70~71쪽.

69) 이영화, 〈일제시기 단군을 둘러싼 한일간의 공방〉,《한국사학사학보》22집, 한국사학사학회, 2010, 150쪽.

래서 그는 1934년 7월 조선사편수회 제8차 회의에서 《조선사》에 단군과 기자 항목을 기술하는 문제를 놓고 최남선 등과 논쟁을 벌이며 서술할 수 없도록 했다.[71] 또한 두 사람은 임나일본부설에 대해서도 다른 의견을 갖고 있었다. 이마니시 류는 "가야 여러 나라의 총칭"으로서 '임나국'이 있었다고 보는 데 비해, 오다 쇼고는 통감부처럼 가야 여러 나라를 보호·감독하기 위해 장군과 약간의 병력을 가야의 중심지에 파견하여 '주차(駐箚)'시킨 기관으로 '임나부'를 말했다.[72]

비록 단군과 임나일본부에 관해 두 사람의 견해가 다르다고 하지만, 조선인의 입장에서 보면 조선민족사의 주체성을 부정하고 타율성을 강조하는 역사서술이라는 점에서는 별반 차이가 없었다. 때문에 두 사람의 견해 차이는 그들만의 리그에서의 차이일 뿐, 조선인에게는 중요하지 않았다. 식민주의 역사학 내부의 경합에 불과한 것이기 때문이다.

이마니시 류와 오다 쇼고의 뒤를 이어 '조선사 강좌'를 담당한 후지타 료사쿠와 스에마쓰 야스카즈도 조선총독부에서 역사 관련 업무를 보다가 경성제국대학의 교원이 된 인물들이다. 후지타 료사쿠는 오다 쇼고가 고적조사과장으로 있을 때 고적조사위원으로 활동했다. 후지타 료사쿠는 조선총독부 편수관, 조선사편수회의 수사관(修史官)으로 근무하다, 1926년 조교수로 임명되어 주로 박물관에 근무하면서 고고학을 연구하고 사학과에서 일부 강의를 담당했다. 스에마쓰 야스카즈의 회고에 따르면, 후지타 료사쿠는 강좌가 없어 오랜 기간 조교수로 근무하다 병사한 이마니시 류의 후임으로 임명되어 조선사학 제1강좌를 담당하는 교

70) 小田省吾, 朝鮮史學會 編,《朝鮮史大系 1 : 上世史》, 朝鮮史學會, 1927, 101쪽.

71) 朝鮮總督府朝鮮史編修會 編,《朝鮮史編修會事業概要》, 朝鮮總督府朝鮮史編修會, 1938, 227쪽.

72) 今西龍 遺著,《朝鮮史の栞》, 97쪽. ; 小田省吾, 朝鮮史學會 編,《朝鮮史大系 1 : 上世史》, 朝鮮史學會, 1927, 152쪽.

수가 되었다고 한다.[73] 퇴직한 오다 쇼고의 후임은 스에마쓰 야스카즈였다. 스에마쓰 야스카즈가 1935년 조선사편수회에서 사학과로 옮기는 데 결정적인 역할을 한 사람은 후지다 료사쿠였다. 조선사편수회에서 조선고대사 분야의《조선사》간행에 수사관으로 활동하던 스에마쓰 야스카즈는 기존 작업이 어느 정도 마무리되자 조선왕조와 관련된《조선사》제5편의 간행을 담당했다. 후지타 료사쿠는 이를 명분으로 내세워 조선왕조의 역사를 담당하는 제2강좌의 교수로 스에마쓰 야스카즈를 추천했다. 그전까지 2년 동안 그와 나카무라 히데타카가 퇴직한 오다 쇼고의 강의를 맡았는데, 1935년 6월 8일 조선사편수회의 수사관에서 퇴임한 스에마쓰가 조교수로 임명된 것이다.

이처럼 경성제국대학에서 조선사학을 담당한 자들은 일본사, 동양사, 서양사 담당 교원과 달리 조선총독부의 역사정책과 매우 밀접하게 연관을 맺으며 경력을 쌓아온 인물들이었다. 그들은 식민지 조선에서 식민주의 역사학을 확산하는 데 앞장서왔다. 도쿄제국대학 사학과에서 발행하는《사학잡지》에서는 조선사편수회와 더불어 경성제국대학 사학과의 성립에 대해 "조선사 연구의 일대 중심"이 형성되었다고 평가할 정도였다.[74]

이어 문학과의 '조선어학·조선문학'에 대해 살펴보자. '조선어학·조선문학'의 오구라 신페이와 다카하시 도루도 조선총독부의 구관제도조사사업에 참여하여 조선의 역사와 문화에 대해 오랫동안 조사활동을 벌인 사람들이다. 오구라 신페이는 1911년 조선에 건너와 조선총독부 학무국 편집과와 경성의학전문학교에서 근무했고, 경성제국대학 교수가

73) 末松保和·田中健夫·平野邦雄,〈朝鮮史の研究と私〉, 日本歴史学会 編,《日本歴史》560号, 霞ヶ關書房, 1995, 33쪽.

74) 〈朝鮮史研究の一大中心〉,《朝鮮史學》2號, 朝鮮史學同攷會, 1926. 2.

되기 전에 이미 조선어 방면에서 확고한 위상을 차지하고 있었다.[75] 다카하시 도루는 1905년 조선에 건너와 대한제국의 참여관으로 근무한 적이 있으며, 한국병합 이후에 조선총독부 시학관 겸 경성법학전문학교 교수로 근무하며 조선의 유학과 종교 등에 관해 많은 글을 발표했다.[76] 두 사람은 1923년에 결성되어 오다 쇼고가 회장으로 있던 조선사학회에서 개최한 '조선사 강좌'의 강사로 '어학사'와 '사회사'를 담당했다.[77] '조선사학'을 담당한 교수들처럼 '조선어학·조선문학' 강좌의 교수로 임용된 이들도 경성제국대학에 오기 이전부터 조선총독부가 지배담론을 생산하기 위해 만든 조직과 활동공간을 매개로 확실한 네트워크를 형성하고 있던 사이였다. 뿐만 아니라 조선총독부와도 매우 밀접한 관계를 맺어왔다는 공통점이 있다.

반면에 철학과에는 '철학·철학사'(2강좌)와 '지나철학' 강좌 등이 있었지만 '조선철학'은 강좌 자체가 없었다.[78] '조선철학'을 제도화하지 않은 것이다. 그 이유 가운데 하나는 일본과 조선총독부가 보기에 조선철학이란 유학 그 자체였기 때문이다. 그들의 관점에서 유학은 조선철학이 아니라 중국철학 혹은 동양철학이었다. 다카하시 도루는 조선의 유학이 "주자학의 학"이므로 "조선유학사는 곧 주자학파의 역사에 불과하

75) 오구라 신페이와 조선어학 강좌에 관한 것은 이준식, 〈일제 강점기의 대학 제도와 학문 체계 : 경성제대의 '조선어문학과'를 중심으로〉, 《사회와 역사》 61집, 한국사회사학회, 2002 참조.

76) 다카하시 도루와 조선문학 강좌에 관한 것은 박광현, 〈다카하시 도오루와 경성제대 '조선문학' 강좌 : '조선문학' 연구자로서의 자기동일화 과정을 중심으로〉, 《한국문화》 40집, 서울대학교 규장각한국학연구원, 2007 참조.

77) 朝鮮史學會 編, 〈'朝鮮史講座'發刊の辭〉, 《朝鮮史講座 : 要領號》, 朝鮮史學會, 1923, 12쪽. 조선사학의 후지다 료사쿠도 '고적유물' 강좌의 강사였다.

78) 철학과에 대해서는 김재현, 〈한국에서 근대적 학문으로서 철학 형성과 그 특징 : 경성제국대학 철학과를 중심으로〉, 《시대와 철학》 18권 3호, 한국철학사상연구회, 2007 참조. 이 논문은 김재현·김현주·나종석·박광현·박지영·서은주·신주백·최기숙, 《한국인문학의 형성》, 한길사, 2011에도 수정본이 게재되어 있다.

다"는 관점을 갖고 있었다.[79] 또 조선문학을 담당한 다카하시 도루 교수가 유학과 종교 강의를 담당하며 연구하는 학자라는 점, 달리 말하면 대학 내 현실 권력자가 있다는 점도 고려되었을 가능성이 있다. 학문적으로도 한반도라는 확실한 대상이 있는 역사와 조선어로만 표현된 작품 등이 있는 조선문학과 달리, 조선철학은 독립된 분야로 정리하기 어려운 측면이 있었을 것이다.

'철학·철학사' 제1강좌는 아베 요시게(安倍能成)가, 제2강좌는 미야모토 와키치(宮本和吉)가 담당했다. 둘 다 서양철학을 전공했으며, 이와나미쇼텐(岩波書店)의 '철학총서'를 중심으로 활동한다 하여 '이와나미 철학자'라 불렸다. 이들은 학문의 보편성과 문화, 인격을 강조하는 '리버럴리스트'로서 대학의 자치와 자율을 중시했다.[80] 이런 점에서 두 사람은 경성제국대학의 교수가 되기 전부터 '관학아카데미즘'이 뼛속까지 스며들어 있던 조선사학, 조선어학, 조선문학 담당자들과는 결을 달리한다고 볼 수 있다. 철학과 교수들은 서양철학을 주(主)로, 중국 철학을 부(副)로 설정하여 제도화하는 방향에서 교과를 운영했다. 경성제국대학 학생들이 조선철학에 관해 그나마 접할 수 있는 것은 '조선어학·조선문학' 전공자들의 '학수과목'인 '한국사상 및 신앙사 개설', '조선유학사'를 통해서였을 것이다.[81] 이 과목이 조선문학의 영역에 해당되는지도 의문이지만, 조선문학 강좌를 담당한 다카하시 도루의 전공이었기 때문에 과목이 배치되었을 것이다.[82]

---

79) 高橋亨, 〈序〉, 《朝鮮思想史大系 1 : 李朝 佛教》, 大阪宝文館, 1929, 13쪽.

80) 정준영, 〈식민지 제국대학의 존재방식〉, 《역사문제연구》 26호, 역사문제연구소, 2011, 25쪽.

81) 〈경성제국대학법문학부규정〉, 《조선총독부관보》 76호, 1927. 4. 4.

82) 다카하시 도루는 경성제국대학 창립을 준비한 10인의 위원 가운데 한 사람이었고, 예과 책임자인 오다 쇼고와도 긴밀한 관계에 있던 사람이었다. 때문에 그가 '학수과목'의 구성을 자신의 구미에 맞게 조절하는 것은 어렵지 않았을 것이다.

이처럼 경성제국대학 법문학부의 사학과와 문학과에서는 조선의 역사와 문학에 대해 특별히 주목했다. 조선사와 조선문학을 대상으로 한 교육은 당시 본토의 여섯 개 제국대학과 1928년에 세워진 식민지 타이완의 타이베이제국대학에도 없는 강좌였다. 총장이 말한 대로 조선 연구를 통해 동양 연구에 권위 있는 대학으로 거듭나야 한다는 지향과 맞는 강좌 구성이었다.

그런데 조선철학은 별도의 범주로 상정조차 되지 않았다. 조선철학을 부인하는 논거는 다르지만, 앞의 1장에서 보았듯이 조선인 지식인 사회에서도 이미 1910년대부터 독립된 학문 분야로서 조선철학을 부정했다. 경성제국대학의 강좌 구성을 놓고 볼 때, 굳이 조선철학이 있다면 동양철학의 일부로 설명될 뿐이었다. 따라서 경성제국대학의 조선철학 강좌와 학문 내용을 둘러싸고 특별한 논쟁이 있을 수 없었다.

그러나 조선문학은 달랐다. 앞의 1장에서 보았듯이 조선인 사회에서는 1910년대부터 조선문학이란 무엇인가에 대해 복수(複數)의 정의가 있었다. 경성제국대학에 조선문학 강좌가 개설되자, 이광수는 1928년 다카하시 도루의 조선문학 연습용 교재인《격몽요결(擊蒙要訣)》에 대해 공개적으로 다음과 같이 비판했다.

> 《격몽요결》은 일종의 수신서 처세술인 문학도 아니요, 또 과학적인 방면인 문학도 아닐 것은《격몽요결》의 첫 페이지만 보면 알 일이요, 적이 문학이 무엇인지 이야기라도 들은 사람이면《격몽요결》이라는 제호(題號)만으로도 그것이 문학서가 아닌 줄을 짐작할 것이다.[83]

83) 이광수, 〈조선문학의 개념〉,《이광수전집 10》, 삼중당, 1962, 450쪽(原典 :《신생》2-1, 신생사, 1929. 1).

이광수는 《격몽요결》이 수신서 처세술에 해당하는 교재이지 문학교재는 아니라고 지적한 데 이어, 조선문으로 쓰인 것만이 조선문학이라는 자신의 지론을 다시 한 번 주장했다. 다카하시 도루와 이광수는 조선문학의 범주에 대해 다르게 보았던 것이다. 그렇다고 이광수의 조선문학 개념이 문학가와 문학연구자 사이에서 그대로 받아들여진 것은 아니었다. 예를 들어 경성제국대학 법문학부 출신인 조윤제는 1929년 《동아일보》에 연재한 〈조선문학과 한문학의 관계〉에서 한글문학=적자, 한문학=서자라며 이원적인 절충을 시도한 반면, 김태준은 《조선한문학사》(1931)에서 한글로 쓰인 문학작품만이 조선문학이라는 입장이었다.[84] 1937년도 연희전문학교의 조선문학 수업은 정인보가 담당했는데, 그는 한글문학과 한문학 모두를 조선문학의 범주에 넣고 강의했다.[85]

이렇듯 조선사·조선철학과 달리 조선문학의 범주와 요건에 대해 조선인 사회는 다른 의견을 제시했다. 하지만 조선문학의 개념을 놓고 조선인 사이에서 이루어진 논쟁이 경성제국대학의 조선어학, 조선문학 커리큘럼을 개정하는 데 영향을 미치지는 못했다. 조선인 연구자 및 문학가와 재조(在朝)일본인 연구자는 각자 독립된 공간에서 '조선문학'을 사유하고 있었을 뿐이다. 거기에서 경합하거나 대결하는 지식을 찾아보기는 어려웠다.

84) 김동식, 〈한국문학 개념 규정의 역사적 변천에 관하여〉, 《한국현대문학연구》 30집, 한국현대문학회, 2010, 19~25쪽.

85) 세 사람의 의견 이외에도 다른 사람들의 조선문학에 관한 여러 가지 정의는 1936년 《삼천리》에 게재된 설문조사에서 확인할 수 있다. 〈'조선문학'의 정의 이렇게 규정하려 한다〉, 《삼천리》 8권 8호, 1936.

사학과의 커리큘럼

사학과의 교수들은 어떤 강의를 담당했을까? 1931년부터 1941년 사이 11년 동안 사학과에 개설된 과목과 담당교수를 총정리하면 다음의 〈표 2-3〉과 같다.

〈표 2-3〉에 나와 있는 강의명을 종합하면 11년 동안 102개의 강의가 개설되었다. 3분과체제와 연관되어 개설된 강의들의 비중을 분석해보면, 동양사 강의가 36개로 35.3%를 차지했으며, 조선사 강의는 28개로 27.4%를 차지했다. 이어 일본사 강의가 20개, 고고학 강의가 10개, 서양사 강의가 6개였다. 역사학을 일본사, 조선사, 동양사, 서양사, 고고학으로 나누었지만, 고고학과 서양사는 사학과 내에서 전공자를 양성하는 데 매우 취약할 수밖에 없었다. 그나마 고고학은 조선 관련 강의가 절반 가량을 차지하는 데다, 조선고대사와 조선사 강의가 많아 전공자를 양성하는 데 그다지 어려움이 없었을 것이다. 하지만 서양사 강의는 '서양사개설'만이 꾸준히 개설되었을 뿐 사실상 역사학 내의 분과학문으로서의 기능이 방기되었다. 사학과 조교수로 취임한 스에마쓰 야스카즈는 1963년 하타다 다카시(旗田巍) 등과의 대담에서 이에 대해 다음과 같은 회상을 남겼다.

> 경성제국대학 강좌의 이름을 붙일 때 매우 많이 신경을 썼습니다. 서양사 강의는 있지만, 서양사학과는 만들지 않는, 서양사를 하면 아일랜드의 독립이라든가, 어떤 독립이라든가를 테마로 하는 학생이 많이 나오는 것이 걱정되었던 것은 아니겠는가.[86]

---

86) 末松保和 等,〈朝鮮史編修會の事業〉, 旗田巍 編,《日本と朝鮮 : シンポジウム》, 勁草書房, 1969, 84쪽.

〈표 2-3〉 1931~1941년 경성제국대학 사학과의 개설 과목과 담당교수*

개설과목	1931	1932	1933	1934	1935	1936	1937	1938	1939	1940	1941
사학개론	마쓰모토	마쓰모토	마쓰모토	마쓰모토	마쓰모토	마쓰모토	마쓰모토	마쓰모토	마쓰모토	마쓰모토	마쓰모토
국사학특수강의 (일본고대사)	마쓰모토	마쓰모토			마쓰모토				마쓰모토 (일본 고대사)		
국사학특수강의 (일본중세사)	마쓰모토	마쓰모토				마쓰모토 (일본 중세사)	마쓰모토 (일본 중세사)			마쓰모토	
일본고대 및 중세사			마쓰모토								
국사학특수강의 (전국시대사)			마쓰모토								
무가(武家)의 연구						마쓰모토	마쓰모토	마쓰모토			
국사학특수강의 (영제(令制) 및 기(其) 연혁)				마쓰모토	마쓰모토						
고대사상의 제(諸) 문제									마쓰모토	마쓰모토	마쓰모토
국사학연습	마쓰모토 (아즈마카가미 [吾妻鏡])	마쓰모토	마쓰모토 (일본서기)	마쓰모토 (아즈마카가미)	마쓰모토 (고고슈이 [古語拾遺])	마쓰모토 (에이가모노가타리 [榮華物語])	마쓰모토	마쓰모토 (에이가모노가타리 [榮華物語])	마쓰모토 (에이가모노가타리 [榮華物語])	마쓰모토 (료노기게 [令義解])	마쓰모토
국사학개설 (또는 개론)	다보하시	다보하시	다보하시	마쓰모토	다보하시		다보하시	마쓰모토	다보하시		마쓰모토
국사학특수강의 (근대일본외국관계사)	다보하시							다보하시			
국사학특수강의 (근대일러관계/연구)		다보하시									
국사학특수강의 (근대일선관계/연구)			다보하시	다보하시							
에도시대사								다보하시			
에도시대의 사회											다보하시

* 京城帝大史學會, 《(京城帝大)史學會報》 1(1931)~8(1935) ; 京城帝大史學會, 《京城帝大史學會誌》 9(1936)~18(1942) '표'는 장신, 〈경성제국대학 사학과의 자장(磁場)〉, 《역사문제연구》 26호, 역사문제연구소, 2011, '부록3'이 저본이다. 필자가 '출전'의 자료를 보고 빠지거나 잘못 옮긴 부분과 강좌명을 원문에 있는 대로 보강했다.

개설과목	1931	1932	1933	1934	1935	1936	1937	1938	1939	1940	1941
메이지사							다보하시				
유신(維新)사											다보하시
일청전역(日清戰役) 연구										다보하시	
국사학특수강의 (국사연구법)		다보하시									
국사학연습 (개국기원)	다보하시	다보하시		다보하시 (메이지사 강습)		다보하시 (한칸후 [瀋翰譜])	다보하시 (한칸후)	다보하시	다보하시	다보하시 (다자이슌다이슈[太宰春臺集])	
국사강독					다보하시	다보하시 (메이지 정사)					
조선사학개설 (고려조 이전)	이마니시	이마니시	후지타	후지타	후지타	후지타	후지타	스에마쓰	후지타	스에마쓰	
조선사학개설											후지타
조선사학특수강의	이마니시				스에마쓰						
조선사학연습 (조선사강독 및 연습)	이마니시	이마니시									
조선사학연습 (소화외사[小華外史])											스에마쓰
조선사학연습 (삼국사기지리지)											후지타
조선사학특수강의 (조선사연구법)		이마니시									
조선사학연습 (조선사료강독 및 연습)				후지타 (삼국사기)	후지타	후지타 (심양장계 [瀋陽狀啓])	후지타	후지타	후지타 (삼국사기 잡기)	후지타 (고려도경)	
조선사학특수강의 (조선금석지)			후지타	후지타							
고려금석지							후지타				
신라금석지										후지타	
고구려사								후지타			

개설과목	1931	1932	1933	1934	1935	1936	1937	1938	1939	1940	1941
신라말기사						후지타					
신라구주오경고 (新羅九州五京考)											후지타
조선사적의 음미								후지타			
고려시대의 문헌									후지타		
조선사학개설 (이조시대)	오다	오다									
조선사학특수강의 (조선사적해제)	오다	오다									
조선사학특수강의 (조선사연구의 제문제)	오다	오다									
조선사학특수강의 (조선근세사)			나카무라	나카무라							
조선사학특수강의 (조선사학사)			스에마쓰								
조선사학특수강의 (조선역사지리)				스에마쓰							
조선시대사					스에마쓰		스에마쓰 (이씨조선 시대사)		스에마쓰		
이씨조선시대사											스에마쓰
고려시대사						스에마쓰				후지타	
조선과 명의 관계									스에마쓰		
조선시대의 제문제										스에마쓰	
조선사학연습(2)						스에마쓰 (해동 제국기)	스에마쓰	스에마쓰	스에마쓰 (당의통략)	스에마쓰	
동양사학특수강의 (서역사 – 남북조시대)	오타니	오타니	오타니 (서역사 연구)								
동양사학특수강의 (당대서역사의 제문제)				오타니				오타니			

개설과목	1931	1932	1933	1934	1935	1936	1937	1938	1939	1940	1941
당송시대 서역 연구										오타니	
당대문화의 일고찰(一考察)											오타니
서역사연습					오타니(신당서서역전[新唐書西域傳])		오타니				
양한(兩漢)시대사					오타니						
한대(漢大)문화사						오타니					
원시대사									오타니		
명시대사										도리야마	
청시대사											도리야마
송대문화의 일고찰										도리야마	
사적강독										도리야마(십가제양신록[十駕齊養新錄])	
사적해제(이십이사답기[二十二史劄記])											오타니
동양사학 개설연습	오타니(이십이사차기)	오타니(동양사학강독연습)		도리야마(십가제양신록)		오타니(당서서역전)	오타니(이십이사차기)		오타니(전한서흉노전[前漢書匈奴傳])	오타니	
동양사학개설	도리야마	도리야마	오타니	오타니	도리야마	오타니	도리야마	오타니	도리야마	오타니	오타니
동양사특수강의(금초문화의 일고찰)	도리야마										
동양사학특수강의(금대경제잡고[金代經濟雜攷])		도리야마									
동양사학특수강의(만주민족고)			도리야마								
동양사학특수강의(태평천국난의 일고찰)			도리야마	도리야마							
동양사학특수강의(발해국고)				도리야마							

개설과목	1931	1932	1933	1934	1935	1936	1937	1938	1939	1940	1941
고대동북민족 연구											도리야마
금초의 만주					도리야마						
위진남북조시대사						도리야마					
오대 및 송대사								도리야마			
계단건국고(契丹建國考)						도리야마	도리야마				
황하 역사지리고찰									도리야마		
동양사특수강의(당조사의 제연구)		다마이(제하쿠[玉井是博])									
동양사학특수강의(지나율령고[支那律令考])			다마이								
수당시대사							다마이				
당송병제고(唐宋兵制考)								다마이			
당대경제사									다마이		
지나 정사의 일본전(支那正史における日本傳)											도리야마
동양사학특수강의(당육전 연구)				다마이	다마이						
동양사학특수강의([지나]사적해제)				다마이			다마이(지나 사적해제)				
송조제도고(宋朝制度考)						다마이					
동양사학연습(2)		다마이	다마이(일지록)	다마이(일지록)	다마이(전한서식화지[前漢書食貨志])	다마이(역대식화지[歷代食貨志])		도리야마(십가제양신록)	다마이(일지록)	다마이	다다 후미오(多田文男)[1]
지리학	오우치 다케지(大內武次)(조선반도)		오오우치(인문 지리학 개론)			다다	다다	다다	다다	다다	

개설과목	1931	1932	1933	1934	1935	1936	1937	1938	1939	1940	1941
조선고고학								후지타	후지타		
일본고고학					후지타						
동아고고학										후지타	
고고학연구 법급실습				후지타[2]			후지타				
고고학 (분묘의 변천)			후지타								
고고학 (조선금석지)		후지타									
고고학 (그리스의 도기)	후지타										
고고학 (조선고고학, 삼국시대)	후지타										
고고학상에서 보는											후지타
고고학 (아테네와 로마)		후지타									
서양사학개설	가네코	가네코	가네코	가네코	가네코	가네코	가네코	가네코	가네코	가네코	장(長)[3]
서양사학강독	가네코						가네코[4]	가네코[5]			
서양사학연습			가네코[6]	가네코[7]							
서양사특수강의 (제18세기사)		가네코							가네코		
계몽정치시대						가네코					
외교사											오쿠 다이라 (奧平)

1) 당시 신분이 강사였다.

2) Moritz Hoernes, *Die Urgeschichite der Menschheit*, Wien::A. Hartleben, 1892. 이하에세 언급한 책도 교재로 사용되었다.

3) 당시 신분이 강사였다. 원문에 '장 강사'로 나온다.

4) Ludwig Rieß, *Gang der neuzeitlichen lichen kulturentwicklung*. Stuttgart:Berger's Literarisches Büro, 1921.

5) Ludwig Rieß, *Gang der neuzeitlichen lichen kulturentwicklung*. Stuttgart:Berger's Literarisches Büro, 1921.

6) Friedrich Meinecke, *Die Idee der Staatsräson in der neueren Geschichte*, Berlin: R. Oldenbourg, 1924 ; L. v. Ranke, *Die großen Mächte*, Insel-Verlag zu Leipzig, 1916.

7) Ludwig Rieß, *Gang der neuzeitlichen lichen kulturentwicklung*. Stuttgart:Berger's Literarisches Büro, 1921.

경성제국대학에서 통치질서를 부정하는 미래의 지도자를 키우지 않겠다는 일본의 전략적 판단이 있었던 것이다. 그래서 서양사를 전공하려는 사람들은 일본으로 유학을 갔다. 미국으로 유학을 갔다온 연희전문학교의 백낙준 교수는 예외적인 경우였다. 해방 후 20여 년가량 한국에서 서양사 지식의 원천은 일본의 서양사 인식에서 벗어나지 못했다.

사학과에서 가장 많이 개설한 동양사 강의 가운데 1935년에 개설한 '서역사연습'을 제외하면 35개 강의 모두가 중국사 과목이었다. 일본 동양사학계가 멀리 페르시아까지를 동양사의 범위로 상정했지만, 식민지 조선에서는 결국 중국만이 동양사 교육과 연구의 대상이었던 것이다. 해방 후 한국의 각 대학에 설치된 사학과에서 일본사가 침략자들의 역사라는 이유로 배제되면서 동양사 분야는 경성제국대학 사학과의 편향된 중국사 중심의 교육과 연구가 그대로 이어졌다. 결국 해방 후에도 동양사는 서양사와 마찬가지로 일본의 영향에서 완전히 벗어나지 못했다.

11년 동안 개설된 102개 강의의 구성방식을 보면, 국사, 곧 일본사, 조선사, 동양사, 서양사는 기본적으로 개설—왕조사 중심—심화(연습, 강독, 특강) 과목으로 분류할 수 있다. 매년 개설된 강의는 사학개론, 국사학개설 또는 국사학개론, 조선사학개설(고려조 이전), 동양사학개설, 서양사학개설처럼 각 분과의 개설 과목이었다. 연습과 강독은 특정한 주제에 대한 심화학습의 성격을 가지며, 특수강의도 마찬가지이기는 하나 주제사 강의의 성격이 좀 더 짙었다고 말할 수 있다. 또한 특수강의는 왕조사를 강의할 때 배당되는 경우가 많았다. 오늘날 한국의 사학과에서 고대—중세—근대—현대로 시기를 나누어 시대사 수업을 개설하는 경우와 달리, 일본고대사, 일본중세사를 제외하고는 시대사 강의가 매우 드물었다. 좁고 깊게 가르치는 강좌제와 깊은 연관이 있는 과목 배정일 것이다.

과목의 성격을 크게 개설—왕조사—심화로 분류하는 방식은 뒤의 4장에서 살펴볼 해방 이후 한국 대학의 사학과에서 1950년대 중반을 지나며 교과목을 설치할 때 흔히 적용한 방식이다. 이러한 분류방식은 오늘날까지도 이어지고 있다고 보아도 무리가 없다. 냉전시대를 거쳐 그것이 해체된 오늘날, 곧 세계화 시대에도 지금으로부터 70~80년 전의 강의 구성방식에 입각해 사학과의 역사교육이 이루어지고 있는 것이다. 한국의 위상이 커진 오늘날 세계화 시대에 '지역'에 관한 역사인식과 미래를 전망할 수 있는 강의가 여전히 개설되지 못하는 현실은 이러한 강의 구성방식이 하나의 원인일 수도 있다. 결국 한국 역사학계 스스로 식민사관 극복과 친일 잔재 청산을 주장해왔으면서도 정작 자신들의 내부에 남아 있는 뿌리 깊은 유산이자 '오래된 현재'에 익숙해져 별다른 비판적 문제의식을 갖지 않고 적응해왔던 것이다.

학문권력—사학과 교수와 청구학회·조선사편수회의 관계

경성제국대학 사학과는 1929년 제1회 졸업생을 배출함으로써 연구자 양성이라는 목표를 처음으로 이루게 되었다. 사학과 교수들은 졸업생들과 함께 사학과의 학회지인 《사학회보(史學會報)》 1~8호(1931. 7~1935. 11)와 《사학회지(史學會誌)》 9~18호(1936. 6~1942. 3)를 간행했다. 두 학회지는 1931년부터 1942년까지 12년 동안 반년간지를 지향하며 모두 18회 발행되었다. 학회와 학회지는 지면의 분량 등으로 보아 정식 학술논문이 주로 게재되는 공간이었다기보다 사학과 졸업생과 재학생들의 인적 네트워크를 유지하는 정거장이자 매개체였다.

식민주의 역사학과 관련한 교수들의 대외적인 학문활동은 조선사학회보다 청구학회, 조선사편수회 등과 연관지어 더 주목할 필요가 있다. 1930년 5월 사학과 교수들은 조선총독부와 조선사편수회의 수사관, 수사관보 등과 함께 청구학회를 결성했다. 청구학회는 창립된 그해 8월 학술지 《청구학총(青丘學叢)》을 창간하여 1939년까지 10년 동안 30호까지 간행했다. 오늘날 '월례발표회'에 해당하는 "예회(例會)"는 1930년 11월부터 1937년 4월까지 8년 동안 50회가 열렸다.[87]

《청구학총》에 수록된 112편의 논문 가운데 시대사는 조선왕조, 주제사는 한일관계사에 관한 논문이 많았다.[88] 청구학회는 71명의 필자가 참가하여 112편의 논문을 발표한 《청구학총》을 매개로 1930년대 조선역사 연구를 주도했다. 달리 말하면, 1920년대 중반에 이르러 조선사편수회의 결성과 경성제국대학 사학과의 설치로 조선의 역사와 문화연구의 중심, 곧 식민주의 역사학의 중심성을 일본제국 내에서 경성으로 옮길 수 있는 제도와 기구가 성립되었다면, 사학과의 《사학회보》와 《사학회지》, 청구학회의 《청구학총》은 식민주의 역사학의 내용을 확대 재생산하는 매개물이자 학술장이었다. 그중에서도 《청구학총》을 발간한 청구학회가 가장 핵심적인 학술장이었다.

청구학회는, 조선사편찬위원회와 관련된 구성원을 중심으로 만든 조선사학회, 그리고 조선사편수회 구성원을 중심으로 결성된 조선사학동고회와 차원을 달리하는 학회조직이었다. 왜냐하면 편수회의 역사 전공자들도 모두 참여했지만, 청구학회는 교육과 연구를 전담하는 사학과의 교수진이 참여하여, 조선사편찬위원회와 조선사학회의 관계와는 달리

87) 박걸순, 《식민지 시기의 역사학과 역사인식》, 경인문화사, 2004, 113~114쪽.

88) 112편의 논문이란 박걸순이 계산한 것을 따랐다. 박걸순, 《식민지 시기의 역사학과 역사인식》, 136쪽.

조선사편수회의 외곽기관이란 이미지를 탈색할 수 있었다. 여기에 조선인 연구자를 포함해 통치논리를 역사적으로 정당화하는 데 동조하는 재(在)조선의 일본인 연구자까지 최대한 결집시켜 이전과 비교할 수 없을 정도로 인적 구성 면에서 포괄적인 조직이었다.

더구나 기관지에 수록된 논문의 수준도 다른 학회에서 발표된 논문과 차이가 있었다. 내용은 차치하고 형식의 측면, 곧《조선사학》에서는 볼 수 없는 장문의 글 등 논문으로서의 최소한의 분량을 유지하며 각주가 동반된 글의 형식을 엄격히 지키고 사료의 인용과 분석적 접근을 통해 논증하는 등《청구학총》에 실린 논문들은 월등했다.

사학과의 교수와 졸업생들은《청구학총》에 적극 논문을 발표했다. 1930년대 전반기만을 놓고 보면《청구학총》에 게재된 글의 30~40%가 이들의 논문이었다. 창립 당시만을 놓고 보면 청구학회의 실질적인 운영진이자《청구학총》의 편집진 7명의 위원 가운데 스에마쓰 야스카즈, 다보하시 기요시, 후지타 료사쿠가 있었고, 이들은 학회지 발행이 중단되는 1939년까지 평의원이자 위원으로 활동했다. 위원들을 통괄하면서 단체의 사무국장이자 편집위원장과 같은 역할을 하는 '회무(會務)감독'은 조선사학 제2강좌를 책임진 오다 쇼고 교수가 맡았다. 그는 경성제국대학 사학과에서 퇴직한 후에도 이왕직(李王職) 촉탁으로 근무하면서 학회 활동이 중단될 때까지 회무감독을 계속했다.[89] 또한 사학과의 교수들은 조선총독부의 각종 정책 잡지, 예를 들어《문교(文敎)의 조선》,《조선의 교육연구》,《조선》,《조선과 만주》 등에도 조선의 역사와 문화에 관한 글을 게재했다.[90] 교수들은 이들 잡지에 글을 게재함으로써 "극동문화

89) 〈靑丘學會會報〉,《靑丘學叢》2號, 1930, 2쪽 ; 〈靑丘學會會則〉,《靑丘學叢》29號, 1937, 2쪽.

90) 투고한 글의 목록은 정근식 외,《식민권력과 근대지식 : 경성제국대학 연구》, 443~446쪽 참조.

를 연구하고 보급"할 목적에 부응했다.[91] 식민주의 역사학을 앞장서 대중에게 전파한 것이다.

따라서 뒤의 3장에서 살펴볼 조선학운동이 본격적으로 일어나기 직전인 1930, 31년에 이르면, 식민지 조선에서 재조일본인 중심의 조선사 관련 '학계', 곧 식민주의 역사학의 인적 재생산 기구로서 학과, 학술 토론 조직으로 학회, 역사에 관한 토론 공간으로서 학회지라는 3박자를 갖춘 식민주의 역사학의 학적 네트워크가 형성되었다고 볼 수 있다. 여기에 1930년대 들어 이병도와 신석호를 비롯해 일부 조선인도 청구학회에 논문을 발표하고 활동에도 적극 참가함으로써 식민주의 역사학의 민족적 제한성도 넘어설 수 있게 되었다.

이번에는 조선사편수회와의 관계에 대해 살펴보자.

경성제국대학 사학과를 대표하는 교수는 조선사학 제1강좌의 이마니시 류와 제2강좌의 오다 쇼고였다. 이마니시 류는 교토제국대학 사학과의 교수직을 겸임했다. 오다 쇼고는 이미 1910년대부터 조선의 역사와 교육을 기획하고 집행한 조선총독부의 고위관료 출신이었다. 이들을 포함해 교수진은 모두 도쿄제국대학 출신이었다.

제국대학의 교수였으므로 사회적 지위 또한 높을 수밖에 없었다. 2등 칙임관인 학무국장이 말을 타고 경성제국대학을 들어오다 교수들이 꾸짖어 말에서 내린 일이 있을 정도였다. 또한 강좌제의 본래 취지가 전문성을 제도로 보장하여 연구와 교육에서의 책임체제를 확고히 한다는 의도였음을 고려할 때, 전문적인 식견을 가지고 있지 않은 사람이 제국대학의 교수가 될 수는 없었다. 교수들의 전문 식견과 학문적 권위는 조선총독부가 식민주의 역사학을 체계화하는 데 반드시 동원해야

---

91) 〈青丘學會の創立〉,《青丘學叢》1號, 1930. 8, 157쪽.

〈표 2-4〉《조선사》 편별 담당자(1927년 6월 / 1927년 12월~1937년)*

편별	촉탁	보조	촉탁	보조
1편(신라통일 이전) 2편(신라통일시대)	**이마니시 류**	이병도(보)	**이마니시 류**	**스에마쓰 야쓰카즈**(수)
3편(고려시대)	**이마니시 류**	이병도(보)		이나바 이와키치(수), **스에마쓰 야쓰카즈**(수), 오기하라 히데카쓰(荻原秀雄)(보)
4편(조선시대 전기: 태조에서 선조까지)	나카쿠라 히데타카	스루미 다쓰키치(鶴見立吉)(보)	시부에 게이조(渋江桂蔵), 윤용균	나카무라 히데타카(수) 신석호(수), 스루미 다쓰키치(보), 우시오다 후키조(潮田富貴蔵)(보)
5편(조선시대 중기: 광해군부터 경종까지)		이나바 이와키치(수), 다카하시 다쿠지(高橋琢二)(보)	권중익, 후지이 세이이치(藤井誠一), 구로다 쇼조(黒田省三), 마루가메 긴사쿠(丸亀金作), 가와구치 우키쓰(川口卯橘), 스토 요시유키(周藤吉之)	이나바 이와키치(수), 홍희(수), **스에마쓰 야쓰카즈**(수) 다카하시 다쿠지(보)
6편(조선시대 후기: 영조부터 갑오개혁까지)	세노 우마쿠마		세노 우마쿠마, 구찬서, 조한직, 이능화, 다나카 한지로(田中半次郎), 이시하라 도시오(石原俊雄)	**다보하시 기요시**(수), 다카하시 다쿠지(보), 다가와 고조(보)

* 《친일반민족행위사료집 V : 일제의 조선사 편찬사업》, 친일반민족진상규명위원회, 2008, 514~515쪽. 굵은 글씨로 표시된 사람들이 사학과 교수다. (수)=수사관, (보)=수사관보를 의미한다.

할 무형의 자산이었다. 그래서 경성제국대학 사학과 교수들의 활동 가운데 하나가 조선사편수회의 출판 작업에 직접 참가하는 것이었다. 조선사편수회의 대표적인 성과인 《조선사》의 각 편별 담당자는 〈표 2-4〉와 같다.

위의 〈표 2-4〉를 통해 알 수 있듯이, 사학과 교수들 대부분이 당시 조선총독부의 최대 역사정책이라고도 볼 수 있는 《조선사》의 출판에 관여했다. 《조선사》 4편의 편찬 주임인 나카무라 히데타카는 1933년 3월

부터 1935년 3월까지 2년 동안 사학과 강사로 출강을 나온 조선총독부의 교육관료였고, 수사관보였던 신석호는 사학과 제1회 졸업생이었다.[92] 6편의 편찬을 담당한 다보하시 기요시는 1944년 당시까지 조선사편수회의 3인 간사 가운데 한 사람으로 활동하면서, 조선사편수회가 시리즈로 기획한 '조선사편수회 연구 휘찬'의 제1집《근대조선사연구》(1944)에 〈근대조선의 정치적 개혁(近代朝鮮に於ける政治的改革)(제1회)〉이라는 논문도 발표했다.

그렇다고 조선사편수회와 경성제국대학 사학과 교수들 사이의 관계가 원만했다는 의미는 아니다. 특히 사학과 초기인 1920년대 후반부터 1930년대 초반 사이가 그러했다. 앞의 〈표 2-2〉에서 조선사학의 제2강좌를 책임진 오다 쇼고가 〈표 2-4〉에 없는 점에서 이런 점을 짐작할 수 있다. 앞서 1장에서 보았듯이 조선사편수회의 구성을 주도한 구로이타 가쓰미와 나이토 고난은 간사이자 수사관인 이나바 이와키치를 통해 편수회의 주도권을 사실상 장악했다. 학연으로만 따져도 오다 쇼고는 도쿄제국대학과 교토제국대학의 동양사 계보에도 속하지 않았고, 구로이타 또는 나이토와의 개인적인 친연성도 없었던 것으로 보인다. 물론 오다 쇼고도 조선사편수회의 위원이었지만, 위원회가 1년에 한 차례도 열리지 않을 때가 있을 정도로 형식화되어 있었다. 따라서 현실에서 책을 편찬하는 일 이외에 편수회의 운명과 관련하여 그가 할 수 있는 실질적인 역할은 거의 없었다고 볼 수 있다. 그런 탓에 출판된《조선사》37권 가운데 조선왕조 관련 부분이 모두 24권일 정도로 비중이 컸음에도 불구하고 제국대학 사학과에서 조선시대를 담당한 교수였던 오다 쇼고가

---

92) 윤용균과 다가와 고조도 각각 2, 3회 졸업생이었다. 윤용균은 1931년 9월 사망했는데, 그의 1년 선배인 신석호가 나서서 유고집을 출판해 주었다. 윤용균,《윤문학사유고(尹文學士遺稾)》, 朝鮮印刷株式會社, 1933.

배제된 것이다.

조선사편수회에서 실질적 역할을 담당하지 못한 오다 쇼고는 조선사편찬위원회 관계자들을 중심으로 구성된 조선사학회의 회장으로 활동하며 '조선사 강좌'를 마무리하는 차원에서 시대사 교재인 '조선사대계'(1~5권, 1927년)의 출판을 주도했다. 이때도 주목되는 점은 상세사(上世史)인 통일신라까지의 역사를 '조선사대계' 시리즈의 편찬 때는 사학과에서 제2강좌를 맡은 오다 쇼고가 집필했다는 사실이다. 제1강좌를 맡고 있던 이마니시 류는 앞서도 언급했듯이 이 기획이 확정될 때는 유학 중이었다. 더구나 1926년 5월부터는 교토제국대학 교수와 경성제국대학 교수를 겸직하고 있었기에 출판활동에 참여하기가 쉽지 않았을 것이다.

그럼에도 학자로서 이마니시 류의 권위와 사회적 지위를 무시할 수는 없었을 것이다. 그는 1922년 6월 조선사로 일본에서 처음 박사학위를 받은 사람이었다. 교토제국대학의 교수이기도 했다. 그래서일까? 이마니시 류 역시 오다 쇼고처럼 조선사편수회에서 《조선사》 간행을 준비하는 데 실질적인 역할에서 배제되었지만, 학문적 권위와 지위를 인정받아 삼국시대와 통일신라시대에 해당하는 《조선사》 제1, 2편의 주임을 맡게 되었을 것이다. 다만, 이마니시 류가 주임의 역할을 맡긴 했지만 조선사편수회에 깊이 관여할 수 있는 상황은 아니었다. 만선사관의 주창자로 이마니시 류와 생각이 다른 이나바 이와키치 수사관을 내부에서 뒷받침해준 나카무라 히데타카와 스에마쓰 야스카즈가 1928년 이전에는 촉탁과 수사관보로, 1928년부터는 수사관으로 버티고 있었기 때문이다.

교수들의 활약이 두드러진 또 다른 분야가 역사교육이었다. 그들은 조선총독부 편집과에서 위촉하는 역사교과서의 검정과 인가의 업무를 담당했다. 동양사 전공의 도리야마 기이치 교수 같은 경우는 교과서 집필에 직접 참가하기도 했다. 1934년에는 '국사상 조선에 관한 사항을 조사하는 위원회'가 대학에 설치되자 여기에 참가하여 28종 39권의 역사 교과서를 검토했다. 조사 결과 조선사만이 아니라 일본제국 전체의 역사에 관한 관점에 문제가 있음을 발견하고, 교과서 편찬을 다룰 위원회를 총독부에 설치하도록 제안했다.[93]

이제부터는 제도권 내에 있으면서도 제도권 밖의 존재로써 식민주의 역사학과 경쟁했던 사람들의 집결지나 마찬가지였던 연희전문학교, 그중에서도 문과를 중심으로 살펴보자.

93) 이상의 내용에 대해서는 장신, 〈조선총독부 학무국 편집과와 교과서 편찬〉, 《역사문제연구》 16호, 역사문제연구소, 2006 ; 장신, 〈경성제국대학 사학과의 자장(磁場)〉, 《역사문제연구》 26호, 역사문제연구소, 2011, 58~59쪽 참조.

4. 연희전문학교—제국대학의 모방, 그리고 거리두기

문과 교육

경성제국대학 법문학부의 세분화된 제도화에 비하면, 사립전문학교의 교육체계는 말 그대로 미분화 상태였다. 식민지 조선의 사립전문학교에서 인문학 관련 수업이 이루어지고, 관련 분야의 전문연구자가 배치되어 각각 독립된 지식체계 아래 강의를 진행한 학과는 문(학)과였다. 문(학)과는 사립전문학교 가운데 연희전문학교, 이화여자전문학교, 숭실전문학교에만 있었다.[94] 보성전문학교가 일본 전문학교의 특징인 실용 분야별 단과제를 반영하여 법과와 상과를 두었던 데 비해, 문(학)과를 둔 세 학교는 모두 기독교계 학교라는 공통점이 있다. 인문학을 중심으로 종합대학을 편성해갔던 미국식 학제가 영향을 미친 결과이며, 세 전

94) 연희전문학교 문과에 관해서는 정선이, 〈연희전문 문과의 교육〉, 연세대학교 국학연구원 편, 《근대 학문의 형성과 연희전문》, 연세대학교출판부, 2005 ; 연세대학교 국학연구원 편, 《연세국학연구사》, 연세대학교출판부, 2005, 44~50쪽 참조.

문학교 모두 종합대학을 지향했다는 점과도 관련이 있을 것이다.

그런데 연희, 숭실, 이화라는 세 전문학교의 문과는 학사운영이라는 측면에서 보면 공통점 속에서도 약간의 차이가 있음을 발견할 수 있다.

우선 세 학교의 영어수업을 보성전문학교의 수업과 비교해보자. 보성전문학교에 관한 일람 가운데 가장 오래된 1925년도 내용을 보면 법과의 영어는 총 7시간, 상과의 영어는 15시간이었다.[95] 세 전문학교에서 영어수업은 이보다 훨씬 비중이 높았다. 더구나 이후 더 강화되는 방향으로 교과목이 배치되었는데, 조금 더 자세히 살펴보면 세 전문학교마다 강조하는 방향이 조금씩 달랐다.

이화여자전문학교의 1930년도 문과생은 4년 동안 122시간 가운데 영어 관련 수업만 44시간을 배웠다. 그리고 본과에서 영문학 수업을 강화함으로써 문과 가운데서도 영문과로 특화했다.[96] 1928년 문과 졸업생이 사립 여자고등보통학교의 영어교사 자격을 인정받은 현실과도 무관하지 않을 것이다.

숭실전문학교에서 개설한 학과목의 단위를 알 수 있는 자료는 없지만, 1926년과 1934년 교과과정을 비교하면 영문학 과목이 영문해석, 영국문학사, 미국문학사로 세분화되는 점을 통해서 숭실전문학교가 이화여자전문학교처럼 영어교육을 강화했음을 확인할 수 있다.[97] 그런데 숭실전문학교는 1931년 '문과'를 수업연한 4년의 '문학과'로 개편했다. 학과의 중점방향이 어떻게 바뀌었는지를 알 수 있는 자료를 발굴하여 좀 더 살펴봐야겠지만, 영문학 과목의 세분화에서 알 수 있듯이 '문학' 교

---

95) 고려대학교90년지편찬위원회 편, 《고려대학교90년지 : 1905~1995》, 고려대학교출판부, 1995, 152~153쪽.

96) 이화100년사 편찬위원회 편, 《이화100년사》, 196쪽.

97) 숭실대학교100년사편찬위원회 편, 《숭실대학교100년사 1 : 평양숭실편》, 290~291쪽.

육의 강화와 관련 있을 것이다.[98]

연희전문학교의 경우 1924년과 1925년 학칙을 보면 122시간 가운데 영어와 영문학 과목에 30시간이 할당되어 있었는데, 1929년에 학칙을 전면 개정하면서 1930년에는 125시간 중에 41시간이, 1932년에는 42시간이 영어 관련 학과목에 할당되었다.[99] 1930년과 1932년에 '국어'와 관련된 강의를 뺀 문학, 사학, 철학 관련 강의 시간은 36시간이었다. 문사철에 관한 과목을 영어 과목보다 적게 배정하는 기조는 1940년의 학과목 배치 때까지도 바뀌지 않았다. 연희전문학교가 문과수업임에도 영어에 어느 정도 비중을 두었는지를 알 수 있다.

연희전문학교 문과의 영어교육을 좀 더 구체적으로 보면, 1932년 학칙에서는 1, 2학년 때 문법(7), 전 학년에서 강독—서취(書取)(13), 전 학년에서 작문—수사학(8), 전 학년에서 발음법—회화(8), 3, 4학년 때 영문학사—영문학(6)을 배울 수 있도록 세분화하며 비중에 차이를 두었다. 여기서 알 수 있듯이, 연희전문학교에서의 영어 교육은 이화여자전문학교, 숭실전문학교와 달리 문법과 더불어 실용영어교육에 더 중점을 두었다고 볼 수 있다. 실제 1928년부터 오늘날로 치면 학과장인 문과 과장을 10년 동안 역임했던 백낙준은 영어교육과 관련하여 다음과 같이 회고했다.

> 영어 얘기가 나왔으니까 말인데 당시 연희전문의 영어 교육은 매우 특색 있는 것이었어요. 영어를 배우는 목적이 단지 선진문명을 익히기 위한

98) 당시 영문학과 국문학을 가르치던 사람은 양주동이었다.

99) 《사립연희전문학교학칙(1924)》, 2쪽 ; 《사립연희전문학교학칙(1925)》, 2쪽; 《사립연희전문학교학칙(1930)》, 3쪽 ; 《사립연희전문학교학칙(1932)》, 3쪽. 6시간의 독일어 수업이 선택이었던 1930년, 1932년의 통계에 이를 반영하지 않았다.

> 도구에 지나지 않았고 실용적 생활 수단으로는 별 필요가 없던 때였거든요. 그러나 나는 교실에서만 배우는 영어보다 산 영어, 실제 생활에 필요한 영어를 가르치기로 했던 것입니다. 서양인 선생들이 직접 영어를 가르쳤고 모든 집회에서 될 수 있으면 영어를 들을 기회를 많이 마련했습니다. 연희전문에서 영어를 많이 사용한다는 소문이 나서 연전은 응원까지도 영어로 한다는 얘기가 나돌기도 했어요.[100)]

문과의 영어교육을 강조한 또 다른 이유는 연희전문학교를 졸업하면 사립 (여자)고등보통학교와 실업학교의 교원자격을 획득할 수 있게 된 것과도 관련이 있을 것이다. 실제 연희전문학교 졸업생들의 진출 경향을 보면 금융업·상업 다음으로 교원의 비중이 높았다.[101)] 또한 해외 유학, 특히 미국 유학을 권장하던 학풍과도 무관하지 않았을 것이다.[102)]

실용영어교육을 특별히 강조하는 가운데 문·사·철에 관한 교육은 어떻게 바뀌어왔는지 다음 쪽의 〈표 2-5〉를 통해 변화와 그 의미를 몇 가지 추론해보자.[103)]

첫째, 연희전문학교에서 언어, 문학, 역사, 철학 관련 '학과목' 및 '정도(程度)'는 1924년의 학칙에서 기본적으로 확정되었다. 〈제2차 조선교육령〉에 따라 1923년에 다시 인가를 받은 이후 학사운영을 재조정한 결과일 것이다. 특히 국어를 국어, 국문학, 국문학사로 구성한다든지, 조선어를 문법과 조선문학으로 구분하는 '정도(程度)'의 구성방식은 1930년

100) 백낙준, 〈회고록〉, 《백낙준전집 9 회고록·종강록》, 연세대학교출판부, 1995, 90쪽.

101) 김성보, 〈연희전문학교 학생들의 졸업 이후 사회 진출 기초 연구〉, 연세대학교 국학연구원 편, 《근현대 한국의 지성과 연세》, 혜안, 2016 참조.

102) 〈오대학부출(五大學府出)의 인재 언파렌드〉, 《삼천리》 4권 2호, 삼천리사, 1932.

103) 《사립연희전문학교학칙(1921, 1924, 1930, 1935, 1940)》

커리큘럼 때부터였으며 이후 큰 변화가 없다. 조선어 과목의 경우는 경성제국대학의 '강좌'에도 있는 것을 알고 선택과목에서 '정규과목'으로 바꾸었다고 백낙준이 회고한 데서 알 수 있듯이, 경성제국대학의 학문 편성과 과목 구성이 연희전문학교에도 영향을 미쳤다.[104)]

둘째, 연희전문학교에서 국어와 국문학, 곧 일본어와 일본문학에 대한 교육은 조선어, 한문학, 조선문학에 대한 교육에 비해 많지 않았다. 황국신민화정책이 반영된 1940년도 학칙에서도 마찬가지였다. 영어 교육을 강조하는 한편으로 조선어와 조선문학 교육, 그리고 한문학 교육 또한 '국어', '국문학'과 같은 정도로 강조되고 있다. 이러한 교육방침을 내용적으로 뒷받침한 사람이 1926년부터 재직한 조선어의 최현배와 1922년부터 재직한 한문학의 정인보였다.[105)] 백낙준의 회고에 따르면, 조선어 과목은 방과후 과목에서 선택과목으로, 그리고 마침내 정규과목으로 바꾸어가며 가르치도록 만들었고, 한문학 과목은 중국의 한문학을 '형태'로 하면서도 조선의 "국문학을 내용"으로 하는 강의였다.[106)]

셋째, 연희전문학교는 역사교육도 매우 비중 있게 시행했는데, 단일학과목 가운데 영어 다음으로 많은 비중을 두었다. 황국신민화교육이 본격화하고 있던 1940년의 시점에서도 그 기조는 바뀌지 않았다. 그중에서도 특이한 점은 일본사에 대한 교육보다는 '동양사'라는 이름의 교육이 이루어졌고, 이때 조선역사도 가르칠 수 있게 했다는 점이다. 조선역사를 공공연하게 가르칠 수 없었던 형편에서 조선역사를 "동양사에 끼워 넣었"던 것이다.[107)] 일본사 관련 강의가 〈제2차 조선교육령〉 기간

104) 백낙준, 〈회고록〉, 86쪽.

105) 문과 교수들의 기본 약력은 정선이, 〈연희전문 문과의 교육〉, 연세대학교 국학연구원 편, 《근대 학문의 형성과 연희전문》, 69~72쪽에 있는 〈표〉를 참조했다.

106) 백낙준, 〈회고록〉, 55~56쪽.

〈표 2-5〉 학칙을 통해 본 연희전문학교 문학과(문과)의 문·사·철

연도	학과목	정도	학년/매주 시간				비고
			1	2	3	4	
1921	국어	독방(獨房), 회화, 해석, 서취(書取), 암송(暗誦), 작문	2	2	2	2	
	역사	본방사(本邦史)	2				
		동양사		2			
		서양사			2		
		근세사				3	
	한문	독방(獨房), 해석	3				
		독방(獨房), 해석		3			
		저술(著述)			3		
	논리학급철학(論理學及哲學)	논리학			2		
		철학개론				3	
1924	국어		2				
	국문학			2	2	2	신설
	한문학		3	2	2		
	문학개론		2				신설
	역사	동양사	2	2			
		서양사	3	3	4	5	대폭 강화
	철학	철학개론			3		
		철학사				3	
1930	국어	국어(강독, 작문)	2				기존 국어에 국문학 포함, 국문학사 신설
		국문학		2	2		
		국문학사				2	
	조선어	(문법, 조선문학)	2	2	2	2	신설
	한문학	(강독, 작문, 한문학사)	2	2	2	2	
	문학개론		2				
	역사	동양사	3	3			
		서양사		3	3	3	
	철학개론					3	

연도	학과목	정도	학년/매주 시간				비고
			1	2	3	4	
1935	국어	국어(강독, 작문)	2				
		국문학		2	2		
		국문학사				2	
	조선어	(문법, 조선문학)	3	3	2	2	강화
	한문	(강독, 작문, 한문학사)	2	2	2		
	문학개론		2			2	
	역사	동양사	3				서양사 대폭 축소
		서양사		3			
	철학개론					3	
1940	일본학		1	1	1	1	신설
	국어	강독, 작문	2				
		국문학		2	2		
		국문학사				2	
	한문	강독, 작문, 한문학사	2	2	2	2	
	문학개론			2			
	조선문학		3	2			
	지나어*				2	2	
	역사	사학개론				2	신설
		국사	2	2			신설
		동양사	3	2			
		서양사		3	3		
	철학개론					3	

* '지나어'는 과목별 특징을 비교하기 위해 수록했다.

내내 없었다는 점에서 알 수 있듯이, 연희전문학교는 국사보다 동양사를, 동양사보다 서양사를 더 강조하는 역사교육의 기조를 꾸준히 유지했다.

앞의 〈표 2-3〉에서 살펴본 경성제국대학 사학과의 강의 구성과 달리 연희전문학교에서는 동양사 교육보다 서양사 교육이 더 강조되어 있는 것을 〈표 2-5〉에서도 확인할 수 있다. 역사교육에 관한 연희전문학교만의 노력은 학교 당국이 의식적으로 선택하고 지향한 교육방침이며, 서양사 교육을 강조한 이유 가운데 하나도 영어교육과 연관이 있었다.

넷째, 연희전문학교는 식민지 조선에서 국어, 국문학, 국사라는 일본 관련 학과목을 운영할 수밖에 없었지만, 주당 8시간을 꾸준히 유지한 점을 고려한다면 이들 과목의 교육과 연구를 적극 확대하려 했다기보다 특별히 부각되지 않는 선에서 적당히 거리두기를 하려 했다고 볼 수 있다. 오히려 조선어, 조선문학, 한문학을 비중 있게 취급하며 정인보와 최현배처럼 교육을 직접 감당할 수 있는 인재를 영입했다.

다섯째, 1930년 학칙에서 확인할 수 있듯이 '조선어' 학과목이 신설되었다.[108] 조선어 학과목은 1929년 4월 학칙이 대폭 개편되었을 때 신설된 것으로 조선어학회를 이끌고 있던 최현배가 담당했다. 경성제국대학 문학과에 조선어 강좌가 설치된 것을 빌미로 신설했을 것이다. 더구나 연희전문학교는 조선어 학과목의 강의를 편성하면서 '조선문학'도 강의할 수 있게 했다. 그리고 조선문학과 구별되게 한문학이란 학과목에 '한문학사'를 두었다. 조선문학은 조선인이 조선어로 쓴 작품만을 말하며, 한문으로 된 문학은 한문학으로 분류했다. 이는 1장에서 보았듯이, 일찍이 이광수가 1916년 〈문학이란 하오〉[109]에서 한글로 된 문학을 조선문학이라고 정리한 내용과 연관된 것으로, 오늘날 한국의 국문학과에서 현대문학과 고전문학을 구분하는 분류방식의 역사적 계보를 확인할 수 있는

---

107) 백낙준, 같은 글, 86~87쪽.

108) 조선어 학과목의 설정은 이화여자전문학교와 숭실전문학교에서도 확인할 수 있다.

109) 《매일신보》 1916. 11. 10~23.

대목이다. 달리 말하면, 경성제국대학처럼 조선문학을 한문학, 즉 고전문학으로 규정하지 않았던 것이다.

그런데 황국신민화정책이 적극 추진되고 있을 때인 1940년에는 학과목 명칭을 '조선어'에서 '조선문학'으로 교체했다. 학교와 일상에서 조선어를 배제하려는 조선총독부의 정책에 따른 결과였다.[110] 1938년 〈제3차 조선교육령〉이 발표된 이후 학교에서 조선어와 조선사에 관한 교육을 할 수 없게 되었다. '황국신민서사(皇國臣民誓詞)'를 낭독해야 했고, '궁성요배'를 강요받고, 창씨개명을 할 수밖에 없는 사회 분위기 속에서 고등교육이라고 자유로울 수는 없었다. 연희전문학교는 1940년 3월 9일 학칙 제1조를 개정하여 "국민도덕을 함양함으로써 충량한 황국신민을 양성"하는 데 전문교육의 목적을 두겠다고 명시했다.[111] 전문교육의 첫 번째 목적을 천황에 대한 친화 여부에 둔 것이다. 이러한 변화는 연희전문학교만의 문제가 아니었다. 마찬가지로 〈대학규정〉, 〈경성제국대학예과규정〉, 〈공립사립전문학교규정〉, 그리고 각 관립전문학교의 규정에도 모두 제1조에 개정된 내용이 새로 추가되었다. 이에 따라 기존의 제1조가 제2조로 되고 이하 각 조들이 하나씩 뒤로 밀리게 개정되었다.[112]

여섯째, 연희전문학교에서는 조선어와 조선문학을 같은 범주로 취급했는데, 이러한 접근법은 언어와 문학이 불가분의 관계에 있기 때문이라고만 보아야 할까? 경성제국대학 문학과에서 조선어학과 조선문학을 하나의 전공영역으로 묶은 결과와는 무관한 것일까? 현재 이에 대한 근거를 확인할 수는 없지만, 연관이 있는 현상이라고 본다. 오늘날 한국

110) 다만, 정인보를 비롯한 연희전문학교의 관계자들이 조선문학과 한문학의 경계와 관계를 어떻게 설정했는지, '조선문학'이란 학과목을 강의할 때 조선어와 일본어 가운데 어떤 언어로 진행했는지 확인할 수 없었다.

111) 《연희전문학교학칙(1940)》, 1쪽.

112) 《조선총독부관보》 3957호, 1940. 4. 1.

대학에서도 언어와 문학을 하나로 묶어 국문학과, 국어국문학과처럼 교육 및 연구 단위를 편제하고 있다. 더구나 근대 학문의 분류체계와 세분화 과정에서 일본의 것을 그대로 따르는 경우가 많았다. 예를 들어 역사를 국사, 동양사, 서양사로 구분하는 3분과체제를 연희전문에서도 그대로 받아들였다. 그런데 문학 및 역사와 달리 철학 과목은 '철학개론'뿐이었다. 이는 경성제국대학 철학과에 '조선철학' 강좌가 없을 뿐만 아니라, 개설된 여러 '학수(學修)과목'들도 서양철학을 중심으로 한 '철학·철학사', '윤리학', '심리학', '교육학'이 배치되고 난 뒤 '지나철학'과 같은 중국철학이 부수적으로 배치되는 교과운영 방식과 무관하지 않을 것이다.

이처럼 고등 기예를 육성하는 전문교육기관인 연희전문학교는, 학술이론을 연마하고 응용하는 경성제국대학이란 최고 학부와의 제도적 거리와 그로 인한 현실적인 내용 격차에도 불구하고 조선어, 조선문학, 조선역사를 대칭적으로 배치했다. 조선철학을 독립된 범주로 설정하지 않은 편제까지 일치했다. 연희전문학교의 3분과 분류체계는 경성제국대학의 등장 이전부터 있었는데, 앞서 1장에서 보았듯이 조선인 사회 내부에서의 분과화가 진행되어 1910년대 후반에 이르러 한국문학, 조선역사, 서양철학이란 분과학문으로 구체화한 경향과도 맞닿아 있다. 조선인 사회에서 확보된 공감대가 제도화로 이어진 측면도 있는 것이다. 물론 연희전문학교와 경성제국대학의 학생 간의 관계는 상대방을 비교 대상으로 삼기에 어려운 측면이 있지만, 연구자들은 교수하려는 커리큘럼을 통해 서로 경합하고 의식하는 관계이며 모방하는 관계였다고 말할 수 있다. 연희전문학교에서 1920년대 중반에 들어 국학교육을 위해 제도를 마련하고 백남운, 최현배 등과 같은 우수한 조선인 연구자를 교수로 영입한 시점에 주목할 필요가 있다. 경성제국대학의 법문학부가 개교한 시점과 겹치기 때문이다. 공공성의 측면에서 보면, 조선총독부가 주도하는 관제적 공공성과 여기에 경합하는 저항적 공공성이 서로 적대 관계에 있다고만 볼 수는 없다. 양측 모두 자신의 위치에서 다중을 바라보았지만 다중의 '공(共)'을 무시하고 자기 나름의 공익을 추구할 수만은 없었기 때문이다.

3분과체제와 사풍(史風)

연희전문학교는 '문과'의 역사과목 강의에 일본이 창안한 3분과체제를 그대로 적용했다. 비록 앞의 〈표 2-3〉에 나오는 경성제국대학 사학과의 전공과목처럼 특정한 시대나 주제를 심도 있게 가르치고 배울 수 있는 여지는 많지 않았지만, 3분과체제를 지속적으로 유지해왔다. 1921년도 연희전문학교의 문과 역사학 교과목은 일본사 2시간(1학년), 동양사 2시간(2학년), 서양사 2시간(3학년), 근세사 3시간(4학년)이 배정되었다. 이후에도 강의 제목만을 놓고 보면 통사적인 수업이었을 것으로 추측하지만, 3분과체제로 구분하여 교과목을 지속적으로 운영했다. 그러나 조선 역사 과목은 독립된 교과목으로 존재하지 않았다.

서양사 강의는 백낙준과 이묘묵이 담당했다.[113] 기독교계 학교이기 때문에 서양사 강의를 개설했다고 치부할 수도 있다. 하지만 오히려 조선과 서양, 전통과 근대를 결합하고 학문의 전통을 세우며 연구 중심 대학

113) 평양숭실전문학교의 경우에도 서양사 강좌가 있었다(숭실대학교100년사편찬위원회 편, 《숭실대학교 100년사 3 : 학술사·부편》, 숭실대학교출판부, 1997, 50쪽). 이화여자전문학교, 숭실전문학교에서도 당시 문과를 운영하고 있었는데, 서양사 강의를 개설했다. 두 전문학교의 서양사 교육에 관해서는 차하순, 《서양사학의 수용과 발전》, 나남, 1988, 117~132쪽 참조

을 표방하면서도 실용능력을 겸비한 인재를 육성하자는 교육목표에 충실한 강의 개설이라고 볼 수 있다.[114] 연희전문학교가 교육목표에 충실했음을 마르크스주의사학자인 백남운을 채용한 사실과 그가 남긴 연구업적을 통해서 다시금 확인할 수 있다.

연희전문학교에 개설된 서양사 강의는 '문화사'였다. 해방 후 고려대학교에서 서양사를 가르친 김성식 교수는 백낙준에게 들었다며 다음과 같이 회고했다.

> 얼마 전 면담(1983. 7. 4) 시에 들은 이야기로는 처음 문화사를 가르친 모양이다. 원시인(북경인, 자바인, 크로마뇽인 등)을 가르칠 때 학생들은 신기하게 청강하고 있었다는 이야기다. 그리고 그리이스, 로마, 르네상스, 프랑스혁명 등을 중점주의(重點主義)로 강의했다고 말하였다.[115]

여기에서 말하는 '중점주의 강의'란 서양사의 각 시대나 국가의 역사를 개관하기보다 특정 시대의 주요 내용을 집중적으로 전달하는 방식을 의미한다. 전체 맥락 속에서 선택과 집중하는 방식으로 강의했다는 뜻이다. 서양사 수업의 일환인 문화사 강의는 한국의 젊은 청년 인텔리들이 서구의 역사와 문화를 이해하는 통로였다. 경성제국대학을 1929년에 졸업한 유진오도 백낙준을 통해 서양문명을 알았다고 회고한 적이 있을 정도였다.[116] 그래서 김성식은 백낙준이 신학문의 여명기에 "서구문화

---

114) 이준식, 〈연희전문학교와 근대 학문의 수용 및 발전〉, 연세대학교 국학연구원 편, 《근대 학문의 형성과 연희전문》, 30쪽. 백남운이 상과에 적을 두고 사회경제사적인 측면에서 한국사의 보편성과 특수성을 연구할 수 있었던 것도 연희전문학교의 학풍과 깊은 연관이 있었다고 볼 수 있기 때문이다.

115) 김성식, 〈서양사학의 초창기 사정〉, 《사총(史叢)》 27호, 1983, 191쪽. 김성식은 규슈제국대학에서 서양사를 전공하고 1935년에 졸업했다. 백낙준이 말하는 '중점주의'란 용어는 1940년대 일본제국주의가 총력 동원의 효율성을 제고하기 위해 흔히 사용했던 말이다.

도입의 선구자의 한 사람이었다"고 평가했다.[117]

동양사 강의에서는 본토의 제국대학들과 달리 조선역사도 직접 언급했다. 동양사 강좌는 정인서와 이윤재, 손진태, 이인영 등이 맡았다. 손진태에 이어 이인영이 일본사, 동양사 강의를 맡았고, 이홍직이 1941년에 일본사 강의를 담당했다. 1942년 일본사 강의는 일본문화사라는 제목으로 조의설이 맡았다. 조의설은 1939년 연희전문학교 교수로 취임했으며, 해방 후 연희대학 또는 연세대학교에 재직하며 한국의 서양사 연구와 교육을 이끌었던 사람인데, 도호쿠제국대학에 유학한 경험을 살려 일본사를 강의한 것이다. 그때의 강의 풍경을 서울대 교수로 재직한 이보형이 아래와 같이 회상했다.

> 연희전문을 다닐 적에 역사를 가르치던 선생님이 조의설 선생님이었어요. 선생님은 그때 일본사를 가르치셨어요. 일본문화사라는 제목으로 강의를 하셨는데, 일본의 어느 대학교수가 쓴 책을 그대로 그냥 읽어주시는 거예요. 세상에 이런 강의도 있는가 의아하게 생각했지만 일본사를 잘못 이야기하면 큰일나니까 그렇게 하는구나 이해가 되더군요.[118]

한국 서양사 연구의 개척자인 조의설이 식민지 시기에는 일본사를

---

116) 김성식, 같은 글, 1983, 192쪽. 김성식은 유진오가 1964년 백낙준 박사 환국 환영회에서 환영사로 했던 말이라고 밝히고 있다.

문과가 없던 보성전문학교도 1937년과 1942년의 교과목을 보면 교양 선택과목으로 2학점의 '문명사'를 개설했는데, 도서관장을 겸하고 있던 손진태가 강의를 담당했다(고려대학교90년지편찬위원회 편, 《고려대학교90년지 : 1905~1995》, 220~222쪽, 255쪽). 1960년대에 이화여대 교수로 한국사를 가르쳤던 김성준은, 1941년 보성전문학교 상과에 입학한 당시를 회고하며 손진태가 '문화사'를 담당했다고 밝히고 있다(김성준, 〈나의 인생과 학문을 말한다〉, 《역사와 회고》, 국학자료원, 1997, 69쪽).

117) 김성식, 〈서양사학의 초창기 사정〉, 192쪽.

118) 한국서양사학회 편, 〈학계 원로 인터뷰 : 한국 미국사 연구의 개척자를 찾아서—이보형 선생님과의 대담〉, 《서양사론》 102호, 서양사학회, 2009, 457쪽.

강의했다는 점과 함께 어두운 식민지 시기에 강의방식까지 제약을 받았다는 회고가 흥미롭다. 덧붙이자면 칠판에 판서하기보다 책이나 자신의 강의노트를 그대로 읽고 설명하는 강의방식은 1960년대까지도 사학과에서는 매우 흔한 광경이었다.

정인보도 한문학 속에서 조선문학을 문법 강좌를 통해 조선어와 역사를 강의하며 연희전문학교의 민족주의 학풍을 세워나갔다. 조선총독부의 엄중한 감시와 압력에도 굴하지 않고 국학을 진흥하려는 학교 관계자들의 노력의 결과였다.[119] 황국신민화정책이 강력히 실시되고 있던 1940년에 입학한 손보기의 회고를 통해 당시 연희전문학교에서의 한국사 교육 상황과 그 의미를 살필 수 있다.

> 손진태 선생님과 이인영 선생님은 저에게 한국사의 진면목을 일러주셨지요. 당시 일제는 한국인이 자부심을 느낄 만한 역사는 가르치지 않는 것은 물론 기록에서도 삭제하려고 했는데, 두 분 선생님은 이런 역사를 찾아내어 널리 알리려고 애를 쓰셨습니다.[120]

연희전문학교의 민족주의 학풍은 정인보를 중심으로 뿌리내렸는데, 그는 조선 후기의 역사와 문화에 주체적 태도를 갖고 조선을 연구한 학문경향을 '조선학'이라 명명하고, '근세 조선학의 파계(派系)'를 셋으로 나누어 정리한 글을 1931년 3월부터 《동아일보》에 발표했다.[121] 정인보는 이 과정에서 조선학의 계보를 정리하며 실학을 발견하고 호출했다.

---

119) 백낙준, 〈종강록〉, 484쪽.

120) 한국고고학회 편, 〈한국 구석기고고학의 개척자, 손보기〉, 《(일곱 원로에게 듣는)한국 고고학 60년》, 사회평론, 2008, 19쪽.

121) 정인보, 〈조선고전해제(13) 이조원충익(李椒園忠翊)의 초원유고(椒園遺藁)〉, 《동아일보》 1931. 3. 30. '조선고전해제'의 여러 곳에서 '조선학'이란 말을 사용한 용례를 발견할 수 있다.

경성제국대학 사학과에서 졸업생을 배출하고 청구학회를 결성하여 계간지를 발간하는 등 식민주의 역사학을 생산, 전파하는 관학아카데미즘에 매우 능동적으로 대응한 사람 가운데 한 사람이 정인보였던 것이다.

다음 3장에서 더 자세히 살펴보겠지만, 정인보가 자신의 학문을 정립하는 과정은 이후 '조선학운동'과 연계되었다. 그는 1930년대 비타협적 민족주의운동가인 안재홍과 함께 조선학운동을 중심에서 추진한 사람이었다.[122] 두 사람은, 1934년 9월이 다산 정약용의 서거 99주년이고 이듬해가 100주년이 되는 해라는 점에 주목하여 다산의 방대한 저서를 출판하기로 합의했다. 이에 따라 1934년 8월부터 1938년 10월까지 두 사람이 책임교열을 맡아 76권의《여유당전서(與猶堂全書)》를 간행했다.

두 사람이 실학, 그 가운데서도 정약용에 관심을 가진 이유는 조선학의 시작이 조선 후기의 실학, 그중에서도 정약용에서부터 시작된다고 보았기 때문이다. 이들은 정약용을 실학을 집대성했으면서도 "중국을 숭외찬양(崇外贊仰)만 하기에 여념이 없던 당시 속배(俗輩)의 속에서" "독립 자존적 태도를 선명히 표시한" "근세 국민주의의 선구자"라고 평했다.[123] 이미 안재홍은 "조선인은 차선적 최선, 아니 최선한 차선책으로 조선인의 조선인으로서의 문화적 순화, 심화, 정화 및 그 때문에의 정진을 공통한 과제"로 하자면서 "조선학을 천명하자"며 조선학운동을 제창한 상태였다.[124] 안재홍이 말한 조선학이란 조선의 역사와 전통, 문화의 특수성을 탐구하여 조선인의 민족적 자아와 주체성을 재정립하는 토대

122) 조선학운동에 관한 연구동향은 신주백, 〈'조선학운동'에 관한 연구동향과 새로운 시론적 탐색〉, 《한국민족운동사연구》 67집, 한국민족운동사학회, 2011 참조.

123) 안재홍, 〈현대사상의 선구자로서의 다산선생 지위 : 국가적 사회민주주의자〉, 《신조선》 12호, 신조선사, 1935, 27쪽.

124) 저산(樗山), 〈조선과 문화운동 : 권두언에 대(代)함〉, 《신조선》 8호, 신조선사, 1935, 2쪽. 저산(樗山)이 안재홍이다.

를 마련하는 학문이었다.[125] 국내에서 직접 민족운동에 뛰어들 수 없어 '최선의 차선책'으로 제창한 조선학운동의 학문적 내용을 채운 사람은 정인보였다. 유물사관 계열이지만 정인보의 '외우(畏友)'인 백남운 연희전문학교 교수도 조선학운동에 어느 한편으로는 동참했다. 국학을 진흥하려는 연희전문학교의 민족주의 학풍은 1940년대 들어 홍이섭이 명맥을 유지했다. 그는《조선과학사》를 출판하여 과학사라는 부문사를 통해 한국의 사회발전과정을 규명했다.[126]

그러나 연희전문학교는 조선학운동의 기풍을 전문 연구인력 양성으로 구체화할 수 없었다. 일본의 조선인 교육목표가 보통교육과 실업교육을 통해 자신에 충성할 수 있는 '충량한 신민'을 양성하는 데 있었고, 위계적이면서도 차별적인 고등교육정책이 발목을 잡고 있었기 때문이다. 달리 말하면 조선인을 위한 일본의 고등교육정책은 사실상 없었던 것이나 마찬가지였다. 민족주의 학풍을 확대 심화시킬 수 없는 제도적인 제한 때문에 연희전문학교 자체에서 전문 연구인력을 양성할 수 없었다. 연희전문학교 문과는 경성제국대학 법문학부의 문사철 관련 학과와의 비대칭성을 전제하고 경합할 수밖에 없었던 것이다. 그 결과 앞으로 4장에서 확인할 수 있겠지만, 해방 후 연희대학을 제외하고 역사학 관련 학과의 교수진은 와세다대학 등을 졸업한 일본 유학생과 경성제국대학에서 역사를 전공한 사람들로 채워졌다.

연희전문학교의 교수들은 민족주의 학풍을 진작할 전문인력이 부족함에 따라 민족사의 고유성과 유구성을 학문 차원에서 충분히 규명하는 데 어려움을 많이 겪었다. 식민주의 역사학의 주장인 타율성론과 정

---

125) 저산, 〈조선학의 문제 : 권두언을 대(代)함〉,《신조선》7호, 신조선사, 1934. 12, 2~3쪽.

126) 왕현종, 〈연희전문의 한국사 연구와 민족주의사학의 전개〉, 연세대학교 국학연구원 편,《근대 학문의 형성과 연희전문》, 연세대학교출판부, 347~348쪽.

체성론을 해방되는 그날까지 극복하지 못한 원인의 하나도 여기에 있었다.[127)]

이제 다음 3장에서는 제도권 밖에서 전개된 1930년대 조선학운동을 중심으로 당시 역사학계의 전체 지형을 하나의 시선 속에서 분석하겠다.

---

127) 김용섭, 〈우리나라 근대 역사학의 발달〉, 이우성·강만길 편, 《한국의 역사인식 : 한국사학사논선 하》, 창작과비평사, 1976, 498쪽. 김용섭이 1971년 《문학과 지성》 4호에 발표한 글이다.

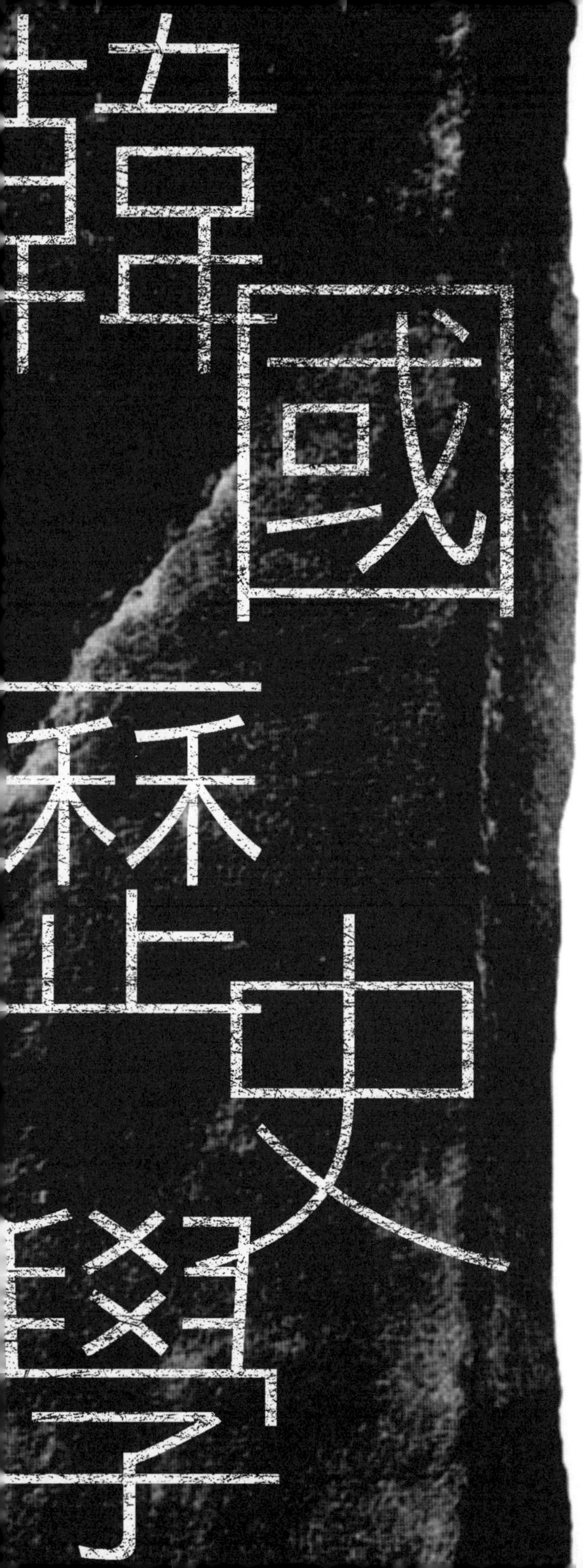

3장

조선학이라는 학술장과 ‘태도로서 역사학’

1. 1930년대 초·중반 조선연구열과 조선학운동

앞서 1, 2장에서 보았듯이 경학에서 분화되어 나온 조선인의 역사학은 1920년대 중반에 이르면 단군에서 시작되어 (통일)신라와 발해를 병렬하는 데까지 이어지는 조선고대사의 구성체계를 밝힌 여러 대중서적을 공간하는 가운데 신채호 이래 민족주의사학을 정립시켰다. 민족사학 일부에서는 조선역사가 조선학의 중심이라는 인식과 태도가 싹텄다. 식민주의 역사학 역시 1920년대 중반을 기점으로 관학아카데미즘으로서의 제도화를 달성함으로써 식민지 조선을 중심으로 관제사학을 학문 차원에서 확대 재생산할 수 있는 시스템을 체계화하고 어느 정도의 규모화를 실현할 수 있는 전환점을 만들었다.

1930년대 들어 민족사학과 식민주의 역사학은 자신의 역사인식을 본격적으로 확대 재생산하기 시작했다. 역사학 이외의 분과학문에서도 마찬가지 모습이 나타났다. 조선학이란 말이 조선인과 재조일본인 지식인 사이에서 자연스럽게 사용되기 시작한 것도 이즈음이었다. 조선학이란 말은 여러 분야에서 조선을 연구대상으로 체계 있게 분석하는 구체화

과정을 동반했다. 달리 말하면 1930년대 들어 조선학이란 학술장이 식민지 조선에 형성된 것이다.

그런데 1930년대 초·중반 식민지 조선에서 조선학이란 말을 사용하든 안 하든 조선을 연구대상으로 삼으려는 전체 경향은 매우 복잡했다. 연구분야가 조선학이라고 말할 수 있는 사람과 단체 가운데 인문학, 특히 역사학에 관해 언급하지 않는 경우가 없었고, 이러한 복잡한 연구경향만큼이나 역사연구에 대한 태도 역시 다양한 편차를 드러냈다. 여기에 현실문제에 접근하는 여러 방식까지 연결해 생각해보면 더욱 색다른 모습들이 보인다.

조선학이란 학술장을 전제로 하여 그 속에서 조선의 역사를 연구대상으로 했던 사람 또는 단체가 드러낸 다양한 표상들 사이의 매우 복잡한 관계와 경계를 정립하고 설명하기 위해서는, 민족을 불문하고 논리적 연관성을 갖는 일관된 기준틀이 필요하며, 그에 따른 유형화도 시도할 필요가 있다. 이를 통해 1930년대 조선학 발흥기에 조선의 역사와 문화에 대한 연구경향을 좀 더 체계 있고 자세히 파악할 수 있다. 뿐만 아니라 이 시기의 역사인식을 바탕으로 형성된 네트워크가 해방 이후 한국 역사학계에서 표출되었기 때문에 1930년대의 역사학과 해방 이후 한국 역사학의 연속과 단절, 변용의 모습을 이해하는 데도 큰 도움이 될 것이다.

그러면 우선 1930년을 전후로 식민지 조선에서 조선의 역사와 문화를 연구대상으로 삼았던 동향, 곧 당시의 표현을 빌자면 조선연구열 속에 조선학의 동향을 민족을 불문하고 정리해보자.

분과학문의 조직화와 조선연구열

1930년대 초·중반 식민지 조선에서는 "특이한 현상 중의 하나"로 "일반의 조선에 대한 관심이 현저히 증대"하여 "조선연구열이 발흥하기 시작"했다.[1] 조선인과 일본인을 불문하고 이즈음부터 조선의 역사와 문화, 사회를 분석한 다양한 연구성과들이 본격적으로 출간되기 시작했기 때문이다. 그렇다면 왜 이 시점이었을까?

앞서 보았듯이, 조선인 사회 내부에서는 전통 학문의 분류방식이 서구식 분과학문으로 분화되고 있었는데, 특히 대한제국이 일본의 식민지로 전락함에 따라 1910년대에 경학에서 문·사·철로의 분화가 본격화되었다. 조선역사라는 학문 분야도 그 과정에서 등장했다. 1925년 '독립된 관청'으로 조선사편수회가 출범했다. 1926년 경성제국대학 법문학부에 문학과, 사학과, 철학과 등이 설치되면서 제도로서의 역사학 또는 조선사가 하나의 학문 영역으로 공인되었다. 식민주의 역사학은 1930년 《청구학총》, 1931년 《사학회보》라는 학술잡지를 정기적으로 발행할 만큼 인적 구성과 제도의 측면에서 이전과 달리 안정된 기반을 갖추고 자기 논리를 확대 재생산하기 시작했다. 조선사편수회도 일본 본토의 연구인력까지 제공받으며 1932년부터 《조선사》를 발행하기 시작했다.

1930년을 전후로 경성제국대학을 핵심 거점으로 한 식민지 조선의 관학아카데미즘도 분과학문별로 조직화하는 가운데 연구 결과를 출판하기 시작했다.[2] 가장 먼저 경제학 교수들이 움직였다. 1928년 봄에 "횡

---

1) 〈사설 : 조선연구기관을 만들자〉, 《조선중앙일보》 1935. 9. 27.

2) 이하에서 경성제국대학 법문학회와 관련한 학문 동향에 관한 언급은 별도의 전거가 없다면 田川孝三, 〈京城帝國大學法文學部と朝鮮文化〉, 京城帝國大學創立五十周年記念誌編集委員會 編, 《紺碧遙かに》, 京城帝國大學同窓會, 1974, 133~149쪽을 참조했다.

행하는 독단론, 희망론을 배제하고 냉정한 실증적 연구"에 기초하여 "사실을 사실로서 관찰하고 조선의 진정 있는 그대로의 모습을 아는 것, 알리는 것이 조선의 문제해결에 제일보"라며 조선경제연구소를 결성한 것이다.[3] 이후 연구소에서는 조선의 사회 경제와 관련한 여러 분류 목록을 간행했다. 1929년 가을에는 법문학부 교수들이 법문학회를 결성하자 조선경제연구소도 그 산하 조직으로 편입되었다. 법문학회는 1934년 법학회와 문학회로 분화했는데, 1943년까지 부정기간행물로 《법문학부기요(法文學部紀要)》(1929) 이외에 국어학 전공인 오구라 신페이의 저서 두 권과 역사학 전공인 다보하시 기요시의 《근대 일본·지나·조선관계 연구(近代日支鮮關係の研究)》(1930)를 연구조사 책자로 간행했다.[4] 또한 조선왕조실록을 영인하고 학내 자료를 모아 10종 9책의 규장각총서를 발행했으며, 학외 자료를 모아 9종 38책의 고서를 복간했다. 이러한 흐름에 편승하고자 경성의 일본인 출판사인 고노자와쇼텐(近澤書店)은 조선사학 제1강좌의 책임자인 이마니시 류 교수에게 제안하여 "조선 고서의 조직적 영속적 출판"을 목적으로 제1기에 해당하는 '조선학총서'를 기획했다. 《선화봉사고려도경》, 《세종실록지리지》, 《조선표류기》 등과 같은 고서 18책을 300쪽 정도 분량의 6권으로 출판하려 기획했다.[5] 주목해야 할 점은 총서 기획을 '조선학'이란 범주 속에서 시도했다는 사실이다. 법문학회는 정기간행물로 사회과학 분야의 논문을 모은 《경성제국

---

3) 船田享二 編, 〈後記 朝鮮經濟研究所に就いて〉, 《京城帝國大學法文學會第一部論集 第2册 朝鮮經濟の研究(1)》, 刀江書院, 1929

4) 다보하시의 한일관계 인식에 대해서는 박찬승, 〈다보하시 기요시의 근대한일관계사 연구에 대한 검토〉, 《한국근현대사연구》 67집, 한국근현대사학회, 2013 참조.

5) 〈彙報 朝鮮學叢書の刊行〉, 《青丘學叢》 9號, 1932. 8, 170~171쪽. 조선총독부 도서관의 자료를 소장하고 있는 국립중앙도서관과 국내의 대학도서관에 있는 도서를 검색해보면, 1932년 '조선학총서'와 관련한 책은 이유를 정확히 알 수 없지만 총서 제1책인 《선화봉사고려도경(宣和奉使高麗圖經)》만 출판되었을 가능성이 높음을 알 수 있다.

대학 법문학회 제1부 논집》(1928~1943. 2)과 문·사·철에 관한 연구논문을 모은《경성제국대학 법문학회 제2부 논찬》을 발행했다.[6]

경성제국대학의 인문학 연구자들이 결집한 문학회는 결성될 당시 교수들을 중심으로 분산되어 있던 여러 연구조직들을 철학연구회, 사학연구회, 국문학연구회, 한학연구회, 영문학연구회라는 분과학문별 부회로 재조직했고, 조선문화연구회라는 신규 조직도 받아들였다. 이들 연구조직을 재편성하고 연구자 네트워크를 재구축할 수 있었던 원동력은 1930년을 전후한 시기에 문학과, 사학과, 철학과 등에 소속된 교수를 중심으로 학생과 졸업생들이 만든 철학회, 교육학회(1933년 2월), 사학회(1931년 7월), 국어국문학회, 한학회 또는 조선문학회(1931년), 영문학회(1929년 12월)가 이미 결성되어 있었기 때문이다. 분과학문별 학회들은 앞서 보았던 사학과의 사학회처럼 이미 회지나 회보를 발행하여 회원의 글을 수록하고 동정을 알리며 네트워크를 맺고 있었다.

이렇듯 경성제국대학 교수들을 중심으로 한 재조일본인 지식인 사회에서는 분과학문별로 연구조직을 결성하고 네트워크하는 과정에서 조선을 대상으로 하는 연구를 분과학문별로 특화하려는 움직임이 일어났다. 비슷한 흐름은 조선인 지식인 사회에서도 나타났다.

1931년에는 조선어문학회와 조선사회사정연구소[7], 1932년에는 조선민속학회(잡지《조선민속》)가 각각 조직되었다. 1933년에는 조선어학회가 한글맞춤법통일안을 제정했으며, 백남운이 주도한 조선경제학회와 철학연구회도 결성되었다. 경성제국대학 졸업논문을 보충한 김태준의

6) 논집은 1941년과 1942년을 거치며 연간지에서 계간지로 전환했다. 경성제국대학 법문학회 제2부 논찬은 제5집까지, 경성제국대학 문학회 논찬은 1935년 3월 1집을 발행한 이래 1941년 11월 10집을 확인할 수 있다. 역사학 관련 논문은 제2부 논찬의 경우 개별적으로 투고한 데 비해, 문학회 논찬의 1집《동방문화사논고(東方文化史叢考)》, 7집《사학논총》(1938. 3), 10집《사학논총 제2》(1941. 11)에 집중적으로 수록되었다(〈京城帝國大學文學會の組織と事業〉,《京城帝國大學文學會論纂 第10輯 史學論叢 第二》, 岩波書店, 1941, 2~5쪽).

《조선한문학사》(1931),[8] 《조선소설사》(1933)와 김재철의 《조선연극사》(1933), 1927년 미국 예일대학에서 받은 박사학위논문을 출판한 백낙준의 《조선신교사》(1932),[9] 그리고 일본 가이조샤(改造社)에서 출판한 백남운의 《조선사회경제사》(1933)[10] 등이 많은 사람의 이목을 끌었다. 1934년 5월에는 조선의 역사와 민속, 문학 등을 연구하는 일본 유학파와 경성제국대학 졸업생 등이 진단학회를 결성하고, 11월에 《진단학보》를 발행했다. 다양한 분과학문의 결집체가 1930년대 초반에 등장하고 전문연구 성과도 출판된 것이다.

그 밑바탕에는 〈제2차 조선교육령〉이 조선에 적용된 시기에 중등과정을 마친 일본 유학파 출신들이 늘어난 영향도 있었지만, 보다 큰 이유는 강좌제라는 집중 강의를 받으며 근대 학문을 체계적으로 배운 경성제국대학 졸업생들이 1929년부터 사회에 진출한 데 있었다. 신진세대들은 꼭 제도권만을 바라보며 조선의 역사와 문화를 연구하지 않았다. 그들은 진지한 탐구과정에서 이론과 엄밀한 실증을 통해 실체를 객관적으로 규명하고자 움직였다. 예를 들어 1회 졸업생인 유진오는 민족운동에 이론과 실증을 뒷받침해줄 목적으로 조선사회사정연구소를 세웠으며, 그와 일부 동기동창은 낙산구락부(駱山俱樂部)라는 동창회를 조직하고 잡지 《신흥》을 발간했다.[11] 그들은 "과거의 우리의 모든 운동에 있어

---

7) 1931년 9월 10일 좌파 성향이면서 경성제국대학의 졸업자들로 구성된 조선사회사정연구소가 창립되었다. 주요 참가자들은 이강국, 최용달, 박문규, 유진오, 이종수 등이었다. 연구소는 1926년 경성제국대학의 제1회 입학생인 유진오와 이종수가 만든 경제연구회에 뿌리를 두고 있었다. 이상은 〈京鍾警高秘 第11428號 昭和6年9月26日 朝鮮社會事情硏究所檄文郵送ノ件〉 참조. 유진오, 이강국, 최용달, 박문규는 분담하여 〈조선사회운동사〉를 집필했다(유진오, 《양호기(養虎記)》, 고려대학교출판부, 1977, 42쪽).

8) 趙潤濟, 〈書評 朝鮮漢文學史〉, 《靑丘學叢》 7號, 1932. 2, 142~144쪽.

9) 山口正之, 〈書評 朝鮮新敎史〉, 《靑丘學叢》 7號, 1932. 2, 144~146쪽. 평양의 숭실전문학교출판부에서 발행하고 경성의 조선기독교서회에서 발매했다.

10) 末松保和, 〈書評 朝鮮社會經濟史〉, 《靑丘學叢》 14號, 1933. 11, 189~192쪽.

서 누구나 통절히 느끼는 것은 우리에게 확호(確乎)한 이론—과학적 근거로부터 우러나오는 행동의 지표의 결여"라고 하면서 이 방면에 기여하겠다고 밝히고, "조선에서 지금까지에 이만큼 진실한 의미의 학술논문을 다수 등재한 잡지"는 없다고 자부할 정도였다.[12] 이처럼 충만한 자부심을 가슴에 품고 조선문제에도 많은 관심을 드러낸 경성제국대학 졸업생들은 주로 문학과 철학을 전공하면서도 조선역사와 역사연구방법에까지 관심의 영역을 넓혔다. 그들 가운데 일부는 유물사관에 친화하는 태도를 취했다. 김태준, 신남철의 집필활동이 그러한 경우다.[13]

1930년을 전후로 사회에 진출한 경성제국대학 졸업생 가운데 민족의 현실에 관심을 둔 사람들은 당시 조선인 사회의 지적 분위기에 큰 영향을 받았을 것이다. 이들이 중등학교를 다닐 당시인 1926년에 일어난 6·10만세운동을 전후로 조선의 학생운동은 크게 바뀌어갔다. 각 학교의 학생운동 세력은 그때까지 보기 드물었던 독서반을 만들어 사회과학 공부를 하며 민족의식과 계급의식을 심화하는 활동을 확산시켜나갔다. 독서반은 1회성 조직이 아니라, 구성원들이 서로 속 깊은 이야기까지 할 수 있을 정도로 대화와 토론이 일상적으로 이루어지는 공간이었다. 경성제국대학 내 조선인 학생이 만든 경제연구회의 구성원들 가운데 일부가 비밀결사의 반제조직을 결성하여 활동한 것도 이러한 흐름의 연장선상에서 이루어진 일이다.[14] 당시 독서회의 주요한 텍스트는《사회주의ABC》,《빈핍물어(貧乏物語)》,《자본론》과 같은 사회주의에 관한 서적들이었다. 이런 자생적인 활동들은 민족주의운동 계열에 비해 유물사

---

11) 유진오,《젊음이 깃칠때》, 휘문출판사, 1978, 116쪽.

12) 〈편집후기〉,《신흥》1호, 1929, 121쪽. 1932년 12월에 간행된 7호의 '편집후기'에서도 "진정한 의미의 학술단체"가 없다는 의견을 피력했다.

13) 신남철,〈조선연구의 방법론〉,《청년조선》1호, 1934. 10 ; 김태준, 정해렴 편역,《김태준 문학사론선집》, 현대실학사, 1997, 3부 조선역사론 참조.

관 계열이 '조선학' 연구자들을 계속 충원할 수 있는 원동력이 되었다. 대학의 정규교육보다 대학 내의 공인되지 않은 영역에 있거나 대학 바깥에 있는 이들이 지식 기반을 쌓아갈 수 있는 기반을 마련한 것이다.

이즈음 사립의 연희전문학교 교수진의 움직임도 주목해야 한다. 1930년 연희전문학교 문과에서는 정인보의 논문 〈조선문학 원류 초본 제1편〉과 최현배의 논문 〈조선어의 품사 분류론〉, 〈한글의 낱낱의 글자의 쓰히는 번수(사용되는 도수[度數])로서의 차례잡기(次序排定)〉를 비롯해 영문 번역본을 실은 학술지《조선어문연구》를 간행했다. 당시 시중에서는 잡지 간행에 다음과 같은 의미를 부여하며 기쁨을 공유했다.

> 근래에 조선에 관한 학문이 갑자기 발흥하는 눈치가 있다. 경성제국대학을 중심으로《조선학보》의 발간이 있고, 청구학회의 발기가 있거니와 이때에 연희전문학교 문학부에서 연구집을 발행하는 것은 전자의 관학(官學)임에 대하여 이것이 **사학(私學)의 진출**로 매우 의의 있는 일일 뿐 아니라 어떻게 말하면 **쾌활(快活)한** 일이다.[15] [강조—인용자]

전문학교를 제국대학에 견주어 말하기는 어려운 측면이 있다고 전제하고 있지만, 글의 필자는 압도적인 관학아카데미즘에 대응하여 나온 연희전문학교의 움직임을 높이 평가하며 조선인으로서 속 시원하다는 경쟁심까지 그대로 드러냈다.

---

14) 이 시점에서 반제동맹이라는 이름으로 학생운동의 조직화가 이루어진 것은 1931년 9월의 만주사변과 관련이 있고, 그것은 조선공산당재건운동의 일환이기도 했다. 이 시기 학생운동의 동향에 관해서는 신주백, 〈1929~36년 공청재건운동의 전개 및 성격〉, 한국역사연구회 근현대청년운동사 연구반,《한국근현대청년운동사》, 풀빛, 1995 ; 박한용, 〈1930년대 전반기 민족협동전선론과 학생반제동맹〉, 한국역사연구회 근현대청년운동사 연구반,《한국근현대청년운동사》, 풀빛, 1995 참조.

15) 주요한, 〈독서실〉,《동광》19호, 1931. 3, 68쪽.

조선사편수회에 근무하고 있던 경성제국대학 사학과 졸업생 윤용균은 《청구학총》에 연희전문학교의 학술지 발간 의미를 다음과 같이 썼다.

> 종래, 자국에 관한 연구를 폐이(弊履)[아무런 가치도 없는 것—인용자] 처럼 방치하고, 털끝만큼도 바라지 않았던 조선 학자가 근래 이 폐단을 버리고 조선을 주제로 여러 방면의 연구에서 열심히 경영하고 있다는 것은 실로 기쁜 현상이라고 말할 수 있다. 이러한 때에 연희전문학교 문과 교수 제씨(諸氏)가 그 연구집 제1집으로 '조선어문연구'를 공간한 점은 매우 시의 적절한 것이다.[16]

여기에서 주목해야 할 점은, 1930년대 초반의 시점에서 이루어진 조선에 관한 구체적이고 전문적인 연구가 이전까지와 어느 지점에서 달라지고 있는지를 언급했다는 사실이다. 앞서 인용한 《동광(東光)》 편집진의 언급과 전혀 다른 각도에서 짚고 있는 것이다. 그러면서 평자는 정인보, 최현배라는 필자와 연희전문학교 문과 측에 이 "호저(好著)"를 발표한 일에 "감사"하다며 끝을 맺었다.[17] 식민주의 역사학의 논리를 생산하는 핵심 기지에 근무하는 조선인이지만, 조선을 체계적이고 깊이 있게 접근한 점에 대해 조선인으로서의 감정을 드러낸 것이라고 볼 수 있다.

뚜렷하게 형성되고 있던 조선학을 둘러싼 조선인 사회의 새로운 흐름에 고등교육을 받고 있는 학생들도 동참했다. 1932년에 연희전문학교의 문예지인 《문우(文友)》, 연희전문학교의 교지인 《연희》(1922~1931),

---

16) 尹瑢均, 〈書評 朝鮮語文研究 延禧專門學校文科研究室〉, 《青丘學叢》 3號, 1931. 2, 160쪽.

17) 尹瑢均, 같은 글, 161쪽.

보성전문학교의 교지인《보전학회논집(普專學會論集)》이 출간되었다. 이 가운데 한글 또는 일본어 논문이 함께 수록된《보전학회논집》을 제외하고《신흥》을 포함한 여타 잡지들은 조선어를 사용한 간행물이었다.[18] 조선어는 그들만의 지식의 독립성을 확보할 수 있는 강력한 수단이었다. 또 월등한 후원과 축적된 지식을 내재한 식민주의 역사학에 대항할 수 있는 힘의 원천이었다. 조선어는 식민주의 역사학이 조선인의 역사학에까지 침투하는 데 봉착할 수밖에 없는 난관이자 장애물이었다.

조선에 관한 새로운 지식을 욕망하는 분위기는 '조선학'에 관한 관심을 크게 증폭시키고 연구의 폭과 깊이를 더할 수 있는 내적 기반이자 동력이었다. 근대 학문에 대한 체계 있는 교육을 받은 여러 전공자들은 1930년대 초반부터 조선에 관한 저서를 간행하고, 대중지와 일간지, 학술지를 매개로 다양한 견해를 표출했다. 그들에게 '조선'은 특수한 존재였으며 학술적 측면에서의 관심을 수렴하는 역사공간이자 문화공간이었다.《동아일보》는 1935년 신년을 맞이하여 8개 학술단체, 즉 조선경제학회, 조선어학회, 철학연구회, 조선어학연구회, 과학지식보급회, 경성박물연구회, 발명학회, 약전(藥專)식물동호회를 상세히 소개하며 "학술부대의 참모본영"이란 주제를 붙일 정도였다.[19] 1930년대 초·중반의 조선연구열 또는 조선학 열기는 조선인의 근대 학문이 '드디어' 성립했음을 의미했다.[20]

18) 《보전학회논집》 1집(1934), 2집(1935), 3집(1937)에 수록된 논문들을 보면 유진오, 최용달, 김광진 등은 일본어로 글을 썼고, 안호상은 한글로 글을 썼다.

19) 《동아일보》 1935. 1. 1~1. 3.

20) 임형택, 〈국학의 성립과정과 실학에 대한 인식〉,《실시구시의 한국학》, 창작과비평사, 2000, 30~31쪽.

조선인에게 조선학이란

다산 정약용 서거 99주년을 기념하여 신조선사에서 주최한 강연회가 1934년 9월 8일 밤 7시 30분부터 서울의 기독청년회관에서 열렸다. 강연회에서는 정인보가 '다산 선생과 조선학', 안재홍이 '조선사상 정다산의 지위', 문일평이 '내가 본 다산 선생', 현상윤이 '이조 유학과 다산 선생'이란 주제로 연설했다.[21] 연설원고는 주최 측의 잡지인 《신조선》 10월호에 수록되었다. 강연회에 참가한 청중들에게 '조선학'이란 말은 생소했겠지만,[22] 조선인 사회에서 조선학과 다산에 관해 매우 보기 드물게 큰 규모의 기획 이벤트가 열린 것이다. 이즈음부터 조선학이란 말이 조선을 직접 연구하는 사람들 사이에 한정되지 않고 불특정 다수의 조선인 대중에게까지 회자될 수 있었을 것이다.

원래 조선학이란 말은 1916년 최남선이 처음 사용했다.[23] 최남선이 1924년에도 조선을 분석대상으로 하는 학문으로서 조선학, 그리고 그 속에서 조선역사를 봄으로써 '조선학의 일부로서 조선사'란 시각을 제시하기는 했지만, 조선학이란 말 자체는 그다지 주목받지 못했다. 그러다 1930년대 들어 조선연구열이 고조되어, 이미 1932~1933년경부터는 '인플레이션'되어 있었고, 1934년에는 "이곳저곳에서 쓰이고" 있었다.[24] 조선을 연구하는 신남철조차 "극히 최근에 와서 '조선학'이란 문구를 듣게 되었다"고 말하며, 조선학이란 말이 "공연히 인구에 회자되게 된 것

---

21) 《조선일보》 1934. 9. 9(석간).

22) 〈신조선춘추〉, 《신조선》 6호, 신조선사, 1934. 10, 40쪽.

23) 육당학인, 〈동도역서기〉, 《매일신보》 1916. 12. 5. 자세한 내용은 류시현, 〈1920년대 최남선의 '조선학' 연구와 민족성 논의〉, 《역사문제연구》 17호, 역사문제연구소, 2007, 158쪽 참조.

24) 《동아일보》 1934. 9. 11. 신남철이 백남운과 인터뷰하는 과정에서 한 발언이다.

은 극히 최근의 일에 속한다"고 말할 정도였다.[25)]

그렇다고 조선학이란 용어를 사용하는 사람들 사이에서 무엇이 조선학인지를 놓고 개념을 규정하며 신경을 쓰는 경우는 거의 없었다. 가령 김태준은 1933년 〈조선학의 국학적 연구와 사회학적 연구(1)〉란 글에서 "막연히 조선학이라고 한 것은 조선의 역사학, 민속학, 종교학, 미술학, 조선어학, 조선문학류 …… 를 총괄한 것으로 편의상 이러한 제목을 가설한 것이다. 50년 전이나 30년 전 같으면 국학이라고 떠들었을 것"이라고 말했다.[26)] 조선학이란 용어를 애국계몽운동기의 국학과 차이가 없는 용어로 치부한 것이다. 그 뒤 1936년에도 그는 "특히 조선에서는 '학'과 '상식'과 '문헌'이 혼동"되어왔다고 지적하며, '학(學)'이란 "'과학적인 일반'이니 과학적 체계하에 건설된 학(學)만이 학(學)이요, 참된 지식이 될 수 있다"고 규정했다.[27)]

이러한 현실에서 신남철이 1934년 1월 1일부터 7일까지 4회에 걸쳐 〈최근 조선연구의 업적과 그 재출발〉이란 제목으로 《동아일보》에 기고한 논설은 시대의 흐름을 매우 발 빠르게 읽어낸 문제제기이자 주장이었다. 뒤에서 다시 언급하겠지만, 그는 여기에서 '조선학을 어떻게 수립할 것인가'라는 문제의식 아래 조선학을 수립하기 위한 3대 기본 전제와 방법론에 대한 태도를 언급했다. 그가 내세운 기본 전제란, "역사의 내면적 원동력으로서의 사회적 생산관계를 과학법칙에 입각하여 파악"하고, 당면한 상황을 고려하면서 역사를 서술할 때 사료문헌을 선택해

---

25) 신남철, 〈최근 조선연구의 업적과 그 재출발 : 조선학은 어떠케 수립할 것인가(1)〉, 《동아일보》 1934. 1. 1. 이 자료는 신남철, 정종현 엮음, 《신남철 문장선집 I : 식민지 시기편》(성균관대학교출판부, 2013)에도 수록되어 있다.

26) 《조선일보》 1933. 5. 1.

27) 천태산인(天台山人), 〈사관의 비판 : 사학연구의 회고, 전망, 비판(2)〉, 《조선중앙일보》 1936. 1. 9. 천태산인(天台山人)은 김태준이다.

야 하며, 전체를 조망할 수 있는 통일적 관점이 필요하다는 것이다.[28] 또한 방법론상의 태도란 관념적이지 않고 사회와의 연관 속에서 실천방향을 '조망'할 수 있고, 훈화하는 연구에 머무르지 않고 "문제사적 연구"를 하는 자세라고 말했다.[29]

신남철의 주장은 조선연구에 뛰어든 사람 가운데 공개 지면을 통해 조선학을 어떻게 수립할 것인가를 체계적으로 제기한 최초의 목소리였다고 해도 과언이 아니다. 그럼에도 신남철은 조선학이 무엇인가에 대해 정의를 내리지 않았다. 그 자신도 조선학을 당연한 것으로 전제하고 방법론을 밝혔던 것이다. 그러다보니 사람들 사이에서 '학'으로서 '조선학'이 무엇인지 질문하거나 의문을 제기하는 경우가 있었던 것 같다. 조선학운동을 제창한 이후인 1934년 12월 안재홍이 《신조선》 7호에 발표한 〈조선학의 문제〉란 글에서 이를 간접적으로 확인할 수 있다.

> '조선학'의 외침이 가끔 높은 것이 이즈음 우리 사회의 한 경향이다. 애급학(埃及學), 지나학(支那學) 하는 따위로 조선학이란 것은 좀 당치 않은 말이라고 주장하는 분이 있으니 그 말이 옳다. 그러나 또 무슨 학(學) 하면서 일개의 동일문화체계의 단일한 집단에서 그 집단 자신의 특수한 역사와 사회와의 문화적 경향을 탐색하고 구명하려는 학(學)의 부문을 무슨 학(學)이라고 한다면 그런 의미에서 조선학이란 숙어를 우리가 마음 놓고 쓸 수 있다.[30]

안재홍은 생각이 다른 사람도 있겠지만 특정집단이 자신의 특수성을

---

28) 신남철, 〈최근 조선연구의 업적과 그 재출발 : 조선학은 어떠케 수립할 것인가(1)〉, 《동아일보》 1934. 1. 1.
29) 신남철, 〈최근 조선연구의 업적과 그 재출발 : 조선학은 어떠케 수립할 것인가(4)〉, 《동아일보》 1934. 1. 7.
30) 저산, 〈조선학의 문제 : 권두언을 대(代)함〉, 《신조선》 7호, 신조선사, 1934. 12, 2쪽.

탐색하고 규명하려는 학문 차원의 노력으로서 '학'이 성립할 수 있다면, 조선의 특수한 역사, 문화, 사회의 흐름을 파악하고 규명하려는 움직임을 조선학이라 규정했다.

1934년경을 지나면서 조선인 지식사회는, '조선학은 학문으로서 성립할 수 있는가', '성립 가능하다면 조선학이란 무엇인가'에 대해 정의를 내리고 가야만 할 시점에 이르렀다. 대중도 조선학이란 말이 생소했지만, 지식인들도 무엇이 조선학인지를 제대로 논의한 적이 없는 상태에서 공개 강연회를 계기로 조선학이란 용어를 수용하고 조선학운동을 제창했기 때문이다.

동아일보사는 신조선사가 기획한 다산에 관한 9월 8일자 대중강연회가 끝난 직후인 1934년 9월 11일부터 3일 동안 신남철이 백남운, 안재홍, 현상윤과 인터뷰한 내용을 〈조선연구의 기운(機運)에 제(際)하야〉라는 제목으로 보도했다. 동아일보사가 신남철을 인터뷰 담당자로 선정한 것은 1월에 연재한 그의 글과 무관하지 않을 것이다. 세 사람을 인터뷰 대상자로 선정한 것도 조선학에 대한 조선인 사회 내부의 일정한 경향을 반영한 결과일 것이다. 이들 가운데 조선학에 관해 가장 명쾌하게 자신의 입장을 피력한 사람은 안재홍이었다.

안재홍은 조선학이란 무엇인가라는 신남철의 질문에 아래와 같이 답변했다.

> 조선학이라고 하면 두 가지가 있다고 생각합니다. 즉 하나는 **광의의 조선학**이다. 온갖 방면으로 조선을 연구 탐색하는 것을 운위(云謂)하는 것이겠고, 다른 하나는 **조선의 고유한 것, 조선문화의 특색, 조선의 독자한 전통을 간명(簡明)하여 학문적으로 체계화**하여 보자는, 말하자면 **본래의 의미에 있어서의 조선학—협의의 그것**이라고 할가—이 그것이겠

지요.[31] [강조—인용자]

안재홍은 조선학의 개념을 광의와 협의로 나누어 그 의미를 규정했다. 안재홍은 불명확하지만 광의의 조선학이 종합적이고 일반적인 접근을 의미한다고 본 데 비해, 조선학의 본질적 의미를 조선만의 특색과 독자 전통을 학술 차원에서 규명하는 협의의 조선학에서 찾았다.

조선학에 대한 안재홍의 정의는 과학으로서의 조선학을 자리매김하려는 노력의 일환이었다고 볼 수 있다. 그가 말하는 조선학은 재조일본인이나 일제가 말하는 '지방학으로서의 조선학'이 아니며, 단일한 총체적 대상으로 조선을 연구하는 학문을 말한다. 조선학의 일부로서 조선역사란 일본사에 부속된 존재, 아니면 만주사의 부수적 존재로서 조선사가 아니라 조선인의 역사 자체를 말한다. 그렇기 때문에 안재홍의 조선학은 반식민주의적 태도를 취할 수밖에 없으며, 조선학과 세계를 연관시키고 있는 점까지 고려한다면, 그것은 '학'으로서 조선학이 지역학의 측면까지 어느 정도 내포하고 있었다고 보아야 할 것이다.

신남철의 또 다른 인터뷰 대상자였던 백남운과 현상윤은 안재홍과 다른 견해를 피력했다.

백남운은 최남선이 조선학이란 말을 처음 사용할 때 일본이나 서양의 중국학 학자들이 '지나학'이라 말할 때처럼 특정한 대상을 연구하는 것 자체를 가리켰다고 비판했다. 그가 강조하고 싶었던 점은 '엄밀한' 과학적 방법, 곧 유물론적인 방법을 통해 연구대상을 보는 학문으로서의 '조선학'이었다. 그래서 그는 "조선심, 조선의식을 과거한 역사적 사실의 연구에서 끄집어낸다는 것이 조선학 수립의 구극(究極)의 목적"이

31) 《동아일보》 1934. 9. 12.

라는 데 의문을 제기하며, 자칫 "조선의 민족의식을 고조하는 학문"을 조선학으로 이해할까 우려했다.[32] 그러면서도 백남운은 숙종 때인 300여 년 전 유형원, 이익, 정약용 등 석학이 나타나 "여러 가지로 '우리'를 알아보자고"하면서 조선학의 기운이 싹텄다며 조선학의 역사성을 분명히 했다. 뒤에서 볼 정인보 등 조선학운동 주도자들과 조선학의 시발점에 대해 하등 차이가 없었던 것이다. 조선학을 과학적 방법으로 접근해야 할 연구대상으로 본 백남운은 1936년 들어 '중앙아카데미'의 창설을 공공연하게 주장했고, 《조선사회경제사》에 이어 《조선봉건사회경제사》(1937)도 집필했다. 결국 백남운은 자기 나름대로 안재홍이 이끄는 조선학운동에 거리두기를 하는 한편으로, 유물사관의 입장에서 조선역사를 연구하며 조선학에 접근했다. 조선학 발달의 중심에 역사학을 둔 점에서는 안재홍 등의 생각과 일치했다.

반면, 현상윤은 인터뷰 시작과 동시에 "'조선학'이란 명칭에 반대합니다"라고 자신의 의견을 명확히 피력했다. 마치 영국의 학자들이 애급학(오늘날의 용어로 말하면 이집트학)이라고 말한 데서 알 수 있듯이 한 나라의 이름에 '학'을 붙여 그 나라의 문물을 "한데 모두어서" 너무 쉽게 연구하려 하는 것 같아 '불유쾌'하기 때문이라고 이유를 밝혔다. 그러면서 조선학이란 개념 대신에 "조선문화연구" 또는 "조선정신의 학", "조선혼의 학"이라 부르는 것이 타당하다는 입장이었다.[33] 현상윤의 주장대로라면 조선적인 특징을 해명하는 데 역사연구의 중점을 두어야 한다는 점에서는 안재홍과도 같았다. 단 안재홍의 주장이 신채호 이래 민족주의 사학의 맥을 계승하며 전통을 학문 차원에서 체계화하려는 비타협적 민

32) 《동아일보》 1934. 9. 11.

33) 《동아일보》 1934. 9. 13.

족주의의 입장과 같은 선상에 있었다면, 현상윤의 생각은 근대주의와 문화주의 성격이 강한 진단학회의 일부 회원의 입장과 연결된다는 점이 비교된다고 하겠다.[34)]

조선학운동과 조선역사, 그리고 다산실학

조선학이란 무엇인가에 관한 세 사람의 규정이 다름에도 불구하고 조선의 역사와 문화적 특성에 우선 주목하려는 방향은 세 사람 모두 일치했다. 아주 단순화해서 말하면 보편적인 법칙성에 주목한 백남운에 비해, 안재홍과 현상윤은 조선의 특수성에 주목했고, 안재홍이 현상윤보다 더 체계적이고 상세하게 조선학에 대한 자신의 견해를 피력했다.

학문으로서 조선학의 필요성을 인정한 안재홍은 1934년 9월경부터 조선연구열을 운동화하는 데 앞장섰다. 앞서 2장에서 인용했듯이 안재홍은 조선학운동이란 차선적인 최선이자 최선의 차선책으로 진행하려는 실천적 문화운동이라 정의했다.[35)] 그는 압도적인 관학아카데미즘에 대한 위기감을 극복하기 위해 문화적으로 대응하는 조선학운동을 제창했다.

안재홍이 조선학운동에 대해 이렇게 접근한 이유는 무엇일까? 해방 후 안재홍은 신간회가 해소된 이후 자신이 문화운동으로 전환하게 된 전후 사정을 《조선상고사감(朝鮮上古史鑑)》의 〈'조선상고사감' 권두에

34) 비타협적 민족주의와 진단학회를 대비하여 설명한 전윤선의 글에서 시사를 받아 필자 나름대로 연결시킨 것이다(전윤선, 〈1930년대 '조선학' 진흥운동 연구 : 방법론의 모색과 민족문제 인식을 중심으로〉, 연세대학교 대학원 사학과 석사학위논문, 1999, 9쪽).

35) 저산, 〈조선과 문화운동 : 권두언에 대(代)함〉, 《신조선》 8호, 신조선사, 1935. 1, 2쪽.

서(書)함〉에서 아래와 같이 회고했다.

> 만주사변이 부르터난 후 나는 거듭 투옥되고 세국(世局)은 갈수록 험난한 데 빠졌다. 나 영어(囹圄)에서 헤아리건대 정치로써 투쟁함은 한동안 거의 절망의 일이오, 국사를 연찬하여서 민족정기를 불후에 남겨둠이 지고한 사명임을 자임했다.[36]

위 인용문이 시사하는 점은 안재홍이 정치운동에서 문화운동으로 전환한 이유를 일본과 직접 충돌해온 과정에서 느낀 한계 때문으로만 치부할 수 없다는 것이다. 오히려 그는 식민지 조선의 상황만이 아니라 세계정세, 동아시아정세도 동시에 파악하면서 문화운동 속에서 돌파구를 모색했다고 보아야 한다. 조선학운동은 주어진 정세를 견뎌내고 돌파하려는 새로운 담론을 만드는 공간이자 그것을 행동으로 표출하는 공간이었다. 조선문화건설협회를 결성하려 한 시도는 조선학의 공간을 계속 유지하기 위한 일종의 포석으로, 수세적 능동성을 발휘한 선택이었던 것이다. 조선학운동이 열세에 빠진 상황을 극복하기 위한 안재홍 나름의 대응이었다고 보는 이유는 만주사변 이후 조선인 사회의 동향과 연관시켜보면 더 쉽게 이해할 수 있다.

> 만주사변을 계기로 선내 민심의 추세를 정관(靜觀)하건대, 일반 조선인의 흉중에 타고 있는 민족의식은 이에 따라 완전히 닳아서 없어지지는 않

36) 안재홍, 〈'조선상고사감' 권두에 서함〉, 《조선상고사감 상》, 민우사, 1947, 3쪽. 인용문은 한영우가 언급한 부분을 읽고 알게 된 내용이다(한영우, 〈한국학의 개념과 분야〉, 《한국학연구》 1집, 단국대학교 한국학연구소, 1994, 13쪽). 필자가 원본을 보고 몇 부분 정정했다. 안재홍은 권두언을 1946년 1월 '비상국민회의주비회 제삼야(第三夜)'에 돈암동에서 작성했다.

았으니, 우리나라의 국력 내지는 국제적 지위에 대한 인식을 높이고, 조선 민족의 우리나라에 대한 입장을 자각시킨 것은 사실이다. ……[37]

1931년 5월 신간회가 해소됨에 따라 정치투쟁을 벌일 수 있는 조직기반을 상실한 안재홍은, 만주사변이 일어난 후 영국과 인도 사이의 인도 문제, 중일 간의 충돌 등을 보건대 세계정세가 "민족적 특수경향을 본위로 일정한 정치적 경향으로 진행"하고 있다고 진단했다.[38] 그러면서 "각 방면의 사람들이, 그 자신의 계급적 혹은 정치적 처지에서 독자적인 최선한 행동을 단행하면서" "공동의 유대에서 귀일(歸一) 집중적인 민족적 이해의 통제에서 합치"되도록 노력해야 한다고 보았다.[39] 요컨대 안재홍은 신간회가 해소된 이후에도 좌우가 연합하는 통일조직이 필요하다는 주장을 여전히 계속했다. 그는 거기에 다다르는 과정에서 계급문제 대신에 민족문제를 중심으로 세계정세가 조성되어가는 현실에 주목하는 한편, 우선 각자의 처지에 따라 최선의 선택을 하자고 주장하고 있는 것이다. 안재홍은 1931년 9월 일본의 만주 침략으로 이후 어려움을 겪고 있던 만주지역 한인을 돕기 위해 활동하다가 1932년 3월부터 11월까지 투옥되었다. 출옥 후 그가 조선의 현실에서 '독자적인 최선의 행동'으로 기획한 운동이 바로 문화적 대응으로서 조선학운동이었다.

그런데 운동 차원의 대응방식과 관련하여 미리 간략히 밝혀두어야 할 것이 있다. 그동안 우리 학계는 안재홍의 선택을 일본과 타협하지 않고 항일운동을 지속한 비타협적 민족주의운동 계열의 움직임으로 해석하는 경우가 있었다. 하지만 조선학운동을 주도한 활동을 비롯해 1934

37) 朝鮮總督府警務局, 《最近に於ける朝鮮治安狀況》, 1936. 5, 202~203쪽.

38) 〈사설 : 민족 전망〉, 《조선일보》 1931. 10. 2.

39) 〈사설 : 재각성과 재인식-三二(1932) 신협동의 길에〉, 《조선일보》 1932. 1. 1.

년경 당시 그의 선택을 1920년대 국내 민족주의운동 계열의 유형을 구분하는 방식의 하나였던 타협·비타협이란 접근법으로 구분할 수 있을지 의문이다. 왜냐하면 그의 선택은 일본에 비타협적인 행동이었지만, 특정 운동 세력의 대응으로 볼 수 없기 때문이다. 1930년대 초·중반 민족주의운동 계열이었던 사람들은 합법공간 내에서의 문화운동을 지향했기 때문이다. 더구나 조선학운동을 저항의 측면에서만 주목한 경향은 그 자체로는 유의미한 관점일 수 있지만, 조선연구열의 한 시기에 해당하는 독특한 움직임이었다는 측면에서 본다면 매우 협소하거나 치우친 관점이라 할 수 있다. 당시 조선연구열은 조선의 역사 및 문화와 현재를 연구대상으로 분석하고 연구하는 근대 분과학문들의 종합으로서 조선학에 대한 관심과 지원을 의미했기 때문이다.

조선학에 대한 관심과 연구 열기, 즉 조선연구열에 운동성을 덧붙인 사람이 안재홍이라면 거기에 콘텐츠를 제공한 사람은 정인보를 비롯한 일부 인사들이었다. 그들은 신조선사, 동아일보사 등 언론과 합작하여 대중의 시선을 폭넓게 끌어 모으며 운동을 전개했다. 그래서 조선학운동을 성공한 문화 이벤트였다고도 말할 수 있다. 그럼에도 이 운동보다 조금 앞선 1932~1933년에 민족의 특수성과 고유성을 강조하면서도 조선총독부와 대립하려는 관점과 태도가 없었던 고적보존운동과는 다른 문화운동이었다.[40] 조선학운동은 실천을 지향하는 차원에서 조선에 대한 '학(學)'으로서 연구에 접근한 움직임이었기 때문이다.

조선의 역사, 문화, 사회에 대한 특징을 학문적으로 규명하자며 정인보와 안재홍이 의기투합했을 때, 안재홍은 먼저 역사연구를 조선학의 중심에 두었다. 그러면서 두 사람은 동시에 다산의 실학에 주목했다. 신

---

40) 고적보존운동에 관해서는 이지원, 《한국 근대 문화사상사 연구》, 혜안, 2007, 316~327쪽.

조선사가 기획하여 1934년 9월에 열린 대중강연회의 제목에서도 알 수 있듯이, 안재홍처럼 조선학에 대해 적극 찬성하든, 백남운처럼 비판하며 접근하든, 아니면 현상윤처럼 거부하든 관계없이, 실학과 정약용은 안재홍과 정인보가 조선학운동의 깃발을 들 때부터 크게 조명을 받으며 부각되었다. 그리고 대중 속에 전파되기 시작했다. 그렇다면 조선학운동을 주도한 사람들은 왜 실학과 정약용을 전면에 내세웠을까?

정인보는 1934년 9월의 대중강연회에서 다산이 근세 조선학의 총괄 정리자이고, 그의 "학은 실학"이며, 실학은 낡은 내 나라를 새롭게 하는 '신아구방(新我舊邦)'이 골자라고 주장했다.[41] 안재홍은 "조선 건설의 총계획자"인 다산이 "지금도 후배가 의거할 조선의 태양"이라고까지 치켜세웠다.[42]

두 사람이 정약용을 이렇게 파악하기 이전부터 조선의 지식인 사회에서는 실학과 다산을 주목하고 있었다. 1923년 최남선은 조선 후기에 존재한 개혁사상을 '실학의 풍(風)'이라 지칭하고, 그것을 유형원—이익—정약용으로 이어지는 하나의 학파로 인식했다. 이러한 태도가 점차 사람들 사이에 뿌리내리기 시작했으며, 최고조에 달한 개혁사상가로 정약용을 지목했다.[43] 달리 말하면, 조선 후기 사상계의 개혁적 학풍에 관한 1920년대 연구가 조선학운동에 일정한 자양분을 제공해준 것이다. 정인보는 조선학운동을 제창하기 직전인 1933년 9월부터 12월까지 〈양명학연론〉을 《동아일보》에 연재하여 조선 후기 유형원, 이익, 정약용 세 지식인이 '허를 대체하는 학풍'을 주도한 사람들이라며 근세 조선학의

41) 정인보, 《위당정인보전집 2》, 연세대학교출판부, 1983, 76쪽.

42) 《조선일보》 1935. 7. 16(석간).

43) 조광, 〈개항기 및 식민지시대 실학연구의 특성〉, 《한국실학연구》 7호, 한국실학학회, 2004. 6.

계보화를 시도하는 한편, 주체적 학문을 강조했다.[44] 다산은 조선에서 봉건사회가 결여되었다는 정체성론에 대응하여 국가사상의 가장 완결된 형태를 보여준 인물로 식민지 조선의 지식인들에게 주목받았다.[45]

안재홍과 정인보가 보기에 다산의 실학은 조선의 역사와 문화를 주체적이면서 종합적으로 밝혀줄 개혁사상으로서 가장 다양하고 풍부한 내용을 담고 있었다. 그렇기 때문에 어떠한 방법으로 연구하여 조선의 독자적인 전통과 문화를 해명할 것인가라는 신남철의 질문에 대해, 안재홍은 조선인의 견지에서 조선역사를 기초로 정치, 경제, 법제, 사상, 교육의 변동을 부문적으로 규명하는 데서부터 출발하겠다고 답했다.[46] 조선역사에 관한 연구를 조선학의 중심이자 출발점에 두면서도 분과학문의 발전까지 시야에 넣고 있었던 것이다.

조선역사를 기준으로 조선의 문화와 현상을 해명하려는 안재홍과 정인보의 노력은 실제 역사연구로 이어졌다. 정인보는 《동아일보》에 1935년 1월 1일부터 1936년 8월 26일까지 〈오천년간 조선의 얼〉이라는 주제로 조선역사를 282회 연재하면서, 조선학운동에 콘텐츠를 제공했다. 안재홍은 1936년부터 조선상고사에 관한 집필을 시작하여 1941년에 완성했다. 그는 집필 도중에 2년 정도 감옥에 갇혔고, 아내와 사별했다. 원고를 완성한 후에는 일본에 압수될까 걱정하여 "초고를 싼 보따리를 빈족(貧族)의 집 콩항아리 속에 묻어두고 홀로 고독의 비수를" 참아야 했다.[47] 해방 후인 1946년에 정인보는 《조선사연구》(서울신문사)라는 이름

44) 정덕기, 〈위당 정인보의 실학인식과 학문주체론〉, 연세대학교 역사문화학과 BK21플러스 사업팀 편, 《식민지 조선의 근대학문과 조선학연구》, 선인, 2015.

45) 이지원, 《한국 근대 문화사상사 연구》, 336~337쪽.

46) 《동아일보》 1934. 9. 12.

47) 안재홍, 〈권두에 서함〉, 안재홍선집간행위원회 편, 《민세안재홍선집 3》, 지식산업사, 1992, 3쪽(원전 : 《조선상고사감》). 이 서문은 1946년 1월에 쓴 것이다.

으로, 안재홍은 1947년과 1948년에 《조선상고사감》 상·하(민우사)로 이들 원고를 각각 출간했다.

한편, 안재홍은 조선연구열을 운동화하기 시작할 즈음부터 이를 체계적으로 조직화할 생각도 갖고 있었다. 그는 1935년 신년을 맞이하여 쓴 글에서 다음과 같이 주장하며 여러 분과학문이 모여 있는 공동의 연구 조직이 필요하다고 말했다.

> 근자에는 조선학이란 것이 식자나 선구자 간의 일 건의 관심사쯤은 되어 있는 모양인데, 이것이 한 유행심리의 과정적 반영으로만 지고 만다면 안 될 일입니다. 그러므로 조선을 정확하게 신인식하는 **신출발로서 학구적인 공동연구의 기관**을 만들고 그 기구를 생장 진척시킬 수 있는 대로 따라 그 통합제적인 분과부문적 조사 연구를 진행하였으면 그 장래의 수확이 매우 좋을 것입니다. **조선의 연구는 당연 두 갈래가 있을 것이니**, 하나는 현하 사회의 객관적 동태—통계적 숫자적 변동을 주재(主材)로 한 정치적 경제적 기타 각반(各般)의 유기적 동향이 포괄된 것이요, 또 하나는 조선 과거의 문화적 제 전통, 즉 역사와 문물의 진적(眞的)한 자취를 냉정 엄숙한 과학자의 견지에서 조사, 연구, 비판, 천명하는 것입니다. 이는 나의 말을 기다려 비로소 알 바도 아니요, …… **신년도에는 최소한도로** 이것 하나만은 꼭 실천·구현의 길을 출발하였으면 좋을 일입니다. 그 구전(具全)·완비(完備)의 것이 아니면 **우선 일 부문(部門)서부터라도 확고한 기업적 출발**을 하면 매우 기쁠 일입니다.[48] [강조—인용자]

48) 안재홍, 〈신년의 기원 : 조선인의 신인식에의 정진〉, 고려대학교박물관 편, 《민세안재홍선집 6》, 지식산업사, 2005, 377~378쪽. 1935년 1월 《신동아》에 실린 글이다.

안재홍은 운동 차원에 머무르지 않고 조선연구열까지 흡수하여 조선인의 조선학을 지속시키고 심화하기 위한 방안도 고민했던 것이다. 이때 그는 현재와 역사라는 두 측면에서의 연구조직을 구성해야 하는데, 우선 역사학처럼 특정한 부문부터 결집할 필요가 있다고 보았다.

안재홍이 여러 분과학문이 결집하는 '학구적 공동연구기관'을 제창한 지 딱 1년 후인 1936년 신년에 백남운 역시 비슷한 주장을 내놓았다. 그는 조선인 학계를 총결집시켜 학술 기간부대로서 중앙아카데미와 같은 기관을 만들자고 제창했다.

> 서울에 역사, 사회의 각 부문을 통하여 조사연구를 수행할 수 있는 기관을 설치할 수 있다면, 나는 다음과 같은 의견을 말할 수 있겠다. 첫째로 현존하는 각 학술기관을 그 기관의 산하에 모을 수 있는 중앙적인 기관일 것. 둘째로 조선 내에 있는 민간의 전문 이상 학원에 있는 각 연구실의 협력을 구할 것. 대체 이상의 두 개의 협력하에 조직될 것인데 그 조직을 유도함에 있어서는 민간의 신문사가 산파역을 맡아야 할 것이다. 이같이 하여 조선의 현실적 사정을 고려한 **중앙적인 학술적 조사연구의 기관** 설립의 범위와 부서가 규정될 것인데 이때에 우리가 흔히 볼 수 있는 것은 광범한 의미의 정신과학적 혹은 사회과학적 부문과 이화학적(자연과학적) 부문의 두 가지를 설정할 수 있을 것이다.[49] [강조—인용자]

백남운의 주장 가운데 중앙학술아카데미를 인문사회과학과 자연과학 부문으로 나누자고 말한 점은 역사문화 부문과 현재 부문으로 구분한 안재홍의 생각과 달랐다. 그럼에도 백남운은 두 부문에 대학의 연구

49) 《동아일보》 1936. 1. 1.

실과 학회 또는 연구회를 망라하여 종합할 수 있는 연구조직을 만들어 분산될 수 있는 흐름을 하나로 엮자고 제안했다.

종합적인 연구조직과 활동에 대한 필요성은 위의 인용문을 보도한 같은 날짜의 신문에 실린 안창호의 주장에서도 확인할 수 있다. 안창호는 "조선학회"를 설립하고 농촌에 "도제문고(徒弟文庫)"의 발행을 주장했다. 연희전문학교의 백낙준도 같은 날짜 신문에서 "학술 조선의 총본영"으로서 "조선문고"를 발행하자고 주장했다.[50] 안창호와 백낙준이 말한 문고본의 발행은 조선인에 의한 조선연구의 노력을 모아가는 동시에 대중을 계몽하는 일까지 염두에 둔 발언이었다.

이처럼 조선학운동의 시작과 동시에 조선학과 관련해 조선인의 학문 역량을 결집시킨 연구기관을 결성하자는 여론이 형성되고 있었지만 구체화되지는 못했다. 1936년에 들어서면서 조선학운동의 열기가 식어가던 정황과도 무관하지 않겠지만, 그 이유를 정확히 알기는 어렵다. 그럼에도 백남운은 자신의 주장을 실현하기 위한 노력을 지속했다. 그는 1945년 8월 15일 일본이 항복하자 바로 다음 날인 16일에 '조선학술원'을 수립하기 위한 준비모임을 개최했다.[51] 백남운은 정치단체와 무관하게 신국가 건설기에 요구되는 전문역량을 하나로 결집하겠다는 의도에서 모임을 주도했다.[52]

---

50) 《동아일보》 1936. 1. 1.

51) 《매일신보》 1945. 9. 14.

52) 이에 대해서는 김용섭, 《남북학술원과 과학원의 발달》, 지식산업사, 2005, 제1장 '전사(前史) : 민족해방과 하나의 학술원 설립' 참조.

2. 조선학운동의 상대화—상호 인식과 태도

이처럼 조선학운동은 조선연구열을 더욱 심화 확대시키고자 조선인이 주체인 조선의 역사와 문화를 규명하고 보존하며 식민지 조선의 현실을 극복하기 위한 학문적 실천 차원에서 접근한 움직임이었다. 그리고 그것을 대중의 관심으로까지 이어지게 하려는 이벤트로서의 문화운동이었다. 또한 조선학운동은 조선의 역사와 문화, 달리 말하면 특수성의 측면에 특별히 주목하면서도 보편성을 망각하지 않으려 했다. 오늘날 후학들은 이벤트로서의 문화운동에 특별히 주목하여 '조선학운동'이라 부른다. 역사교과서에서조차 '민족문화수호운동'의 측면에서 조선학운동을 비중 있게 다루고 있다.[53)]

1930년대 초·중반 조선연구열의 일부이자 상징으로 조선학운동을 이해하기보다 운동적인 측면에 더 주목하려는 역사교과서의 서술은 지

53) 필자가 집필에 참여한 교과서로 2016년 현재 학교에서 사용되고 있는 천재교육의 중학교《역사》, 고등학교《한국사》에는 조선학운동이 민족문화를 지키려 했던 항일운동으로 언급되어 있다. 주진오 외,《역사》2, 천재교육, 2013, 70쪽 ; 주진오 외,《고등학교 한국사》, 2014, 283쪽 참조.

금까지의 연구경향을 반영한 결과이다. 조선학운동에 대한 그동안의 연구는 지배와 저항이라는 이분법 구도 속에서 항일운동의 측면을 부각시키는 접근방법으로 조선학운동을 이해해왔다. 하지만 당시의 많은 지식인들이 학술논문에서든 대중지의 글에서든 조선을 하나의 분석대상으로 간주하고, '학'으로서의 '조선학'에 대해 발언한 현실을 고려할 때, 조선연구열을 운동 차원에서만 분석하기에는 불충분한 면이 있다.

이제는 조선을 연구하려는 전체 흐름 속에서 운동으로서의 조선학운동이 어느 정도의 실체와 위상을 갖고 있었는지를 제대로 파악하고 자리매김할 필요가 있다. 그러기 위해서는 조선연구열의 일부이자 그 흐름을 추동한 문화운동으로서 조선학운동을 상대화해야 한다. 여기에서는 조선학이라는 학술장 속에서 민족을 불문하고 조선의 역사를 연구했던 여러 움직임들을 몇 갈래로 나누어 분석함으로써, 당시 조선연구열의 지형을 재구성할 수 있는 밑그림을 그려보겠다.

재조일본인의 식민주의 역사학과 실증

일본이 조선에서 고적을 조사하고 역사서를 편찬하려 한 목적은 명확하다. 조선총독부는 《조선반도사》를 편찬하려는 목적으로, 공명 정확한 역사서를 발간하여 조선인이 병합을 저주하지 않고 은혜롭게 생각하도록 하고 조선통치의 목표인 '동화', 곧 조선인을 일본인화하겠다는 점을 명확히 내세웠다. 초대 조선총독인 데라우치 마사타케는 조선의 고적을 조사하고 보존하려는 의미를 "현대 조선의 문교에 재료"이자 조선인의 "정신적 동화에 이바지"하는 한편, 일본인에게도 교훈과 지켜야 할 모범을 보여주기 위해서라고 했다.[54] 일본 지배자들에게 역사는 통치목적에

도달하기 위한 수단에 불과했다. 달리 말하면, 조선인에게 일본의 조선사 연구는 동화를 통해 조선인을 말살하기 위한 수단이었다.

그렇지만 일본은 1937년 중일전쟁을 일으키고 이듬해 황국신민화정책을 추진할 때까지만 해도 동화를 전면에 내세우거나 정책 의도를 숨김없이 드러내지는 않았다. 3·1운동 이후 부임한 사이토 마코토 조선총독은 "현대에 적합한 조선사를 편찬하고자" 조선사편찬위원회를 발족시켰다고 말했다.[55] 그가 말하는 '현대에 적합한 조선사'란 식민통치의 현실을 역사적으로 설명해줄 수 있는 조선사이다. 지배를 정당화할 수 있도록 나름대로 설득력 있는 근거에 바탕을 둔 조선사, 곧 조선통치의 2인자이자 조선사편찬위원회 위원장을 겸임하고 있던 정무총감이 말한 것처럼 조선사 편찬사업은 "매우 공평한 학술적 견지에서 진행"시킨 결과물이어야 했다.[56] 지배자들조차 균형 잡힌 '공(公)'을 말하며 '학술의 측면'을 강조함으로써 뭔가 객관적인 결과물이라는 인상을 심어주어 신뢰를 확보하고 식민지 지배의 역사적 정당성을 합리화하려는 의도가 있었던 것이다.

총독부 스스로 그러한 움직임을 실행에 옮긴 때도 있었다. 조선학운동이 한창이던 1936년 조선총독부는 '시정 25주년'을 기념한다며 25항목으로 구성한 《조선사 길잡이(朝鮮史のしるべ)》란 개설서를 발간했다. 《조선사 길잡이》는 170쪽의 적은 분량이지만 조선사의 기본적인 흐름을 기자조선과 위씨조선에서 시작되는 고조선시대→낙랑군시대→삼국시대→신라통일시대→고려시대→이조시대로 이어 내용을 구성했

54) 青柳綱太郎, 《總督政治史論》, 京城新聞社, 1928, 186쪽.

55) 《친일반민족행위관계사료집 V : 일제의 조선사 편찬사업》, 친일반민족행위진상규명위원회, 2008, 435쪽. 제1회 조선사편찬위원회(1923. 1. 8) 회의록에 있는 내용이다.

56) 《친일반민족행위관계사료집 V : 일제의 조선사 편찬사업》, 435쪽. 제1회 조선사편찬위원회 회의록에 있는 내용이다.

다.[57] 이 개설서에서는 미간행된 《조선반도사》와 달리 기자조선을 조선민족의 역사로 포함시키고 있으며, 마한·진한·변한이란 한(韓)종족과 함께 고구려도 조선민족의 기원에 포함시켰다. 《조선사 길잡이》는 고구려가 멸망한 이후 조선사가 대륙의 정권에 오랜 동안 예속된 역사였으므로 사대성을 조선인의 특징적인 국민성으로 보는 시각을 그대로 드러냈다. 그러면서 대륙과 일본을 연결하는 조선반도의 역할을 새롭게 긍정했다.

남부와 북부 조선을 하나의 조선사 속에서 서술하려는 경향은 조선사편수회를 중심으로 강력하게 뿌리내리고 있던 일본 동양사학계의 만선사 인식과, 북부 조선과 남부 조선의 역사를 하나로 설명하면서 임나일본부를 포함하여 일본사의 맥락에서 남부 조선 일대의 역사를 이해하려는 일본사학계의 인식을 절충한 결과였다. 그러면서 조선반도의 중계역할을 정당화하려는 관점은 당시 일본이 직면한 현실과 깊은 연관이 있는 역사인식이었다. 1931년 일본이 만주를 침략하여 만주국을 세우자 조선총독부는 조선반도의 인구문제 등을 해결하기 위해 조선인 농민의 이주를 모색하는 등 만주를 새로운 정책지로 적극 간주하기 시작했다. 다만, 1930년대 전반기의 시점에서 조선과 만주를 하나의 블록으로 간주하는 일본의 대외팽창정책이 반영된 역사관이라고 보기는 무리이다. 왜냐하면 일본정부는 1933년 10월 '선만(鮮滿)블록'이 아니라 '일만지(日滿支)블록'의 실현을 국책으로 결정했고, 조선총독부가 만주와 조선을 하나의 단위로 간주하며 정책을 추진하기 시작한 것은 1936년 조선총독으로 부임하는 미나미 지로(南次朗)가 5대 정책의 하나로 '선만일여(鮮滿一如)'를 내세우면서였기 때문이다.

---

57) 도면회, 〈조선총독부의 문화 정책과 한국사 구성체계〉, 《역사학보》 222집, 역사학회, 2014, 86~91쪽.

그런데 통치 핵심부의 의도를 역사적으로 정당화해줄 사람들, 달리 말하면 식민주의 역사학자들의 인식이 모두 같았던 것은 아니다. 가령 경성제국대학 사학과에서 고대사를 전공하며 조선사 제1강좌를 담당하고 있던 이마니시 류는《조선사의 간》에서 남부 조선 한종족의 나라인 기자조선과 대동강 유역의 지나민족의 나라인 위만조선을 조선사라 하면서도 한종족의 역사로부터 조선의 개국이 시작되었다고 보았다. 앞서 2장에서도 보았던 이마니시의 고대사 인식에 따르면, 위만조선이 낙랑과 고구려로 이어졌다면 기자조선은 백제, 가야, 신라로 이어졌는데, 일본인은 낙동강 유역에 흩어져 있던 가야의 여러 나라를 복속하고 그 총칭으로 '임나국'이란 이름을 사용했다고 한다.[58] 하지만 조선사편수회에서 실무를 총책임지고 있던 이나바 이와키치는《세계역사대계 11 : 조선만주사》의 일부로 작성한 '조선사'라는 통사에서 조선반도의 개국은 대륙의 일부로 시작되었지 남으로부터 시작된 것이 아니라 하여 이마니시와 전혀 다른 해석을 내놓았다.[59] 그러면서 이나바는 한종족이란 용어를 사용하지 않고 남부 조선 일부에 있던 한족이라 언급하며 크게 부각시키지 않았다. 임나에 관해서도 남부 조선 일부에 있던 여러 한국의 실세였다며, 1906년에서 1910년 사이에 대한제국의 통치에 관여했던 통감부와 같은 기구로 이해했다.[60] 임나를 통감부와 연동해서 해석하는 시각은 2장에 언급한 오다 쇼고와 같다. 이마니시가 남부 조선과 일본의 관계 속에서 남부 조선의 역사를 조선상고사의 중심에 놓았다면, 만선사를 내세운 이나바는 대륙과의 연관성을 강조하며 북부 조선의 역사를

---

58) 今西竜,《朝鮮史の栞》, 近沢書店 1935, 65~76쪽. 97쪽.

59) 이나바 이와키치의 만선사관에 반대한 재조일본인 식민주의 역사학자는 미시나 쇼에이(三品彰英)였다. 그는 조선사가 만주사보다 일본사와 더 밀접하다는 입장이었다. 이정빈, 〈식민주의 사학의 한국고대사 연구에 대한 최근의 비판적 검토〉,《역사와 현실》83호, 2012, 한국역사연구회, 420쪽.

60) 稲葉岩吉 · 矢野仁一,《世界歷史大系 11 : 朝鮮滿洲史》, 平凡社, 1935, 5~6쪽, 40~54쪽.

조선상고사의 중심에 놓았던 것이다.

조선사의 위상과 관련된 문제는 일본이 패전할 때까지 식민주의 역사학자들도 해결하지 못했다. 1963년 스에마쓰 야스카즈는 어느 대담에서 그에 관해 언급한 적이 있다.

> 우부카타 나오키치(幼方直吉) : 국사학에 조선학을 자리매김했을 때 뭔가 문제는 없었습니까? 결국 국사학 속에 포함시킨다는…….[원문—인용자]
>
> 스에마스 야스카즈 : 국사에 포함하지 않은 채 조선사를 낸 것은 결국 지금 말한 대로 정치의 향방, 정책의 한 가지 종목으로 취급했으므로 거침이 없었다고 생각합니다. 실정은 모르겠지만, 도대체 그즈음 조선사의 위치라는 것은 대단히 불명확했습니다. 도쿄대학에서 조선사를 동양사 속에 넣은 것은 1932년경이었다고 생각합니다. 교토대학에서는 국사 속에 넣으려고 했습니다.[61]

결국 일본이 패전할 때까지 조선사를 일본사와 동양사 어느 쪽에 포함시켜야 할지 제국대학 내에서도 그 위상을 정하지 못했다.

도쿄제국대학 사학과와 교토제국대학 사학과의 의견 차이는, 식민지 조선이 일본 본토와 마찬가지인 '내지(內地)'인가, 아니면 본토 바깥에 있는 '외지(外地)'인가 하는 문제를 둘러싸고 일본인의 속 깊은 곳에 내재된 인식의 차이와도 깊은 연관이 있다. 예를 들어 1945년 4, 5월경 한반도에 주둔한 제17방면군의 지휘권을 놓고 대본영과 관동군, 제17방면군 등 고위 지휘관 사이에 의견 충돌이 일어났다. 대본영은 제17방면군

61) 末松保和 等, 〈朝鮮史編修會の事業〉, 旗田巍 編, 《日本と朝鮮 : シンポジウム》, 勁草書房, 1969, 86쪽.

을 관동군의 예하로 편입시키기로 결정하고 히로히토 천황에게 결재를 요청했다. 하지만 히로히토 천황은 조선이 일본의 내지인 데 비해 만주는 외국이라는 국토관계를 이유로 대본영의 요청을 5월 9일자로 승인하지 않았다. 이에 따라 조선의 제17방면군은 일본의 본토를 지키려는 '본토 결전'에 맞추어 대미(對美) 작전을 준비했고, 관동군은 제17방면군사령부의 도움을 받아 함경도 일대까지를 포함하여 대소(對蘇) 작전을 준비했다. 1945년 5월의 시점에서 내지와 외지는 작전구역과 지휘체계의 차이로 구체화되었다.[62]

이렇듯 관념과 현실에서의 내지와 외지, 그리고 역사에서의 일본사와 동양사처럼, 조선이 현재와 역사에서 어느 쪽에 위치하는가에 대한 지배세력 내부에서의 차이는 곳곳에서 불거질 수 있는 것이었다. 본토와 식민지 조선의 식민주의 역사학은 조선사가 일본사와 동양사 영역 가운데 어느 쪽에 속하는지 그 위상을 패전할 때까지 정리하지 못했다. 그렇다고 의견 차이 때문에 서로 갈등하며 대적한 재조일본인 식민주의 역사학자는 없었다. 비록 조선사학회처럼 "어디까지나 고정한 순학술적 연구의 견지에 서서" 기술하려 노력하고,[63] 청구학회처럼 조선과 만주에서의 "역사, 고고, 토속, 사회, 언어, 문학, 종교, 미술 등 각 방면"의 극동문화를 연구하고 보급하는 "통일적 기관"을 표방했지만,[64] 그들의 조선사 연구는 통치자들의 요구에 동조하거나 요구를 거부할 수 없는 학문, 달리 말하면 식민지 조선에서의 통치를 합리화하기 위한 역사상의 논거를 마련하고, 대륙침략을 정당화하는 학문이었다.

---

62) 신주백, 〈1945년 한반도에서 일본군의 '본토결전' 준비 : 편제와 병사노무동원을 중심으로〉, 《역사와 현실》 49호, 한국역사연구회, 2003, 194~195쪽.

63) 朝鮮史學會 編, 〈'朝鮮史講座'發刊の辭〉, 《朝鮮史講座 : 要領號》, 朝鮮史學會, 1923, 3쪽.

64) 〈青丘學會の創立〉, 《青丘學叢》 1號, 大阪屋號書店, 1930. 8, 157쪽.

식민주의 역사학을 추구하는 그들만의 조선사 연구였기에 조선인의 입장에서는 조선사가 일본사에 포함되는지, 아니면 동양사에 포함되는지를 놓고 벌어진 의견 차이는 중요하지 않았다. 식민주의 역사학이 말하는 조선사 연구란 지배를 합리화하고 멀리 보면 동화(同化), 즉 동화(同和)를 지향함으로써 (조선인의 입장에서 말하면) 민족말살을 정당화하는 역사적 이유를 제공하는 수단이었기 때문이다. 초록은 동색이라는 평범한 사실처럼 조선인의 입장에서 보면 그들끼리의 입장 차이는 축구로 치자면 같은 리그에서의 순위 차이에 불과했다.

반대로 말하면, 재조일본인의 식민주의 역사학의 관점에서 볼 때 조선인의 조선역사 연구는 그다지 중요하지 않았다. 엄밀한 실증을 연구방법으로 내세운 식민주의 역사학은, 조선만의 특수성에 주목하며 민족동화를 거부하는 조선인의 조선역사 연구를 근본적으로 인정할 수 없었기 때문이다. 스에마쓰 야스카즈는 백남운의 저서 《조선사회경제사》가 "조선 사학계 이번 가을 일대 수확"이라고 호의적인 평가를 하면서도 방법론적인 측면과 사료 취급에 관해 다음과 같이 서평했다.

> 저자는 본서의 서문에서, 조선 인식에 관하여 자기 비판을 고조시키길 염원하고, 조선어를 해석할 수 없는 사람들의 외관적인 대저작보다도 오히려 체험적인 것, 진실이라 불리도록 하는 열렬한 의도를 드러내고 있다. 확실히 이 '체험의 것'은 어느 나라에서도 자주 고조(高調)하는 연구상의 무기였다. 그렇지만 …… 과학적 인식(자연과학에서는 물론 인문과학에서도)에 대한 체험의 효과에 관해 나는 큰 의문을 품고 있다. …… 본서의 서술 곳곳에 산견(散見)하는 언사에 따르면 저자의 고증적 연구자에 대한 인식이 아직 철저하지 않다는 느낌을 부인하기 어렵다.[65]

실제 백남운은 자신의 책 서문에서 이타니 젠이치(猪谷善一)가 쓴 저작의 《조선경제사》(1928) 서문 가운데 조선어를 이해하는 조선인이 조선경제사를 전면적으로 연구해야 한다는 내용을 직접 인용하며 계(契)를 비롯해 조선사회의 경제적 구성을 중심으로 조선경제사의 여러 문제를 취급했다고 밝혔다. 조선어를 모르면 '전면적인 [조선—인용자] 경제사'를 할 수 없다는 일본인 경제사학자의 말을 빌려 재조일본인 역사학자들의 조선어 실력 부족을 에둘러 비판하는 한편, 조선어 실력을 장점으로 활용한 자신의 연구를 부각시킨 것이다. 이에 대해 스에마쓰 야스카즈는 그것을 '경험적인 것'으로 치부하며 문헌고증의 중요성을 강조했다. 그러면서 마지막 부분에서 다음과 같이 언급했다.

> 저자의 본령은 본서에 풍부한 개개의 사실 고증에 있지 않고, 조선사회의 발생·발전의 역사에 원시씨족사회를 발견하고, 원시씨족사회는 원시부족국가로, 원시부족국가는 더 나아가 노예국가라는 발전단계를 거친다는 점의 인정, 즉 사회경제사적 구성이지만, 이러한 인정이 종래의 문헌적 연구자가 취급해온 문헌을 자료로 하는 한, 또한 언어학자가 계속 고심하고 있는 언어를 재료로 하는 한, 근저에서 문헌적 연구를 기초로 해야 한다. 우리들은 본서를 환영하고, 본서를 마땅히 소개하며, 저자의 고증학적 정진을 절망(切望)함과 동시에, 우리들이 종래 해오지 않은 연구방법의 긴요함을 자각하지 않으면 안 된다.[66]

스에마쓰 야스카즈는 백남운의 유물사관에 입각한 접근방법을 방법

65) 末松保和 等, 〈朝鮮史編修會の事業〉, 旗田巍 編, 《日本と朝鮮 : シンポジウム》, 191~192쪽.

66) 末松保和 等, 같은 글, 192쪽.

론의 측면에서 비판하지 못하고 문헌고증의 중요성을 강조하며 글을 끝맺고 있다. 결국에는 정치한 '실증'만을 강조한 것이다. 스에마쓰 야스카즈는 자기가 연구하고 있는 분야의 정치성, 곧 식민주의 역사학이라는 측면을 완전히 배제한 채 조선인의 조선역사를 연구하는 백남운과 문헌실증주의로 학술 경쟁을 벌이는 모습만 상상하며 비평한 것이다. 뒤에서 살펴볼 진단학회의 일부 관계자들이 주장한 것처럼 역사연구의 목적과 태도의 차이를 간과하고 오로지 실증 경쟁만을 최고의 덕목으로 생각한 비판이었다.

그렇기 때문에 스에마쓰 야스카즈를 비롯한 청구학회 편집진은 조선인의 조선역사에 관한 연구가 실증력이 빈약하다고 치부하며 더 이상 지면을 할애하지 않았다. 백남운의 책이 서평된 이후부터 1939년 종간될 때까지《청구학총》서평란에 실린 조선인의 책은 18호(1934. 11)에 실린《동경통지(東京通志)》(1933)[67] 등 일본에 협력하는 사람의 출판물뿐이었다. 더구나《청구학총》목차를 모두 뒤져보아도 조선학운동과 그 운동의 성과인《여유당전서》(신조선사) 154권 76책의 활자본이 1938년 완간될 때까지 한 줄도 언급되지 않았다. 실증을 빙자한 학문의 정치성, 내지는 정치성을 감추고 번지르르한 주장만 내세우는 실증의 가면성을 확인할 수 있는 대목이다. 식민주의 역사학은 조선인 사회와의 쌍방향 소통을 시도하지 않고 일방적으로 주입하고 전파하는 데 몰두한 역사학이었다. 식민주의 역사학자들에게 다수 또는 일치된 의견이나 여론으로서의 '공(共)'을 기대하기는 어려웠다.

---

67) 최준이 최남선과 정인보의 자문을 받아《동경잡기(東京雜記)》를 보완하여 발행한 경주 읍지이자 지지(地誌)이다.

진단학회 주도자의 역사학과 실증주의

조선학운동에 대한 식민주의 역사학자들의 태도는 대동소이했다. 1934년 5월 조선인의 연구단체로 출범한 진단학회에서도 청구학회와 별반 다르지 않은 반응을 보였다. 1934년 11월부터 1941년 6월까지 14호가 발행된 진단학회의 기관지《진단학보》의 목차를 보아도 이에 관해 아무런 언급이 없었다. 진단학회 측 인사들이 조선학운동을 외면하고 배제했다는 측면에서는 청구학회의 태도와 하등 다를 바 없었던 것이다. 스에마쓰 야스카즈는《진단학보》가 출현하는 데 청구학회가 "하나의 자극"이었다고 회고했다.[68] 한국인 연구자들 가운데는 이를 인정하고 싶지 않은 사람도 있겠지만, 스에마쓰가 생각하기에 청구학회의 주류가 일본인 학계였으므로 조선인이 주체가 되어 조선어로 쓴 글을 발표할 수 있는 학회가 출범했다는 것이다. 이와 관련된 내용은 이병도의 회고에서도 확인할 수 있다.

> 일본 세력이 대륙으로 침투하여감에 따라 그들의 조사연구사업도 확대되어갔고, 서울에서는 일인학자가 중심이 되어 청구학회가 생겨나면서 일문(日文)의 학술지인 청구학총이 호를 거듭하여 간행되고 있었다. 이때 우리도 간간(間間) 연구의 일단을 거기에 발표한 적이 있었지만, 우리로서는 학술적인 저항심을 금할 수가 없었으며, 이같은 저항의식은 이윽고 몇몇 동지와 더불어 학회를 구성하게 되었으니 이것이 진단학회였던 것이다. 동지들의 노력은 결실되어 드디어 진단학보를 발간케 되고 나는 여기에 '삼한문제의 신고찰'을 발표하였다.[69]

---

68) 末松保和 等, 〈朝鮮史編修會の事業〉, 70쪽.

이병도는《진단학보》의 출현에 대해 한편으로는 재조일본인 학자들의 움직임을 의식한 결과임을 부인하지 않으면서 또 다른 한편으로는 '학술적인 저항심'이라고 말한다. 경성제국대학 사학과와 문학과에서 조선사와 조선어 강좌를 설치한 것을 보고 연희전문학교에서 문과 학생들을 대상으로 조선역사와 조선어 수업을 실시한 사례도 있듯이, 자극과 저항심 둘 다 맞을 것이다. 식민주의 역사학자가 말한 '자극'이란 반일을 염두에 둔 발언은 아니었다. '학술적 저항심'도 재조일본인 역사학자들이 장악한 조선사 연구의 내용에 대해 속으로 반발한 저항심이었지 글쓰기와 강연 같은 공개적인 방식으로 일본을 직접 비판하는 행동주의적인 저항심은 아니었다. 주로 해외에서 활동했던 박은식이나 신채호를 비롯해 국내에서 조선학운동을 이끌었던 정인보나 안재홍처럼 반일 또는 비타협을 전제로 글과 말로 드러내는 저항심과는 달랐을 것이라는 말이다.

이렇게 현실정치에 직접 개입하지 않고 사실을 규명하는 연구에 집중하는 자세가 순수하고 올바른 태도라며 조선역사를 연구하는 경향은 진단학회 회원에게서도 찾을 수 있다. 진단학회는 회칙에서 밝힌 대로 "조선 및 인근 문화의 연구"를 목적으로 내세운 단체였다.[70] 진단학회 스스로 경성제국대학 사학과와 재조일본인 연구자들처럼 조선사와 만선

---

69) 이병도, 〈나의 연구생활의 회고〉, 《두계잡필(斗溪雜筆)》, 일조각, 1956, 306쪽. 인용문은 같은 문장을 문단으로 구분하고 한글화하여 다시 출판되었다(이병도, 〈나의 연구생활〉, 《풀뭇간의 쇠망치》, 휘문출판사, 1971, 80쪽). 이병도는 본문에서 언급한 '삼한문제의 신고찰'에서 일본인 학자들이 말하는 임나일본부를 "경제적 이익을 주로 하는 공적(公的 商館)"으로 후일의 '왜관'과 같은 것으로 보았다(〈삼한문제의 신고찰(7) : 진국급 삼한고〉, 《진단학보》 8호, 진단학회, 1937, 45~46쪽). 2장에서 인용한 이마니시 류와 오다 쇼고, 그리고 앞서 언급한 이나바 이와키치 등 식민주의 역사학자들이 말하는 지배기관설과는 확연히 다르게 무역기관설을 제기한 것이다.

70) 〈진단학회창립〉, 《진단학보》 1호, 진단학회, 1934, 228쪽. 진단학회에 관해서는 최근 정병준이 발표했지만, 이 글을 마무리하는 시점에 확인하여 참조하지 않았다. 정병준, 〈식민지 관제 역사학과 근대 학문으로서의 한국 역사학의 태동〉, 《사회와 역사》 110호, 한국사회역사학회, 2016.

사라는 연구영역을 벗어나지 않겠다는 입장을 명확히 밝혔다. 결국 식민주의 역사학의 관학아카데미즘이 추구한 연구영역과 연구체계를 벗어나지 않겠다는 의지를 표현한 것이다.

진단학회는 스스로 "학문은 현실정치를 초월할 것이라는 신념" 아래 "순수 학구적 방면으로 향하는 자"들이 주도한 단체였다.[71] 여기서 말하는 '순수 학구적'인 사람이란 당시 '한국사람들의 지식층이며 학생 간의 사회주의니 민족주의니 하는 논쟁'과 대칭적인 위치에서 살아가려는 사람을 가리킨다. 민족주의운동 계열과 사회주의운동 계열이 공통적으로 맞서고자 한 대상은 조선을 식민지로 지배하고 있던 일본제국주의이다. 따라서 1934년의 시점에서 '현실정치를 초월'한다는 것은 일본제국주의의 지배라는 현실과 무관하고 식민지 조선의 현실과 명확히 거리를 두는 학문을 하겠다는 의미였다.

그렇다면 현실과 무관한 태도를 견지하고 있던 문헌고증의 역사연구를 추구한 사람들이 조선연구열이 고조되고 있던 1934년의 시점에 진단학회를 결성한 이유는 무엇일까? 앞서 그 배경에 대해 스에마쓰 야스카즈와 이병도는 청구학회의 결성과 진단학회의 창립이 관련이 있다고 밝혔다. 진단학회의 창립취지문에서도 그와 같은 내용을 확인할 수 있다.

> 근래 조선(문화)을 연구하는 경향과 열성이 날로 높아가는 상태에 있는 것은 참으로 경하(慶賀)에 견디지 못하는 바이나, 그런 경향과 열성이 조

71) 손진태, 〈《진단학보》 10책의 발간과 이병도형〉, 진단학회 편, 《역사가의 유향(遺香) : 두계이병도선생추념문집》, 일조각, 1991, 166쪽(원전: 《文章》 1권 5집, 1939. 6). 이런 논지를 고려한다면, 한국 역사학계에서 흔히들 분류하는 신민족주의사학에 안재홍과 더불어 손진태를 포함시킬 수 있을지는 재검토의 여지가 있다고 하겠다. 민속학적인 측면에서 손진태의 '협력'에 관해 분석한 남근우의 《'조선민속학'과 식민주의》(동국대학교출판부, 2008)는 재검토가 필요한 이유에 대해 많은 시사점을 제공한다.

선인 자체에서보다 조선인 이외의 인사 간에 더 많고 큼을 발견하게 된다. 그 까닭은 우리 스스로 냉정히 캐어볼 필요가 있지만…….[72)]

취지문에서는 1930년대 들어 조선인 사회에서 조선연구열이 높아지는 가운데 여러 분과학문에서 학술 성과들이 출판되고 있기는 하지만, 조선인의 조선학 열기보다 '조선인 이외의 인사' 사이에서 조선의 문화를 연구하는 경향과 열성이 더 크다고 밝혔다. 취지문에서 지적한 조선인 이외의 인사란 경성제국대학 교수, 조선사편수회의 직원, 그리고 두 기관 소속 연구자들이 결성한 청구학회 움직임 등을 말할 것이다.

하지만 이것뿐이었을까? 특히 청구학회는 1930년 5월에 결성되었고, 진단학회는 1934년 5월에 창립되었다. 4년이란 시차를 고려하건대, '자극' 또는 '학술적 저항심'만으로 진단학회의 창립배경을 설명하기에는 뭔가 부족하다. 아니, 매우 허전하다. 그래서 청구학회의 내부 동향을 중심으로 진단학회와의 관계를 좀 더 따져보겠다.

먼저 조선사편수회와 이병도, 신석호의 관계를 살펴보자. 이병도는 1925년 8월 8일부터 1927년 5월 30일까지 조선사편수회 수사관보로 근무하다가 질병을 이유로 사퇴하고, 5월 31일자부터 조선사편수회가 해체될 때까지 촉탁으로 지냈다. 그는 수사관보로 있으면서 이마니시 류가 담당한 《조선사》 1, 2편('신라통일 이전', '신라통일시대')의 발행을 보좌했다. 스에마쓰 야스카즈의 회고에 따르면, 이병도는 촉탁으로 이름만 올려놓은 채 조선사편수회에도 얼굴을 비추지 않았고 회의에도 나오지 않았으며,[73)] 어떤 문제에 관해 의견을 다투는 일도 없었다고 한다.[74)]

72) 〈진단학회창립〉, 《진단학보》 1호, 223쪽.

73) 末松保和 · 田中健夫 · 平野邦雄, 〈朝鮮史の研究と私〉, 日本歴史学会 編, 《日本歴史》 560号, 霞ヶ關書房, 1995, 29쪽.

신석호는 1929년 경성제국대학을 졸업하고 조선사편수회의 수사관으로 취직하여 나카무라 히데타카와 함께 《조선사》 4편(조선전기 : 태조부터 선조)의 책임자가 되었다.[75]

이번에는 청구학회에서의 행적을 살펴보자. 조선사편수회 직원 사이에 지식을 교환하고 친목을 도모하기 위해 만든 정양회(貞陽會)는 1930년 11월부터 '예회(例會)'라고 하는 월례발표회를 열었다. 《청구학총》에 게재된 예회에 관한 기사를 정리해보면, 1932년 4월 제17회까지 발표회가 있었지만 중단되었다가 1934년 6월 활동을 재개하여 제18회 예회를 개최했다. 이때부터 1937년 4월 중추원 의장실에서 열린 제50회 마지막 예회까지 참석자 명단이 남아 있다. 수사관인 신석호는 총 33회의 예회 가운데 26차례 참석을 했지만, 이병도는 참석자 명단에 한 차례도 나오지 않는다. 예회 출석문제에 관한 한 조선사편수회의 수사관인 신석호와 달리 촉탁 신분인 이병도가 훨씬 자유로웠을 것이다. 또한 정양회의 예회가 재개되기 한 달 전인 1934년 5월에 이병도가 주도한 진단학회가 창설된 일과도 연관이 있을 것이다.

그런데 《청구학총》에는 예회에 관한 다른 기사도 있다. '청구학회 제1회 예회'라는 이름의 발표회가 1930년 12월 6일 조선총독부도서관 회의실에서 열렸다. 이병도는 이 회의에서 '평양의 재성(在城)과 나성에 대하여'라는 주제로 '강연'을 했다.[76] 그리고 《청구학총》 3호에 강연 내용을 발표했다. 이병도가 청구학회의 첫 발표자였던 때보다 조금 이른 때인 1930년 6월, 신석호는 경성독사회(京城讀史會)의 제17회 예회에서 '병

74) 末松保和 等, 〈朝鮮史編修會の事業〉, 旗田巍 編, 《日本と朝鮮 : シンポジウム》, 1965, 85쪽.

75) 《친일반민족행위관계사료집 V : 일제의 조선사 편찬사업》, 515쪽.

76) 《靑丘學叢》 3號, 1931. 2, 189~190쪽. 정양회의 제1회 발표자는 '임나의 경우'를 발표한 스에마쓰 야스카즈였다.

호(屛虎)의 시비'라는 글을 발표하고《청구학총》1, 3호에 실었다.[77] 이때부터 이병도와 신석호는《청구학총》에 각각 4편, 3편의 글을 발표했다.

《청구학총》에 따르면, 이후 청구학회의 예회에 관한 기사가 나오지 않는다. 학회의 이름으로 열리는 예회는 없었을 것이다. 당시 경성독사회, 조선사편수회, 경성제국대학 사학과 등에서 예회라는 이름의 발표회가 있었는데, 식민주의 역사학을 전공하는 연구자의 수가 이를 뒷받침할 만큼 많지 않았기 때문에 겹치기 출연으로도 월례발표회 성격에 가까운 예회를 감당하기 쉽지 않았을 것이다. 또한 연구자들은 청구학회라는 연합조직보다 자신이 속한 직장의 연구모임에 더 관심을 두었으므로 예회를 지속하기가 어려웠을 것이다.

청구학회의 편집위원회이자 사무국과 같은 역할을 수행한 '위원회'에서의 활동을 보면, 이병도는 창립 때부터 신석호와 함께 7인의 위원 가운데 한 사람이었다. 책임자에 해당하는 '회무감독'은 오다 쇼고 경성제국대학 교수가 맡았다. 나머지 5인의 위원에는 나카무라 히데타카 조선사편수회 수사관, 스에마쓰 야스카즈 수사관보(1935년에 오다 쇼고의 후임으로 경성제국대학 조교수로 부임), 가쓰라기 스에지(葛城末治) 수사관보, 다보하시 기요시 경성제국대학 교수, 후지타 료사쿠 경성제국대학 조교수가 있었다. 학회와 식민지 조선의 식민주의 역사학 분야에서 만만치 않은 지위와 영향력을 가진 30~40대의 위원들로 위원회가 구성되었음을 확인할 수 있다. 조선인 몫이었겠지만 이병도와 신석호가 이러한 위원회의 일원이었다는 사실은 1930년대 당시 재조일본인 식민주의 역사학자들이 조선인 역사가들 사이에서 두 사람을 어떻게 평가했는지 알

---

77) 《靑丘學叢》1號, 1930. 8, 160쪽. 경성독사회는 일본 본토에 있는 사학회(史學會)를 본떠서 조직한 모임이다. 이에 관해서는 박걸순,《식민지 시기의 역사학과 역사인식》, 경인문화사, 2004, 104~106쪽, 112쪽 참조.

수 있게 한다. 동시에 위원이란 학문권력을 가진 두 사람은 식민주의 역사학과 다른 언행을 드러내놓고 할 수 없었을 것이라는 점을 추측할 수 있게 한다. 이후 위원회는 위원을 15인까지 늘렸는데, 7인은 끝까지 바뀌지 않았다.78)

증원된 위원 가운데 손진태 연희전문학교 교수가 있었다. 손진태는 1934년 12월 학회 위원회 때 위원으로 결정되었다. 이 자리에 이병도와 신석호도 참석했다. 그런데 1937년에 이르면 손진태가 보성전문학교로 직장을 옮기는데, 이 일이 청구학회 위원이 된 사실과 별 관계가 없었는지 모르겠지만, 연희전문학교의 다른 교수들이 청구학회에서 활동하지 않았던 점과 비교하면 손진태의 처신이 눈에 띄는 것만은 분명하다.79)

현재까지 청구학회의 위원회가 얼마나 자주 열렸는지 확인할 수 있는 자료를 찾지 못했지만, 1934년 5월과 7월, 그리고 12월에 위원회가 열렸다는 기사가 있고, 신석호와 함께 이병도 역시 세 차례 모두 회의에 참석했다는 기록도 있다.80) 12월의 위원회에서는 위원 사이에 역할을 분담했는데, 6번과 7번이 무엇을 말하는지 모르겠지만, 신석호는 가쓰라기 스에지와 함께 '(6)'번 순서였고, 이병도는 경성중학교의 교사 야마구치 마사유키(山口正之)와 함께 그 뒤를 이어 맨 마지막 번호인 '(7)'번이었다.81) 이병도가 세 차례 모두 참가한 위원회는 1934년에 열렸고,

---

78) 청구학회 위원회의 위원은 위원장을 제외하고 7인→11인→12인→15인으로 늘어났다.《青丘學叢》2호, 1930. 11 ; 14호, 1933. 11 ; 15호, 1934. 2 ; 17호, 1934. 8 ; 29호, 1937. 8.

79) 손진태는 1932년, 1933년 천황의 하사금 등으로 운영되는 제국학사원으로부터 연구장려비를 받았다. 그때 신청한 연구 제목이 '조선 토속자료의 모집 및 그 연구'였다. 1933년에는 다보하시 기요시 경성제국대학 교수, 후지타 료사쿠 조교수도 연구장려비를 받았다.《青丘學叢》12號, 1933. 5, 201~202쪽. 그는 연구 결과를《청구학총》20호, 22호, 23호, 28호에 네 차례 연재했다.

80) 이때를 전후한 시기에 위원회 관련 기사는 거의 없다. 1934년 5월 이전에 열린 위원회에 관한 기사로는 1933년 10월 30일에 열린 회의를 확인할 수 있다. 회의 참석자 이름에 신석호는 있지만 이병도는 없다.《青丘學叢》14號, 1933. 11, 205쪽. 1935년부터 발간된《청구학총》에 위원회에 관한 기사는 실리지 않았다.

81) 〈彙報〉,《青丘學叢》18號, 1934. 11, 192쪽.

진단학회도 그해 5월에 창립되었으며, 취지문의 일본어본 역시 그해 11월에 발간된《청구학총》18호에 수록되었다.

이러한 사실은 이병도가 진단학회의 창립과 학보 발간을 위해 노력하고 있던 시기에도 청구학회와의 관계는 여전히 유지하고 있었음을 시사하는 대목이다. 1934년의 시점에서 위원회와 관련한 그의 역할은 손진태를 위원으로 선정하는 일, 그리고 진단학회의 출범과도 연관이 있었을 것이다. 따라서 스에마쓰 야스카즈가 1963년 대담에서 "진단학회의 주요 멤버의 한 사람인 이병도 상은 청구학회의 멤버였지만 이름뿐이었다"고 회고한 점은 일정 부분 사실이 아니다.[82] 그렇다고 그가 청구학회에서 적극적으로 활동했다고 보기도 어렵다. 스에마쓰 야스카즈가 회고한 대로 이름을 걸쳐놓은 것에 불과한 측면도 있다. 이병도는 1933년 8월에 발간한《청구학총》13호에 발표한 글을 끝으로 더 이상 이 잡지에 글을 발표하지 않았다. 이후 그는《진단학보》1호부터 10호까지 모두 17편의 글을 발표했다.

그럼에도 이병도는 조선사편수회의 '촉탁'이란 직위를 끝까지 그만두지 않았다. 청구학회의 위원회 위원이란 직책도《청구학총》이 종간될 때까지 내려놓지 않았다. 비록 이병도가 조선사편수회에서 신석호와 달리 수사관보 또는 수사관으로서의 지위, 달리 말하면 정식 직원으로 초창기에만 2년가량 짧게 근무했고, 청구학회에서 논문 발표를 비롯해 적극적으로 활동하지 않았다 하더라도, 그는 어느 것 하나 스스로 그만두지 않았다. 신석호도 수사관이란 직위와 위원이란 직책을 계속 유지했다. 한편, 이병도는 자신의 학문연구와 진단학회 활동에 열심이었다. 신석호도 진단학회의 발기인으로 참가했지만, 1935년 5월《청구학총》20

82) 末松保和 等,〈朝鮮史編修會の事業〉, 85쪽.

호에 글을 발표하면서도 《진단학보》에는 논문을 한 편도 내지 않을 정도로 적극적이지 않았다. 이병도는 신석호와 함께 식민주의 역사학을 공개적으로 옹호하지는 않았지만, 그렇다고 민족주의사학자들처럼 글과 말로 식민주의 역사학의 역사인식을 직접 비판한 것도 아니었다. 두 사람은 민족사학과 식민사학의 경계에 서서 처신한 것이다. 그러면서도 두 사람이 무게를 둔 지점은 각자 조금씩 달랐다.

결국 이병도가 해방 후 여러 차례 회고했던 '학술적 저항심'이란 그의 내면에서만 성립 가능한 세계였다. 비타협과 반일을 전제로 한 움직임이었다고 회고한다면 그것은 분명히 무리한 기억일 수밖에 없다. 덧붙여 필자의 해석에 동조한다면, 현행 중고교 역사교과서에서 진단학회의 움직임을 민족문화수호운동이란 차원에서 정리하고 있는 서술은 수정되어야 한다. 잘못된 평가인데 그동안 한국 역사학계와 역사교육계가 방관해온 것이다.

다시 앞의 논의로 돌아가 보자. 4년이란 시차를 어떻게 설명해야 할까? 달리 말하면 진단학회는 왜 1934년에 결성되었을까?

필자도 뚜렷하게 이것이다라고 말할 수 없지만, 최소한 백남운을 비롯한 마르크스주의사학의 동향과도 무관하지 않을 것이라는 점은 분명하다.[83] 백남운은 1932년 6월 "과거의 사적 사실만을 뒤적거리는 것이 사(史)가" 아니며 "현실을 본질적으로 그대로 파악하는 동시에 장래를 보는 데에 의의"가 있는 '조선사관의 수립'을 제창했다.[84] 일본인과 조선인의 문헌고증사학에 대해 따끔한 일침을 가하며 현재와 미래를 말할

83) 이 측면에 적극 주목한 사람은 방기중이었다. 방기중, 《한국근현대사상사연구 : 1930·40년대 백남운의 학문과 정치경제사상》, 역사비평사, 1992, 115~125쪽.

84) 백남운, 하일식 옮김, 〈조선사관수립의 제창〉, 《휘보(彙報) : 백남운전집 4》, 이론과 실천, 1991, 81쪽(원전 : 《경제연구》 4호 , 1933. 2).

수 있는 역사학을 주장한 것이다. 1933년 9월 백남운이 《조선사회경제사》를 출간하자, 그의 '대저(大著)'에 대한 출판기념회가 10월에 열려 여론의 뜨거운 주목을 받았다.[85] 그는 이 책에서 조선역사가 사회경제적으로 발전하는 과정을 심도 있게 분석하고 비판하며 "총관(總管)"하는 작업이 필요하다며 자신도 이에 집중하겠다고 밝혔다.[86] 그리고 11월에 '조선경제사의 방법론'이란 주제로 대중강연도 하고 글도 발표했다. 여기에서 백남운은 민족의 특수성을 유일한 연구대상으로 삼거나 그와 반대로 보편적인 세계사에만 주목하지 말고, 역사발전 과정에서 네 가지의 특수성에 따라 조선역사의 구성체계를 "원시적 씨족공산사회", "노예사회", "아세아적 봉건사회", "자본주의의 상품생산제도"로 구분했다.[87]

이처럼 백남운은 1930년대 들어 유물사관에 입각해 조선의 역사를 분석해 1933년에 저서를 간행했다. 그의 저서는 조선인 사회로부터 주목받았을 뿐만 아니라, 스에마쓰 야스카즈가 《청구학총》에 서평을 실을 정도로 재조일본인 사회로부터도 주목받았다. 더구나 마르크스주의에 입각해 조선사를 연구한 경성제국대학 졸업생들이 1932~1933년 들어 자신의 저서를 속속 출판하고 있었다. 그 가운데 김태준의 책은 《청구학총》에도 소개되었다. 당시 일본 본토의 주목을 받고 있던 이병도는 일본인 역사학자들과 실증 경쟁을 벌이는 가운데 조선인 사회의 새로운 움직임에도 대응해야 했을 것이다. 백남운을 비롯해 조선인 지식층의 학문성과가 계속 확산되는 상황에서 이병도를 비롯한 일부 조선인 역사학자들은 청구학회의 '자극'으로 출발하여 진단학회의 설립을 위해 본격

85) 《조선중앙일보》 1933. 10. 18.

86) 백남운, 하일식 옮김, 〈서문〉, 《조선사회경제사 : 백남운전집 1》, 이론과 실천, 1994, 14쪽.

87) 백남운, 하일식 옮김, 〈조선경제사의 방법론〉, 《휘보(彙報) : 백남운전집 4》, 93쪽(원전 : 《신동아》 3권 2호, 1933. 12).

적으로 움직이기 시작했다고 유추할 수 있다.[88] 다만, 조선학운동은 진단학회가 창립된 지 4개월 후인 1934년 9월에 신조선사에서 기획한 대중강연회 즈음부터 시작한 문화운동이었으므로, 진단학회의 설립 배경으로 볼 수 없다.

진단학회는 활동방향을 어떻게 설정했을까? 창립 당시 진단학회는 조선의 역사와 문화를 연구하는 태도가 조선인 연구자의 의무이고 사명이라며《진단학보》창간호에 실린 〈진단학회 창립〉에서 이렇게 밝혔다.

> …… 어떻든 우리는 **그런**[조선의 역사와 문화—인용자] **연구까지 남에게 밀어 맡기어, 오직 그들의 노력과 성과만을 기다리고 힘입기를 바라는 자가 아니다.** 비록 우리의 힘이 빈약하고 연구가 졸렬할지라도, 자구자진(自舊自進)하야 또 서로 협력하야, 조선문화를 개척·발전·향상시키지 않으면 안 될 의무와 사명을 가진 것이다.[89] [강조—인용자]

이 창립 취지문에서 한 가지 주목해야 할 표현이 있다. 재조일본인과 본토의 일본인을 '남'이라고 표현한 점이다. 조선의 역사와 문화에 관한 연구를 남에게 맡겨서는 안 된다고 말함으로써 그들을 대칭적인 위치에 두고 그들과의 경쟁에서 이겨야 한다는 내면 정서를 드러낸 것이다. 진단학회는 경쟁을 위한 학문 방법으로 식민주의 역사학과 동일하게 실증

---

88) 이와 관련하여 참조해야 할 것이 하나 더 있다. 이병도는 이 책에서도 인용하고 있는《두계잡필(斗溪雜筆)》(1956),《풀뭇간의 쇠망치》(1971),《두계여적(斗溪餘滴)》(1975)에 이 시기를 회고하는 비슷한 내용의 글을 여러 편 남겼다. 하지만 백남운을 비롯해 마르크스주의사학의 움직임을 언급한 부분은 없다. 민족주의사학의 동향을 언급한 부분도 없다. 오로지 일본인 식민주의 역사학자들의 반응과 움직임을 소개하며 자신의 대응을 회고하고 있을 뿐이다. 필자가 생각하기에 진단학회의 배경과 관련해 중요한 초점의 하나는 그가 회고에서 드러내지 않은 움직임일 것이다. 그의 회고는 주로 재조일본인 학자들과의 갈등, 곧 민족문제의 측면을 부각시켜 조선사편수회와 청구학회에 관여한 자신의 움직임을 가리려 했다고 볼 수 있을 것이다.

89) 〈진단학회창립〉,《진단학보》1호, 진단학회, 1934, 223쪽.

주의를 취했다.

그런데 진단학회가 말하는 일본인과의 경쟁이란 비타협적 경쟁이 아니었다. 《청구학총》 18호의 '휘보'에는 이병도가 작성한 진단학회의 창립을 알리는 글이 있다. 위에서 인용한 한글본(《진단학보》)과 일본어본(《청구학총》) 창립취지문 모두 이병도가 작성했는데, 거의 비슷하지만 그중에서도 주목할 만한 차이가 나는 대목이 다음 문장이다.

> 《청구학총》 : 아무튼 **반도의 인사**는 자구자진하며 **서로 협력하여** 조선문화의 개척 발전 향상을 위해 노력하지 않으면 안 된다는 의무와 사명을 갖고 있다.[90)]
>
> 《진단학보》 : 비록 **우리의** 힘이 빈약하고 연구가 졸렬할지라도, 자구자진하야 또 **서로 협력**하야, 조선문화를 개척 · 발전 · 향상시키지 않으면 안 될 의무와 사명을 가진 것이다. [강조—인용자]

《진단학보》에 수록된 창립취지문에서 '우리'는 조선인 연구자를 가리키며, '서로 협력'하자는 말은 조선인 연구자끼리 협력하자는 뜻이다. 그런데 《청구학총》에 실린 창립취지문에서 서로 협력하자는 말은 '반도 인사', 달리 말하면 조선인만이 아니라 식민주의 역사학을 내세우고 있는 재조일본인도 포함한다. 이병도는 《진단학보》에 실린 취지문과 달리 《청구학회》에 게재한 취지문에서 재조일본인 역사학자들을 '남'으로 간주하지 않고 그들과 '순수한 학문적 만남', 곧 식민지 지배와 관련한 현실문제에 직간접적으로라도 관계하지 않고 실증이란 이름 아래 연계하며 '협력적 경쟁'을 통해 조선문화를 향상시키겠다는 생각을 드러낸

90) 李丙燾, 〈彙報 : 震檀學會の創立〉, 《青丘學叢》 18號, 1934. 11, 185~186쪽.

것이다. 사실 대 사실의 측면에서 경쟁하는 방식으로 자신들의 민족의식을 드러냈지만,[91] 문맥대로 이해한다면 일본인 식민주의 역사학자는 '남'이 아니라 '파트너'인 것이다. 앞서 인용한 손진태의 1939년도 언급과 연관시켜 말하자면, 진단학회의 주도자들이 말하는 '순수 학구'란, 백남운 및 뒤에서 살펴볼 정인보, 안재홍과 달리 식민지 현실과 관련된 연구과제를 설정하고 문제를 제기하는 활동을 외면하겠다는 말의 다른 표현에 불과하다. 이들은 애초부터 적극적이든 소극적이든 일본을 비판하는 태도를 취할 의사가 없었다. 조선사편수회에서조차 최남선과 이나바 이와키치 등 일본인 사이에 단군에 관한 내용을 《조선사》에 수록하는 문제로 갈등이 일어났는데, 진단학회는 한일 간 논쟁적인 역사주제에 대해서는 연구할 의사가 없었다. 요컨대 진단학회 주도자들에게 실증은 식민지 현실에 눈을 감고 식민주의 역사학과의 충돌을 회피하는 장치이자 민족 감정을 감추는 방편이었다. 일본인과의 학문 경쟁 과정에서 혹시 있을지 모를 조선인 사회로부터의 비판을 비켜가며 경계에 서 있을 수 있게 한 방패였다는 점 또한 숨길 수 없다.

실제 문헌고증적인 역사연구방법과 접근 태도를 고수한 진단학보의 연구 내용이 조선총독부의 검열에 걸린 적도 없었다. 물론 개인과 단체가 미리 자기검열을 한 측면도 있을 것이다. 그리고 진단학회의 활동으로 회원들이 경찰의 제재를 받거나 끌려간 적도 없다. 이는 문헌고증적인 실증을 역사연구의 유일한 방법으로 내세우며 식민지 조선의 현실을 직시하지 않고 식민주의 역사학과 직접 대결할 기회를 회피했기 때문에 가능한 일이었을 것이다. 그렇다고 이병도와 진단학회의 주도자들이 일본인 식민주의 역사학자들의 주장을 직접 나서서 지지했다고 말할 만한

91) 유홍렬, 〈진단학회와 나〉, 《진단학보》 57호, 1984, 진단학회, 245쪽으로부터 시사를 받았다.

근거도 부족하다.[92] 최소한 글로 표현된 역사인식의 측면에서는 그렇다.

청구학회를 협력대상으로 간주한 진단학회 주도자들의 선택은 같은 시기에 대중적 문화운동으로 전개되고 있던 조선학운동에 대한 태도에서도 확인할 수 있다. 진단학회 주도자들은《청구학총》에 일본어 문장으로 창립취지문을 게재한 데 비해, 당시 대중적 이목을 끌며 전개되고 있던 조선학운동에 대해 아무런 반응을 보이지 않았다. 이후에도 조선학운동에 진단학회 회원들이 능동적으로 연계를 맺은 경우는 없었다. 진단학회 주도자들에게 조선학운동에 참가한 사람들은 '서로 협력'할 대상이 아니었다. 반대로 조선학운동 주도자들이 보기에 진단학회의 두 가지 태도, 즉 현실문제로부터 거리를 두고 재조일본인 연구자들과 협력하면서도 경쟁한다는 연구 자세는 인정하기 어려운 점이었다.

조선학운동 주도자들과 대조되는 진단학회 주도자들의 움직임은 현재에 관여하지 않고 실증을 내세워 학술 차원의 접근만을 추구했기 때문일 것이다. 1975년 4월 이병도는 이기백이 진행한 인터뷰에서 정인보의 역사연구가 민족주의사관에 사로잡혀 사료를 과장되게 해석했다고 회고했다.[93] 진단학회를 이끄는 주요 참가자들의 입장에서 볼 때, 조선학운동을 주도한 사람들은 '과학적'인 연구방법에 입각하여 전문학술지에 글을 쓰지 않으면서 신문과 잡지 같은 대중지에 자신들의 주장을 발표하고 실천을 앞세웠기 때문일 것이다. 더구나 엄밀한 실증성의 결여, 곧 진단학회 주도자들이 보기에 과학적이지 않은 자세도 조선학운동과

92) 조인성, 〈이병도의 한국고대사 연구 : 한사군·삼한의 역사지리 연구를 중심으로〉,《한국고대사 연구》, 55집, 한국고대사학회, 2009 ; 조인성, 〈이병도의 한국고대사 연구와 식민주의사학의 문제 :《한국고대사 연구》를 중심으로〉,《한국사연구》144호, 한국사연구회, 2009 ; 위가야, 〈한사군 한반도설은 식민사학의 산물인가〉,《역사비평》114호, 역사비평사, 2016를 참조했다.

93) 진단학회 편, 〈근대 한국사학의 발전 : 두계선생과 이기백교수의 대담(1)〉,《역사가의 유향(遺香) : 두계 이병도선생추념문집》, 224쪽. 자세한 인용은 바로 다음의 정인보 부분에서 다시 하겠다.

거리두기를 한 원인이었음을 알 수 있다.

그런데 조선학운동에 직접 참가하지 않더라도 진단학회와 연계를 맺기가 쉽지 않은 사람들도 있었다. 마르크스주의에 입각해 조선학을 연구하던 백남운과 경성제국대학 출신자들이 여기에 해당된다. 앞서 기술한 백남운이 조선사관의 수립을 제창했을 때도 확인할 수 있었듯이, 유물사관에 입각해 역사를 연구하는 사람들은 전체 시야 속에서 학문과 사회와의 관계를 강조했다. 또한 이들은 역사가의 사회적 기여를 특별히 강조하는 실천 지향의 연구태도를 중시했다.

유물사관을 추구하지 않은 연희전문학교 교수들도 진단학회에 합류하기는 쉽지 않았다. 정인보, 백남운과 달리 조선의 역사와 문화, 언어, 경제를 연구하던 연희전문학교 문과와 상과 교수들이 어떤 선택을 했는지도 주목할 필요가 있다. 문과 교수로 학과장인 백락준, 국어학의 최현배와 이윤재는 진단학회의 발기인이었고, 이윤재는 1936년까지 6인의 위원 가운데 한 사람이었다. 그런데 최현배와 이윤재는 《진단학보》에 한 편의 논문도 수록하지 않았다. 또한 비록 사회과학의 영역이어서 진단학회에 참가하기 어려웠을 수도 있었겠지만, 당시 같은 학교의 상과 교수로 조선의 사회와 경제를 연구하던 이순탁과 노동규 등도 별 관심을 보이지 않았다. 이처럼 연희전문학교 교수들은 진단학회와 거리두기를 한 경향이 농후했던 것 같다.

유물사관 및 연희전문학교와 관계없는 역사학자 가운데서도 진단학회에 합류하기 쉽지 않은 사람이 있었다. 문일평이 그러한 인물이다. 그는 특정한 학연이 없었다. 그는 국어학자인 이병기(李秉岐)와 함께 이병도의 집에 자유롭게 출입할 수 있는 사람 가운데 한 사람이었는가 하면, 정인보와의 관계는 조선학운동에 관한 다음 항목의 내용에서 다시 언급하겠지만, 정인보와도 속 깊은 이야기를 나눌 만큼 인간관계의 폭이 넓었다. 하지만 학문적 처신은 분명했다. 1932년 조윤제가 경성사범학교에 취직함과 동시에 청구학회에 가입한 것과 반대로, 문일평은 그즈음 청구학회를 탈퇴했다.[94] 그는 진단학회에 참여하지 않았으며, 1939년 사망할 때까지 《진단학보》에 글을 실은 적이 없었다. 반면, 조선학운동이 사실상 시작되었다고 볼 수 있는 1934년 9월의 대중강연회에서 정인보, 안재홍, 현상윤과 함께 다산 정약용에 관해 강연했다. 문일평은 조선학운동에 적극 참가하지는 않았지만 '조선심(朝鮮心)'을 내세우며 역사를 성찰하고 대중화에 힘썼다.[95]

이렇듯 조선역사에 대해 진단학회와 다른 역사연구 태도와 방법을 취한 조선인 지식층이 두각을 나타내는 상황이었지만, 진단학회도 주목할 만한 특징이 있었다. 조선어로 꾸준히 발행한 《진단학보》란 전문 학술지가 바로 그것이다. 진단학회는 《진단학보》를 매개 삼아 근대 학문을 추구하는 조선인 연구자들을 결집시키기에 유리했다. 가령 조선역사 연구자가 아닌 경우를 예로 들어보면, '조선어학 조선문학' 전공의 졸업자들을 들 수 있다. 이들은 오구라 신페이의 영향을 받아 역사와 방언을 중심으로 언어학 이론의 체계화에 더 관심을 기울였지, 조선어의 현재와 미래를 둘러싸고 전개되고 있던 한글운동에는 소극적인 태도를 취했다.[96] 그러면서도 경성사범학교에 근무했던 조윤제의 경우 글쓰기에 적극 나서 식민지 시기에 발행된 《진단학보》의 14호까지 여섯 편의 글을 발표했으며,[97] 1932년 11월에 간행된 《청구학총》 4호에도 글을 발표했

---

94) 《青丘學叢》 9號, 1932. 8, 174~175쪽.

95) 문일평에 대해서는 최기영, 《식민지시기 민족지성과 문화운동》, 한울, 2003, 1부 2장 〈문일평의 생애와 저술〉 참조.

96) 이준식, 〈일제 강점기의 대학 제도와 학문 체계 : 경성제대의 '조선어문학과'를 중심으로〉, 《사회와 역사》 61집, 한국사회사학회, 212쪽. 이 논문은 신주백 편, 《한국 근현대 인문학의 제도화 : 1910~1959》(혜안, 2014)에 수록되어 있다.

다. 그는 경성제국대학 문학과 학생 및 졸업생[98]으로 구성된 조선어문학회(1931) 후배들에게 "우리 문화는 우리 손으로 재건한다는 사명을 잊어서는 안 된다"고 말하면서 그 자신도 '국문학을 위한 학문연구에 열중' 했다.[99] 1933년 경성제국대학 제4회 졸업생인 이숭녕도 《진단학보》 14호까지 세 편의 글을 발표했다. 결국 《진단학보》에는 역사학 논문 이외에 국어와 국문에 관한 논문이 모두 14편 수록되었다. 이런 점을 고려하면, 조선연구열의 발흥기에 분과학문별로 연구가 활성화되고 있을 때 진단학회가 깊이 있게 분석한 글을 수록할 수 있는 조선어 학술지를 간행하여 조선학의 발전에 기여했다는 점은 아무리 강조해도 지나치지 않다. 달리 말하면, 《진단학보》에 글을 수록한 것 자체를 놓고 삐딱한 시선을 보낼 필요는 없는 것이다.

《진단학보》에는 역사 이외에도 국어, 국문, 민속, 미술, 중국문화 등 다양한 분야의 글이 수록되었다. 따라서 이병도를 비롯해 몇몇 특정인을 중심으로 진단학회의 성격을 단정하기보다는 내부의 다양한 편차에도 세밀하게 주목할 필요가 있다. 가령 경성제국대학 문학과에서 '조선어학 조선문학'을 전공한 제2회 졸업생 이희승과 제5회 졸업생 방종현은 당시의 대표적 한글운동단체인 조선어학회와 연결되어 활동했다. 그런데 두 사람은 《진단학보》에 단 한 편의 글도 발표하지 않았다. 특히 이희승은 진단학회의 발기인이자 1934년부터 1936년까지, 그리고 1937

97) 조윤제는 이병도(17편)와 김상기(7편) 다음으로 많은 글을 발표했다.

98) 경성제국대학 문학과 1회 졸업생인 조윤제를 비롯해 1936년 7회 졸업생까지를 합하면 조선인은 14명이었다. 이충우·최종고, 《다시 보는 경성제국대학》, 푸른사상, 2013, 367쪽. 1945년까지 문학과를 졸업한 조선인 72명 가운데 21명이 조선어·조선문학을 전공했다.

99) 이충우, 《경성제국대학》, 다락원, 1980, 196쪽 ; 조윤제, 《도남잡식(陶南雜識)》, 을유문화사, 1964, 379쪽. 조윤제 자신이 주장하는 민족사관과 연관 지어 보아야 할지는 모르겠지만, 경성사범학교를 퇴직한 1939년 이전과 이후의 행적이 다르다. 그 스스로 '민족사관'을 말한 적이 있지만 이때까지의 그의 선택에 대한 분석은 신중하고 세밀할 필요가 있다.

년부터 1941년까지 위원이었는데도 말이다. 이 점은 문학과에서 '지나어학 지나문학'을 전공한 김태준도 마찬가지였다. 그도 이희승처럼 진단학회 발기인이었고, 1934년부터 1936년까지 상무위원으로, 1937년부터 1939년까지 위원으로 활동했지만 《진단학보》에 글을 싣지는 않았다. 이희승의 경우 조선어학회에 관여하는 한편, 이화여자전문학교에서 국어학 이외의 과목까지 강의를 담당해야 했던 현실도 영향을 끼쳤을 것이다. 사회주의자였던 김태준의 경우는 역사관의 차이가 이유였을 가능성이 있다. 요컨대 이희승과 김태준은 조선의 현실문제에 학자로서의 전문성을 갖고 직접 개입하면서도 진단학회와 어느 정도 연계해야 하는지 나름 선을 긋고 있었다는 공통점이 있다. 두 사람이 진단학회에 관여한 선택은 진단학회가 가진 양면성과도 무관하지 않았을 것이다. 두 사람은 조선인이 조선어로 식민지 조선의 역사와 문화를 학술 차원에서 연구한다는 단체의 취지에 공감했지만, 식민지 조선의 현실과 거리를 두고 일본인과 협력하며 연구한다는 취지에는 거리두기를 할 수밖에 없었을 것이다.

조선학운동 주도자, 정인보의 역사학과 실천

조선학운동을 주도한 정인보는 재조일본인의 식민주의 역사학과 진단학회 주도자들의 역사연구 자세에 대해 매우 비판적이었다. 그는 일본인 식민주의 역사학의 병폐를 다음과 같이 지적했다.

> 나는 그러기에 이렇게 말한다. '저들이라고 이것이 옳다고 여겨서 하는 것은 아니다. 어떤 목적이 있어서 할 뿐이다. 생각건대 목적이 있어 하는

것이기 때문에 오직 그 목적하는 바를 달성하기를 추구할 뿐이지, 옳고 그름을 물을 바가 아니라'고. 그런즉, 이제 출토된 물품으로 평양, 봉산, 신천이 한국(漢郡)[한사군—인용자]이었다고 증명하는 것은 그 본말을 어지럽히고 주객을 뒤엎자는 것이니 어찌하랴?[100]

정인보가 보기에 고적을 조사하고 《조선고적도보(朝鮮古蹟圖譜)》를 발행한 일본인 식민주의 역사학자들은 학문을 하는 것이 아니라 목적을 위해 학문을 하고 있었다. 그들이 이처럼 조선의 역사를 "거의 한(漢)의 식민으로 비롯되는" 역사로 치부한 이유는 한때의 의사가 아니라 "바로 정책" 때문이었다. 그래서 정인보는 일본인의 조선사 연구가 "남의 역사를 증명하는 것이 아니라, 남의 역사를 끊어 없애"는 행위라고 비판했다.[101] 그래서 그는 《조선고적도보》를 보고 분노하여 "언제든지 깡그리 부셔버리리라"고 다짐했다고 해방 후에 이때를 회고했다.[102] 정인보는 자신의 정치적 목적을 위해 사실을 비틀며 조선역사를 말살하는 것이 일본인 식민주의 역사학의 본질이라고 지적한 것이다.

정인보는 식민주의자들과 달리 단군을 신화로 간주하지 않고 역사적 존재로 인정했다. 그는 《제왕운기》와 《삼국유사》에 있는 단군신화에 관한 내용에서 신화와 사실을 구분하여 볼 것을 강조했다.[103] 한사군도 만주에 있었다고 하면서 국내 위치설을 부정했다. 그러면서 동시에 임나는 허구라고 주장했다.[104]

---

100) 정인보, 정양완 옮김, 〈터무니없는 거짓을 바로 잡는 글 하편〉, 《담원문록(薝園文錄) 중(中)》, 태학사, 2006, 69~70쪽.

101) 정인보, 같은 글, 70~71쪽.

102) 정인보, 〈부언(附言)〉, 《담원 정인보전집 4 : 조선사연구 하》, 연세대학교출판부, 1983, 270쪽.

103) 정인보, 〈시조단군〉, 《담원 정인보전집 3 : 조선사연구 상》, 연세대학교출판부, 1983, 46쪽.

104) 정인보, 〈한사군역(漢四郡役)〉, 《담원 정인보전집 3 : 조선사연구 상》, 143~200쪽.

민족 형성의 주체성을 밝혀 조선의 고유한 역사와 문화를 강조하려는 정인보의 주장은 신채호 이래 민족주의사학으로 분류되는 사람들의 일반적인 역사인식이었다. 안재홍도 이 점에서는 마찬가지였다.

안재홍은 조선학운동을 주창하기 이전인 1920년대에 이미 단군의 존재를 인정했다. 그는 민족 독자의 정치, 문화와 역사의 전통을 명확히 하기 위해서라도 민족사에서 가장 영웅적인 인물인 단군을 연구하고 태곳적 지위를 인정해야 한다고 보았다.[105] 민족의 현실 때문에 단군이 매우 중요한 존재라는 것이다. 이를 위해 그는 부족한 자료를 만회하고자 언어학의 방법을 동원하여 단군조선—기자조선—부여로 이어지는 상고사의 구성체계를 수립했다.[106]

민족 자주의 역사를 강조하는 안재홍의 역사인식은 신라에 의한 '통일'을 비판하는 견해에서도 확인할 수 있다.

> 김유신이 태종무열왕을 도와 통삼(統三)의 업을 이루었다 하지마는 당시의 기록은 평양이 오히려 무초(茂草)를 비탄했고, 관북(關北)의 땅 태반이 황폐하였음을 전하였다. 하물며 당의 고명(誥命)을 빌고 그의 절도(節度)에 응하는 등 외력을 이용하는 후세 소위 사대정책은 이때부터 대부(大部)이나 작용(作俑)된 관(觀)이 많다.[107]

안재홍은 사대정책의 시작점을 '통삼의 업'에 두었다. 그는 그 정점에 조선왕조가 있었으며 그로 인해 조선이 망했다는 인식을 갖고 있었

105) 안재홍, 〈수다(數多)한 미해결의 문제〉, 《조선일보》 1932. 1. 5.

106) 이진한, 〈민세 안재홍의 조선사 연구와 신민족주의론〉, 《한국사학보》 20호, 고려사학회, 2005, 322~325쪽.

107) 안재홍, 〈한양조(漢陽朝) 5백 년 총평〉, 고려대학교박물관 편, 《민세안재홍전집 6》, 지식산업사, 2005, 283~284쪽(원전 : 《개벽》 71호, 1926).

다. 정인보는 이 시기까지 서술하기 전에 《동아일보》의 정간으로 자신의 견해를 피력할 기회를 잃었다. 하지만 단재 신채호의 《조선사연구초》(1929)[108]를 읽고는 그의 "안식을 탄복"했을 만큼 신채호로부터 많은 영향을 받았을 뿐 아니라,[109] 조선학운동의 투톱이었던 안재홍과의 관계 등을 고려할 때, 그도 신라에 의한 '통일'을 비판하는 인식을 갖고 있었을 것이다.

결국 이런 역사인식 속에서 조선 후기 실학의 특징을 '의독구실(依獨求實)'에서 찾고, 특히 다산에 주목한 점은 민족사를 조선인의 입장에서 체계화하려고 노력한 결과였다고 말할 수 있다. 정인보와 안재홍의 역사인식과 태도에서는 일본인 식민주의 역사학자뿐 아니라 문헌고증사학자들의 태도까지도 비판할 수밖에 없었다.

앞에서는 식민주의 역사학에 대한 정인보의 태도를 보았다면, 이번에는 문헌고증사학에 대한 그의 자세를 확인해보자. 정인보는 문일평이 어느 조선인 연구자를 가리켜 "비록 대학자는 아니지만 그 조심스레 문헌에 의존하여 감히 넘나들지 않으니 족히 취할 만한 것이 있네"라고 칭찬하자, 문일평에게 보낸 편지글에서 그 연구자를 비판하며 역사학자라면 당연히 문헌을 "극진히 중시"해야 한다고 전제하고 다음과 같이 지적했다.

> 역사에 있어서 문헌이란 유독 전설, 가요, 기물, 송장의 뼈에 비할 정도뿐만이 아니요. 비록 그렇기는 하지만, 진짜도 있고 가짜도 있고, 또한 만일 그 진짜라 하더라도 떠벌이거나 찌부러트리는 차이가 있어서, 꽃핌과

108) 1924년 10월 13일부터 1925년 3월 16일까지 《동아일보》에 연재한 것을 조선도서주식회사에서 단행본으로 간행했다.

109) 정인보, 〈부언(附言)〉, 《담원 정인보전집 4 : 조선사연구 하》, 270쪽.

시듦이 변하게 마련이오. 편을 드느냐 깎아 저미느냐에 따라서 득실이 도섭을 부리게 되니 어찌 가히 한결같이 (문헌에만) 의지할 것이겠소?[110)]

정인보는 역사자료에는 여러 종류가 있으며, 문헌만을 중시해서는 안 된다며 문헌자료를 취급하는 데 대해서도 자신의 의견을 제시했다. 그가 보기에, 우리의 옛 자료 가운데는 《삼국사기》, 《삼국유사》처럼 중용을 잃고 "남의 견지에서 기술한 것은 믿고, 우리 견지에서 기술한 것은 배척"하여 우리 역사를 스스로 너무 낮추어 보는 경우도 있었다. 반면에 중국의 문헌이 가장 풍부하지만 중국인은 싸움에서 자신이 이기고 얻은 것, 그리고 적이 굽힌 내용만 언급하고 있는데, 이를 제대로 주목하지 않는 경우도 있었다.

그래서 정인보는 문헌자료를 조선인의 입장에서 주체적이고 비판적으로 해독해야 한다며, 조선인으로서 역사를 전공하는 사람이라면 조선과 외국의 문헌을 처리할 때 "자기를 억누르고 남을 따르면 안 되고, 기운을 내어 맞서"야 한다고 주장했다. 그러면서 문헌자료를 이러한 태도에서 해독하지 않고 일본인 역사학자의 주장을 앵무새처럼 따라하고 있는 특정 학자를 다음과 같이 비판했다.

내가 이 말을 하는 것은 요컨대 우리나라 사람이 역사를 전공하는 방법을 밝힐 뿐이지, 아무개와 그 득실을 따지자는 것은 아니라오. 아무개와 같은 자는 바로 한낱 비루천박하고 어리석은 무리일 뿐이오. 그 자는 문헌에 실린 바를 따른다고 하지만, 그가 과연 제대로 글자나 가려 읽고 문구나 꼼꼼히 따질 수 있는지 모르는지 나는 모르겠소. 아무리 그 속임수를

110) 정인보, 정양완 옮김, 〈호암 문일평에게 보내는 편지〉, 《담원문록 중》, 태학사, 2006, 136~137쪽.

> 풀이하고 싶다 해도 속임에도 오히려 그 등급이 있으니, 어찌 아무개 같은 자가 능히 살피겠소? 또한 어찌 의존하고 의존치 않느냐는 것을 말할 수 있단 말이오?
>
> 아무개가 구차스럽게 의존함은 다른 게 아니오. 최근 일본학자가 왕왕 자기가 조선사가임네 하기를 좋아하여, 내외의 옛 역사를 증명하는 데 한결같이 문헌에 의존한다고 과시하오. 이는 문헌에 의존하여 부회하면 이 땅의 백성이 가장 열등함을 증명할 수 있다고 알기 때문이오. ……
>
> 아무개가 일찍이 이 무리에게 배워서 존경하기를 신명같이 여기며, 거칠부, 이문진은 존경할 만하지 않고 이즘 사람으로 신무애(申無涯)[신채호—인용자] 같이 특출함은 미쳤다고 우선 비웃어대고 있소. 밤낮으로 졸졸 따라다니며 자기 선생의 자취만 밟아서, 저들이 대충만 써대어도 아무개가 상세하게 펴내고, 저들이 그 실마리라도 들추면 아무개가 끝맺음을 한다오. …… 아무개의 마음을 헤아리건대 그 사람이라고 한들 어찌 반드시 그 스승에게 충성을 바치려고 그렇겠소? 대개 어쩌다가 교수라는 이름 하나 얻어서 영광으로 여기려는 것이라오. 그 심보가 고약하여 때려줘도 부족할 것인데 어디 취할 만한 점이 있다고 하겠소?[111]

이처럼 정인보는 자신이 신랄하게 비판하는 특정 역사학자를 문일평이 두둔한 점까지 지적하며 편지를 끝맺고 있다.

정인보가 편지에서 힐난한 조선인 학자 '아무개'가 누구인지는 불분명하다. 다만, 정인보가 일상에서 편하게 만나 이야기하고 편지를 쓸 정도의 사이인 문일평과도 어울릴 만한 당시의 역사가가 누구일까를 찾아보면 추론해볼 수 있다.

---

111) 정인보, 같은 글, 138~140쪽.

이병도는 1975년 4월 역사학자 이기백과 나눈 대담에서 자신과 이능화, 안확, 황의돈, 권덕규, 문일평, 이중화로 이루어진 '7인그룹'이 각자 집을 돌아가며 매월 만나 역사에 관해 토론했다고 밝혔다.[112] 그는 고대사 연구로 두문불출하며 웬만한 면담을 사절할 때도 국어학자인 이병기와 함께 문일평만이 자신의 집을 "무상출입"했다[113]고 밝힐 정도로 문일평과 돈독한 사이였다. 그렇다면 '7인 그룹' 중에서 정인보가 힐난한 조선인 학자를 짐작해볼 수도 있겠다. 일단 이병도와 문일평을 제외해놓고 나머지 다섯 사람부터 살펴보자.

먼저 민족주의 역사가인 황의돈, 안확은 학문 경향으로 보아 일본인 학자에게 '구차스럽게 의존'하는 사람이 아닐 것이다. 일본인 학자들과의 친밀도 면에서 보면 그들과 특별한 인연이 없던 권덕규도 아닐 것이다. 감히 넘나들지 않으면서 문헌에 철저하려는 태도라는 측면에서 보면, 민속과 종교를 연구하면서 조선사편찬위원회와 조선사편수회의 위원으로 재직한 이능화와 국어학자인 이중화도 아닐 것이다. 그렇다면 이병도일 가능성이 매우 높다. 이병도는 꼼꼼한 자료정리에 근거하여 당시 조선인 역사가로서는 매우 드물게 일본 본토의 역사학 잡지와 《조선사학》 등에 논문을 발표하고 있었고, 와세다대학을 나와 일본인 "무리에게서 배워" 학문한다는 표현에도 들어맞는 인물이기 때문이다.

이런 이병도 역시 정인보를 역사가로 보지 않았을 뿐 아니라 그의 학문 태도에도 비판적이었다. 이기백과의 대담에서 이를 확인할 수 있다.

> 정인보 씨는 나와 자주 상종하는 사이는 아니었으나 그래도 가끔 만날

112) 진단학회 편, 〈근대 한국사학의 발전 : 두계선생과 이기백교수의 대담(1)〉, 《역사가의 유향(遺香) : 두계 이병도선생추념문집》, 217쪽.

113) 이병도, 〈화려한 우정 50년〉, 《풀뭇간의 쇠망치》, 59쪽.

수 있어서 그의 성격이나 학문의 경향은 잘 알고 있어요. 그분은 **사가라고 하기보다 문장가이지요. 한문학에서는 최고의 권위자**였으니까 그 연배로 그를 따를 만한 사람은 없었지요. '오천년간 조선의 얼'이라는 글이 《동아일보》에 연재되었을 때 나도 읽어 보았습니다. **너무나 민족주의적 사관에 입각**해서 썼기 때문에 **지나치게 과장적인 해설**이라는 느낌을 가졌습니다.

가령 낙랑만 해도 분명히 유물·유적이 나왔는데도 불구하고 이것이 요동에 있었다고 주장한 것은 비록 민족주의적인데 입각했다 하더라도 너무 지나친 것이었지요. 광개토대왕비문에 있어서도 ……이렇게까지 해석할 수가 있을까 하는 말이지요.

너무 주관에 치우친 견해라 하겠어요. 그러나 조선의 얼이나 민족혼을 고취하기 위해 그런 작품을 쓴 것은 그분의 민족사관 때문에 있었던 일입니다.[114) [강조—인용자]

이병도가 보기에 정인보는 역사가가 아니라 한문학자이며, 그의 역사학은 민족주의 색채가 강하여 엄밀한 사료 검토에 입각하지 않고 지나치게 주관적이었다. 정인보와 이병도는 고대사 연구에서 사료를 어떻게 취급해야 할 것인가, 조선인으로서 역사를 어떻게 연구해야 할 것인가를 놓고 명확하게 다른 태도를 취했다.

114) 진단학회 편, 〈근대 한국사학의 발전 : 두계선생과 이기백교수의 대담(1)〉, 《역사가의 유향(遺香) : 두계 이병도선생추념문집》, 224~225쪽.

유물사관론자들의 법칙적 역사학

마르크스주의 역사관을 가진 사람을 유물사관론자라고 말한다. 이 입장에서 가장 큰 족적을 먼저 남긴 사람은 연희전문학교의 백남운 교수였다. 그는 1933년에 간행한《조선사회경제사》에서 일본인과 조선인의 문헌고증사학과 조선총독부 관료들의 역사인식이 다음과 같은 특수사관에 입각하여 역사를 바라봄으로써 역사발전의 보편적 법칙성을 간과했다고 비판했다.

최근 우리 선배는 조선사학을 위하여 어떠한 공헌을 했는가. 혹은 문헌고증을 위하여, 혹은 고적답사 및 유물 수집을 위하여 심혈을 기울이고 있다. 물론 모두 필요한 일이지만, 다른 면에서 보면 우리 사학의 영역에서 하나의 새로운, 더구나 불행한 각인으로서 **'특수사관'이라는 박래품(舶來品)을 일본에서 수입한 것도 우리 선배**일 것이다. 그 특수사관이라는 역사학파의 이데올로기는 신흥 독일 자본주의가 영국에 대항하는 국민적 운동의 소산이었는데, 이것이 신흥 일본의 자본주의적 국정(國情)과 적합했기 때문에 대량 수입한 결과 일본의 사학계는 어쨌든 비약적으로 발전했던 것이다.

이에 반하여 우리 선배의 수입은 국정 격변 때문에 배기(培基)를 잃고 **골동품 수집의 편력학도(Fahrender Shüler)로서 정치적으로는 내버려진 정세**였지만, 적어도 관념적으로는 **조선문화사를 독자적인 소우주(Mikrokosmus)로 특수화**하려고 한 기도가 상당히 완강하게 습관이 되어 있다. 이러한 종류의 특수성 외에, 이와 외관적으로 다른 관제 특수성이란 것이 따로 규정되어 유포되고 있다. 관리 제공(諸公)의 '조선 특수사정'이란 이데올로기가 즉 그것이다. 이 **양형(兩型)의 특수성의 차이**를 구한다면 전자가 신비적 감상적임에 대하여 후자는 독점적 정치적인 것을 지적할 수 있는데, **인류사회 발전의 역사적 법칙의 공통성을 거부**하는 점에서는 본질적으로는 완전히 동궤적(同軌的)이며 따라서 반동적이다.[115)] [강조—인용자]

특수사관에 대한 백남운의 비판은 조선학운동 주도자들의 역사인식에 대한 지적에서도 마찬가지 잣대를 확인할 수 있다. 예를 들어 백남운은 단군을 민족의 시조로 보는 조선학운동 주도자들의 역사인식을 크게 비판했다. 그는 단군이란 세습추장의 관념을 표상한 데 불과하며, 단군신화를 원시사회 발전사에서 확인할 수 있는 "역사적 지표"이자 "농업공산체의 발전과정을 암시"하는 데 불과하다고 보았다.[116)] 단군신화로부터 조선역사의 시작을 설명하는 민족주의사학과의 경계를 확실히 긋는 주장이지만, 신화를 통해 당시 사회를 읽어내려 한다는 점에서는 단군에 관한 모든 역사를 부정하는 식민주의 역사학과도 분명히 다른 지점이었다.

백남운의 연구태도와 역사관은 경성제국대학 출신의 조선인에게서도 확인할 수 있다. 법문학부의 조선인 졸업생과 재학생 들은 우리 사회에 과학적 근거를 제시하여 행동의 지표로 삼겠다고 표방하며 1929년 7월부터《신흥》을 발행했다. 그들은 자신의 임무가 "진정한 학술논문"을 통해 "당면한 현실적 제 문제에 대한 과학적 연구"을 진행해 조선사회를 체계적으로 해명하는 데 있음을 표방했다. 그러면서 조선에 대한 "과

115) 백남운, 하일식 옮김, 〈제1장 조선경제사의 방법론〉,《조선사회경제사 : 백남운전집 1》, 이론과 실천, 1991, 20~21쪽.

116) 백남운, 하일식 옮김, 〈제2장 단군신화에 대한 비판적 견해〉,《조선사회경제사 : 백남운전집 1》, 30쪽, 33쪽.

학 비판의 주체적 원천"을 제공하는 일이 자신들의 "양심"이라고 자부했다.[117)]

조선의 당면한 현실을 관찰하고 연구하려는 경성제국대학 출신의 일부 조선인의 자각은 그때까지 조선에서 논의되어온 조선인의 학문을 비판하는 시선과 맞닿아 있었다. 1931년 철학과 제3회 졸업생인 신남철은 그러한 경향을 다음과 같이 정리했다.

> 돌이켜 조선에 관한 역사적 연구를 볼진대 그 너무나 적막함을 느끼지 않을 수 없다. …… 특히 두드러진 저술을 보지 못했다. 그러나 **근년에 이르러 기예한 젊은 학도들의 각고한 연구하에 차차로 전문적 연구가 차근차근 적축**되어가는 것을 볼 때 기뻐하는 반면에 종래의 학자들의 산만하고 반과학적인 물어연(物語然)한 '연구'든지 또는 고증 위주의 논단이든지 모두 **현실생활을 신화화시킨 비과학적 태도**로 일관한 것이 아니었던가. 그러나 이것이 사회 전체의 **현대적 관심에 기여**하는 바 적었기 때문에 새로운 과학적 방법하에 조선을 재인식하려는 경향이 농후하게 양성되며 있는 것을 볼 때 참으로 흠행(欽幸)한 생각을 금할 수가 없는 바이다.
>
> 이에 비로소 **'조선학'의 수립이**—역사과학적 방법에 의한—**바야흐로 부르짖어지게 된 것**은 현세의 필연한 바라고 하겠다.[118)] [강조—인용자]

신남철이 말하는 과학적 방법이란 마르크스주의에 입각한 연구를 의미하지만, 이것 때문에만 조선학운동의 주도자들과 선을 그은 것은 아

117) 〈편집후기〉, 《新興》 7호, 1932. 12. 14, 341쪽. 7호의 '저작 겸 발행자'는 유진오였다. 잡지 《신흥》에 관해서는 박헌호, 〈근대지식과 근대문학의 교호 양상에 대한 한 고찰 : 《신흥》을 중심으로〉, 《외국문학연구》 31호, 한국외국어대학교 외국문학연구소, 2008.

118) 신남철, 〈최근 조선연구의 업적과 그 재출발 : 조선학은 어떠케 수립할 것인가(2)〉, 《동아일보》 1934. 1. 2.

니다. 그가 보기에 경성제국대학 출신자들은 식민지 조선의 현실에 대한 현재의 관심에서 출발하여 과학적이고 전문적인 지식을 획득하고 연구하는 데 반해, 위인선양·고적보존운동을 주도한 사람들을 비롯해 기존의 선학들 다수는 "종래 거의 고루하고 관념적인 방법에 의하여 연구"하면서 '조선의 독자성을 신비화하는 국수주의적 견해'에 빠져 있었다.[119] 그로부터 9개월 후 안재홍과 정인보가 제창한 조선학운동에 경성제국대학 출신자들, 곧 사료를 엄밀하게 취급하며 방법론에 입각하여 특정 분야를 연구하는 훈련을 체계 있게 배운 졸업생들이 참가하지 않은 중요한 이유가 여기에 있었다. 이념의 차이 또는 현실인식의 차이만으로 단정할 수 없는 이유가 있었던 것이다.

조선학운동 관계자를 직접 비판한 사람 가운데는 경성제국대학 출신으로 1931년 제3회 졸업생인 김태준이 있다. 김태준은 조선학운동에 참가하지 않았을 뿐 아니라 이들과 대결하는 데 주저하지 않았다. 단군과 기자조선에 관한 양자 간의 견해 차이는 역사인식이 다르다는 정도로 치부할 수도 있다.[120] 하지만 학술운동의 방향에 대한 비판은 조선학운동에 근본적인 의문을 제기하는 것이었고, 더 나아가 인신공격성 비판은 인간관계의 단절까지를 전제하지 않는 한 나올 수 없는 발언이었다. 그는 조선학운동 관계자들이 다산 정약용을 전면에 내세우며 조선학을 말하자, "다산을 '조선의 태양'으로 보지 아니하고 '조선의 사람'으로" 보는 것이 "진정한 정다산 연구의 길"이라고 제시했다. 그러면서 "다산몽(茶山夢)에 깨어나지 못한 완고들이 다산을 그대로 부흥하자"고 하는 데

119) 신남철, 〈최근 조선연구의 업적과 그 재출발 : 조선학은 어떠케 수립할 것인가(1)·(2)〉, 《동아일보》 1934. 1. 1~1. 2.

120) 안재홍, 〈단군론과 은기자말살론〉, 《신조선》 11호, 1935. 6 ; 김태준, 〈기자조선변(箕子朝鮮辨)〉, 정해렴 편역, 《김태준 문학사론선집》, 275~284쪽(원전 : 《중앙》 4권 5호, 조선중앙일보사, 1936. 5).

반대한다면서 "단순한 고전 부흥에서 마땅히 일보 전진"하기 위해[121] 아래와 같이 방향을 제시했다.

> 다산의 진면목을 외의(外衣)로 아름답게 화장시켜놓은 다산이거나 그 시대적 의의를 떠난 다산의 '다산종(茶山宗)으로서의 다산'을 우리는 경계하며 배격하지 않으면 안 된다. 곧 **필요한 부분에서 다산을 경앙할 것이요, 필요 이외의 부분에서 다산을 앙양할 것은 아니다.**[122] [강조—인용자]

더 나아가 김태준이 보기에, 안재홍 등은 우리의 당면한 현실에서 다산 연구가 얼마나 중대한지, 다산의 참된 면모가 무엇인지를 대중에게 전달하지 않았다. 오히려 조선학운동 주도자들이 신문사에 관계된 지위를 이용해 《동아일보》와 《조선일보》에 기사를 크게 게재하고 "서세 100년 기(忌)를 지내고 강연까지" 하면서 《여유당집》을 '대광고'했다[123]고 비판했다.

김태준 등의 비판에 대응하여 안재홍은 《신조선》 12호(1935. 8)에 게재한 〈현대사상의 선구자로서의 다산 선생 지위〉라는 글에서 정약용을 "국가적 사회민주주의자"로 규정했다. 왜냐하면 안재홍이 보기에 정약용은 매우 "진보적인 정책사상"을 가지고 있는 현대사상의 선구자이지만 "왕실을 중심하고 국가를 단위로 한 점에서만 근세 사회주의 사상과 서로 다른 자(者)"였기 때문이다. 반면에 백남운은 같은 호에 실린 〈다산 선생 백년제의 역사적 의의〉라는 글을 통해 정약용이 조선 후기 봉건사

121) 김태준, 〈진정한 정다산 연구의 길 : 아울러 다산론에 나타난 속학적(俗學的) 견해를 비판함 (1)~(10)〉, 정해렴 편역, 《김태준 문학사론선집》, 348쪽.

122) 김태준, 같은 글, 320쪽.

123) 김태준, 같은 글, 320쪽.

회의 붕괴과정에 동반될 수밖에 없는 이념의 변화를 거부하지 않으면서 역사동향의 추진에 노력했다며 그를 "근대적 자유주의자"로 규정했다. 안재홍과 백남운도 다산이 당시로서는 진보인사였다는 데 일치한 견해를 보이면서도 그의 참된 면모를 보는 기본 시각은 달랐다.

김태준은 조선학운동의 또 다른 리더인 정인보에 대해서도 매우 신랄한 비판을 가했다. 정인보가 문헌을 발굴하고 정리한 공헌은 크나 "논리의 비약이 그 공헌보다 더 크다"고 하면서 5000년간의 '민족의 얼'을 환기하려는 행위가 '역사의 왜곡된 선입견'을 심어줄 우려가 있다고 지적했다.[124] 유물론자의 시선에서 '민족의 얼'은 관념적인 역사인식을 압축한 용어로 치부되었다. 더 나아가 김태준은 "학(과학)과 상식의 구별, 학문 일반과 중국고대문학과의 구별"을 하지 못하는 한학자인 정인보가 문인 만능의 조선사회의 특수성 때문에 역사가인 것처럼 행동하고 있다고 비판했다.[125] 달리 말하면, 조선학운동 주도자들이 과학과 상식을 구별하지 못한다고 비판한 지점은 진단학회의 시각과 동일했다. 김태준이 진단학회에 참가할 수 있었던 배경의 하나가 이 측면과 연관이 있을 것이다.

그렇다면 경성제국대학 출신의 마르크스주의사학 연구자들이 대안으로 제시한 것은 무엇이었을까?

기존의 학술을 비판한 신남철은 '역사과학적 방법'에 입각하여 연구하는 새로운 조선학을 수립하려면 사회와 관련 있는 문제를 연구대상으로 설정하고 학문연구에 그치지 않고 실천을 지향하는 문제의식을 내포해야 한다고 보았다. 보편성과 실천성의 강조는 진단학회 구성원들과

124) 천태산인, 〈정인보론 (2)〉, 《조선중앙일보》 1936. 5. 16.

125) 천태산인, 〈정인보론 (3)〉, 《조선중앙일보》 1936. 5. 17.

큰 차이라고 말할 수 있다. 더 나아가 일본의 국학운동처럼 복고적 국수주의적 색채에 머무르지 말고 중국의 신문화운동 때처럼 국학을 개혁하여 진보의 방향에서 탈바꿈시켜 "종래의 설화적 사관"을 버리고 역사의 측면에서 접근할 필요가 있다고 보았다.[126] 그가 말하는 역사적 접근은 유물사관에 기초한 연구를 의미할 것인데, 김태준은 1930년대 시점에서 이러한 접근에 대해 다음과 같이 말했다.

> 조선학 연구가 **현실의 조선 땅에 사는 일반인의 행복을 위해**서 한다고 할진대 우리는 그 **일반인의 진두(陳頭)에서 실천적 지도를 아니하겠거든** 일반인과 호흡을 함께하여 차라리 **종으로는** 현 단계에 이르기까지의 발전 과정을 분명히 해석하여 미래의 예측에 제공할 만한 자조가 되어야 할 것이요, **횡으로는** 세계적 학문으로서 연락이 있어야 하고 또 거기서만 학문의 생명도 있나니……
>
> 자본주의가 제4기, 제5기에로 연장되고 계룡산(鷄龍山)에 히틀러, 무쏠리니가 날 줄 아느냐. **유물적 진화의 법칙**이 정·반의 계열에서 나아가는 것이 다시 틀림없는 이상 구태여 **어용적(國學的) 방법을 선택하여 일부러 일반과 간격하려고 할 필요가 어디 있을까?** …… 우리 내의 지금까지의 연구 태도가 과도의 인식 부족에 유래한 것을 회개하고 단연 *******[원문 그대로임—인용자]를 위한 과학적 연구가 아니면 안 되겠다는 수감(隨感)을 초한다.[127] [강조—인용자]

126) 신남철, 〈최근 조선연구의 업적과 그 재출발 : 조선학은 어떠케 수립할 것인가(4)〉, 《동아일보》 1934. 1. 7. 김태준과 신남철이 국학을 대하는 태도에 차이가 있었는지는 좀 더 세밀한 분석이 필요하다고 보지만, 그것은 후일의 과제로 하겠다. 다만, 신남철이 국학을 무조건 부정하고 보편을 추구했다고 보아서는 안 된다는 관점을 견지한 것만은 분명하다(이태훈, 〈일제하 신남철의 보편주의적 역사인식과 지식인 사회 비판〉, 연세대학교 역사문화학과 BK21플러스 사업팀 편, 《식민지 조선의 근대학문과 조선학연구》, 선인, 2015 참조).

127) 김태준, 〈조선학의 국학적 연구와 사회학적 연구〉, 정해렴 편역, 《김태준 문학사론선집》, 352~353쪽(원전 : 《조선일보》 1933. 5. 2).

김태준의 언급은 앞서 인용한 신남철의 주장보다 먼저 제시된 것인데, 두 사람 모두 조선학 연구의 목적과 방향에 관해 비슷한 문제의식을 보여주고 있다. 그는 실천운동에 뛰어들지 않을 바에는 역사발전 과정을 추적하면서 동시에 보편성을 지향하는 자세가 필요하며, 과학적 연구의 대안으로 국학이라는 어용적 방법이 아니라 유물론을 제시했다. 이는 안재홍이 조선학이란 "일개의 동일 문화체계의 단일화한 집단에서 그 집단 자신의 특수한 역사와 사회와의 문화적 경향을 탐색하고 구명하려는 학의 부문"이라고 규정하여 특수성을 강조한 점과[128] 확연히 다른 '조선학 연구방법론'을 주장한 것이다.

여기에서 또 한 가지 주목해야 할 점은 마르크스주의 연구자가 말하는 실천의 수준이다. 그들은 조선학 연구를 바탕으로 직접 항일운동을 지도한다는 의미에서 실천을 말한 것이 아니다. 식민지 조선이 처한 국내외 현실과 미래를 마르크스-레닌주의에 입각하여 분석함으로써, 조선혁명을 꿈꾸고 실천하는 사람들이 정세를 파악하고 행동방향을 설정하는 데 기여하겠다는 차원의 실천이었다. 전문 지식인으로서의 위상과 역할에 더 방점이 있었다고 보아야 할 것이다. 이 점에서 김태준과 신남철은 1933년 당시 국내에서 전개되고 있던 '혁명적' 노동·농민운동, 그리고 이를 바탕으로 조선공산당을 재건하려는 움직임과 거리가 있었다.[129] 그럼에도 불구하고 '예민하게 시세를 통찰'하고, 조선의 역사와 현실의 특수성과 보편성을 탐구하며 미래를 전망하여 조선인 사회에 제공해야 한다는 유물사관 계열의 조선연구에 대한 태도와 방법론은, 그들로 하여금 실천운동에 뛰어들 여지를 폭넓게 열어놓았다. 김태준이

128) 저산, 〈조선학의 문제 : 권두언을 대(代)함〉, 《신조선》 7호, 12, 2쪽.

129) 하지만 김태준의 경우 이후 그의 행동을 고려할 때 좀 더 신중한 판단이 필요하다.

1930년대 중반 이재유 그룹과 접촉하고, 1940년경부터 박헌영의 경성꼼그룹에 직접 가담하여 "인민전선부"에서 활동한 사례가 여기에 해당된다고 하겠다.[130] 두 그룹 모두 1930년대 초반에 있었던 조선혁명론, 곧 아래로부터의 통일전선 방침과 계급 대 계급 전술에 입각하여 부르주아지와 부농까지도 혁명의 대상으로 두었던 그때까지의 운동방침과 달리, 항일에 동조하는 상층 인사들과의 통일전선도 강화한다는 차원에서 전문지식인의 역할에 주목하고 그들을 끌어들이려 노력했다는 공통점이 있다.

130) 관련된 내용은 신주백, 〈당재건운동〉, 〈최후의 재건운동 조직, 경성꼼그룹〉, 《1930년대 국내 민족운동사》, 선인, 2005 참조. 김태준이 진단학회에 참여한 이유 중 하나는 조선공산당 재건운동의 참가자라는 신분을 위장하기 위한 것일 수도 있다.

3. 조선학이란 학술장에서 역사연구의 지형

연구방식과 다섯 가지 연구경향

그러면 이처럼 다양한 역사연구방법과 다른 연구태도를 취한 사람과 단체 들에 대해 민족과 정치적 입장을 묻지 않고, 조선학이란 '학술장'에서 어떤 자리에 있었고 어떤 관계를 맺었는가를 몇 가지 기준을 가지고 비교하며 검토해보자.

먼저 검토 기준으로 네 가지를 제시해보겠다. 우선, 당시 지식인들이 현실에 대해 어떤 학문 태도, 곧 현실에 개입하려 했는가 아니면 초연하려 했는가가 하나의 기준점이 되어야 한다. 또한 근대 학문은 방법론을 개입시켜 대상을 분석하므로 어떤 방법론으로 조선을 연구하려 했는지에 따라 구분할 수도 있다. 조선연구에 대한 태도와 방법론을 갖고 진행한 연구와 활동의 지향점이 제도권 학계였는가, 그렇지 않았는가도 고려해야 한다. 어떤 자리와 위치에서 연구할 것인가는 오늘날에도 중요하지만 식민지 조선의 현실에서도 개인의 삶의 방향을 좌우할 수 있는 매우 중요한 선택지점이었기 때문이다. 마지막으로 근대 학문은 자신이 연구한 결과를 발표할 수 있는 장을 필요로 한다. 1930년대 초·중반 조선의 지식인들은 자신이 진행한 학술연구를 어떤 지면에 발표하려 했는지도 검토해야 한다. 지면의 성격은 매우 다양하므로 학술지였는가, 아니면 신문, 잡지 같은 대중지였는가를 염두에 두겠다. 요컨대 학술장의 지형을 구분하는 기본 기준은 현실에 대한 태도, 연구방법, (비)제도권 지향, 발표 매체로 압축해 말할 수 있다.

이상의 네 가지 기준을 놓고 1930년대 초·중반 조선학의 지형과 그 속에서 조선의 역사를 연구했던 흐름을 구분해보면 다음과 같이 다섯 부류로 나눌 수 있다.[131)]

첫째, 마르크스주의 학문과 거리를 두는 한편, 식민지 조선의 현실을 비판하는 인식을 갖고 적극적이든 소극적이든 현실문제에 개입하는 실천 지향의 태도로 조선을 연구한 흐름 또는 움직임이다(①경향). 위인선양·고적보존운동과 한글운동, 조선학운동이 그 보기일 것이다. 정인보, 안재홍이 이 경향을 상징하는 사회인사라면, 경성제국대학 출신자로는 한글운동에 참여한 이희승과 방종현을 들 수 있다. '운동으로서의 조선학'을 추구한 부류였다고 볼 수 있다. 당시 조선학운동을 주도하고 있던 정인보가 동아일보사의 청탁으로 연재한 〈오천년간 조선의 얼〉이란 글이 여기에 해당된다. 1920년대부터 단군조선 등의 역사인식에 관해 글을 써왔던 안재홍은 1936년부터 조선역사에 관한 개설서를 비공개로 집필하기 시작했다. 두 사람은 해방 후에 이들 원고를 정리해 각각 《조선사연구》와 《조선상고사감》을 출판했다. 해방 이후 이 경향은 남한에

131) 네 가지 기준과 다섯 가지 유형에 대한 구분은 연세대 국학연구원 HK사업단의 클러스터에서 2년 넘게 함께 토론한 장신, 정준영 학형의 도움이 컸다. 두 동학에게 고마운 마음을 전한다.

서의 좌우대결과 남북한 사이의 체제대결 와중에 남북한 어디에도 뿌리를 내리지 못했다.

둘째, 현실의 실천운동과는 명확히 거리를 두거나, 현실에 관심은 있지만 조선이 직면한 현실과 무관하게 문헌고증에 입각하여 조선을 연구하면서 조선의 과거에 대해 발언한 흐름 또는 움직임이다(②경향). 조선역사에 관한 글쓰기라는 측면에서 보았을 때, 경성제국대학 출신자로 이 부류에 해당한 사람은 없었다. 여기에는 1930년대 황의돈이 해당된다고 하겠다. 1장에서 보았듯이, 황의돈은 1920년부터 19년간 보성고등보통학교에 교사로 재직하며 역사·한문·조선어를 담당했다. 그는《신편조선역사》(1923)와 이를 저본으로 조선역사를 좀 더 쉽게 기술한《중등조선역사》(1926)를 발행하여 대중의 갈증을 풀어주려 했다. 실제《중등조선역사》는 1933년 4월까지 9판이 발행되었고, 고등보통학교의 역사교과서로 활용되면서 여러 사람의 역사인식에 큰 영향을 주었다. 이 경향은 해방 이후 뒤에서 언급할 ④경향에 합류했다.

셋째, 식민지 조선의 현실을 마르크스주의에 입각해 비판하면서 과학적 조선연구를 내세운 흐름 또는 움직임이다(③경향). 이 경향을 대표하는 사람은 백남운이며, 경성제국대학 출신자로는 김태준, 신남철을 들 수 있다. 백남운은《조선사회경제사》(가이조샤, 1933),《조선봉건사회경제사》(가이조샤, 1937)를 간행했고, 조선학운동에 관여했다. 김태준은《조선한문학사》(조선어문학회, 1931),《조선소설사》(청진서관, 1933)를 간행했고, 조선공산당 재건운동에 직접 참가한 사람이다. 그래서 ①경향처럼 '운동으로서 조선학'을 추구했다고 볼 수 있다. 다만, ①경향과는 역사관이 달랐을 뿐 아니라, 근대 교육 시스템 속에서 체계적인 교육을 받으며 성장한 연구자였다는 점도 달랐다. 해방 이후 이 경향은 좌우대결이 격화되고 한반도에서 냉전체제가 고착화되는 가운데 남한에 뿌리를 내리지 못했다. 대신 북한의 김일성종합대학과 사회과학원 등에서 북한의 인문사회과학 발전에 큰 영향을 끼쳤다.

넷째, 학문의 순수성을 내세우며 식민지 조선의 현실에 대한 진단을 배제함으로써 현실에 개입할 여지를 원천적으로 차단하거나 식민지라는 현실을 수긍하면서 문헌고증을 절대시하는 역사연구방법에 입각해 조선을 연구한 흐름 또는 움직임이다(④경향). 이병도가 이끌었던 진단학회 주도자들이 여기에 해당될 것이다. 이병도 이외에도 역사학 전공자로서는 김상기, 손진태를 들 수 있다. 경성제국대학 졸업자 가운데는 조선사의 신석호, 조선문학의 조윤제, 이숭녕이 여기에 해당된다고 볼 수 있다. 이들은《진단학보》에 글을 실었는데, 신석호는 발표한 글이 없고, 이병도가 17편, 김상기가 7편, 이상백과 조윤제가 각각 6편, 손진태가 5편, 이숭녕이 3편의 글을 발표했다.[132] 이들 가운데《청구학총》에는 이병도가 4편, 조윤제가 1편, 신석호가 2편 3회, 손진태가 1편을 4회에 걸쳐 각각 발표했다.[133] 식민지 조선인으로서 제국대학은 차치하고 사립전문학교에도 자리를 잡기 어렵고 지배기구에도 들어가기 쉽지 않아 불완전하지만 '제도로서의 조선학'을 추수한 유형이었다. 이들은 비슷한 연구방법 및 연구태도 이외에도《진단학보》를 매개로 학술 연계망을 꾸준히 유지할 수 있었다. 해방 이후 한국인이 주체가 된 역사학과 국문학 분야는 학문권력을 장악한 이들에 의해 주도되었다. 일본 중심의 관계사 연구와 연구범위의 공간적 제한성은 해방 이후 동양사 연구와 강의를 담당한 사람들의 주된 관심사가 한동안 한국사 또는 한중관계사에서

---

132) 민현구, 〈진단학회 육십년약사〉,《진단학회60년지》, 진단학회, 1994, 11쪽.

133) 〈青丘學叢論文著者別索引(自第一號 至第三十號)〉,《青丘學叢》30號, 1939. 10. 덧붙이자면, 역사학자 유홍렬은《진단학보》에 2편,《청구학총》에 2편 3회, 이인영은《진단학보》에 3편,《청구학총》에 2편, 최남선은《청구학총》에 1편을 발표했다.

벗어나지 못하게 되는 중요한 원인으로 작용했다.[134] 달리 말하면, 한국사 연구의 보조로서 동양사 연구라는 한계를 탈피하는 데 많은 시간이 걸린 이유도 여기에서 연유한다.

다섯째, 조선을 일본에 종속된 공간으로 간주하며 식민지배를 역사적으로 정당화시켜주는 발언과 연구를 진행한 흐름과 움직임이다(⑤경향). 한마디로 식민주의 역사학을 추구한 부류라고 규정할 수 있으며, 주로 재조일본인 역사학 연구자들이 주축이었다. 그중 이 시기 식민지 조선에서 활약한 대표적인 사람으로는 《단군고(檀君考)》(고노자와쇼텐, 1929), 《조선학총서(朝鮮學叢書) 1》(고노자와쇼텐, 1933), 《조선사의 간》(고노자와쇼텐, 1935)을 간행하고 경성제국대학 사학과에서 조선사학 제1강좌를 담당한 이마니시 류, 제2강좌를 담당하며 《조선사대계 1 : 상세사》(조선사학회, 1927)와 《조선소사》(로암기념재단, 1931)를 출판한 오다 쇼고, 조선사편수회의 실무총책으로 있으면서 만선사의 체계화를 시도하는 도중에 《광해군시대의 만선관계》(오사카야고쇼텐(大阪屋號書店), 1933), 《만주발달사》(일본평론사, 1935), 《세계역사대계 11 : 조선만주사》(헤이본샤(平凡社), 1933)의 조선사 부분을 집필한 이나바 이와키치를 들 수 있다. 또 오다 쇼고의 후임으로 조선사학 제2강좌의 책임교수를 맡고, 조선총독부가 시정25주년을 기념하여 기획한 《조선사 길잡이》(1936)를 집필했다고 전하는 스에마쓰 야스카즈도 있다. 이들은 식민주의 역사학을 추구하며 '제도로서 조선학'을 식민지 조선에 구축해온 핵심 인사들이었다. 이들이 활동한 기관인 경성제국대학 법문학부 사학과와 조선사편수회, 그리고 두 조직의 연합조직인 청구학회는 식민주의 역사학을 재

134) 이와 관련한 구체적 사례는 권중달, 〈한국 동양사학에 있어서 연구시각의 문제〉, 《한국사학사학보》 7집, 한국사학사학회, 2003, 97쪽 참조.

생산하고 전파하는 베이스캠프와 같은 곳이었다. 식민주의 역사학자들은 조선총독부에서 발행하고 있던 《조선》과 같은 잡지 이외에 정기적으로 꾸준히 발행된 전문학술지인 《제2부 논찬》(경성제국대학법문학회, 1928~1934), 《논찬》(경성제국대학문학회, 1935~1941), 《사학회보》, 《청구학총》에 자신들이 지향하는 글을 더욱 심도 있고 세련되게 다듬어 선도적으로 발표했다. 그래서 1920년대 중반에 식민주의 역사학의 중심이 일본에서 경성으로 옮겨올 수 있는 제도적 기반이 마련되었다고 한다면, 이후 1930년대에는 한 단계 발전하여 경성이 조선의 역사와 문화를 말하는 식민주의 역사학의 중심이 되었다고 할 수 있다. 식민주의 역사학은 1945년 일본의 패전으로 경성에서 기반을 상실했다. 일본으로 돌아간 식민주의 역사학자들은 한국전쟁이 일어난 직후인 1950년 10월 나라(奈良)에 위치한 덴리(天里)대학에서 한국의 역사, 언어, 종교, 문화를 연구하는 조선학회를 결성하고, 《조선학보》를 발간하며 자신들의 역사관을 재생산했다.

이상 다섯 부류의 움직임을 네 가지 기준 속에서 요약하면 〈표 3-1〉과 같다.

연구경향의 특징과 영향

민족을 기준으로 위의 경향을 구분하면 조선인 지식인은 ①~④경향에 흩어져 있으며, 재조일본인 연구자는 ⑤경향에 포진하고 있다. ⑤경향은 관학아카데미즘을 전파하고 식민지 지배 이데올로기를 생산·유포했다. 그런 가운데서도 경성제국대학에는 서양철학 강좌를 담당한 일본인 교수들 같이 '리버럴리즘의 기풍'을 지닌 이들도 있었다.[135] 후자의

〈표 3-1〉 식민지 조선의 조선학 학술장에서 조선 역사연구의 지형

	연구태도	연구방법	(비)제도권*	발표 매체
①	개입	고증학	비제도권	대중지
②	초연	고증학	비제도권	대중지
③	개입	마르크스주의	(비)제도권	학술지 / 대중지
④	초연	실증주의	제도권	학술지 / 대중지
⑤	초연	실증주의	제도권	학술지 / 대중지

* 학술장의 제도권에는 경성제국대학, 조선사편수회와 공립의 각종 전문학교가 있었다. 사립전문학교와 중등학교를 이 글에서는 비제도권으로 구분하겠다. 사립전문학교는 일본에서 정규학력으로 인정받지 못하고 있었을 뿐만 아니라 학문을 재생산할 시스템도 갖추지 못했다. 더구나 그곳에 근무하는 사람은 학문연구에서 일본정부와 조선총독부의 이해를 대변하거나 고려할 필요도 없었다. 이 점에서는 사립의 중등학교에 근무하는 교사도 마찬가지였다.

경향은 경성제국대학 조선인 학생들의 학교생활에 많은 영향을 주었다.

⑤경향이 식민지 조선을 제국의 일부이자 본국에 부속하는 '지방학'의 일부 대상으로 연구했다면, ④경향의 학문도 조선인으로서 조선을 연구한다고 했지만 이 점에서 자유로울 수 없었다.[136] 왜냐하면 ④경향에 있는 사람들 대부분은 자신이 조선인이라는 존재감을 떨쳐버릴 수 없으면서도 조선의 현실에 개입하지 않은 채, 재조일본인 연구자와의 협력적 경쟁 속에서 제도권 내부를 지향했기 때문이다. 그래서 그들은 문화운동으로서의 조선학운동이 이벤트에 성공하고 있을 때 선뜻 동참하지 않고 거리두기를 하면서도 관학아카데미즘에도 한 발을 담근 채 《진단학보》를 발행했다. 하지만 그들의 기묘한 경계 서기는 어느 쪽 상

135) 정준영, 〈경성제국대학과 식민지 헤게모니〉, 서울대학교 박사학위논문, 118~120쪽.

136) 지방학으로서의 조선연구에 대한 문제의식은 문제제기 차원에서 자신의 생각을 정리한 박용규의 논문에서도 확인할 수 있다. 박용규, 〈경성제국대학과 지방학으로서의 조선학〉, 민족문학사연구소 기초학문연구단, 《'조선적인 것'의 형성과 근대문화담론》, 소명출판, 2007.

황이 더 강렬하게 당기느냐에 따라 달라질 수 있었다. 1942년 조선어학회 사건을 계기로 진단학회를 자진 해산하고 학보 발행을 중단한 것은 그러한 보기의 하나라고 말할 수 있다.

④경향과 달리 ①과 ③경향은 대부분 제도권 밖에 머물러 있었으므로 '지역으로서의 조선'을 연구대상으로 하는 조선학을 지향했다고 볼 수 있다. 하지만 경성제국대학을 비롯한 대학에서 학문을 배우고 조선을 연구하는 ③경향의 사람들은 ①경향의 사람들이 '과학적 근거'가 취약한 채 고루하고 관념적인 글쓰기를 할 뿐 '진정한 학술논문'을 작성하지 못한다고 보았다. 더구나 역사관의 차이가 명확한 현실에서 두 경향 사이의 경계는 ①경향과 ④경향 사이보다 더 선명했을 것이다. 그러면서도 ①경향과 ③경향은 독립을 향한 항일에 동참하려 한다는 지점에서는 연대할 여지가 있었다. 백남운이 조선학운동에 부분적으로 참가한 경우가 여기에 해당된다고 할 수 있다.

각각의 경향 내부를 들여다보고 분류하면 다시 복잡한 관계를 설정해야 하는 경우도 있다. 가령 ③경향에는 ①경향을 무시하고 계급주의적인 태도를 취하는 흐름과 ①경향을 비판하면서도 조선학의 의의와 중요성을 인정하는 흐름이 있었다. 전자의 논자로는 한응수를 들 수 있고, 후자의 논자로 백남운을 들 수 있다.[137] 후자의 경우에도 사립학교라는 (비)제도권에 몸담고 비제도권 학술장에서 활동했던 백남운과 달리, 비제도권과 제도권 모두에 관여하고 있으면서도 ④경향의 사람들과 함께 활동한 김태준은 또 다른 활동 반경을 보여준다. 또한 같은 ③경향이면서도 백남운과 달리 신남철과 김태준은 ①경향과 함께하지 않았다. 이

137) 한응수, 〈'매조군(賣祖群)' 두상(頭上)에 일봉(一棒)〉, 《비판》 3권 6호, 1935. 12 ; 방기중, 《한국근현대사상사연구 : 1930 · 40년대 백남운의 학문과 정치경제사상》, 112~115쪽.

경우는 역사관의 차이를 드러낸 행보였을 뿐 아니라 개인적 관계도 작용했다고 보아야 할 것이다.

그 복잡함은 ④경향에서도 확인할 수 있다. 경성제국대학 법문학부에서 문·사·철 분야를 전공한 졸업자 가운데 ③경향으로 분류할 수 있는 사람은 김태준과 신남철 등 극히 소수이며, 조선학을 하려는 사람의 거의 대부분이 ④경향에 해당된다. 그럼에도 경성제국대학의 사학과를 졸업한 신석호,[138] 유홍렬, 문학과를 졸업한 이숭녕과 조윤제, 철학과를 졸업한 고유섭과 달리, 문학과를 졸업한 이희승과 철학과를 졸업한 박종홍[139]은 현실로부터 초연하지 않았으며 글과 강연 등을 통해 현실에 개입했다.

④경향의 사람으로 사학과와 문학과를 졸업한 사람 가운데 신석호, 유홍렬, 조윤제, 고유섭은 ⑤경향의 잡지인 《청구학총》에도 글을 실었다. 또한 박종홍을 제외한 모든 사람이 《신흥》에 글을 발표했다. 이들에게 《신흥》은 형식과 분석력을 제대로 갖춘 학술논문을 《진단학보》, 《청구학총》 등의 학술지에 발표하기 위한 사전 연습공간이자 가교였다. 제도권을 지향하는 ④경향의 사람들에게는 조선어로 학문연구를 하는 행위만이 중요한 것은 아니었다. 필요하면 《청구학총》 등에 일본어 논문도 발표했다. 비록 그들은 경성제국대학에서는 아무리 잘해도 조수(助手) 이상의 자리에 오르기가 힘들었지만, 제국대학 외에 다른 제도권에서 자리를 잡는 경우도 흔했다. 조선사편수회에 근무한 신석호, 김창균, 윤용균, 개성박물관에 근무한 고유섭, 경성사범학교에 근무한 조윤제,

---

138) 신석호와 같이 제1회 졸업생인 김창균과 제2회 졸업생인 윤용균은 졸업 직후 조선사편수회에 들어갔다. 이후 김창균과 윤용균은 조선사편수회 이외의 단체에서 활동하지 않았다.

139) 《박종홍전집 1》(형설출판사, 1980)에 수록된 글 가운데 1930년대 초·중반에 발표된 글을 보면 확인할 수 있다. 그렇다고 해서 박종홍이 이희승처럼 운동 차원의 행동을 취했던 적은 없다. ①과 ③경향에 대해 입장을 표명한 적도 없다. 그래서 그를 어느 부류에 넣기가 무척 애매한 측면이 있다.

평양사범학교에 근무한 이숭녕이 그런 경우이다. 유홍렬은 1938년 3월까지 경성제국대학의 조수로 근무했다.[140)] 이들은 조선인이기 때문에 경성제국대학의 학술과 제도로부터 소외된 측면도 있지만, 경성제국대학 출신이기 때문에 차선의 제도권을 선택할 수 있었다는 점에서 경성제국대학의 학술과 제도의 혜택을 받았다고 볼 수 있다. 이에 비해 이희승과 박종홍은 조선인 사립학교인 이화여자전문학교에 근무하며 이들보다는 어느 정도 자유로웠고, 조선학에 관한 발언과 실천도 할 수 있었다.

이상 조선학이란 학술장에서 역사학의 지형을 네 가지 기준으로 구분한 뒤 다양한 흐름을 다섯 가지로 유형화하고, 각 경향의 내부도 간략히 들여다보았다. 이제 다음 4장과의 연계를 위해 해방 후와의 관계를 미리 간략히 정리해보자.

③경향과 ①경향은 상호 비판적이고 대결하려는 태도까지 취했지만 조선연구의 현재성을 중시하며 실천과 저항을 강조한 공통점이 있다. 두 경향은 실증의 중요성을 간과하지 않으면서도, 실증의 완성도를 높이는 실천성보다 조선연구를 하는 사람의 의식과 태도를 더 중시했다. 해방 후 좌우대결과 분단 그리고 전쟁을 거치며 분단체제가 고착화되어 두 경향의 장점은 학계에 안착하지 못하다가, 1960년 4·19혁명, 1964년 한일기본조약체결 반대운동, 1969년 3선개헌 반대운동을 거치며 성장하는 민주화운동 속에서 서서히 모습을 드러내며 자리를 잡아갔다. 자본주의 맹아와 분단시대의 발견은 이 과정에서 비로소 가능해졌다.

④경향은 ②경향까지 흡수하며 현실에 대한 무관심과 문헌고증사학을 그대로 계승하며 거의 모든 대학에서 인문교육의 주도권을 장악하고 인문학의 주류로 자리를 잡아갔다. 이들은 학문권력만 장악한 것이

140) 유홍렬은 그해 4월부터 서울의 동성상업학교의 교사로 근무했다.

아니었다. 치밀한 실증력을 높여 논문의 완성도를 향상시킨다고 하면서 제도만이 아니라 태도와 방법론까지 그대로 계승했다. ④경향의 사람들에게 '제국대학'의 경험은 청산의 대상이 아니라 계승·전수해야 할 유산이었다. 강좌제와 유사한 방식으로 학과를 운영하거나, 학과를 3분과 체제로 구성해 교육과 연구를 진행하고, '사실(史實)은 한 세대가 지나야 한다'며 현실에 무관심하며, 대중과의 소통을 방기한 채 자신만의 연구를 진행하는 모습은 바로 그러한 유산을 상징하는 구체적인 보기다.

①, ③, ④ 경향의 유산은 한국 역사학의 역사에서 반식민주의 역사학의 범주를 달리 설정하게 만들었다. ③경향과 ①경향은 자신만이 반식민주의 역사학의 범주에 들어간다고 본다. 이에 반해 ④경향에 선 사람들은 자신도 일본의 식민주의 역사학에 맞서 싸우면서 이룩해놓은 전통을 가지고 있다고 하면서 '학술적으로 항쟁'한 문헌고증사학도 반식민주의 역사학의 하나라고 주장한다. 하지만 1930년대 초·중반 조선학 연구의 학술지형에서 보면, ④경향의 역사학은 비록 식민주의 역사학에 찬동하는 결과물을 내놓지 않았다 하더라도, 식민주의에 대항했다기보다 때론 일본인과 협력관계를 유지하고 실증 경쟁이라는 외피를 쓴 채 조선인이라는 민족의 처지에 따라 규정받은 한계와 식민주의 역사학의 제도권을 지향하는 조선학 연구 사이의 경계선에서 동요하는 존재였다.

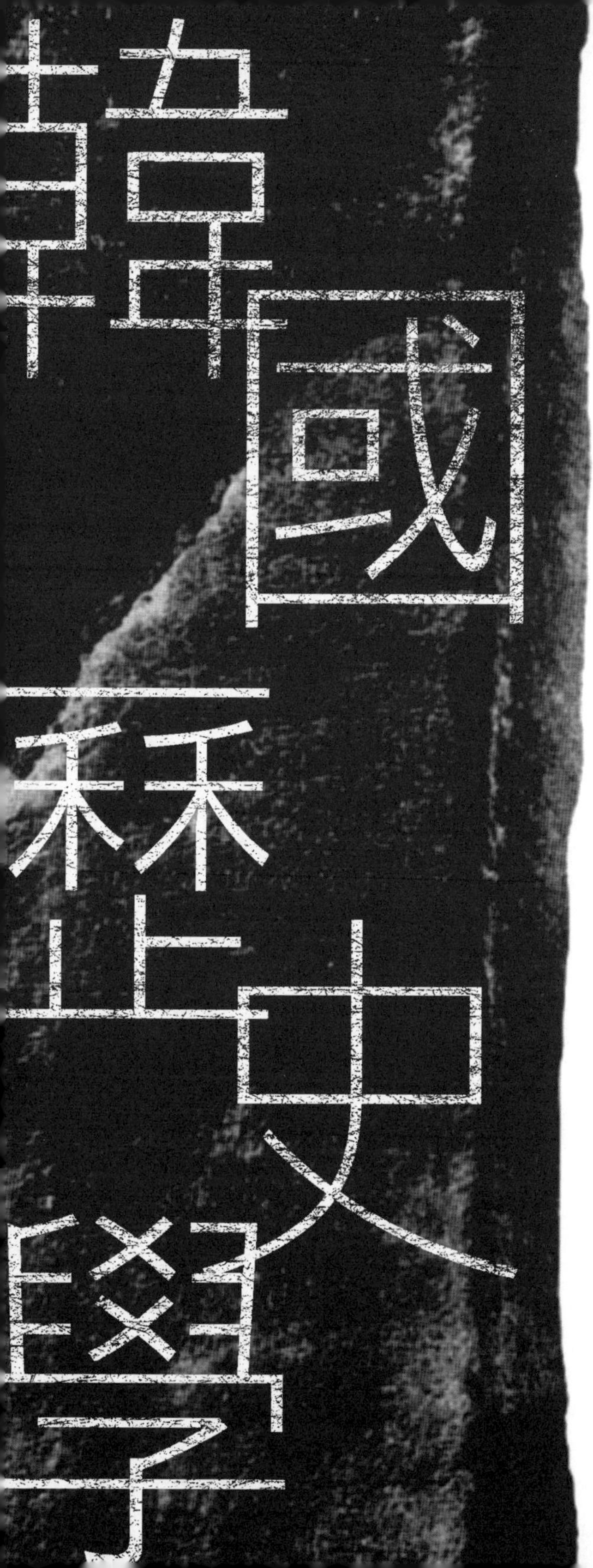

4장 대학의 사학과에 집중된 역사학

—식민경험의 연속·변용·단절

1. 미군정 · 한국정부의 고등교육정책과 교양역사교육

일본은 1937년 중일전쟁, 1941년 아시아 · 태평양전쟁을 일으키면서 식민지 조선을 총동원체제로 전환하고 사람들의 생각과 행동을 전쟁 수행에 맞추어 제어했다. 동원의 효율성을 높이고자 황국신민화정책을 추진하며 조선인의 역사와 언어를 대놓고 부정했다. 시간이 흘러도 전황은 역전되지 않았지만, 일본은 그럴수록 더욱 조선인에게 충성을 강요하고 총동원체제를 강화했다.

1944년 일본은 식민지 조선에서 고등교육을 접고 학생을 산업요원, 국방요원으로 간주하여 1년 내내 동원하는 통년동원(通年動員)을 밀어붙였다. "직장을 교실로 하고, 작업을 교재로 하며, 동원 즉 교육, 근로 즉 연성(鍊成)"이라 내세우며[1] 경성제국대학을 시작으로 모든 전문학교에서 교과과정을 정지시켰다. 일본은 이공계 학생을 의학 및 치과의학관계, 농학관계, 약학관계, 광공관계(鑛工關係)로 구분하여 동원했고, 연

1) 近藤英男, 〈學徒勤勞動員ノ要義〉, 《文敎の朝鮮》 224號, 朝鮮敎育會, 1944. 7, 11쪽.

희전문학교를 비롯해 문과계 전문학교생을 주로 힘을 써야 하는 식량증산, 국방시설 건설, 운반 작업에 동원했다.[2)]

역사학 연구와 역사교육도 진척될 수 없었다. 앞서도 언급했듯이 안재홍은 1941년 탈고한《조선상고사》초고본 보따리를 '빈족(貧族)의 집 콩항아리 속'에 묻어두어 경찰의 감시를 피했다. 연희전문학교 조교수로 재직하며 일본사, 서양사, 사학개론을 가르치던 조의설은 강의를 전폐하고 학생의 집과 하숙집을 찾아다니며 학병을 가라고 권유해야 했다. 조의설의 회고에 따르면, 연희전문학교의 교수와 학생은 전투모와 전투복을 입고 다녀야 했고, 강의실은 '비행기공장'으로 바뀌었으며 대학교정은 방공연습장이 되었다.

> 소위 '대동아전쟁' 말기에 선생들은 거의 그만두었고, 나까지 세 명만이 남았다. 학교 이름도 공업경영전문학교로 바뀌었다. 일본인 학생도 여러 명 있었다. 살벌한 분위기, 지금 청와대 옆 산 밑에서 대피굴(총독부 이전 계획으로)을 학생들과 파다가 해방을 맞았다.[3)]

1945년 해방 직전 식민지 조선에서 고등교육이 중지됨에 따라 학교에서 조선의 역사학이 사라졌고, 학교의 구성원들도 생존을 우선시했다. 이런 상황에서 역사학 연구는 지하로 숨어들 수밖에 없었다.

2) 일본 통치 말기 학생 동원에 관한 자세한 내용은 신주백, 〈일제의 교육정책과 학생의 근로동원(1943~1945)〉, 《역사교육》78권, 역사교육연구회, 2001 참조.

3) 〈노교수와 캠퍼스와 학생(105) : 조의설(18) 피난 시절의 고달픈 학장직〉,《경향신문》1974. 1. 25.

미군정·한국정부의 고등교육정책

조선에서 고등교육과 역사학 연구는 일본이 패전하면서 재개되었다. 제도와 시스템을 만드는 움직임은 미군정이 주도했다.

미군정은 한국에 35년 동안 뿌리내리고 있던 일본식 교육체제를 미국식 교육체제로 전환하고자 했다. 1945년 11월 미군정의 자문기관으로서 교육계와 학계 인사들로 구성된 조선교육심의회에서는 "홍익인간의 건국 이상에 기(基)하여 인격이 완전하고 애국정신이 투철한 민주국가의 공민(公民)을 양성함을 교육의 근본이념으로" 한다고 교육이념을 확정했다.[4] 미군정은 애국정신과 민주정신을 갖춘 시민을 육성하기 위한 방안의 하나로 중등학교와 사범학교처럼 서로 연관성이 없는 다른 계통의 학교를 동시에 두는 일본식 복선형 학제에서 초(6년)—중(3년)—고(3년)—대학(4년)이라는 하나의 계통으로 이루어지는 미국식 단선형 학제로 교육체제를 바꾸었다. 종합대학(University)은 2개 이상의 학부가 있는 대학이고, 단과대학(College)은 1개의 학부가 있는 대학으로 규정하고, 종합대학은 대학교로, 단과대학은 대학이라 부르기로 했다. 그리고 국립종합대학의 학부 종류는 최고 통치권자의 명령으로 정하며 각 대학에는 참의원을 두어 내부 규정을 정하기로 제안했다.[5] 미군정은 소수의 엘리트와 다수의 피지배자를 육성하며 위계적·차별적 교육체계를 실시했던 식민지 교육방식을 지양하고, 기회균등이란 민주주의의 기본원리에 충실하려고 했다.

1946년 4월 결성된 미군정의 문교부 고등교육분과위원회는 4월과 6

4) 중앙일보사 편,《광복30년중요자료집》,《월간중앙》1975년 1월호 별책부록, 중앙일보사, 1975, 32~33쪽.

5) 강명숙, 〈미군정기 고등교육 연구〉, 서울대학교 박사학위논문, 2002, 32쪽, 42쪽.

월 두 차례에 걸쳐 고등교육에 관한 임시조치안을 발표하여 입학시험, 대학승격 기준 등을 제시했다. 이에 따라 식민지 시기에 대학의 예비학교 성격으로 일본 본토의 구제(舊制) 고등학교와 같은 위상이었던 '경성제국대학 예과'를 폐지했다.[6] 2장의 〈표 2-1〉에 나오는 각종 관립전문학교를 서울대학교의 9개 단과대학[7]으로 재배치하여 고립되어 있는 각 학교 사이의 연계성을 확보하고 재정의 효율성을 증진시켰다.[8] 수원고등농림학교는 농과대학, 경성사범학교와 경성여자사범학교는 사범대학으로 개편되었고, 1946년 8월에는 〈국립서울대학교 설립에 관한 법령〉에 따라 문리과대학, 사범대학, 법과대학, 상과대학, 공과대학, 의과대학, 치과대학, 농과대학, 예술대학의 9개 단과대학과 대학원이 설치되었다. 이를 둘러싸고 후일 '국대안(국립서울대학교설립안) 파동'이라 불리는 갈등이 일어났는데, 전문학교 통폐합에 따른 고등교육의 질 저하와 친일파 교수의 임용, 관선 이사회가 학문의 자유와 학원의 자치를 침해할 수 있다는 등의 이유를 내세워 학생과 교수 들이 국대안에 반대하며 동맹휴학을 결의했다. 1년여 동안 국대안을 둘러싼 논쟁으로 학교교육은 혼란에 휩싸였다. 사립의 전문학교도 4년제 정규대학으로 전환을 모색했다. 1946년 8월 15일 연희전문, 보성전문, 이화여전은 새로운 고등교육제도에 따라 4년제 종합대학인 연희대학교, 고려대학교, 이화여자대학

6) 1945년 이전, 특히 구제(舊制) 고등학교가 실시된 1918년까지 일본의 고등학교는 인문학의 기초교육을 강화한다는 취지에서 오늘날과 비교할 때 고교생의 수준보다 더 높은 내용을 가르쳤다. 사실상 대학의 예과 또는 입문 수준이었다고도 말할 수 있다. 1948년 8월 10일 '국립 서울대학교 문리과대학 예과', 일명 '서울대학 예과'의 마지막 졸업식이 있었다.

7) '학부'에서 '단과대학'으로 명칭이 바뀐 것은 조선교육심의회에서 유억겸이 단과대학이라는 용어를 제안하고, 문교부 고등교육분과위원회에서 1946년 6월 발표한 임시조치안에서 법제화함으로써 이루어졌다. '단과(單科)'라는 명칭의 유래는 정확히 알 수 없으나, 일본의 관공립전문학교가 영어로는 College를 쓰면서도 공업, 농업처럼 단과제였던 데서 비롯된 착상일지도 모르겠다.

8) 문교40년사편찬위원회 편, 《문교40년사》, 문교부, 1988, 74쪽.

교로 각각 확대 개편되었다. 1946년 12월 3일 교수자격 표준, 대학 명칭, 재정 규모의 세 부분으로 구성된 대학승격과 설립인가 기준에 대한 임시조치안이 발표되었는데,[9] 이는 1955년 8월 〈대학설치기준령〉 공포 이전까지 적용되었다.

1949년 12월 31일 공포된 교육법 제109조에서는 대학의 종류를 교양 있는 직업인을 양성하기 위해 통상 2년제로 운영하는 초급대학, 4년제의 대학(단과), 4년제의 대학교(종합) 3종으로 하고, 대학교에는 3개 이상의 단과대학과 대학원을 두며, 단과대학에도 대학원을 둘 수 있다고 규정했다. 그리하여 종합대학교는 몇 개의 단과대학이 있느냐에 따라 결정되었다.[10]

그런데 해방 이후 고등교육정책에는 법에 따라 대학에 설치하는 학과의 분류와 조직에 관한 기준이나 조건이 없었다. 따라서 식민지 시기의 경험을 이어받은 관행과 미국의 대학제도를 모방해 학과를 개설하고 학문 단위를 분류할 수밖에 없었다.

교과목의 구성과 교양역사교육

각 대학교의 학사운영을 보면 교과목을 필수과목과 선택과목으로 나누고, 필수과목을 다시 일반교양과목과 전공과목으로 구분했다. 교과목 구분은 종합대학의 설치와 동시에 이루어졌지만, 1949년 교육법이 공포되면서 구분방식이 명확해졌다.

---

9) 《조선일보》 1946. 12. 3.

10) 1952년 4월 교육법시행령에서 종합대학교의 단과대학 가운데 적어도 하나는 자연과학계여야 한다고 규정했다.

선택과목 제도는 식민지 시기 대학에도 있었지만, 당시에는 학년 또는 학급 전체가 선택하는 방식이어서 사실상 학생 개인에게 선택권이 없었다. 그런데 미군정은 학생 개개인의 자유로운 판단에 맡기는 학점제를 실시했고, 그것도 1년이 아니라 학기별로 완결하는 방식으로 바뀌었다. 학기제를 중심으로 한 학점제 운영은 학생에게 다양한 기회를 주며 개인의 책임을 강조함으로써 패전 이전까지 일본의 대학에서 운영하던 통년제 같은 집단적 학사운영을 지양했다.

학생들의 이수학점은 최소 180학점이었다. 미군정과 문교부가 과목을 구분하고 이렇게 많은 학점을 이수하도록 한 이유를 정확히 알 수 없지만, 아래의 기록은 시사하는 바가 많다.

> 이러한 조치는 대학 교재 및 교구, 도서관 설비의 미비 등으로 인하여 대학의 수업이 주로 강의 중심의 교수 방법으로 행해지고 대학원 교육이 부실하기 때문에, 전문교육을 학부 과정에서 모두 마치는 식으로 교육 과정의 운영을 개선하기 위한 것이었다.[11]

오늘날 대학이 140학점 정도를 졸업 이수학점으로 규정하고 있는 현실과 비교할 때 180학점은 많은 학점이다. 왜 하필 180학점이었는지 알 수 없지만, 이 학점을 이수해야 졸업할 수 있도록 한 조치는 학생 개개인의 노력을 뒷받침할 만한 인프라가 부족하고, 전문가 양성과정으로서 대학원 교육이 어렵다는 어두운 현실과 깊은 연관이 있었다. 이와 관련해 수업 방식도 교재와 교구를 마련하기 어려운 형편을 반영하여 교수가 자신의 강의노트를 주로 읽어가는 형식일 수밖에 없었다.

---

11) 문교40년사편찬위원회 편, 《문교40년사》, 77쪽.

해방 후 대학의 교과목 운영에서 특별히 눈에 띄는 점은 교양교육이 매우 강화되었다는 사실이다. 1952년 문교부에 따르면, 일반교양과목이란 "일반 지도적 인격을 도야(陶冶)함에 필요한 과목"이며, 전공과목이란 "학과의 전문 학술 연구상 필수하여야 할 과목"을 가리킨다.[12] 그래서 문교부에서는 전공교육에 치우쳐 편협한 수학(修學)을 하지 않도록 함으로써 인간생활을 풍부하게 하는 데 신경을 쓰도록 각 대학에 권유했다. 또한 국가를 건설해야 하는 새로운 시대에 지도자로서의 자질을 기르고 사회적 요청에 부응할 수 있도록 폭넓은 교양과 학식을 쌓는 기초교육을 강조했다.

식민지 시기 경성제국대학 시절에도 없던 일반교양과목을 신설했을 뿐만 아니라 필수과목으로 지정하여 교양교육을 강화하려는 조치는 미국의 대학에서도 꾸준히 시도해온 교육방향이었다. 또한 미군정이 바라보는 일본식 대학교육의 문제점에 대한 대책이기도 했다. 연합군최고사령부(GHQ)가 일본의 대학개혁을 시도할 때 미국교육사절단이 제출한 보고서에서는 대학의 일반교양과정을 확충하도록 권유했다. 미국교육사절단은 일본의 대학교육에서 일반교양교육에 대한 기회가 매우 적은 대신 1학년 때부터 전공교육을 실시하는 것은 성급하며, 강좌제의 영향으로 폭넓은 배움의 기회를 차단하고 특정한 주제를 좁고 깊게 다룸으로써 전문화 과정을 지나치게 조기에 실시해왔다고 판단했기 때문이다. 또한 직무 혹은 직업은 크게 중시하면서도 정작 직업교육에는 그다지 노력을 기울이지 않았다고 분석했다.[13]

---

12) 《교육법 교육법시행령》, 문교부, 1951, 79쪽. 가리방으로 출판한 것이 아니라 활자 인쇄하여 발행한 책자인데, 연세대학교 학술정보원에서 소장된 책자에서는 발행 연도를 알 수 있는 부분이 없다. 교육법은 1949년 12월 31일 제정되었는데, 시행령은 한국전쟁으로 지연되다 1952년 4월 공포되었다.

13) 土持法一, 〈新制大学における'一般教育'の導入と展開の過程〉, 教育史学会機関誌編集委員会 編, 《日本の教育史学 : 教育史学会紀要》 40巻, 1997, 227쪽.

교양교육을 강조한 미국교육사절단의 보고서는 자유사회에서 대학이 평등에 관심을 가지며 세 가지 중요한 기능을 수행해야 한다고 지적했다. 하나는, 지적 자유의 전통을 높은 가치로 삼고 소중히 지키며 과학과 학문을 육성하고 진리에 대한 애착을 길러내야 한다는 점이었다. 다른 하나는, 변화하는 사회의 필요에 따라 항상 민감하게 우수한 청년남녀를 육성하고 기술도 유능하도록 훈련해야 한다는 점이었다. 마지막으로, 미래 사회의 지도자로서 자격을 지니는 청년남녀를 육성하기 위해 일반교양교육을 강화해야 한다는 점이었다. 미국교육사절단이 보기에 마지막 기능, 곧 일반교양교육을 강화하지 못한 일본의 대학교육이 미국의 대학관과 배치되었다.[14] 해방 후 남한을 통치한 미군정은 일본의 식민지였던 한국에 대해서도 마찬가지 판단을 했을 것이다.

그런데 교양교육의 중요성은 조선교육심의회에서도 인식하고 있었다. 고등교육을 담당하고 있던 조선교육심의회 제8분과위원회는 교양필수과목으로 국어, 역사와 문화, 자연과학개론, 체육 과목을 지정했다.[15] 여기서 말하는 '역사와 문화'가 실제 대학 교양교육에서는 문화사교육으로 나타났다. 이때 염두에 둔 문화사 교육의 실제 수업이 한국사 또는 동양문화사 수업이었는지, 아니면 세계문화사 수업이었는지는 불분명하다. 그런데 역사를 교양필수과목으로 하고 최소 4학점을 배치한 것이다. 오늘날에조차 한국의 대학들이 역사를 교양선택과목으로 하고 있는 현실과 비교하면 매우 대조되는 현상이라 말할 수 있다.[16]

인문학 분야의 교양교육에서 국어교육은 특별히 강조되었다. 일본이 추진한 황국신민화정책에 따라 조선어를 사용하지 못했던 식민지 유산

14) 教科教育百年史編集委員會 編, 《(原典對譯) 米國教育使節團報告書》, 建帛社, 1985, 119쪽.

15) 강명숙, 〈미군정기 고등교육 연구〉, 38쪽.

을 넘어서려는 노력의 일환이었다. 특별함에서는 역사교육도 마찬가지였다. 당시 사람들 사이에서는 "시급히 지난 4천 년의 자랑스러운 역사를 알아 신국가 건설에 정신의 주춧돌을 삼아"야 한다는 공감대가 조성되었다.[17] 교양역사교육의 강조는 조선역사를 자신의 기억에서 지워야 했던 식민지 경험을 극복하고 한국인으로서의 정체성을 복원하려는 노력의 표현이었다.

교양교육은 한국전쟁 중인 1952년에 이르면 4월 23일자 '대통령령 제633호'로 공포된 〈교육법시행령〉에 따라 재조정되었다. 이에 따르면 일반교양과목을 각 계열에 따라 필수과목의 3분의 1 이내에서 세 과목 이상씩 이수하도록 바뀌었다. 이를 정리하면 다음 〈표 4-1〉과 같다.

대학 설립 당시와 달리 계열별 특성을 살린 교양교육정책을 실시하면서 일반 교양필수과목의 이수 분량은 축소되었다. 자연과학계통의 학과는 문화사 교양강좌를 이수하지 않아도 되었다.

그렇다고 모든 대학에서 개정된 〈교육법시행령〉에 맞추어 똑같이 문화사 교육을 실시한 것은 아니었다. 연세대처럼 문과대학에서조차 교양필수과목에서 빠진 때가 있었는가 하면, 서울대는 자연과학계열도 필

16) 서울대는 개교 당시에 문화사 4학점과 더불어 국어 및 국문학 8학점, 외국어 및 외국문학 8학점, 자연과학개론 4학점, 체육 매학기 1학점씩 8학점을 이수하도록 지정했다. 1949년에는 문화사와 자연과학개론에 대해서는 문과계통의 학과에 한해서만 4학점을 이수하도록 했다(서울대학교30년사편찬위원회 편, 《서울대학교30년사 : 1946-1976》, 서울대학교, 1977, 88~89쪽). 그 이유는 알 수 없지만, 이과계통은 문화사를 배우지 않아도 되었던 것이다. 그러나 1950년대 후반의 자료에 따르면 이과계통도 다시 문화사 과목을 통해 교양역사교육을 받도록 했다. 연희대의 경우 교양필수과목으로 문화사 4학점 이외에 국어 8학점, 자연과학 4학점, 체육 8학점, 그리고 종교 6학점을 이수하도록 했다(연세대학교백년사편찬위원회 편, 《연세대학백년사 : 1885-1985》 1~4, 연세대학교출판부, 1985, 344쪽.) 고려대의 경우 역사 교양강좌가 유달리 강조되어 국사 4학점, 서양사 4학점, 동양사 4학점을 국어, 자연과학개론, 체육, 외국어 등과 함께 이수해야 했다. 1949년에는 이를 대폭 수정하여 문화사개설 4학점과 더불어 국어 4학점, 논리학개론 4학점, 심리학개론 4학점, 철학개론 4학점, 자연과학개론 4학점 등 30~40학점을 이수하도록 지정했다(고려대학교100년사편찬위원회 편, 《고려대학교100년사 Ⅱ》, 고려대학교출판부, 2008, 24~42쪽.)

17) 《매일신보》 1945. 10. 4.

〈표 4-1〉 일반 교양과목 이수 분야*

인문과학계	역사학 철학 윤리학 문학 심리학 논리학 사회학 종교학 교육학 인문지리학 외국어
사회과학계	역사학 헌법 법학 정치학 경제학 심리학 인류학 교육학 사회학 통계학 종교학
자연과학계	수학 통계학 물리학 화학 생물학 지질학 천문학 인류학 가정학

* 《교육법 교육법시행령》, 79쪽.

수과목으로 지정했지만, 고려대는 문과계열에서만 필수과목이었다.[18] 1950년대 문화사 교육은 대학에 따라 편차가 있었다.

교양강좌로서 문화사 교육의 의의에 대해 고려대 사학과에서 서양사를 담당하던 김성식 교수는 아래와 같이 밝혔다.

> 결국은 개인에 있어서는 사회와 통할 수 있는 품성을, 국민에 있어서는 인류와 통할 수 있는 품성을 배양하여 주는 것이 교양이라고 하겠다. 교양은 인도(人道)를 발견하여 주는 것이니 교양이 높을수록 많은 사람과 사귈 수 있고 낮을수록 인간교제의 범위가 좁아진다. 교양은 인간의 본질 그 자체를 밝게 하여 주는 것이므로, 인간 자체를 깨달은 사람은 누구나 우애(友愛)할 수 있기 때문이다. …… 지금 우리나라에서도 대학에 교양과목을 두어 1년간 가르치고 있다. 인간으로서 가져야 할 모든 품성을 가지게 하기 위한 것이 **교양과목의 존재의 이유**다. 특히 우리는 문화사를 교양과

---

18) 연세대의 경우 1957년까지 문과대학과 경상대학에서 문화사가 3학점의 교양필수과목이었지만, 1958년에 문과대학 교양과목에서 빠졌다(《연세춘추》 1958. 3. 15). 1959년에 '사람과 사회'라는 2학점짜리 교양강좌가 문과대학에 설치되었다가 1960년에 사라졌다(《연세춘추》, 1959. 3. 10; 1960. 3. 14). 1960년 강의시간표에는 이전에 있던 '문과대학 교양과목'이란 것 자체가 없어졌으므로 인문학 관련 교양은 계열별 교양에서도 사라진 것이다. 대신 '사람과 사회'는 사학과의 교양필수로 남았다. 고려대의 경우 문과계통의 학과에 '문화사개설'이란 이름으로 4학점이 배당되었는데, 수학과의 교양필수과목은 아니었다(《고려대학교 교과과정표(1961~1962)》). 이과대학에 속하는 학과였기 때문일 것이다. 서울대의 경우 문과와 이과 계통의 학과를 불문하고 모든 단과대학에서 4학점의 문화사 교양필수과목을 학생들이 이수하도록 했다(《서울대학교학교일람(1959~1960)》).

목 중에도 가장 중요한 부분으로 가르치고 있는데 이것은 두말할 것 없이 인류의 문화를 이해하기 위함이다. 우리가 정치사나 문학사보다 **문화사를 더 존중히 여기는 것은**, 후자는 전자보다 개인적 특성이나 **민족적 감정이 없는 인간으로서의 모든 행위와 노작을 우리에게 알려 주기 때문이다**. 제2차 대전 후 **국제의식이 발달함에 따라 교양으로서 인류문화사가 깊은 의의를 가지게 된 이유**는 바로 여기 있는 것이다.[19] [강조—인용자]

한국전쟁이 끝난 후 1950년대 중반 한국인이 대학에서 문화사 교육을 강조한 이유는 여기에서 충분히 짚어낼 수 있다. 즉 문화사 강좌는 인간으로서, 그리고 국제사회의 일원으로서 갖추어야 할 시민으로서의 덕성과 지도자로서의 자질 함양에 적합한 교양을 가장 잘 전달할 수 있는 통로로 간주되었다. 동시에 문화사 교육과정에서 개인은 사회관계 속에서, 국민은 국제관계 속에서, 각각 자신의 부족한 점을 자각할 수 있을 것으로 보았다. 달리 말하면 미군정기 때 문화사 교육을 실시한 배경은 일제강점기 때 억압당하거나 배제되었던 한국인으로서의 정체성을 복원하고 일본이 주입한 군국주의 의식을 떨쳐버리며, 더 나아가 대한민국이란 새로운 국가 건설과 미국 중심의 국제관계의 변화에 호응할 수 있는 인간형이 요구된 현실과 깊은 연관이 있었다. 그러한 점은 1950년대 중반에 이르러서도 문화사 교육을 실시할 커다란 배경으로 작용했다.

---

19) 김성식, 〈학생과 교양〉, 《역사와 현실》, 민중서관, 1968, 49~50쪽(원전 : 《고대신문》 1956. 6).

2. 대학 사학과[20]의 성립과 역사학

해방 직후 역사학계는 학회를 재건하고 조직하여 분산적인 활동을 극복하려 하거나, 대학에 사학과가 설치되면서 고등교육을 새로이 구축하는 데 일익을 담당한 움직임이 있었다.

뒤의 '사학과 안팎의 경계 형성과 연구활동' 항목에서 자세히 언급하겠지만, 전자의 움직임 가운데 가장 먼저 확인되는 조직이 해방 다음 날 백남운을 중심으로 결성된 조선학술원이다.[21] 조선학술원은 주로 자연과학과 사회과학에 관심 있는 사람들이 주축이 되었는데, 조선인 학계를 총결집해 학술 기간부대로서 '중앙아카데미'를 결성하자는 1936년도 백남운의 제안이 현실화한 것으로 볼 수 있다. 같은 날 재건된 진단학회는 건국준비위원회 및 미군정청과 협력하여 대중강연과 교사양성을 위

---

20) 제목에 '사학과'라고 하면 사회생활과, 역사교육학과, 사회교육과의 역사학 관련 부분을 포함하지 않는다는 선입견을 심어줄 우려가 있다. 하지만 내용을 기술할 때는 '역사학 관련 학과'라고 표현했으며, 사학과는 그러한 표현을 대표한다는 취지에서 사용했다.

21) 이하 해방 직후 역사학계의 동향은 내용은 조동걸, 〈5장 해방 後 한국사연구의 발흥과 특징〉, 《현대 한국사학사》, 나남출판, 1998, 322~333쪽을 간략히 정리했고, 필자의 견해를 추가한 것이다.

한 활동에 참여했다.

진단학회의 움직임에 비판적인 젊은 역사학자들은 1945년 12월 25일 좌우성향과 분과학문의 경계를 넘어선 교류 모임으로 역사학회를 결성하고, 잡지 《역사학연구》(1949)를 창간했다. 역사학회보다 조금 앞선 12월 12일에 진단학회 구성원 가운데 일부가 역사학회와 대칭한 조직인 조선사연구회를 창립하고, 《사해(史海)》(1948)를 간행했다. 두 조직의 결성은 식민지 시기 같으면 진단학회라는 이름으로 움직일 수 있었던 공간이 사실상 분해된 것이며, 문헌고증사학과 거기에 비판적인 연구경향 사이의 대칭구도가 성립되었음을 의미한다.

그럼에도 역사 관련 학회가 해방공간에서 역사학 연구를 주도했다고 보기는 어렵다. 대학의 울타리를 벗어나 학회를 만들어 협력하려는 활동을 제약한 환경은 민족문제만이 아니었다. 남한 내부에서의 좌우대결과 한반도의 분단도 서로 협력하는 활동을 크게 제약했다. 한국전쟁은 이러한 제약 요인의 결정체였다. 더구나 역사학자들은 대학이 설립되고 사학과가 설치되면서 학내에서의 교육과 연구를 안정화해야 할 시급한 현실에 직면했다. 이제부터 그 과정을 살펴보자.

해방 직후 주요 대학의 사학과 구성과정—일본식 제도의 정착과 주체의 형성

미군정은 1945년 10월 해방 후 주인이 없어진 경성제국대학을 경성대학으로 이름을 바꾸었다. 사학과가 소속된 법문학부는 1946년 2월 19일 학부수업을 정식으로 시작했다. 학과로서의 모습을 갖추기 위해 미군정과 경성대학 관계자들이 가장 먼저 한 일은 교수 충원이었다. 보성전문학교의 교수로 재직하며 경성대학의 교수 충원에 직접 관여한 유진오는 그 과정을 다음과 같이 회고했다.

> 경성대학 문제에 관해서는 백낙준 씨가 나를 찾아왔던 다음다음 날인 10월 3일에 주재황, 이명선, 김수경 등 해방 당시 연구실에 있던 사람들로 조직된 '대학자치위원회' 사람들이 보전(普專)[보성전문학교—인용자]으로 나를 찾아와서 내가 본격적으로 관여하게 되었던 것이다. 경성대학의 재건도 우선 교수진을 편성하는 일부터 착수하였음은 물론인데, 보전과 달라서 경성대학의 일은 주인 없는 학교에 새로 주인을 만들어 내는 일이라 처음부터 용이치 않을 것이 예상은 되었지만, …… 11월 중순까지 백낙준, 백남운, 이병도, 조윤제, 유진오 5인의 손으로 법문학부 교수 인선을 하는 데까지 끌어간 것은 일단 성공이었다.[22]

위의 회고에서 처음 나오는 미국 유학파 출신의 백낙준은 연희전문학교에 재직하며 학교를 사실상 이끌어왔던 사람이고, 경성대학 자치위원회 사람이라는 주재황은 법학, 이명선은 문학, 김수경은 국어학을 전공한 사람들로 경성제국대학 졸업생이다.[23] 세 사람은 식민지 시기 때부터 이름이 알려진 선배 교수를 찾아간 것이다. 백낙준을 중심으로 꾸려진 인선위원들 가운데 조윤제도 경성제국대학 졸업생으로 이후 서울대에서 한국문학을 가르쳤다. 백남운은 《조선사회경제사》(1933) 등의 저

---

22) 유진오, 《양호기(養虎記)》, 고려대학교출판부, 1977, 170쪽.

23) 이후 주재황은 고려대 교수를 거쳐 학계를 떠나 법조계에서 활약했고, 이명선은 1950년대 사망했으며, 김수경은 1946년 월북하여 김일성종합대학의 교수로 재직하며 국어학 연구를 계속하다 2000년 사망했다. 이명선에 관해서는 《이명선전집》 1~4(보고사, 2007)이 있다. 김수경에 관한 연구는 板垣竜太, 〈金壽卿の朝鮮語研究と日本 : 植民地, 解放, 越北〉, 同志社大学人文科学研究所 編, 《社會科學》 102号, 2014 ; 이타가키 류타(板垣竜太), 〈월북학자 김수경 언어학의 국제성과 민족성〉, 신주백 편, 《한국 근현대 인문학의 제도화 : 1910~1959》, 혜안, 2014 참조.

작으로 일찍부터 명성을 얻고 있던 사람이고, 이병도는 진단학회를 이끌며《진단학보》를 발행하는 등 문헌고증사학의 중심 인물이었다.

다섯 위원은 1945년 11월 교수를 인선한 결과 업적을 중요한 선발 기준으로 두기는 했지만 결국은 일본 유학파와 경성제국대학 출신자를 중심으로 선발했다. 초기 4명의 사학과 교수진을 보면, 식민주의 역사학을 대표하는 잡지였던《청구학총》의 편집위원 출신이란 공통점이 있는 한국사의 이병도와 손진태, 동양사의 김상기가 와세다대학 출신이었고, 한국사의 이인영은 경성제국대학 출신이었다.[24] 네 사람은 진단학회 회원이라는 공통점과 더불어 14호까지 발행된《진단학보》에 많은 원고를 집필한 사람들이었다.[25] 역사학 전공자만을 놓고 분류하면, 원고 편수가 가장 많은 사람은 17편의 이병도였고, 2위는 7편의 김상기, 3위는 6편의 이상백(사회학과 교수), 4위가 5편의 손진태, 5위가 4편의 이인영이었다. 해방 직후 재건된 진단학회에서 17명의 상임위원 가운데 김상기는 편집 담당, 손진태는 출판 담당이었고, 이병도, 이상백, 이인영은 위원이었다.[26] 서양사는 전임교수가 없는 가운데 연희대 교수로 재직 중이던 도호쿠제국대학(東北帝國大學) 출신의 조의설이 강의를 맡은 이래 20여 년간 출강했다.

경성대학 사학과 학생들과 특별한 관계를 맺은 교수는 이인영이었다. 그는 자신을 따르던 한국사 전공의 일부 학생들을 중심으로 경성대학 조선사연구회를 만들고 1946년 여름 이순복, 한우근, 손보기, 김사억, 임건상, 국문학을 전공한 이명구와 함께《조선사개설》(1949)을 완성했다.

---

24) 이후 동양사에 연희전문학교 출신이자 역사학회 회원인 김일출이 조교수로, 서양사에 1회 졸업생으로 역사학회 회원인 김재룡이 전임강사로 근무했다.

25) 진단학회 편,《진단학회육십년지 : 1934~1994》, 진단학회, 1994, 11쪽.

26) 진단학회 편, 같은 책, 82쪽. 당시 진단학회는 앞서 언급한 국어학자 김수경도 상임위원의 한 사람이었던 데서 알 수 있듯이, 식민지 때의 진단학회처럼 문헌고증만을 추구하는 사람들의 결집체가 아니었다.

1947년 서울대 사학과 1회 졸업생 5명 가운데 이순복, 한우근, 손보기가 작업에 참가한 것이다.[27]

조선사연구회는 경성대학 사학과의 학생과 교수 사이에 이병도로 상징되는 문헌고증사학의 학문 경향과 다른 흐름이 있었음을 보여준다. 손진태는 이 책이 "지금까지 세상에 나온 역사서 중에서는 확실히 일보 전진했고 또 특색이 있는 것이라"고 평가했다. 집필에 참가한 연구회 회원들에 대해서도 "진보적인 과학적 두뇌와 고도의 민족애의 열정과 자기들에게 부여된 민족적 사업에 대하여 가장 용감한 투지를 가진 젊은 학도들"이라고 치켜세웠다.[28] 손진태가 이 책에 서문을 썼다는 것은 특권적이고 고루한 민족주의와의 계급투쟁을 모두 거부하고, "민족 전체의 균등한 행복을" 지향하는 '진정한 민족주의'에 대해 학생들도 최소한 일정한 동조를 했다는 의미이다.[29] 학계에서는 이러한 태도와 관점을 신민족주의사학이라 부른다.

《조선사개설》에서는 신라의 '반도통일'을 말하지만 발해는 '부(附)'로 매우 간략히 다루면서 남북 왕조의 관점을 거부했으며, 단군을 부족국가시대 신화의 일부라며 다음과 같이 기술했다.

> 그리하여 고조선이라 하면 (1)단군조선 (2)기자조선 (3)위만조선의 3자를 가리킨다. …… 그러나 단군전설은 평안도를 중심으로 하던 일개 토지신에 관한 민간전승이 고려 중기 이후의 독립 배타 사조에 편승한 결과 도교·불교 등으로 윤색되면서 일국의 개국 신화로 발전한 것으로 비

---

27) 이기백, 〈학문적 고투의 연속〉, 《한국사시민강좌》 4집, 일조각, 1989, 169쪽.

28) 손진태, 〈서〉, 경성대학조선사연구회 편, 《조선사개설》, 홍문서관, 1949, 1~2쪽. 서울대학국사연구회 편, 《국사개설》(홍문서관, 1950)로 편찬되기도 했다.

29) 손진태, 〈자서〉, 《조선민족사개론 상》, 을유문화사, 1948.

교적 후세의 조선 측 사료로서만 전승되어 오는 전설에 불과하며 기자전설은 …… 평안도 중심의 일부족국가(一部族國家)의 전설이 유교를 숭상하던 이조의 사대주의적 사조에 편승하여 전 조선의 개국신화로 발전하게 된 것이지만 다만 고조선에 관한 일괄적 역사 기록은 오직 사기조선전(史記朝鮮傳)·한서조선전(漢書朝鮮傳)을 시초로 하여 …… 비로서 조선도 역사시대에 돌입하거니와 …….[30]

경성대학 조선사연구회는 '단군 전설에 제가(諸家)의 해석'에서 나카미치요의 견해에서 시작해 시라토리 구라키치, 이마니시 류, 미시나 쇼에이, 오다 쇼고, 백남운 순으로 검토하고, 이들을 포함해 10명의 연구성과를 참고문헌에 언급했는데, 한국인은 최남선과 김태준의 성과는 포함하고 이병도의 성과는 포함하지 않았다.[31] 이는 식민지 시기에 이병도의 단군조선에 관한 견해가 후학들로부터 주목받지 못했음을 시사한다.[32] 달리 생각해보면, 이병도 자신이 최남선이나 백남운, 김태준처럼 논쟁을 일으키는 글쓰기 또는 식민지 시기에 시선을 끌 만한 주장을 하지 않았음을 의미한다. 한(韓)씨조선에 관해 논문을 발표하는 등 고대사에 관심이 많았고, 조선역사를 연구하는 조선인 사이에서 지도적 위치에 있던 그가 단군조선을 언급하지 않은 점은 회피에 가깝다고 볼 수도 있다. 조선사편수회의 촉탁이자 청구학회 위원이라는 직책을 맡으며, 조선학운동에 철저히 침묵하면서 진단학회를 이끌어온 사람으로서의 선택이었을 것이다.

그러했던 이병도가 해방 후《조선사대관(朝鮮史大觀)》(1948)에서 '신

30) 경성대학조선사연구회 편,《조선사개설》, 홍문서관, 1949, 9쪽.
31) 경성대학조선사연구회 편, 같은 책, 19쪽.
32) 신채호뿐 아니라 정인보와 안재홍, 문일평, 안확 등에 관해서도 아무런 언급이 없다.

(新)해석'이란 이름 붙이며 단군조선에 관한 견해를 적극 피력했다. 그는 경성대학 조선사연구회와 달리 대동강 유역을 중심으로 한 고조선을 단군조선, 기자조선, 위만조선으로 구분했다. '천지양신족설(天地兩神族說)'에 입각하여 태백산에 내려온 아버지 환웅으로부터 시작된 신화 속에서 단군의 출생을 설명했다.[33] 부여족을 조선역사의 시작이자 줄기로 간주하며 단군에 주목한 신채호의 견해도 부정한 것이다.

단군조선에 관한 경성대학(서울대) 사학과 내에서의 의견 차이는 한국사 구성체계의 차이에서도 선명했다. 경성대학 조선사연구회의 책은 사회구성의 발전단계에 따라 한국사 구성체계를 부족국가시대→봉건적 귀족국가시대(신라, 고려, 조선)로 구분하고 통일신라는 김씨왕조, 고려는 왕씨왕조, 조선은 이씨왕조라 호칭했다. 이에 비해 이병도는 상대사(고조선~신라 말)[34]→중세사(고려조)→근세사(이씨조선)→최근(1910~1945)으로 나누어 왕조를 중심으로 시대를 구분했다.

이처럼 해방공간의 경성대학 사학과 내에는 문헌고증사학과 확연히 다른 학문경향이 분명히 자리하고 있었다. 두 흐름은 한국사에 대한 인식의 차이만이 아니라 역사를 대하는 태도에서도 크게 달랐다. 이병도

---

33) 이병도, 《조선사대관》, 동지사, 1948, 21~26쪽. 이병도는 단군신화에 대해 의견을 제대로 밝히지 않았던 식민지 때와 달리, '참고 단군고기(檀君古記)에 대한 신해석'이라는 이름으로 6쪽에 걸쳐 상세하게 견해를 피력했다. 여기에서 단군에 관한 그동안 학설을 다음과 같이 다섯 가지로 구분하고 그 가운데 세 번째, 곧 '천지양신족설'을 따르고 있다. 1. 천신족설(북부여 해모수 전설 내지 환웅 신화) 2. 지신족설(서술성모설화[西述聖母說話] 급(及) 제주도 삼성 설화) 3. 천지양신족설(단군 급 대가야 시조 전설 등등) 4. 외래족설(기자동래설 석탈해 전설 등) 5. 난생설(주몽, 금와, 혁거세, 석탈해, 알지, 수로 전설 등이니 여기에서는 1, 2, 3과 공통점도 있음).

34) 첨언하자면, 한국사 학계에서는 1948년경까지도 하야시 다이스케의 《조선사》(1892) 이래 조선역사의 시대를 구분할 때 '상대사' 또는 '상고사'라는 용어가 사용되고 있었다. 1946년 9월부터 적용된 연희대학 사학과의 교육과정에서는 '상고사'라 했는데, 같은 시기 서울대 사학과에서는 '조선고대사'라 하여 고대사라는 용어를 쓰고 있었다. 고대사라는 용어는 1948년을 지나며 일반화된다. 그즈음부터 한국사 관련 책의 제목에서 조선사도 '국사'로 명칭을 전환한다. 강의 제목에서는 '한국사'와 '국사'가 혼재되지만 1950년대 후반으로 가면서 전자의 명칭이 점차 많이 사용되었다.

는 《조선사대관》의 〈총설〉에서 "역사는 과학이다"라는 문장으로 시작하며 '역사연구의 대상과 목적'에 대해 다음과 같이 정의했다.

> 항상 객관을 공정하게 고찰하여야 한다. 그리하여 지적(地的)환경, 시대환경, 사회환경 기타 대체적인 고리와 례에서 개개 사실을 비추어보고 또 그와 반대로 개개 사실을 통하여 어떤 관련성과 대체성을 파악하는 태도를 취하여야 할 것이다. 이리하여 역사는 진보되고 또 여기서 인간사위(人間事爲)의 어떤 질서 목적 또는 진리를 파악하게 된다. 역사의 구견목적(究見目的)은 즉 여기에 있는 것이라 하겠다.[35]

이병도에게 객관과 과학은 사실을 질서 있게 파악하는 것이었고, 역사학자는 그것을 위해 복무하는 사람이었다. 그의 글 어디에서도 현재에 대한 진단 또는 현실로부터 과거로 이어지는 역사인식을 강조하는 부분은 없었다.

이와 다른 태도를 가진 사람이 이병도보다 한참 젊은 이인영이었다. 이인영은 이병도보다 1년가량 앞선 1947년 8월에 발표한 글에서, "우리의 현실은 진실로 역사적 소산인 것이다. 그러므로 우리의 역사적 현실을 구명할 역사학의 과제는 학문의 유희로 그칠 것이 아니라 무엇보다도 과학적 방법론의 수립을 요망하는 바이다"로 시작하여 다음과 같이 끝맺었다.[36]

> 새로운 역사학은 현실적 민족적 입장과 세계사적 관점에서 민족국가

35) 이병도, 《조선사대관》, 2쪽.

36) 이인영, 〈새로운 역사학의 과제〉, 김성준 편, 《학산이인영전집 4》, 국학자료원, 1998, 364쪽, 367쪽(원전 : 《조선교육》 1-4권, 1947. 8).

상호간의 경제적·정치적·문화적 교류관계를 명백히 하며 계급사회의 모순을 지적하고 역사적 현실을 일관하는 인과관계를 과학적으로 밝힐 것이다. 따라서 새로운 역사학은 민족주의적 사관을 폐기하는 것이 아니라 재래의 민족주의가 다만 특권계급의 용구(用具)로 이용되고 혹은 고루한 국수주의 배타독존사상으로 전락하고 혹은 침략적 제국주의 군국주의로 전환한 데 대하여서는 예리한 비판을 내릴 것이다.

끝으로 일언하노니 사관 없는 사료나열, 목적 없는 문학고증은 지도(紙塗)의 낭비뿐이다.

이인영에게 역사학은 자주적인 민족주의와 세계사를 볼 수 있는 시야를 놓치지 않으면서도 당면한 현실에 주목하는 실천 지향의 학문이었다. 그래서 그에게서 문헌고증사학의 연구는 '종이 낭비'일 뿐이었다.

현실 참여적이었던 이인영의 태도는 1946년 8월 22일 미군정이 '군정법령 제102호'로 〈국립서울대학교 설립에 관한 법령〉을 시행하며 일어난 갈등, 곧 국대안 찬반논쟁에서도 드러났다. 이인영은 1946년 12월 10일자 《조선일보》의 〈대학개조를 단행하라〉에서 대학의 자치를 중시하고 교수회를 부활해야 하며, 신설학교로서의 내실을 기해야 한다고 주장했다. 그런데 미군정청 문교부장인 유억겸이 국립대학 교수가 국대안을 반대했다며 압력을 가했다. 국대안 반대가 아니라 개조를 주장한 이인영으로서는 억울할 수밖에 없는 왜곡이었고, 교수의 발언을 제재하려는 움직임을 좌시할 수 없었을 것이다.[37] 그래서 그는 사표를 제출하고, 1940년 4월부터 1942년 3월까지 강의했던 연희전문학교의 후신인 연희대의 사학과 부교수로 옮겨갔다. 그가 학교를 옮긴 또 다른 이유도 있었

37) 김성준, 〈회고 학산선생과 6·25〉, 김성준 편, 《학산이인영전집 4》, 426~427쪽.

던 것 같다. 김성식의 회고에 따르면 "학벌 싸움으로" 복잡했던 경성대학의 내부 사정과 연관이 있었다.[38] 이인영은 1937년 경성제국대학을 졸업했고, 나머지 사람들은 와세다 대학 출신이었다.

이처럼 경성대학 사학과 내에는 역사연구 방법과 태도가 확연히 다른 두 흐름이 있었다. 여기에 사학과의 상부기관인 법문학부장의 임명 문제를 둘러싼 내부 갈등까지 겹치며 사학과가 안정을 찾는 데 시간이 걸렸다. 짧지만 이 과정을 살펴보자.

식민지 시기에 고등교육을 받을 기회를 거의 차단당하면서 전문연구와 교육인력이 부족했던 현실을 감안하더라도, 경성대학과 그 산하의 법문학부는 해방 후 새로운 국가 건설에 필요한 고등교육 또는 법문학부의 역할과 임무, 교육의 방향에 대한 논의가 병행되면서 세워진 기구가 아니었다. 달리 말하면 미군정은 경성대학에 남아 있는 식민지 유산을 어떻게 넘어설 것인가, 그리고 사람, 제도, 인식의 측면에서 새로운 대학상을 어떻게 자리매김할 것인가에 대해 고려하지 않았다. 일제강점기의 유산에 관한 논의가 제대로 이루어진 가운데 법문학부를 창설했다면, 설립 당시의 친일 여부를 둘러싼 논쟁도 없었을 것이다.

당시 정황에 대해 1948년 서울대 문리과대학 사학과를 졸업하고, 이화여대 등에서 교수로 재직하며 한국사를 가르친 김성준은 다음과 같이 회고했다.

> 당시 경성대학은 법문학부·의학부·이공학부 세 학부로 구성되어 있었어요. 미군정은 법문학부를 가장 중시해서 그 부장 선임에 신경을 썼어요.

38) 그래서 신석호는 고려대 사학과의 교수진을 구성하면서 경성대학 사학과에서 경성제국대학 출신인 이인영과 김종무를 모셔 오려고 노력했다. 이에 대한 시사는 김성식, 〈고대 회고담〉, 고려대학교사학회 편, 《고려대학교 사학과 50년사》, 신유, 1998, 132쪽 참조.

제1대 부장으로 백낙준 씨를 지명했어요. 그런데 좌익에서 맹렬하게 반대하고 나섰어요. 좌익은 다른 사람을 밀고 있었거든요.

그때 좌익은 경성제대 출신으로 국문학과 한문학에 이름이 있던 김태준 씨를 세우려고 했습니다. 좌익진영에 속한 김태준을 법문학부 부장으로 앉히라는 요구를 미군정이 들을 리가 있겠습니까? 미군정이 계속 백낙준 씨를 내세우니까 학교는 야단이 났지요. 경성제대 좌익계 졸업생들이 맹렬히 반대를 하니까 백낙준 씨는 할 수 없이 연희전문학교 교장으로 가버리고 말았어요. 그해 12월에 미군정은 할 수 없이 현상윤 씨를 제2대 부장으로 내세웠어요. 현상윤 씨는 중앙고교 교장으로 있다가 경성대학 예과부장으로 와 있었는데(당시 예과가 청량리에 있을 때입니다), 현상윤 씨를 좌익에서 또 반대했죠. 반대한 이유는 그분들이 모두 친일파라는 것이었습니다. 백낙준 씨는 조선우마차조합 이사장을 했다는 것인데, 그게 친일에 해당하는지는 잘 모르겠어요. 또 현상윤 씨는 교장이었으니까 일본놈들이 하라는 대로 다 했을 것이다, 그러니까 친일파다, 라는 것이지요. 계속 사무집행이 불가능한 상태에 빠져 있던 중, 현상윤 씨도 보성전문학교가 대학으로 승격되면서 발령받고 두 달 만에 고려대학교로 가버렸습니다.[39]

위의 인용문에서 알 수 있듯이, 법문학부장 임명문제는 좌우대결과 친일문제가 얽혀있었으며, 친일문제에 대한 문제제기는 좌파라고 해도 발언권을 가질 수 있는 사안이었다. 좌익 측에서 밀고 있던 김태준은 앞서 3장에서 보았듯이 1930년대에 전개된 조선학운동을 적극 비판하는 발언을 하던 마르크스주의자이면서도 진단학회의 위원으로 활동한 경력이 있는 국문학자이자 최후의 조선공산당 재건운동 조직이자 해방 후

---

39) 김성준, 〈나의 한국사 연구〉, 《한국사학사학보》 2집, 한국사학사학회, 2000, 151~152쪽.

재건된 조선공산당의 모태인 경성콤그룹에도 참가한 실천 지향의 지식인이었다. 그는 친일문제에 관한 한 매우 자유로운 사람이었을 뿐 아니라 항일운동을 한 경력까지 있는 투사형 지식인이었던 것이다. 그러므로 해방 직후인 1945년 말의 상황에서 그가 법문학부장에 취임할 수 있는 도덕적 당위성은 얼마든지 있었다. 더구나 그는 1931년 경성제국대학 졸업생으로 《조선한문학사》(1931), 《조선소설사》(1933)를 잇따라 출간했고 1934년부터 조선인 졸업생으로서는 최초로 법문학부에서 강의를 맡았을 정도로 연구와 강의에서도 명분이 있었다. 미군정으로서는 그를 거부하기가 쉽지 않았을 것이다. 결국 미군정은 좌익인 김태준을 막기 위해서라도 사태를 수습해야 했다. 미군정은 경성제국대학 1회 졸업생이었던 조윤제를 학부장으로 내세우며 좌우대립까지 복잡하게 얽힌 친일문제를 드러내지 않고 법문학부 수업을 정상화하려고 했다.

그런데 1946년 4월 새 학기가 시작되고 조윤제 학부장의 학사 운영 등을 둘러싸고 갈등이 일어났다. 이를 '18교수단사건'이라 말한다. 사학과에서는 이병도, 김상기가 비판 성명서에 서명했는 데 반해, 손진태와 이인영은 동참하지 않았다. 두 사람은 1939년 보성전문학교에서부터 돈독해진 '동지적 의리'가 작용한 데다 역사관이 비슷했기에 함께 보조를 맞추었을 것이다.

이인영은 18교수단사건을 크게 비판했다. 김성준은 스승인 이인영이 자신에게 직접 설명한 이 사건의 문제점을 다음과 같이 요약했다.

> 첫째 18교수단사건은 백남운 등 좌익 교수에 의해 주도되며 법문학부장 자리를 좌파에서 자치하려고 획책한 것, 둘째 미군정이 경성대학을 좌익진영이 독점하도록 방치할 리가 만무한데도 이병도 교수 등 인문계의 여러 교수가 조부장에 대한 감정을 앞세워 서명에 참가한 것은 어리석게

좌익교수의 이용물이 되고 있다는 것, 셋째 진단학회는 이병도 교수가 혼자 설립한 학회가 아닌데도 주인행세를 해오다가 회원 여러 사람을 서명에 끌고 들어감으로써 학회운영에 막대한 지장을 초래한 것, 넷째 이병도 교수는 국사과 주임교수로서 독선적으로 과를 운영하여 교수와 학생 간에 위화감을 조성하고 있는 것 등이었다.[40]

18교수단사건은 좌익의 헤게모니 장악을 위한 공격이었던 점은 분명하지만, 여기에 좌익성향이 아닌 교수도 동조했다는 점에 주목해야 한다. 특히 이인영이 비판한 이병도의 움직임이 눈에 띈다. 이병도가 조윤제 학부장을 반대하는 움직임에 동참한 선택에는 조윤제가 진단학회 내에서 자신의 친일문제를 직접 거론한 데 대한 반발심이 작용했을 가능성도 있고, 해방 직후 조선학술원에서부터 최소한 1946년 중반까지 백남운과 보조를 맞추고 있던 움직임도 작용했을 것이다.[41] 그리고 좌우대결 속에서 자신의 위치를 적절하게 확보하려는 어떤 입장과도 연관이 있었을 수 있다. 아무튼 18교수단사건으로 교수 사이에 사학과의 운영이 껄끄러워졌을 것이다.

그런데 18교수단사건을 꼭 좌우대결로만 볼 수 없는 측면도 있었다. 조윤제 부장이 5월 22일에 위원회의 동의 절차도 없이 홀로 결정하여 '국한(國漢)과목'을 입시과목에 포함시킨 것이 공공연한 갈등의 발단이었기 때문이다. 이병도, 김상기, 박종홍, 이상백 등이 서명했는데 백남운의 이름은 없다. 게다가 이를 비판하는 교수들을 입학시험위원회에도 포함시키지 않으면서 갈등이 더욱 증폭되었다. 학내 민주주의가 또 다

40) 김성준, 〈회고 학산선생과 6·25〉, 김성준 편, 《학산이인영전집 4》, 425쪽.

41) 이병도는 조선학술원의 42명의 상임위원 가운데 한 사람이었고 역사·철학부장이었다(《학술》 1, 1946. 8, 230쪽).

른 분란의 요인이었던 것이다.[42]

한편, 경성대학의 역사연구자는 사학과에만 있지 않았다. 사범대학에도 있었다. 1946년 9월 국립서울대학교가 출범한 후 경성사범대학과 경성여자사범대학이 서울대 사범대학으로 통합되었다. 역사교육은 사범대학 사회생활과에서 담당했다. 학과의 교수진을 보면 한국사는 경성제국대학 출신의 유홍렬과 김석형이었다.[43] 유홍렬은 진단학회에서 1937년부터 상무위원으로 있으면서 《진단학보》에 두 편의 글을 발표했고, 나중에 월북하여 김일성종합대학에서 역사학 연구를 선도했던 김석형도 《진단학보》에 한 편의 글을 발표했다. 김석형과 달리 유홍렬은 해방 직후 재건된 진단학회에서 '사업' 담당 상임위원으로 선출되었고, 1948년에는 편집 담당 간사를 맡았다.[44] 동양사는 도쿄제국대학 출신의 이능식, 서양사는 와세다대학 출신의 김성근이 담당했다.[45] 사회생활과에서도 사학과처럼 진단학회 출신이면서 경성제국대학 출신 또는 일본 유학파가 중심이 되어 역사 강의와 연구를 담당한 것이다.

초창기 사학과의 이인영처럼, 사회생활과에서 학생들과 특별한 관계를 맺은 사람은 이능식이었다.[46] 국대안 반대로 휴교를 할 때도 역사를 전공하는 사회생활과 학생 다섯 명을 자신의 연구실에 모아놓고 랑케의

---

42) 《독립신보》 1946. 6. 29, 7. 8. 덧붙이면, 경성대학 내에서의 갈등은 1946년 들어 진단학회가 분화되어간 사정이 꼭 좌우대결 또는 신구 연구자 사이의 갈등으로만 치환할 수 없음을 말해준다.

43) 유홍렬은 1945년 10월부터 1947년 7월까지, 김석형은 1946년 3월부터 1947년까지 재직했다. 김석형은 이후 월북했다.

44) 진단학회 편, 《진단학회육십년지 : 1934~1994》, 82쪽.

45) 역사과육십년사편찬위원회 편, 《서울대학교 사범대학 역사과육십년사》, 역사교육과동문회, 2008, 22쪽. 교수진의 경우 와세다대학 출신의 손진태(1949. 2~1950. 2), 연희전문학교와 서울대를 졸업한 손보기(1949. 5~1957)도 있었다. 또 성균관대학교에 재직 중이던 김하구(서양사), 김정학(국사, 1945~1947), 이장욱(서지학) 등이 강사로 출강했다.

46) 이능식에 관해서는 문경호, 〈이능식의 생애와 역사연구〉, 《역사교육》 126집, 역사교육연구회, 2013 참조.

《세계사대관》,《역사학개론》을 강술했다.[47] 이능식에게 배우고 역사교육학과의 교수로 재직한 이원순은 당시를 다음과 같이 회상했다.

> [국대안 반대운동이 격화되어—인용자] 젊은 나이에 학교에 관계되어 가르치고 싶었으나 가르칠 수 없는 형편이 되어 안타까운 일이 되어, 나중에는 참지 못하고 몇 명을 연구실로 불러들였습니다. '어떤 일이 있어도 정해진 날짜에 오너라' 하여 그날은 안에서 문을 잠그고 10명 안되는 사람이 랑케의《세계사 대관》을 읽어가며 역사철학과 세계사에 대한 안목을 얻었고 그분에게서 불어를 배웠습니다. 그분에게서 불어를 배우고 학문한다는 것이 무엇인지를 배웠다. 돌아갈 때에는 종로5가 뒤 동대문시장 노상 술집에 학생 선생 할 것 없이 마주 앉아 조국을 논의하셨습니다. 그분이 안 계셨다면 우리 역사과 초단계 졸업생들은 거의 허탕이 아닐까 합니다.[48]

이원순이 언급한 랑케에 관해 이능식은《근대사관연구》(1948)에서 "역사학을 추상적 사변으로부터 해방하여 구체(具體)의 학(學)으로서의 지위를 부여"함으로써 "개별을 통한 세계사적 보편인식"을 가질 수 있도록 한 업적을 인정했지만, "역사인식에 있어서 현재의식의 개입"을 거부함으로써 "과거를 위한 학문"이 되게 했다고 지적했다.[49] 랑케사학의 공과를 언급한 이능식은 이어 해방 직후 조선사학에 대해 다음과 같이 진단했다.

---

47) 이원순, 〈나의 조선서학사(朝鮮西學史) 연구와 역사교육〉,《한국사학사학보》2집, 한국사학사학회, 2000, 179쪽.

48) 한국교육사고 편, 〈이원순선생님〉,《서울대학교 사범대학 50년 : 구술사 자료집(1)》, 서울대학교 사범대학, 1999, 120쪽.

49) 이능식,《근대사관연구》, 동지사, 1948, 3쪽.

현 단계의 조선사학에 있어서 역사관의 문제가 근본적으로 논거되어야 될 두 개의 요인이 있다. 그 하나는 과거의 조선사학이 일본사학의 일환으로 성장하여 천황사관 기타의 일본 중시의 여러 가지 사관이 강요되었던 정치적 압력의 반영은 논외에 두더라도 비교적 양심적인 조선사학들에 있어서 역사관에 대한 진지한 고찰이 결여되었음은 의심할 바가 없다. 그것은 조선사학이 다만 일본에 수입된 '독일사학'을 방법론적으로 이를 채택했을 뿐 역사 사실의 고증만으로써 역사학은 성립될 것으로 생각하여 '랑케사학'의 역사적 의의와 그 안에 의결(疑結)된 사관에 대한 동찰(洞察)을 게을리했던 까닭이다. 이와 같이 하여 확고한 사관 위에 수립되지 못하였던 조선사학이 일본사학으로부터 이탈되자 조선역사의 재편성을 위시한 긴급한 현실에 당면하였을 때 몽롱한 서술로서 호도하든가 일본의 국수사관, 민족사관 등을 차용하는 추대를 노출하지 않을 수 없었다.[50]

이능식은 일본 식민사관을 극복해야 할 뿐 아니라, 방법론만 수입된 문헌고증사학을 극복하고 자립할 수 있는 사관을 수립해야 한다고 주장한 것이다. 이능식의 태도와 인식은 조선의 현실을 중시하고 문헌고증사학을 비판한 점에서 이인영과 다를 바가 없었다. 또한 이능식이 말하는 '수립해야 할 확고한 사관'이란 근대를 부정함과 동시에 발전체로서 근대를 계승할 수 있는 유물사관을 가리킨다.[51] 이 점에서는 이인영과 확연히 달랐다. 그럼에도 두 사람이 한국전쟁 발발 직후 납북됨으로써 사학과와 사회생활과에서 새로운 역사학풍을 발전시킬 수 있는 맥이 끊겼다는 공통점이 있다.

50) 이능식, 같은 책, 4쪽.

51) 이능식, 같은 책, 7쪽. 10쪽.

이제부터는 사립대학인 연희대와 고려대의 사학과를 살펴보자.

1946년 8월 정식 인가를 받은 연희대 사학과는 백낙준(서양사), 연희전문학교와 도호쿠제국대학 서양사학과 출신의 조의설(서양사)이 복직하고, 연희전문학교와 와세다대학 출신의 홍순혁(한국사), 연희전문학교 출신인 염은현(서양사)이 전임교수로 부임했다.[52] 이인영(한국사)도 1946년 12월 서울대에서 옮겨왔다.[53] 동양사는 연희전문학교 출신의 민영규와 도쿄제국대학 동양사학과 출신의 조좌호가 학과 설립과 동시에 부임했다.[54] 연희대 사학과는 연희전문학교 문과를 통해 배출된 인재들이 있어 해방 직후부터 신속하게 설립하고 구성할 수 있었다.

이들은 정인보로부터 이어지는 민족주의인 학풍과 국학 연구를 계승하고자 했다. 그 핵심은 정인보에 의해 정립된 실학과 양명학 그리고 국사였으며, 최현배가 주도한 국어였다.[55] 그렇다고 위에서 언급한 사학과 교수 가운데, 정인보가 내용을 제공한 조선학운동의 정신과 연관성을 찾을 수 있는 발언을 한 사람은 당시에는 없었던 것 같다.[56] 그런 가운데 주목해야 할 점은 백낙준의 움직임이다. 백낙준은 문과의 전통을 구현하고자 하버드대학 옌칭연구소로부터 자금을 지원받아 민영규, 이인영, 홍순혁 등과 함께 우리나라 대학으로서는 첫 한국학 연구소인 동방학연구소, 곧 지금의 국학연구원을 1948년 12월에 결성했다. 하지만 동방학

---

52) 홍순혁에 관해서는 도현철, 〈홍순혁의 학술활동과 한국사학〉, 연세학풍사업단·김도형 외, 《해방 후 연세학풍의 전개와 신학문 개척》, 혜안, 2015 ; 연세학풍사업단 편, 《홍순혁 저작집》, 혜안, 2015 참조.

53) 이인영은 대한민국 정부가 수립되자 1948년 8월부터 이듬해 2월까지 문교부 고등교육국장으로 근무했다. 그리고 4월 신학기부터 서울대 사학과의 부교수로 복귀했고, 연희대 사학과의 교수를 겸임했다. 당시에는 겸직이 가능했다. 민영규도 동국대학교 교수를 겸직했다.

54) 국사도 담당한 조좌호는 1947년에 부산대학교로 옮겨갔다.

55) 김도형, 〈근대 한국학의 형성 : '실학'의 전통과 연희전문의 '국학'〉, 《다산과 현대》 8호, 연세대학교 강진다산실학연구원, 2015, 35쪽.

56) 정인보가 연희대 사학과로 복직하지 않은 이유도 명확하지 않다.

연구소는 연구발표회를 조직하고 학술지 간행을 준비하다 한국전쟁으로 활동을 잠시 중단할 수밖에 없었다.[57]

문과의 학풍이 조선학의 전통과 연관이 있다는 사실은 1945년 12월 역사학회가 창립될 때, 네 명의 간사진이 모두 연희전문학교 문과 출신이었다는 데서도 확인할 수 있다. 이 네 명 가운데 염은현, 민영규도 있었다. 조의설과 조좌호 역시 역사학회 회원이었다.[58] 경성대학 사학과와 사회생활과에서 볼 수 없었던 구성이다. 더구나 이들은 해방공간에서 진단학회의 위원으로 활동한 적이 없었다. 1948년의 시점에서 역사학회가 좌우대립의 소용돌이 속에서 분단을 거부하고 통일을 열망한 사람들이 모여 만든 역사연구단체였음을 고려할 때,[59] 연희전문학교 또는 연희대 사학과는 문헌고증사학과 일정한 거리두기를 한 역사 연구자가 결집한 곳이었다고 말할 수 있다. 서울대 사학과와 사회생활학과를 주도하고 있던 사람들이 문헌고증사학을 추구하고 있었다는 흐름과 비교할 때 명백히 다른 흐름인 것이다.

그런데 홍순혁은 역사학회 회원이 아니었다. 식민지 시기에 진단학회의 발기인이었지만, 그렇다고 1945년 8월 16일 재건된 진단학회의 상임위원도 아니었다. 역사학 연구방법에서는 어떨지 몰라도, 그는 자신만의 입장을 유지하며 사학과의 교수들과 다른 태도를 취한 것만은 분명하다. 또한 홍순혁과도 다른 움직임을 보인 사람은 1946년 12월에 연희전문학교로 옮겨온 이인영이었다. 진단학회 상임위원인 이인영은 연배로 보면 연희대 사학과의 염은현, 민영규와 비슷했고 학문성향도 문헌

57) 연세대학교국학연구원 편, 《연세국학연구사》, 연세대학교출판부, 2005, 70~71쪽.

58) 회원 명단은 조동걸, 〈5장 해방 후 한국사연구의 발흥과 특징〉, 《현대 한국사학사》, 328쪽의 각주 21번을 참조했다.

59) 조동걸, 〈5장 해방 후 한국사연구의 발흥과 특징〉, 328쪽.

고증사학을 추구하지 않았음에도 불구하고 역사학회 회원은 아니었다.

연희전문학교 문학부 사학과는 설립과 동시에 전문교육을 실시한 것 같지는 않다. 연희전문학교가 조선총독부의 전시동원정책으로 폐쇄되고 경성공업경영전문학교에서 연희전문학교로 부활한 것이 1945년 10월이었다. 학교는 부족한 학생 수를 채우고 11월 6일에야 개학식을 했는데, 겨울방학이 될 때까지 강당에서 전체 합동강의 형식으로 국어, 영어, 국사 수업이 진행되거나 강연회를 열었다.[60]

이때 연희전문학교에 입학한 이광린 서강대 사학과 교수는 1946년 9월 학부 1학년이 되어 사학과를 선택했고, 국어, 고등수학, 법학통론, 경제원론 등의 교양과목을 주로 이수하고 1947년 9월 2학년에 올라가 역사를 적극적으로 공부했다. 그는 기억에 남는 수업으로 2학년 1학기에 개설된 민영규의 '동양사개설'과 이인영의 '한국사개설'을 들었다.[61] 그때 동양사개설은 7명이 강의를 들었고, 한국사개설의 경우 고등고시시험에서 한국사가 필수과목이 되면서 정치외교학과 학생들과 함께 70명이 들었다고 한다. 이광린은 민영규의 수업을 듣고 동양사를 전공할 생각으로 일본인 학자들의 책을 많이 읽었는데, 이후 이인영의 강의를 듣고 한국사에 더 관심을 갖게 되었다고 회상했다.[62]

이광린의 회고에 따르면 동양사개설을 놓고 볼 때 역사 전공수업의 수강인원이 요즈음과 비교하면 매우 적었지만, 뒤에서 살펴볼 고려대 사학과보다는 사정이 나았다. 그런 가운데서도 과목에 따라 수강인원의 편차가 매우 컸음을 알 수 있다. 사학과에 입학한 지 3년째 되던 해에 와

60) 《연세대학교 문과대학 100년 1-문과대학, 학과사》, 연세대학교 문과대학, 2015, 120~123쪽.

61) 그런데 1946년 8월 15일 인가된 '사학 학정표'에는 두 강의의 과목명이 없다(《연세대학교 문과대학 100년 1-문과대학, 학과사》, 130~131쪽). 현재로서는 어찌 된 영문인지 해명하기 어려운 부분이다.

62) 이광린, 〈잊을 수 없는 스승의 은덕〉(1998) ; 〈나의 학문편력〉(1990), 김성준 편, 《학산이인영전집 4》, 412~413쪽. 419쪽. 《대학과 대학생활》(서강대학교출판부)와 《한국사시민강좌》 6집(일조각)에 실린 글이다.

서야 '개설' 과목을 들었다는 점도 눈에 띈다. 개설 과목이어서 그랬겠지만, 학생들이 한국사와 동양사 전공을 구분하지 않고 들었음을 알 수 있다.

이에 비해 문과의 전통이 없던 고려대는 경성제국대학 출신인 신석호(한국사)와 규슈제국대학 출신인 김성식(서양사)만으로 1946년 9월 1학기를 시작했다. 이어 1947년 들어 경성제국대학 출신인 김정학과 정재각이 각각 서양사와 동양사에 합류했다.[63] 고려대 사학과는 1929년 3월 경성제국대학 사학과의 1회 졸업생인 신석호를 비롯해 1937년 3월 졸업생인 정재각, 1941년 입학생인 김정학 등 경성제국대학 출신자를 중심으로 교수진을 구성한 것이다. 출신학교만을 놓고 보더라도 같은 사립대학이지만 연희대와 확연히 다른 교수 구성임을 알 수 있다. 역사학회에 참가한 사람도 3차 간사진(1948. 2)에서 조선사부를 맡은 김정학뿐이었다. 신석호의 영향이 많이 작용했을 것이다.

김성식은 고려대 사학과의 초창기 모습을 아래와 같이 회고했다.

> 학생은 보전에서 진학한 학생과 신입생으로 구성되어 있었는데 졸업할 때는 많이 탈락하고 겨우 3명이 국(國)·동(東)·서사(西史)[국사·동양사·서양사—인용자]로 나뉘어 졸업했을 정도이다. 따라 3과가 대개 합동강의를 하는 수밖에 없었다.[64]

고려대에서도 경성대학 사학과처럼 3분과체제로 편성하여 각각 독립된 학과처럼 운영했다. 다만 학생 수가 적어 수업을 진행하기 어려워 합

63) 김성식, 〈고대 회고담〉, 고려대학교사학회 편, 《고려대학교 사학과 50년사》, 131쪽.

64) 김성식, 같은 글, 131쪽.

동강의를 했을 뿐이다. 이는 경성제국대학의 사학과 운영에서 많은 영향을 받았을 것이다.

이처럼 한국 대학의 역사학 관련 학과들은 출발부터 일본식 사학과 시스템인 국사·동양사·서양사라는 3분과체제를 그대로 적용했다. 각 분과의 교육방향도 국사는 곧 한국사를 말하며, 동양사는 한국사가 빠진 중국사 중심의 역사를 의미했다. 서양사는 유럽 중심의 역사 그 자체를 전달하는 데 있었다. 그리고 세 분과학문 사이의 분절성을 전제로 한 교육과 연구를 지향했다. 한국 대학의 사학과들은 출발선상부터 식민지 잔재를 그대로 이어받아 지금까지 유지해오고 있는 것이다.

3분과체제의 적용은 매우 자연스러운 과정이었다. 사학과를 구성하는 교수진, 곧 주체들이 경성제국대학과 본토의 제국대학 또는 와세다대학 출신이 거의 대부분이었기 때문이다. 연희대 사학과는 연희전문학교의 문과 출신들이 중심이었지만, 식민지 시기의 문과에서도 3분과체제에 맞추어 역사교육을 실시해왔으므로 다른 대학교와 차별성이 없었다. 한국 주요 대학의 역사학 관련 학과의 교수진은 특정한 역사관 또는 연구방법에 따라 결집했다기보다 출발부터 학연을 우선하여 짜인 집단이었던 것이다. 이러한 한국 현대 역사학의 특성은 오늘날까지 그대로 이어지고 있다.

세 대학의 역사학 관련 학과의 교수진 사이에는 역사를 연구하는 목적과 역사관에서 학과의 주류와 다른 입장이 분명히 있었다. 당시 역사학 관련 학과 교수들의 경향을 크게 나누어보면 문헌고증사학과 민족주의사학, 신민족주의사학, 유물사학으로 구분할 수 있는데, 역사연구와 역사교육에서 식민지 시기의 민족주의사학을 계승했다고 말하는 사람은 없었다. 유물사관에 입각한 역사연구와 역사교육을 주장하는 교수진은 확인할 수 있는 선에서는 이능식과 김석형이 있다. 신민족주의사학이라고 한다면 이인영 등을 들 수 있겠다. 유물사관론자든, 신민족주의 사학자든, 역사학 관련 학과에서 그들은 소수였다. 반면에 사람 수로도 대부분이었고, 역학관계로도 연희대를 제외하고 각 대학의 사학과를 주도한 인사가 많았다고 말할 수 있는 역사학은, 문헌고증사학이다.

결국 학과를 기본 단위로 하는 본부-단과대학-학과라는 미국식 대학 시스템을 도입했지만, 사학과의 제도, 주체, 인식에는 일본 잔재가 짙게 남아 있었다. 새로운 민족국가를 건설해야 할 시대적 과제가 앞에 놓여 있었음에도 불구하고, 대학의 역사학 관련 학과들은 식민지 시기 대학에서의 역사연구와 역사교육에 대한 반성과 성찰없이 등장했다고 볼 수 있다. 한국 대학의 역사학 관련 학과는 처음부터 제도와 인식에서 식민성과 분절성을 내재한 채 출발한 것이다.

한국전쟁 이후 사학과의 구성 과정—
문헌고증사학으로의 일원화와 분단성 방치

한국전쟁은 식민주의 역사학 또는 식민사학에 대한 성찰이 제대로 이루어지지 않은 채 식민성과 분절성을 내재한 역사학계의 흐름을 더욱 고착화했다. 한국전쟁은 해방 후 새로운 민족국가 건설이란 역사적 과제를 실현해야 했을 때와 마찬가지로 역사학이 파괴와 상처 속에서 다시 한 번 거듭날 수 있는 기회였다. 한국전쟁이 남긴 깊은 상흔을 어떻게 보듬어야 하는가를 역사학이 고민해야 했기 때문이다.

그러나 현실은 전쟁이 남긴 깊은 상흔을 보듬고 식민성과 분절성을 극복하는 방향으로 흘러가지 않았다. 납북이든 월북이든, 아니면 사망이든 행방불명이든, 한국전쟁을 전후로 서울대 사학과의 김일출, 이인영, 김성칠, 사회생활과의 김석형, 이능식, 연희대 사학과의 염은현, 홍순혁 등이 사라졌다. 이들 가운데는 한국사만이 아니라 동양사, 서양사를 담당한 학자들도 있다. 반면에 이들보다 연배가 더 높고 학문을 한 연륜도 더 있었을 뿐 아니라 학과를 사실상 주도해왔던 이병도, 김상기, 유홍렬, 신석호는 건재했다. 이제는 신민족주의사학이든, 유물사관이든, 문헌고증사학과 다른 역사연구를 지향한 학자들이 역사학 관련 학과에서 사라졌다. 달리 말하면, 현실을 직시하지 않고 사실 규명에만 몰두하는 문헌고증사학이 대학의 역사학 관련 학과를 더욱 확실하게 장악한 것이다.

문헌고증사학의 중심에는 이병도가 있었다. 1951년 11월 백낙준, 최남선 등이 참가한 가운데 열린 논문 심사위원회에서 이병도의 〈고려시대의 연구: 특히 지리도참사상(地理圖讖思想)을 중심으로〉라는 논문이 심사에 통과했다. 이로써 이병도는 대한민국의 첫 문학박사 학위자가 되었다.[65] 그동안 쌓아온 학문연구의 권위를 제도로 명예롭게 보장받은 것이다.

이병도는 한국전쟁 중인 1952년 국민사상지도원에서 발간한《사상총서》제1집에 〈국사상으로 본 우리의 지도이념〉을 수록했다.[66] 이듬해 이병도는 이 원고를 '제2편'으로 하고 '제1편 국사의 개요'를 추가하여《국사와 지도이념》을 출간했다. 이 책은 '청년 지도원의 교양'을 위해 작성

---

65) 《자유신문》 1951. 12. 4. 박사학위논문은 1948년 을유문화사에서 간행한《고려시대의 연구》를 수정·증보했다. 예를 들어 책 전체의 '총론'을 추가했다. 그는 과정을 밟아 학위를 취득한 '과정 박사'가 아니라 책을 간행하고 그것으로 심사를 받은 '논문 박사'인 것이다. 이병도는 1952년 4월 김두헌(〈가족제도의 연구〉)과 함께 문학박사학위를 받았다. 덧붙이자면 서울대에서 학위를 받은 역사학 분야의 제2호는 1953년 3월의 이선근(〈조선최근세사 연구〉), 제3호는 1953년 11월의 이상백(〈이조 건국의 연구〉), 제4호가 1962년 8월 학위를 받은 김상기(〈고대 한중민족경제사의 연구〉)였다.

66) 이병도, 〈국사상으로 본 우리 지도이념〉, 국민사상지도원 편,《사상총서》1집, 국민사상지도원, 1952. 이 책에는 김상기가 집필한 〈중국 고대 정치사상에 대하여〉라는 글도 있다.

한 교재였다. 여기에서 그는 단일민족으로서의 혼연일체인 우리 민족이 "항상 공통된 최고 정신과 이념"을 가지고 있는데, 그것은 전체와 개체가 "협동 부조하는 정신"이라고 지적하며 국가와 민족에 개인이 '봉사'할 것을 요구했다.[67] 집단주의 사고가 학문연구에서 어떻게 드러났는지 확인하기 쉽지는 않지만, 그 분위기를 짐작할 수 있는 여지는 있다. 가령 서울대 사범대를 졸업한 박성수는 고려대 대학원에 입학한 이후 그동안 겪은 일을 회고하며, "신석호 선생님도 전형적인 문헌고증주의 사학자"이지만 제자에게 "그렇게 완고한 원리주의자가 아니"었다고 하면서, 만일 서울대 대학원 사학과에 갔다면 "틀림없이 숨 막힐 듯한 문헌고증주의의 감옥에 갇혀서 평생 헤어나지 못했을 것이다"고 회고했다.[68]

이병도는 1955년에 발표한 〈나의 연구생활의 회고〉에서 아래와 같이 포부를 밝히며 제자들을 독려했다.

> 서울대학교 재직 중에는 무엇보다도 국사의 기본 문제인 제도사에 치중하여 한 대학 사학과로서의 하나의 특징으로도 살리고 싶다. …… 무릇 개인의 역량과 정력에는 한도가 있는 것이기 때문에 학문이란 언제나 협동적인 연구활동이 있음으로써 보다 더 많은 성과를 기할 수가 있는 것이며, 그러기 위하여서는 보다 더 '스케일'을 크게 잡아서 지향을 같이할 필요성이 더욱 간절히 느껴지는 바이다. 이 같은 계획은 현재 연구실에서 근로를 계속하는 여러 강사들과 더불어 추진시켜갈 생각이다.[69]

---

67) 이병도, 《국사와 지도이념》, 일조각, 1953, 12쪽.

68) 박성수, 〈나의 스승, 신석호 선생님〉, 치암신석호선생기념사업지 편, 《신석호박사 탄생 100주년 기념사업지》, 수서원, 2007, 171쪽.

69) 이병도, 《두계잡필》, 일조각, 1956, 307쪽. 《사상계》 1955년 6월 23호에 수록된 글이다.

이병도가 스케일을 크게 잡아 '지향을 같이할' 사람들에게 전달하고 싶은 역사인식의 지침은 그의 개인 저서인 《조선사대관》(1948)과 《국사대관》(1952)이었을 것이다.[70] 신라가 삼국을 통일했다기보다 "반도 통일" 했다고 강조한 반면, 발해가 "국사(정사)상에서 이탈"했다며 발해사를 한국사에서 배제해야 한다고 명시한 《국사와 지도이념》도 마찬가지 역할을 했을 것이다.[71] 이는 학문권력을 장악한 이병도가 국가권력과의 연계를 통해 새로운 관제적 공공성을 만들어가려고 움직였는데, 의식했든 그렇지 않든 식민주의 역사학이 추구한 관제적 공공성과 내용적으로 연계되어 있었다는 의미다.

이병도가 지향을 같이할 사람들과 집중한 제도사란 연구주제는 결국 정치사 중심의 연구일 수밖에 없었다. 다른 분야에 비해 정치사는 《조선왕조실록》 등 문헌자료가 풍부하여 사료 자체가 말하는 대로 기술하는 문헌고증사학의 연구방법을 구현하는 데 유리했던 점도 있었을 것이다. 한국사 연구가 정치제도사 연구에 편중되었다는 말이 나올 정도로 편향적인 때가 있었다.

연구시기는 아무리 거슬러 올라가도 조선 후기에 머무를 수밖에 없었다. 실제 미국에서 유명한 미국사 연구자로 거듭난 김성복이 1956년 〈윌슨 대통령의 제1차 대전의 참전 동기〉라는 제목의 졸업논문을 썼을 때, 이병도가 "역사 공부라는 건 최소한 50년 이전의 과거 것을 해야지 30년도 안되는 걸 어떻게 연구할 수 있느냐면서 야단을 쳤다"는 일화가 있다.[72] 이병도의 인식은 《진단학보》 10호 발간을 기념하여 손진태가

---

70) 서울대 졸업생으로 사회생활과와 연세대 사학과에서 교수를 지낸 김용섭은 두 권 모두 정체성론과 타율성론을 시인한 개설서라고 비판했다. 김용섭, 〈일본·한국에 있어서의 한국사서술〉, 《역사학보》 31집, 역사학회, 1966, 144쪽.

71) 이병도, 《국사와 지도이념》, 30쪽.

72) 노명식, 〈나의 서양사 연구〉, 《한국사학사학보》 1집, 한국사학사학회, 2000, 222쪽.

1939년에 강조한 점, 곧 현실정치를 초월한 연구만이 순수하게 학문연구에 몰두하게 하며, 진단학회는 이를 추구하는 단체라는 주장과 맥락이 닿아 있다. 이는 현실을 강조한 이인영의 역사인식과는 확연한 대척점에 있었다. 이병도의 역사인식에 따른다면 한국사 연구는 아무리 거슬러 올라가도 1905년 러일전쟁 정도까지, 좀 더 확장하면 개항 전후까지로 제한할 수밖에 없다. 따라서 문헌고증사학에 입각한 한국사 연구는 지배세력을 우선 탐구대상으로 삼는 한편, 현재와 연관된 문제의식을 간과하고 현재를 있게 한 최근의 역사에 대한 시선을 회피함으로써 현대사 연구의 부재를 초래할 수밖에 없었다. 그것은 결국 분단된 한반도의 현실을 정면에서 주시하지 못하게 함으로써, 마치 대한민국이 38도선 이북을 배제하더라도 저절로 만족스럽게 작동할 수 있는 사회인 것처럼 착각을 불러일으키는 역사의식을 방치했다. 남북의 고착화한 분단 현실을 압축한 말인 분단체제, 달리 말하면 분단성을 방조한 것이다.[73)]

현대사 연구의 부재는 왜 대한제국이 일본의 식민지로 전락했을까, 식민지 잔재를 청산하기 위해 무엇을 어떻게 해야 하는가에 대한 역사적 접근을 원천 봉쇄한다. 한국에서 1970년대까지도 일본사 연구가 없었고, 분단을 고민하지 않았던 근본 원인의 하나가 바로 여기에 있다. 역사학계에 내재된 식민성이 지속된 이유의 하나가 현재를 배제한 연구자세와 깊은 연관이 있었던 것이다.

동양사 연구와 교육이 한국(인)의 필요에 의해 설정한 주체의 문제의

---

73) 한반도의 분단이 역사연구의 시야에 들어오기 시작한 것은 1975년 강만길이 '분단시대의 역사인식'을 제기하면서였다. 이후 한국학에서는 남북관계 속에서 한국 현대사를 이해하는 방법론이 다양하게 제기되었고, 필자도 '경쟁과 배제의 (비)대칭적 관계'라는 측면에서 남북관계와 한국 현대사를 주목해야 한다는 입장을 밝힌 적이 있다. 김승렬·신주백 외, 《분단의 두 얼굴》, 역사비평사, 2005 참조.
현대 한국 역사학의 세 가지 부정적인 측면을 말할 때 식민성, 분절성, 그리고 어감이 어색하지만 일치시키기 위해 분단성이라는 말을 사용했다.

식 아래 이루어지지 못했던 이유도 현재의식의 부재와 깊은 연관이 있었다. 사실 한국의 동양사 연구는 일본 식민주의 역사학이 제시한 연구 방향 위에 진단학회가 깔아놓은 '조선 및 인접지역'을 상대로 문헌고증사학에 입각하여 시작되었다. 이러한 연구경향은 서울대 사학과에서 동양사를 가르치고 있던 김상기의 저서 《동방문화교류사논고》(1948)에서 확인할 수 있다. 그는 한중 사이의 문화교류의 상황을 들추어 "문화적 요소의 계통을 밝히고 문화발전의 자상(姿相)을 살펴"보고자 했다.[74] 그러면서 수록된 네 편의 논문은 모두 한중관계에 관한 글이었다. 그것도 한국사를 중심축으로 논지를 전개하는 한중관계사였다. 이러한 접근방식은 그의 제자들에 의해 더욱 굳건해졌다.[75]

물론 초창기 동양사 연구가 한중관계사에 집중할 수밖에 없었던 현실이 있었다. 중국이 공산화되었기 때문에 자료를 구할 수 없는 불가피했던 측면도 있었다. 일본을 연구대상으로 설정하는 것 자체를 금기시하는 분위기도 한몫했다.

따라서 초창기 동양사 연구는 한중관계사를 가장 선호함으로써 한국사의 외연을 확대하는 역할, 즉 한국사 연구를 보완했다고 해도 과언이 아니다. 더구나 동서양의 문화를 포섭·융합하여 세계문화를 창조하는 것이 우리 동양인에게 부과된 사명이고, 이를 연구하는 것이 동양사 연구의 의의라고 보았다.[76] 민족의 분단일 뿐만 아니라 동아시아 지역의 분단이란 맥락에서 한반도의 분단에 주목하며 거기에 살고 있는 한국인의 독자적인 시선으로 중국사를 연구하고, 더 나아가 동양사 연구의 방

---

74) 김상기, 〈서〉, 《동방문화교류사논고》, 을유문화사, 1948.

75) 윤남한, 〈광복30년 한국역사학계의 반성과 방향 : 동양사연구의 회고와 과제〉, 《역사학보》 68집, 역사학회 1975, 107쪽.

76) 채희순, 〈서설〉, 《동양사개론》, 조양사출판부, 1949, 2~3쪽.

향을 설정할 가능성은 애초부터 없었다.

물론 현재와 단절한 랑케사학의 문제점을 극복하고, 중국사 또는 중국 확대 연장사(延長史)가 아니라 아시아의 주요 지역을 포함한 역사를 세계사와의 연관성 속에서 기술해야 한다는 문제제기가 있기는 했지만, 문제제기에 그쳤을 뿐이다.[77] 한국의 동양사학계는 거기에 호응할 수 있는 준비와 자세가 아직 되어 있지 않았다.

서양사학계도 마찬가지였다. 위에서 언급한 세 대학의 핵심 서양사 연구자인 조의설, 김성식, 김성근은 한국전쟁 이후에도 건재했다. 그들의 공통점은 일본 유학시절부터 유물사관보다 랑케의 실증사학에 더 관심을 두었다는 데 있다.[78] 1950년대를 대표했던 서양사 개설서인《서양사개설》(1950)의 서론인 〈문화사의 문제〉에서, 조의설은 문화란 한 사람이나 국가의 독점물이 아니며 민족성만을 고집하거나 세계성을 부인한다면 문화가 위축될 수밖에 없다면서 문화의 보편성만을 강조했다.[79] 이런 문제의식으로는 해방 이후 민족국가 건설과정에서 제기될 수밖에 없었던 민주주의와 자유주의 문제 등을 진지하게 고민할 수 없다. 그러니 1950년의 시점에서 그들이 분단과 전쟁이라는 한반도의 현실을 문제의식화하고 연구주제로 삼았을 리가 없다. 서구문화에 대한 추수를 부추긴《서양사개설》의 서론은 결국 서구중심주의를 조장하는 역사인식일 뿐이었다.[80]

---

77) 이동윤, 〈서문〉,《동양사요론》, 왕문사, 1959.

78) 차하순,《서양사학의 수용과 발전》, 나남, 1988, 50쪽.

79) 조의설,《서양사개설》, 동지사, 1950, 13쪽.

80) 후학인 이상현이 한국에서 서양사학의 역사를 점검하는 가운데 문제의식의 빈곤을 지적하고, 그 근본원인으로 학자의 권위주의와 독선적 엘리트의식에서 찾고 있는 점은 합당한 비판이다(이상현, 〈한국 서양사학(1945~1990)의 반성〉,《한국사학사학보》5집, 한국사학사학회, 2002, 137쪽). 다만, 당시 시점에서의 현상에 대한 원인과 그에 대한 불가피성도 주목할 필요가 있다.

대학 내 사학과의 위상

이번에는 사학과의 제도, 주체, 그리고 주체들의 역사인식이 자리를 잡아가는 과정과 더불어 사학과가 대학 내에서 어떤 위상을 차지하는지 살펴보자. 먼저, 학과와 상급기관인 단과대학 또는 학부 사이의 관계, 그리고 강좌제의 그림자가 학과에 미친 영향을 검토해야 한다.

오늘날 한국 대학의 사학과는 교육대학이나 전문대학이 아닌 4년제 종합대학에 있다. 해방 당시부터 인문계통의 4년제 단과대학을 인가받은 학교는 건학의 이념과 학교의 지향을 불문하고 국문과, 영어영문과와 함께 사학과를 둘 정도였다.[81] 물론 예외인 경우도 있었다. 1946년 9월 혜화불교전문학교가 4년제 단과대학인 동국대로 승격될 때, 대학(문학부, 경제학부)과 전문부(1부, 2부)에 각각 사학과가 있었다.[82] 그래서 문학부 사학과 학과장은 서울대 사학과에서 동양사 교수인 김상기, 전문1부(주간부)의 학과장은 동양사 전공이지만 전문1부에서 서양사를 가르친 채희순이 담당했으며, 전문2부(야간부) 사학과장은 김상기 또는 연희대 교수로 있던 민영규가 담당했다.[83]

종합대학으로 승인받은 대학의 사학과는 문리과대학에 소속되었다. 문리과대학의 설치는 종합대학으로 승격한 서울대가 처음이었는데, '군정법령 제102호'로 제정된 〈국립서울대학교 설립에 관한 법령〉의 제6조에 명기되어 있었다. 서울대 문리과대학은 경성대학의 예과와 문학

81) 불교대학인 동국대가 4년제 대학으로 인가받을 때 불교과는 있었고 철학과는 없었다.

82) 고등교육에 대한 사회의 수요와 대학의 재정을 확충하기 위한 일환이었을 가능성도 배제할 수 없을 것이다.

83) 동국대학교 90년지 편찬위원회 편, 《동국대학교90년지 I(약사편)》, 동국대학교 교사편찬실, 1998, 78쪽. 뒤의 '〈부록 1〉 4개 대학 전임교수들'도 참조.

부, 그리고 이공학부의 일부로 구성되었다.[84] 법문학부를 해체하고 법과대학과 문리과대학을 설치한 정책은 경성(제국)대학의 유일성을 해체하려는 미군정의 의도를 반영한 결과일 것이다.[85] 문리과대학은 산하에 문학부와 이학부를 두었고, 1975년 2월 '서울대학교 종합 10개년 계획'(1968~1977)에 따라 인문대학, 사회과학대학, 자연과학대학으로 분리될 때까지 존속했다.[86]

종합대학에 문리과대학을 설치하는 움직임은 한국의 대학에서 일반화된 현상이었다. 이는 미국 종합대학에서 정착된 보통의 단과대학 시스템이었다.[87] 1950년대 들어 종합대학으로 승격한 지방의 국립대학과 고려대, 동국대 같은 사립대학들은 '문리과대학', 곧 문과와 이과 계통의 기초학문을 하나의 기구로 묶어 모든 학문의 기초학문을 망라한 '대학의 대학'을 설치했다. 문리과대학은 "'인간의 본성을 추구하는 문학을 비롯하여 대자연의 신비를 탐구하는 자연과학에 이르기까지 모든 학문의 바탕이 되는 순수 기초학문을 가르치고 연구'함으로써 원만한 인격과 넓은 교양을 갖춘 사회의 지도자를 길러낸다"는 취지에서 설치되었다.[88]

〈국립서울대학교 설립에 관한 법령〉에는 나오지 않지만 1955년도 《서울대학교일람》에 나오는 서울대 직원들의 '직명'을 언급하는 부분에

84) 《동아일보》 1946. 7. 14.

85) 박광현, 〈'문리과대학'의 출현과 탈식민의 욕망〉, 김재현 외, 《한국인문학의 형성》, 한길사, 2011, 383쪽. 첨언하자면, 박광현은 이 논문의 380~385쪽에서 국대안과 연관시켜 문리과대학의 출현과정과 의미를 언급했지만, 필자는 그것과 더불어 새로운 대학체계 속에서 문리과대학의 위상, 그리고 그것이 사학과와 어떤 연관이 있는가에 대해 분석하겠다.

86) 1975년 이후에는 다른 대학들도 문리과대학을 해체하는 흐름에 동참했다.

87) 일본의 제국대학은 학부제였다는 점을 상기할 필요가 있으며, 문리과대학이란 이름의 대학은 1929년 도쿄와 히로시마에 처음 설치되었다.

88) 서울대학교50년사편찬위원회 편, 《1946~1996 서울대학교 50년사 상》, 서울대학교출판부, 1996, 19쪽.

서 문리과대학에 문학부와 이학부, 사범대학에 문학부와 이학부, 교육학부가 있음을 확인할 수 있다.[89] 오늘날 서울대 인문대학 홈페이지에 따르면, 문학부와 이학부는 1946년 8월 문리과대학을 발족시킴과 동시에 설치한 것으로 나와있다.[90] 의예과부도 1948년 9월 문리과대학에 편입되었다. 사범대학 홈페이지에는 1950년 6월 문학부와 이학부 아래에 12개 학과를 설치했다고 나와있어 이미 두 개 학부가 있었음을 시사하고 있다.[91] 법령에는 없지만 미군정청장관 또는 대학이사회 등에서 '학칙'과 같은 내규로 학부를 설치한다는 내용을 명기했을 가능성은 있다. 이러한 처리방식은 1953년도 〈전남대학교학칙〉에서도 찾아볼 수 있다. 학칙 제2조에서 문리과대학을 비롯해 단과대학들의 이름을 거명하며 이를 설치한다고 규정하고, 제3조에서 각 단과대학의 학부 및 학과의 정원을 명기하면서 문리과대학 960명 정원 가운데 사학과를 포함하여 4개 학과가 있는 문학부에 720명, 이학부 3개 학과에 240명을 배정한다고 명기하고 있다.[92]

종합대학교(University)에 단과대학(College)을 두고 있는데도, 단과대학과 학과(Department) 사이에 학부(Faculty)를 둔 대학체계는 오늘날 대학제도에서 보면 매우 생소하다. 흔히 볼 수 있는 단과대학-학과 체계가 아니기 때문이다. 미국식 대학체계는 오늘날까지도 보통 본부-단과대학-학과 체계인 데 비해, 일본식 대학체계는 본부-학부-학과-강좌 체계였다. 오늘날 도쿄대학과 교토대학은 여전히 본부-학부-학과-전

89) 《서울대학교일람》, 1955, 20~30쪽.

90) http://humanities.snu.ac.kr/Mullidae-history(서울대학교 인문대학 문리대 연혁, 2016. 4. 18 검색)

91) http://edu.snu.ac.kr/history (서울대학교 사범대학 연혁, 2016. 4. 18 검색)

92) 《전남대학교학생요람》, 1953. 4, 2쪽. 문학부에는 문학과 160명, 사학과 120명, 철학과 120명, 법정학과 320명이 정원이었고, 이학부에는 수학과 80명, 화학과 80명, 물리학과 80명이 정원이었다.

공 체계로 이어진다.

그렇다면 문리과대학과 학과 사이에 문학부와 이학부를 설치한 이유는 무엇일까? 모든 학문의 토대이자 종합대학의 중심은 인문사회과학과 자연과학 분야의 순수 기초학문 분야에 있다는 미국식 대학 편제 방식을 수용하지만, 인문학과 자연과학이 성질이 다른 학문 분야인 데다 각 분과학문이 아직 세분화되지 않아 제도상으로 학과 시스템화가 필요 없는 규모였다는 현실과도 무관하지 않았을 것이다.

더구나 일본식 경험의 연속이란 측면도 있었을 것이다. 일본에서 문과와 이과로 제도를 분리한 문리과대학의 편제는 1918년 칙령 제389호에 따라 '제2차 고등학교령'을 발표할 때부터 시행한 제도, 곧 제국대학에 입학하기 위한 준비학교인 고등학교 고등과를 문과와 이과로 나누었던 데서 유래한다. 식민지 조선에서는 경성제국대학이 3년제의 본과에 진입하기 위한 준비단계로 설치한 예과를 문과와 이과로 나누었다. 결국 단과대학이 있음에도 불구하고 학과 위에 학부를 두는 편제는 일본식 대학 시스템의 유제가 미국식 대학제도와 만나 어떻게 잔존했는가를 확인할 수 있는 대목이다.

그렇다고 해방 후 한국의 문리과대학에서 운영한 학부제도가 학과 단위보다 학부 단위에서 학사행정의 실제 권한을 갖고 있던 일본식 대학행정 시스템과 같았다고 말할 수 없다. 미국식 대학제도의 핵심은 학과 시스템별로 분과학문을 구분하고, 학과를 중심으로 대학을 운영하는 데 있다. 단과대학은 학과와 대학을 행정적으로 연결하는 고리에 불과했다. 문리과대학의 학부도 이런 정도의 역할을 했을 것이다.

당시 종합대학 대부분이 대학-문리과대학-학부-학과로 계통화했던 반면, 연희대는 그렇지 않았다. 연희대의 전신인 연희전문학교에는 초기부터 문학과 이외에 신학과, 농학과, 상과, 수학과 및 물리학과, 응용학과처럼 인문교육과 이과교육을 학과로 구분했다. 재건된 연희전문학교에서도 이를 계승하여 1945년 11월에 문학부와 이학부 등을 각각 설치했다. 이후 두 학부는 1946년 9월 연희대가 종합대학교로 출범하면서 각각 문학원과 이학원으로 개편되고, 다시 1950년 5월 문과대학과 이과대학으로 바뀐 것처럼 줄곧 별도의 조직체로 운영되었다. 문리과대학을 설치하지 않고 분리한 조치는 식민지 시기부터의 경성제국대학과 연희대학교 사이에 제도와 운용의 차이에서 오는 경험이 해방 후 다른 모습으로 제도화한 것이다.[93] 연세대 사학과는 거의 모든 대학이 문과대학을 인문대학으로 고친 오늘날까지도 문과대학이란 이름의 단과대학 아래 소속되어 있다.[94]

학과는 미국식 대학 시스템에서 제도의 기초이자 운영의 출발점이다. 학과 단위로 교수와 학생의 정원이 정해지고, 학생의 선발과 졸업에 대한 판정도 학과 단위로 이루어진다. 다른 분과학문과 자신의 학문상의 경계를 구분하는 커리큘럼도 학과 단위로 짜인다. 이는 학과보다 특정 강의를 전담하는 강좌제를 중심으로 교수정원이 책정되고 커리큘럼이 운영되며, 학생들의 졸업 여부와 인간관계까지 규정되는 강좌제의 학사 운영 방식과 매우 다른 시스템이다.

그럼에도 서울대 사학과의 경우 미국식 학과 시스템이 즉각 운영된 것은 아니었다. '연구실'이라는 공간과 조직을 통해 일본식 재생산 시스템인 강좌제의 영향이 강하게 남아 있었기 때문이다. 잠시 당시 서울대 사학과 풍경을 상상해보자.

---

93) 같은 미션계 대학으로 문리과대학을 설치한 숭실대학교, 이화여대와도 다른 경험이다. 그렇다고 문리과대학 대신 문학원, 이학원이란 색다른 명칭을 사용해 분리하고, 다시 문과대학, 이과대학으로 분리한 제도화가, 대학의 운영과 관리 방식에서 그렇지 않은 제도화 과정과 특별한 차이가 있었다고 보기는 어렵다(강명숙, 〈대학 인문학의 제도적 기반과 학술 여건〉, 신주백 편, 《한국 근현대 인문학의 제도화 : 1910~1959》, 235쪽).

94) 고려대도 1963년 이래 문과대학이다.

국사연구실은 한국전쟁 직전까지만 해도 이병도-유홍렬(교수)-강진철(조교수)을 정점으로 움직였다.[95] 1946년 말과 1947년에 조교로 있을 당시 연구실 모습을 회고한 강진철에 따르면, 국사연구실은 졸업생과 재학생이 모여 밤늦게까지 열띤 토론을 하거나 책을 읽으며 교류하는 공간이었다.[96] 또한 이병도는 서울대 문리과대학 국사연구실 이름으로 《한국 유학사 초고 : 자료》(1959) 등을 출판했다. 이인영을 중심으로 한 경성대학 조선사연구회처럼 한국사 전공 교수 사이에는 교수 개인별 그룹이 존재하는 경우도 있었다. 이때 이기백과 정태문은 1회 졸업생 다섯 명 가운데 이인영과 특별한 관계를 맺지 않은 사람이었다. 이병도의 지도를 받던 이기백은 회고에서 재학 중 신민족주의 역사학자로 분류되는 손진태 교수의 강의를 들었지만 혼자서 찾아간 적이 한 번도 없었다고 밝혔다.[97] 그 손진태와 같은 학문경향으로 분류되는 사람이 이인영이었다. 그러므로 이기백이 이인영과 특별한 관계를 맺지 않은 것은 어찌 보면 자연스러운 현상이었다. 결국 학생이 지도교수를 누구로 하느냐에 따라 어느 연구실 소속이고, 어느 교수의 그룹에 속했는지가 결정되었으며, 그것은 개인의 대인관계에도 영향을 미쳤다.

동양사학 전공자들도 별도의 연구조직을 만들어 움직였다. 가령 경성대학 사학과 동양사연구실의 조수로 있던 김성칠의 일기에 따르면, 1946년 4월 13일 '동양사 합동연구 분실(分室)'에서 '동양문화연구회 동양사분과회 제1회 연구발표회'가 있었다.[98] 1948년의 시점에서 동양사연구실은 김상기-김일출(조교수)-김성칠(조교, 조교수)을 중심으로 '서

95) 유홍렬은 사회생활과에서 옮겨왔고, 강진철은 1947년 말 또는 1948년 초에 조교수로 승진했다. 앞서 보았듯이, 손진태-이인영을 축으로 한 또 다른 흐름도 분명히 있었다. 하지만 양 축의 관계와 한국사 전공분야의 운영이 어떤 관계였는지를 알 수 있는 자료는 아직 찾지 못했다.

96) 강진철, 〈학창시절과 연구생활을 되돌아보며〉, 《한국사시민강좌》 3집, 일조각, 1988, 152쪽.

97) 이기백, 〈학문적 고투의 연속〉, 《한국사시민강좌》 4집, 169쪽.

울대학교 문리과대학 동양사교실'이란 형태로 존재했다. 교실에서는 《신동양사》라는 중등교육과정의 역사교과서를 출판한 적도 있었다. 그리고 한국전쟁을 고비로 김상기-전해종(조교수)으로 교수진이 바뀌었다.[99]

분과별 연구실을 중심으로 한 사학과 학생들의 활동은 세 분과가 사실상 독립된 과처럼 존립하는 것을 전제로 했다. 그래서 게이오대학(慶應大学)에서 서양사를 전공했지만 이후 이병도의 추천으로 한국사를 전공하는 강진철을 조교로 임명할 때 동양사를 담당한 김상기는 특별히 관여하지 않았다. 이기백이 국사·동양사·서양사 전공별 합동연구실이 각각 따로 있어 동양사와 서양사를 전공하는 친구들을 거의 모르고 지냈다고 회고했듯이, 학생들의 학교생활도 전공별로 이루어지면서 그다지 교류가 없었다.[100]

그럼에도 3분과별 연구실은 대학의 공식 행정기구가 아니었다. 학생은 강좌를 담당하는 교수의 연구실을 매개로 학부와 소통하던 강좌제와 달리, 학과를 매개로 단과대학 또는 학부와 연계할 수 있었다. 따라서 식민지 시기 경성제국대학 사학과는 강좌를 책임진 강좌장(講座長)을 중심으로 운영되었기 때문에 학과와 전공이라는 의미가 취약했지만, 서울대학교 사학과는 미국식 학과 시스템 속에서 3분과별로 구심점을 갖고 운영되었기 때문에 강좌제보다 학과와 3분과별 전공의 위상이 더 높았다. 교수와 조교수라는 직위에 따라 강좌에 대한 책임 여부가 달랐던 강좌제에 비해, 미국식 학과 시스템에서는 조교수에게도 규정 강의

---

98) 김성칠, 《역사 앞에서》, 창작과비평사, 1993, 43~44쪽. 이때 민석홍, 전해종이 발표했다. 민석홍은 이후 프랑스사로 전공을 바꾸었고 서울대 교수로 재직했으며, 전해종은 중국사 전공으로 서강대 교수를 역임했다.

99) 한국전쟁 이후는 《서울대학교일람》(1955)을 기준으로 분석했다.

100) 이기백, 〈학문적 고투의 연속〉, 《한국사시민강좌》 4집, 168쪽. 이기백이 1946년 9월 3학년에 입학한 이후의 모습을 회상한 것이다.

가 배당되어, 누가 어떤 강의를 담당하는가에서 나오는 파워가 강좌제 때보다 약할 수밖에 없었다. 이렇게 서울대 사학과의 운영이 제국대학의 강좌제와 달랐음에도 불구하고, 전공별 연구실과 개인별 연구모임을 통해 학과 내에서의 대인관계를 제약하는 측면이 있었다.

이렇듯 해방 후 한국의 대학에서는 학생이 분과별 연구실을 중심으로 네트워크를 맺을 수도 있었지만, 공식 행정 계통은 학과를 매개로 단과대학 등과 연계를 맺는 방식이었다. 해방 후 한국 대학의 공식적인 활동 경계는 분과가 아니라 학과였다.

역사를 연구하고 교육하는 단위가 학과를 중심으로 전개될 수 있었던 또 다른 배경은 학기를 단위로 매겨지는 학점제였다. 이제부터 교과목 구성과 학점의 상관성을 살펴보는 한편, 학점제 방식이 학과 시스템에 어떻게 작용했는지를 알아보자.

교과목의 구성과 학점—통년제에서 학점제로

앞서 2장에서 보았듯이, 강좌제는 1년 단위로 커리큘럼을 짜는 통년제였다. 수업을 듣고 시험을 보아 낙제하지 않으면 한 학년씩 올라갈 수 있는 학년제였다. 이에 비해 미국식 학과 시스템에서는 학기 단위로 학점을 부과하는 학점제를 운영하고 교과목을 확정한다.

학점제는 오늘날 한국의 대학에서 학생의 성과와 능력을 측정하는 익숙한 제도이고, 개인이 자유로이 수강계획을 짜서 대학생활을 하도록 한다. 학년의 구분 역시 학점의 이수 정도에 따라 좌우되는 것이 기본이다. 어떤 의미에서는 졸업 이수학점을 누가 더 빨리 많이 획득하느냐가 중요하므로 학년을 구분하는 의미는 약화될 수밖에 없다. 따라서 학점제에서는 학년보다 학기가 더 중요하다. 오늘날 한국의 대학이 여름에도 졸업식을 할 수 있는 이유가 여기에 있다.

해방 직후 대학이 통폐합하고 승격되는 과정에서 복잡하고 다양한 문제들이 발생했다. 예를 들면 경성제국대학과 관립전문학교를 통합할 때 학생들의 학년을 조율하는 문제, 그리고 일본 등 해외에 유학하다 귀국한 학생과 징병·강제동원되었다가 귀환한 학생의 편입문제 등의 현안이 있었다. 이러한 현안들을 효율적으로 해결하고 단선형 학제를 정착시키고자 했던 미군정에 학점제는 매우 유용한 방안이었다.[101] 학점제는 이수학점을 기준으로 평가해 학년과 학기를 규정할 수 있었기 때문이다.

학기 단위를 기준으로 학점을 주는 학점제에 따라 개설된 사학과의 교과목은 짝수 단위로 설정되는 경우가 많았다. 통년제로 운영되던 강좌제는 보통 4학점 과목의 경우 두 학기 동안 2학점씩 배정되었므로 학생은 1년 동안 동일한 강좌를 들어야 하고, 교수는 그에 맞추어 수업을 준비해야 했다. 이에 비해 학점제는 학기를 단위로 교과목을 운영하므로 학기당 4학점이란 높은 학점을 한 과목에 배정하는 일이 쉽지 않았다.

통년제와 학점제의 차이는 연희대 사학과의 1946년도 교과목을 통해 알 수 있다. 연희대 사학과는 모든 교과목의 수업 시수를 매주 3시간, 곧 한 학기에 3학점을 기본으로 배정했다. 문화사, 사학개론, 조선·동양·서양의 상고사·중고사·근세사·최근세사는 '반년', 곧 한 학기에 이수해야 할 과목으로 확정한 경우가 여기에 해당한다. 그런데 조선·동양·서양의 특수사를 비롯해 고고학, 인류학, 국제관계사, 동서문화교류사, 지리학개론은 1년 단위로 수업을 들어야 했다. 다만, 1년 단위 교과목이라 해도 조선·동양·서양의 특수사는 '각 6', 곧 한 학기에 6학점씩 배정

101) 강명숙, 〈미군정기 고등교육 연구〉, 124쪽.

되었고, 나머지는 학기당 3학점씩 총 6학점이 배정되었다.[102)]

연희대 사학과와 비슷한 시기에 확정한 고려대 사학과의 교과목 운영을 다음의 〈표 4-2〉를 통해 분석해보자. 1946년 고려대 사학과에서는 한 과목에 2학점씩 두 학기에 나누어 개설하는 경우가 많았다. 심지어 4학점짜리 강좌를 한 학기에 개설하는 경우도 있었다. 한 교수가 특정한 과목을 1, 2학기에 걸쳐 계속 가르치는 방식은 다양한 과목을 개설할 수 있을 만큼 강사진이 많지 않았던 당시 대학의 현실과도 연관이 있을 것이다. 더구나 1955년부터는 졸업 이수학점이 160학점으로 줄어들기는 했지만, 1946년 당시 학생들은 4년 동안 180학점을 이수해야 졸업할 수 있었다. 교재와 강사진이 부족하고, 그렇다고 대학원 교육을 활성화할 수 없는 현실 때문에 대학과정에서 전문교육을 어느 정도 마치도록 하기 위해 졸업 이수학점을 180학점으로 규정했을 뿐 아니라 특정 과목을 두 학기 연속으로 강의하는 형식을 취했을 것이다. 형식은 학점제로 교과목을 운영했지만, 사실상 강좌제의 잔재가 남아 있었다. 고려대 사학과 교수진이 경성제국대학 사학과를 졸업했던 경력과도 무관하지 않을 것이다.

그런데 고려대 사학과만 이렇게 교과목을 운영한 것은 아니었다. 부산대 사학과도 1950년대 중반까지 4학점짜리 강좌를 개설했다.[103)] 이러한 방식은 당시 여러 대학의 사학과에서 흔히 볼 수 있는 학점 배분 방식이었다. 전북대 사학과의 경우 사학개론은 2학점, 국사, 동양사, 서양사의 강독과 연습은 각각 8학점을 배정한 경우도 있었다.[104)] 한 강좌를 1학

102) 《연희대학교학칙》, 1946, 20~22쪽.

103) 부산대학교 사학과 50년 간행위원회 편, 《부산대학교 사학과 50년》, 부산대학교 사학과 동문회·부산대학교 인문대학 사학과, 1998, 20~21쪽.

104) 《전북대학교일람》, 1959, 51~52쪽.

〈표 4-2〉 1946년도 고려대학교 사학과 교과목*

필수과목											
1학년			2학년			3학년			4학년		
교과목	매주 교육 시간		교과목	매주 교육 시간		교과목	매주 교육 시간		교과목	매주 교육 시간	
	제1학기	제2학기		제1학기	제2학기		제1학기	제2학기		제1학기	제2학기
국어	2	2	국어	2	2	공통과목					
국사	2	2	국사학	2	2	국사학	2	2	국사학	2	2
서양사	4		동양사학	2	2	동양사학	2	2	동양사학	2	2
동양사		4	서양사학	2	2	서양사학	2	2	서양사학	2	2
논리학	4		문화학개론		4	지리학	2	2	지리학	2	2
심리학		4	철학개론	4		체육	2	2	체육	2	2
자연과학개론	2	2	사학개론		2	국사 전공자 학과목					
제1외국어	6	6	조선문화사	2		국사학특강	2	2	국사학특강	2	2
제2외국어	4	4	사회학	4		국사학강독	2	2	국사학강독	2	2
체육	2	2	고고학	2	2	조선사상사	2	2	조선한문학사	2	2
			체육	2	2	국어학사	2	2	중국철학사	2	2
						국문학사	2	2			
						중국문학사	2	2			
계	26	26	계	22	18	계	22	22	계	18	18
						동양사학 전공자 학과목					
						동양사학특강	2	2	동양사학특강	2	2
						동양사학	2	2	동양사학강독	2	2
						중국문학사	2	2	중국논리학사	2	2
						중국철학사	2	2	조선사상사	2	2
						국어학사 또는 국문학사	2	2			
						계	10	10	계	8	8

						서양사학 전공자 학과목					
						서양사학특강	2	2	서양사학특강	2	2
						서양사학강독	2	2	서양사학강독	2	2
						영어학사 또는 영문학사	2	2	서양논리학사 개론**	2	2
						서양철학사	2	2	정치사	4	2
						일반경제사		4			
						계	8	12	계	10	8

선택과목					
국사전공자(2·3·4학년)		**동양사전공자(2·3·4학년)**		**서양사전공자(2·3·4학년)**	
조선경제사	4	국사학특강	4	국사특강	4
조선정치사	4	서양사학특강	4	동양사특강	4
조선법제사	4	중국철학개론	4	법제사	4
동양사특강	4	인도불교철학	4	경제사상사	4
서양사특강	4	중국논리학특강		정치사상사	4
국어학특강	4	중국철학특강		서양철학사	4
국문학특강	4	조선경제사		영어학사	4
조선한문학특강	4	조선정치사		영문학사	4
중국논리학사	4	조선한문학사		외국어	4
(16학점 이상)					

* 고대사학회 편, 《고려대학교 사학과 오십년사》, 신유, 1998, 363~364쪽.

** 필자가 인용한 자료에서는 다른 과목과 달리 이 과목의 이름에만 논리학(論理學)이란 한자 대신 '倫理學'이라는 한자로 기재 되어 있어 우선 그대로 인용했다. 다만, 한국과 중국의 논리학 과목처럼 과목 이름에 '논리학'이 들어가는 것이 사실에 부합할 것 같다고 본다.

기와 2학기로 나누어 각각 4학점씩 배정한 방식은 사학과의 교과운영을 학점제에 의거하기는 하지만, 1950년대 중반까지도 1945년 이전 일본의 학사관리 방식인 통년제에 따라 학점을 관리하던 잔재가 여전히 남아 있었음을 의미한다. 요컨대 미국의 대학제도라는 형식에 맞추어 짜인 사

〈표 4-3〉 1946년도 서울대학교 사학과 교과목*

문화사(일반 학생 필수, 2), 사학개론(2)
조선사학개설, 중국사학개설, 서양사학개설
조선고대사, 조선중세사 / 중국고대사, 중국중세사 / 서양사(1500~1815), 서양사(1815~1914), 서양사(1914~),
사적(史籍)해제(2),
근대동양사, 조선근대사, 중국근대사, 서양과 동양과의 관계사,
세계사의 조류, 미국사개설, 영국사, 프랑스(佛國)사, 독일사, 이태리사, 러시아(露西亞)사, 스페인사, 네덜란드(和蘭) 및 벨기에(白義耳)사, 스칸디나비아사, 인도사, 몽고사
서양고대사, 서양중세사
조선사상사, 조선제도사
동서양의 정치전개
사학연구법
조선사연습, 동양사연습, 서양사연습

* 《국립서울대학교 문리과대학 교과내용》 1946학년도(추정), 서울대학교 기록관 소장. (2)는 2학점, 괄호가 없는 경우는 모두 3학점이다. 분류는 필자가 한 것이다.

학과 시스템에, 일본식 경험이라는 내용, 곧 식민지 잔재가 그대로 스며든 상태에서 학과가 운영되었던 것이다.

이번에는 〈표 4-3〉과 〈표 4-4〉에 나오는 서울대의 1946년도와 1959년도 교과목을 비교하며 교과목의 학점 비중을 알아보자.

그 이유는 알 수 없지만 서울대 사학과는 2, 4학점 단위로 운영했던 고려대 사학과와 달리 연희대 사학과처럼 1946년부터 3학점 단위를 중심으로 교과목을 운영했다.[105] 특히 1959년도 교과목을 보면 시대사 과목은 3학점 중심이었고, 전공을 불문하고 학년별로 균등하게 나누고 모

105) 1946년도 서울대 사학과의 경우 1, 2학기 연속으로 3학점 과목을 개설했는지를 확인할 수 없어 이 부분은 판단을 유보하겠다.

〈표 4-4〉 1959년도 서울대학교 사학과 교과목*

교과목	학점		비고	교과목	학점		비고
	학년/학점	계			학년/학점	계	
국사개설(필수)**	1/3	3		서양고대사	2/3	3	서양사에서 3과목 필수
동양사개설(필수)	1/3	3		서양중세사	2/3	3	
서양사개설(필수)	1/3	3		서양근세사	2/3	3	
사학개론(필수)	1/3	3		서양최근세사	2/3	3	
고고학개론(필수)	1/3	3	2학년 때도 취득 가능	미국사	2/3	3	
인류학개론	1/3	3		서양고고학	2/2	2	
민속학개론	1/3	3		영국사	2/3	3	
한국고대사	2/3	3	국사에서 3과목 필수	서양사적해제	2/3	3	
한국중세사	2/3	3		한중교섭사	3/3	3	
한국근세사	2/3	3		동서교섭사	3/2	2	
한국최근세사	2/3	3		만몽사	3/2	2	
한국독립운동사	2/3	3		동남아세아사	3/2	2	
한국문화사	2/3	3		서역사	3/2	2	
한국고고학	2/2	2		서남아세아사	3/2	2	
한국사적해제	2/3	3		일본사	3/2	3	
동양고대사	2/3	3	동양사에서 3과목 필수	인도사	3/2	2	
위진남북조사	2/3	3		독일사	3/2	2	
당대사	2/3	3		러시아사	3/2	2	
송대사	2/3	3		프랑스사	3/2	2	
원명사	2/3	3		남아메리카사	3/2	2	
동양근세사	2/3	3		한국사상사	3/3	3	
동양최근세사	2/3	3		한국법제사	3/3	3	
동양고고학	2/2	2		한국금석 및 고문서학	3/2	2	
동양사적해제	2/3	3		한국사회경제사	3/3	3	

교과목	학점		비고
	학년/학점	계	
한국사학사	3/2	2	
동양문화사	3/2	2	
동양사상사	3/3	3	
동양법제사	3/3	3	
동양금석 및 고문서학	3/2	2	
동양사회경제사	3/3	3	
동양사학사	3/3	3	
서양문화사	3/2	2	
서양사상사	3/3	3	
서양법제사	3/3	3	
서양금석 및 고문서학	3/2	2	

교과목	학점		비고
	학년/학점	계	
서양사회경제사	3/3	3	
서양사학사	3/3	3	
국사특강	2/2·3/2·4/2	6	6학점 필수
국사강독	2/2·3/2·4/2	6	
국사연습	3/4·4/4	8	
동양사특강	2/2·3/2·4/2	6	6학점 필수
동양사강독	2/2·3/2·4/2	6	
동양사연습	3/4·4/4	8	
서양사특강	2/2·3/2·4/2	6	6학점 필수
서양사강독	2/2·3/2·4/2	6	
서양사연습	3/4·4/4	8	

* 《서울대학교 일람: 1959~1960》, 1960, 104~107쪽.
** (필수)는 필수과목을 의미한다. 그 외의 과목은 모두 선택과목이다.

두 합쳐 '특강'과 '강독' 과목은 6학점, '연습' 과목은 8학점이었다. 학과의 교과목 개설에서 학점제 방식을 초창기부터 실시한 결과였다. 그럼에도 불구하고 서울대 사학과도 전북대 사학과처럼 국사, 동양사, 서양사를 구분하는 전공영역의 심화과목인 특강, 연습, 강독에 매우 높은 학점 비중을 두어 3분과 사이에 구별 짓기를 전공내용으로 보장했음을 알 수 있다. 이 역시 통년제의 잔재이기도 하다.

서울대처럼 3학점제의 교과목을 운영한 연희대 사학과는 다른 대학의 1946년과 달리 교과목 운영을 조금 바꾸었다. 이에 대해 알아보자.

위의 〈표 4-5〉에 따르면, 초창기 연희대 사학과는 1946년도 교과목과 비교해도 시대사 중심의 교과서 편성을 사실상 포기한 것처럼 보인다.

〈표 4-5〉 1953년도 연희대학교 사학과 교과목*

1학기 과목	교수명	매주 시간	학점
서양근세사	조의설	3	3
서양사특강	〃	3	3
정치사	〃	2	2
한국사상사	민영규	3	3
동양중세사	〃	3	3
서역사	〃	3	3
고려사	이홍직	3	3
한국최근사	〃	3	3
한국사학사	〃	3	3
동서교섭사	홍이섭	3	3
사적해제	〃	3	3
이조사연습	이광린	3	3
문화사	〃	3	3
문화사	〃	3	3
문화사	민석홍	3	3
미국문화사서설	이옥	2	2

2학기 과목	교수명	매주 시간	학점
한국사상사	민영규	3	3
동양중세사	〃	3	3
서역사	〃	3	3
고려사	이홍직	3	3
한국근세사	〃	3	3
한국사학사	〃	3	3
동서교섭사	홍이섭	3	3
실학사상	〃	3	3
미국문화사서설	이옥	3	3
고려사연습	이광린	3	3
문화사	〃	3	3
문화사	민석홍	2	2
문화사	〃	2	2
인문지리	강석오	3	3

* 《학사보고서》, 연희대학교 교무처, 1953, 18쪽. 35쪽.

각 시대에 맞는 교수진을 갖추기가 쉽지 않았을 것이다. 대신에 상대적으로 주제사 강의를 많이 개설한 점이 눈에 띈다. 그렇다고 고려대와 서울대 사학과처럼 특강과 연습 과목을 많이 개설한 것도 아니었다. 개설된 경우라도 3분과체제에 따라 균질하거나 일정한 규칙이 없었다. 이 또한 교수진 구성과 연관이 있지 않았을까 추측해본다.

1953년도 연희대 사학과는 3학점제 수업을 중심으로 교과목을 운영했다. 홍이섭의 '동서교섭사'처럼 과목을 1, 2학기 합쳐 6학점으로 편성

〈표 4-6〉 1956년도 연희대학교 사학과 교과목*

교과목 번호	과목명	매주 시간수	학점	교과목 번호	과목명	매주 시간수	학점
201	국사개설 I	3	3	316	동양사특강(중세)	3	3
202	국사개설 II	3	3	317	서양사(상대)	3	3
203	동양사개설 I	3	3	318	서양사(중세)	3	3
204	동양사개설 II	3	3	319	서양사특강(상대)	3	3
205	서양사개설 I	3	3	320	서양사특강(중세)	3	3
206	서양사개설 II	3	3	401	국사(근세)	3	3
301	인문지리	3	3	402	국사(최근세)	3	3
302	역사지리	3	3	403	국사특강(근세)	3	3
303	사학개론	3	3	404	국사특강(최근세)	3	3
304	고고학개론	3	3	405	동양사(근세)	3	3
305	사회경제사	3	3	406	동양사(최근세)	3	3
306	국제관계사	3	3	407	동양사특강(근세)	3	3
307	한국사상사	3	3	408	동양사특강(최근세)	3	3
308	인류학	3	3	409	서양사(근세)	3	3
309	국사(상대)	3	3	410	서양사(최근세)	3	3
310	국사(중세)	3	3	411	서양사특강(근세)	3	3
311	국사특강(상대)	3	3	412	서양사특강(최근세)	3	3
312	국사특강(중세)	3	3	413	서양사학사	3	3
313	동양사(상대)	3	3	501	미술사	3	3
314	동양사(중세)	3	3	502	서역사	3	3
315	동양사특강(상대)	3	3	503	불교사	3	3

* 《연희대학교학칙》, 1956, 19쪽. 24~25쪽.

함으로써 사실상 통년제로 교과목을 운영하며 과목당 비중이 1, 2학기 합쳐 4학점인 고려대 사학과보다도 더 컸다. 그러다 〈표 4-6〉처럼 1956년도에는 학기를 단위로 3학점제의 교과목을 운영하는 방식으로 바꾸었다. 이 점에서는 〈표 4-4〉의 1959년도 서울대 사학과도 마찬가지였다. 통년제가 사실상 사라진 것이다. 또한 〈표 4-6〉을 통해 알 수 있듯이 연희대 사학과도 3분과체제와 시대사에 맞추어 특강 과목을 균등하게 개설하면서 과목수를 대폭 늘렸다.

이처럼 오늘날에는 그 흔적을 찾을 수 없지만, 일본 식민지 시기 제국대학에서 경험한 학부와 통년제의 잔재가 1950년대 중반까지도 사학과 안팎에 남아 있었다. 1950년대 중후반을 지나며 한국 대학의 사학과에서는 일본식 분류체계인 국사, 동양사, 서양사라는 3분과의 뚜렷한 분립을 바탕으로 운영되던 통년제를 대신해, 학기 단위의 학점제, 특히 짝수 단위의 학점보다 3학점 단위의 과목을 중심으로 교과목을 운영하는 제도가 정착했다. 학점제는 3분과체제를 부정하는 제도가 아니었다.

사학과의 교과목 구성과 3분과체제 정착

이번에는 사학과 교과목의 기본 구성인 개론, 시대사, 주제사, 특강과 연습이 어떻게 배치되었는지를 통해 사학과가 역사학의 거점으로서 연구와 교육 분야에 정착하는 과정을 살펴보자.

학과 시스템은 연구와 교육을 일치시켜 대학을 근대적으로 새롭게 탈바꿈함으로써 학문을 발전시키고 분화시켰던 독일의 대학 시스템, 곧 훔볼트(Humboldt)형 대학 시스템에서 그 원형을 찾을 수 있다.[106] 훔볼트형 대학 시스템의 큰 특징은 당시까지 교육을 중심으로 하던 대학에 세미나와 실험실이 있는 연구를 지향하는 시스템을 도입했다는 점이다.

---

106) 吉見俊哉,《大學とは何か》, 岩波新書, 2011, 78~89쪽.

훔볼트형 대학 시스템은 교수만이 아니라 학생도 연구에 동참하여 자기 학문의 내용보다 '방법'을 아는 데 중점을 둔다는 취지였다. 이때부터 교수와 학생의 관계에도 강의 이외에 '연습'과 '논문지도'라는 기본 구도가 짜여졌다. 이러한 특징과 기본 구도를 뒷받침해주는 제도의 중심에 강좌제가 있었다. 그리고 학문의 분과화를 제도화하고 다른 분과에서 쉽게 관여할 수 없게 성역화한 것은 미국식 학과 시스템과 대학원 제도였다.[107] 한국에서도 마찬가지로 대학을 중심으로 학문이 성립하고, 학문의 분과화가 진행되었다. 학문의 분과화, 곧 특정 학문의 독립 또는 다른 학문과의 구별짓기가 가능하도록 보장하는 장치 가운데 하나가 커리큘럼이다. 달리 말하면 사학과를 다른 학과와 구분할 수 있게 하고, 그 안에서 국사, 동양사, 서양사 전공을 구분하면서도 역사학이란 분과 학문을 하나의 단위로 파악하는 데는 커리큘럼이 중요하다. 필자가 구할 수 있던 사학과의 커리큘럼 가운데 시기가 이르면서도 짜임새 있는 편성표는 앞의 〈표 4-2〉에 나와 있는 고려대 사학과의 1946년도 교과과정과 같은 시기 연희대 사학과의 교과과정이었다.

〈표 4-2〉의 고려대 사학과의 교과목은 개론-특강 또는 강독-주제사-시대사를 기본으로 했다. 〈표 4-6〉에서처럼 연희대 사학과는 개론-시대사-주제사-특수사로 나누어 과목을 구성했다. 서울대나 고려대처럼 경성제국대학 사학과 출신이 많은 대학에서는, 앞서 2장에 있는 〈표 2-3〉과 이를 비교하면 확인할 수 있듯이 개론-연습(강독)-특강-주제사로 구분하는 교과목 배치가 특히 두드러졌다. 수업은 크게 필수과목과 선택과목으로 나뉘어 있었으며, 1학년 때는 개론과 통사류의 수업을 주로 진행하도록 배치되었다. 사학과에서는 초창기부터 주제사 수

107) 대학원제도는 본고의 연구대상이 아니므로 별도의 설명을 생략하겠다.

업을 많이 개설했는데, 주제사 과목을 개설하고 학년별로 배치하는 기준이 무엇인지 포착하기는 어렵다. 특강, 강독이라 불리는 특화된 교과목도 사학과 초창기부터 전공별로 배치하는 경우가 많았다. 졸업 이수 학점이 180학점이었던 시기와 그 이후 160학점이었던 초창기 대학의 현실을 고려할 때, 다양한 주제사 교과목 또는 특화된 교과목이 개설될 수밖에 없었을 것이다. 연습, 특강, 강독 과목은 학과 교수가 매 학기에 임의로 강의 주제와 방향을 설정할 수 있는 편의성도 있었다.

〈표 4-2〉에 따르면 고려대 사학과는 2학년 때부터 국사, 동양사, 서양사 전공을 구분했다.[108] 고려대 사학과의 3분과체제는 도쿄제국대학 사학과에서 시작된 일본식 3분과체제가 일본의 다른 대학과 경성제국대학에 전파되며 이식된 식민지 잔재였다. 해방 후 사학과 전임 대부분이 이들 대학에서 역사를 배운 사람들이었으므로 3분과체제를 그대로 이식한 것은 어찌 보면 자연스러운 과정이었다고도 볼 수 있다.

고려대 사학과처럼 명확하게 학년 구분은 드러나 있지 않지만, 1946년도 서울대 사학과 교과목에서도 학년별로 교과목을 구성했을 개연성이 있음을 확인할 수 있다(〈표 4-3〉). 1학년 때는 문화사와 개설 과목을, 2학년에서는 고중세사 관련 과목을, 3, 4학년 때는 근대사와 각국사, 그리고 연습 과목이 개설되었을 것이다. 다만, 서울대 사학과의 교과목 이름만을 놓고 보면 동양사보다는 중국사가 더욱 강조되고 있음을 알 수 있다. 그런데 1959년도 서울대 사학과의 교과목에서는 중국사보다는 중국 대륙에 있었던 주요 국가들의 각각의 역사를 개설한 점이 눈에 띈다(〈표 4-4〉). 강의 내용을 담보할 수만 있다면, 매우 깊이 있는 내용의 강

108) 오늘날 사학과에서 국사, 동양사, 서양사 과목을 나누어 배치하고, 학생들이 선택하여 듣는다는 것과는 차원을 달리하는 영역 구분이다.

의와 학습이 이루어졌을 것이다.

이에 비해 1946년 9월부터 1950년 6월까지 동국대 학부 사학과나, 1946년도 서울대 사학과에서 교과목 이름을 국사, 동양사, 서양사로 구분하는 방식이 확연히 눈에 띄지는 않는다. 연희대 사학과의 1953년도 커리큘럼에서도 시대사와 주제사를 중심으로 교과목이 편성되어 있었으며, 특화된 교과목으로서 이조사연습, 고려사연습이 편성되었다(〈표 4-5〉).

그런데 1956년도 연희대 사학과의 교과목을 보면 특강이 3, 4학년에 많이 개설되어 있음을 확인할 수 있다(〈표 4-6〉). 3, 4학년을 중심으로 '특강', '강독'과 같은 특화된 교과목을 집중 배치하는 교과과정 편성방식은 〈표 4-2〉의 1946년도 고려대 사학과의 교과목 구성에서도 이미 확인할 수 있는데, 연희대도 1950년대 중반에 이르면 그러한 방향을 따랐다. 이는 서울대도 마찬가지였다. 1959년도 교과목을 표시한 〈표 4-4〉를 보면, '연습' 과목이 세 개에 불과했던 1946년도와 달리 특강, 강독, 연습 과목이 9개나 설정되어 있다.

특강과 연습 관련 교과목이 늘어난다는 것은 무엇을 의미할까? 특강은 말 그대로 특정 주제에 대해 심화된 학습을 하는 과목이고, 연습은 언어습득을 동반해 사료강독의 독해력을 높이면서 사료에 대한 서지와 내용까지 분석하는 심화학습 과목이다. 그것은 전공 분야 교재에 대한 읽기 능력을 향상시켜 전공자로서의 소양과 전문성을 갖추도록 전공학생들에게 요구하는 것을 의미한다. 결국 특강과 연습은 다른 분과학문과의 경계지점을 분명히 함으로써 차별성을 극대화할 수 있는 과목이자 자기 분과학문의 고유성을 담보한다. 때문에 특강과 연습이 늘어나는 과정은 다른 분과학문과의 차별성만이 아니라 역사학 내부의 국사, 동양사, 서양사 사이에 전공영역의 경계도 분명해지고, 더 나아가 세 영역이 사실상 각각의 분과학문처럼 존재할 수 있게 하는 원동력의 하나였다.[109] 달리 말하면 특강과 연습이란 심화과목이 늘어났다는 점은 3분과 체제가 강화되어가는 과정, 또는 역사학 내부의 분절성이 뚜렷해져 가는 과정을 의미했다.

이번에는 시대별 전공교과목에 대해 살펴보자. 역사의 시기를 구분하여 교과목을 개설하려는 움직임, 곧 고대-중세-근세(고려대, 1955), 고대-중세-근대(서울대, 1946), 고대-중세-근세-최근세(경북대, 1955[110]; 서울대 사회생활학과, 1956[111]; 서울대 사학과, 1959), 상대-중세(중고)-근세-최근세(연희대, 1946)처럼 시대를 구분하고, 각 시대를 학년 또는 학기를 달리하며 개설하는 방식은 처음부터 모든 사학과에 정착된 것 같지는 않다. 〈표 4-3〉에서처럼 서울대 사학과의 1946년도 교과목에서 고대-중세-근대를 구분하고, 연희대 사학과도 1946년도 교과목에서 고대-중고-근세-최근세로 나누어 강의를 개설하려 했지만, 그렇지 않는 경우도 있었다. 〈표 4-2〉의 1946년도 고려대 사학과의 커리큘럼과 1946년 9월부터 개설되었다는 동국대 학부 사학과의 강의 개설과 목명,[112] 1955년도 전남대 사학과의 교과목을 보면 시대별 강의명이 없다.[113] 해방 직후 사학과에서 시대사 수업의 존재 여부는 학교에 따라 달랐지만, 1950년대 중반에 이르러서는 모든 학교에서 시대사 수업이 개

---

109) 세 전공영역이 사실상 독립된 분과학문처럼 존립할 여지가 제도에 내장되어 있던 것이 현실화하기 시작한 때는 1960년대 후반이다. 서울대 사학과가 분화한 경우가 바로 여기에 해당된다. 또한 오늘날 고려대처럼 한국사학과와 사학과로 나뉜 곳도 있고, 한국사학과만 존립하는 대학교도 있다. 참고로 말하자면, 특강과 연습 교과목이 발달한 국어국문학과에서도 언어와 문학 전공으로 나뉘고, 문학이 다시 고전문학과 현대문학 전공으로 구분되어 사실상 별도의 학과처럼 운영되는 경우가 많은데, 이는 결코 우연이 아니다. 최기숙, 〈국어국문학 과목 편제와 고전강독 강좌〉, 김재현 외, 《한국인문학의 형성》, 한길사, 2011 참조.

110) 《경북대학교 20년사 : 1952~1972》, 경대20년사편찬위원회, 1972, 360쪽.

111) 서울대학교 사범대학 역사과 60년사편찬위원회 편, 《서울대학교 사범대학 역사과 60년사》, 역사교육학과 동문회, 2008, 35쪽.

112) 임영정, 〈동국사학 60년의 성과〉, 《동국사학》 42집, 동국사학회, 2006, 393쪽.

설되었다고 볼 수 있다. 이를 바로 위에서 언급한 특강이나 연습 교과목의 증설까지 고려하여 설명하면, 오늘에도 여전히 적용되고 있는 사학과 교과목의 학년별 배치 원리는 1950년대 중반에 정착되었다고 볼 수 있다.

사학과를 일본식 3분과체제로 나누고, 다시 시대사, 주제사, 특강과 연습으로 교과목을 편성한 가운데, 그것을 고대부터 현대까지 시간의 흐름에 따라 학년별로 배치하여 운영하는 방식은, 강좌제를 실시한 제국대학의 경험과 크게 연관이 없었다. 경성제국대학 법문학부 사학과도 '조선사 제1, 2강좌' '동양사 제1, 2강좌'처럼 강좌제로 운영되었고, 앞의 〈표 2-4〉에서 확인되듯이 1931년부터 1941년까지 개설된 강의도, 개설-왕조사 중심-심화과목(연습, 강독, 특강)으로 구분될 수 있음을 고려할 때, 해방 후 한국 대학의 사학과에서 운영하던 교과목 구성은 이것과 큰 연관이 있었다고 보기는 어렵다.

그렇다면 경성대학 사학과 등에서 와세다대학 문학부 사학과(3년제) 출신의 비중이 컸던 점을 고려하여 그 연관성을 짚어보자. 다음 〈표 4-7〉은 1930년대 와세다대학 문학부에 소속되어 있던 사학과의 교과목 구성이다. 각 연도 수업 배당표가 남아 있으나, 중요 변화를 알 수 있는 세 개 연도의 사례만을 놓고 1920, 30년대 교과목 구성의 변화를 추론해 보자.[114]

1920년대 와세다대학 문학부 사학과(3년제)의 교과목은 국사, 동양사, 서양사 전공별로 나누어 개설되었다. 그런데 전공과 학년을 불문하고

---

113) 전남대학교사학과50년사편찬위원회 편, 《전남대학교 사학과 50년사 : 1952~2002》, 전남대학교사학과50년사편찬위원회, 2002, 27쪽(원전 : 《전남대학교 문리과대학 학생요람(1955)》. 같은 전남대이지만 사범대학 사회생활과의 교과목 표에는 시대별 강의명이 있다.

114) 당시가 미군정기였으니 미국 대학의 사학과 커리큘럼도 참조하면 좋겠으나, 어느 대학 것을 자세하게 참조해야 맞는지 확정할 수 없는 상태에서 섣부른 연계와 분석은 안 하느니만 못하다.

〈표 4-7〉 1930년대 와세다대학 문학부 사학과 교과목 구성의 변화*

연도	전공	학년	필수과목 및 시수
1931		1	사학개론-2 / 국사특수강의 1.일본고대사-2 2.사적해설-2 / 동양사특수강의 1.지나근대사-2, 2.지나제도사-2 / 서양사특수강의 1.서양고대사-2 2.러시아제정말기사-2 / 연구여행보고
		2	국사특수강의 1.아즈치모모야마사(安土·桃山史)-2, 2.왕조말기사-2 / 동양사특수강의 1.지나근대사-2, 2.명사-2 / 서양사특수상의 1.프랑스혁명사-2, 2.구주역사지리-2 / ▪국사연습-2 / ▪동양사연습-2 / ▪서양사연습-2 / 서양사연습(구주경제사)-2 / 연구여행보고
		3	국사개론-2 / 동양사 개론-2 / 서양사개론-2 / ▪국사특수강의 1.일본고대사-2, 2.영락시대사(동양미술사를 수업한다)-2 / ▪동양사특수강의 1.수당사-2, 2.명사-2/ ▪서양사특수강의 1.영국사회사-2, 3.구주역사지리-2, 3.근세외교사-2 / 연구여행보고
	수의(隨意) 과목	1	제2외국어(1과목 선택): 독일어, 프랑스어, 러시아어, 그리스어, 라틴어, 산스크리트어
		2	위와 같음
		3	졸업논문 외 위와 같음
	3년 간 필수과목		서양철학사(전반)-3, 서양철학사(후반)-2, 지리학-2, 인류학(본학년도는 이를 결함)-2, 고고학-2, 사회학-2, 언어학-2, 교육학-2, 교수법원론-1, 교수법각론-1
	선택과목		▪심리학-2, ▪서양미술사(고대)-2, ▪서양미술사(근대)-2, ▪동양철학사-2, ▪경제학사-2, ▪일본정치사상사-2
1936	국사	1	일본고대사-2, 왕조말기사-2, 동양미술사-2
		2	에도시대사-2, 모모야마시대사-2, 국사연습-2
		3	국사개론-2, 영락시대사-2, 동양사개론-2
	동양사	1	지나제도사-2, 지나고대사-2, 수당사-2
		2	서역사-2, 명사-2, 동양사연습-2
		3	동양사개론-2, 동양미술사-2, 국사개론-2
	서양사	1	구주경제사-2, 서양고대사-2, 근세사-2
		2	프랑스혁명사-2, 중세사-2, 서양사연습-2
		3	서양사개론-2, 영국사회사-2, 근시(近時)외교사-2
	공통 필수과목		사학개론-2, 고문서학-2, 인류학개론-2, 서양철학사-2, 서양미술사-3, 교육학-2, 고고학개론-2, 사회학(1과목선수)-2, 공예학(문학원론)-2, 민족심리학-2, 미학-2, 교수법 원론 각론-2, 토속학(종교학 또는 기독교 연구)-2, 인문지리학-2, 언어학-2, 법제사-2, 근대사조-2, 연구여행보고(각 학년), 졸업논문(3학년)

연도	전공	학년	필수과목 및 시수
	수의과목	제2외국어: 독일어, 프랑스어, 러시아어, 그리스어, 라틴어, 산스크리트어	
	– 사학과 각 전공에서 필수해야 할 과목은 25과목 내지 27과목으로 한다. – 1학년 및 2학년에서는 각 전공과목의 2/3 이상을 필수로 한다. – 전공필수과목은 이를 전공하지 않는 자에게는 선택과목으로 한다.		
1937	국사	1	국사개론–2, 동양사개론–2, 서양사개론–2
		2	일본고대사(제1)–2, 일본중세사–2, 서역사–2, 국사연습–2
		3	일본고대사(제2)–2, 일본근세사(제1)–2, 동양미술사–2, 일본근세사(제2)–2
	동양사	1	국사개론–2, 동양사개론–2, 서양사개론–2
		2	동양고대사–2, 지나제도사–2, 동양미술사–2, 동양사연습–2
		3	동양중세사–2, 동양근세사–2, 서역사–2, 일본고대사(제1)–2
	서양사	1	국사개론–2, 동양사개론–2, 서양사개론–2
		2	서양고대사–2, 서양중세사–2, 서양근세사(제3)–2, 서양사연습–2
		3	서양근세사(제1)–2, 서양근세사(제2)–2, 구주경제사–2, 근시외교사–2
	공통 필수과목	사학개론–2, 고문서학–2, 인류학개론–2, 서양미술사–2, 교육학–2, 고고학개론–2, 사회학(1과목선수)–2, 공예학–2, 민족심리학–2, 미학–2, 교수법–2, 토속학–2, 인문지리학–2, 언어학–2, 법제사–2, 근대사조–2, 연구여행보고(각 학년), 졸업논문(3학년)	
	수의과목	제2외국어: 독일어, 프랑스어, 러시아어, 그리스어, 라틴어, 산스크리트어	
	– 사학과 각 전공에서 필수해야 할 과목은 기초학과목, 전공과목 및 선택과목을 합쳐 34과목으로 한다. 단, 교원자격지원자격을 지원하려고 하는 자는 교육학 및 교수법을 이수해야 한다. – 각 전공 제1, 2학년에서는 소정 과목의 2/3 이상을 필수로 한다. – 전공과목은 이를 전공하지 않는 자에게는 선택과목으로 한다. [이하 생략—인용자]		

* 〈1931년도 학과배당표〉, 14~15쪽 ; 〈1936년도 학과배당표〉, 16~17쪽 ; 〈1937년도 학과배당표〉, 16~18쪽. 과목 뒤의 숫자는 '학점'을 의미한다. ■과목은 3년간 2과목 이하를 선택 필수로 했다. 인류학은 1930년에만 개설되지 않았다. 덧붙이자면, 교과목 구성방식에서 1931년과 1920년대는 큰 차이가 없었다. 1937년부터의 교과목 구성방식은 비슷했다.

'특수강의'가 개설되었다. 가령 1927년도 사학과 국사 전공의 1학년 필수과목으로 개설된 '국사특수강의'에는 '1. 일본문화기초사론 2. 일한교통사'가 있어 각각 니시무라 신지(西村眞次)와 쓰다 소키치가 2학점씩을 담당했다. 그리고 연습이 2학년 때 국사, 동양사, 서양사로 나누어 개설되었으며, 3분과 각각의 개론은 오히려 3학년 때 개설되었다.[115)]

1931년도 교과목 구성도 비슷했는데, 이때를 기준으로 1930년대의 변화를 정리해보자. 가장 큰 변화는 국사, 동양사, 서양사라는 전공별 교과목 개설을 더욱 선명하게 구분했다는 점이다. 1936년도와 같은 교과목 배당은 1933년도 배당표에서부터 확인할 수 있다. 새로운 교과목 구성방식은 3분과체제가 더욱 강화된 것이라고 볼 수 있겠다.

이어 눈에 띄는 변화는 3분과의 각 개론 과목이 3학년에서 1학년으로 옮겨졌다는 점이다. 마무리로서의 개론보다 입문으로서의 성격을 강조하려는 의도였을 것이다.

마지막으로 주목해야 할 변화는 3분과의 전공을 고대-중세-근세라는 시대사를 축으로 편성했다는 점이다. 이 점은 같은 시기 경성제국대학 사학과의 교과목 구성보다 더 분명했다. 시대사 과목과 비슷한 과목 수의 주제사를 덧붙여 편성하기도 했다. 특이한 점은 1931년까지 그렇게 많이 개설되었던 '특수강의'라는 이름의 과목이 사라지고, 하나의 연습 과목이 개설되었다는 것이다.[116)] 특수강의보다 시대사 강의를 더 강조하려는 의도가 반영된 것은 아닐까 추측해본다.

해방 후 한국의 대학 사학과에서 시대사를 축으로 커리큘럼을 짜고 운영한 곳은 서울대와 초창기 연희대 사학과였다. 서울대 사학과는 처음부터 고대, 중세, 근세, 최근세라는 시대사를 축으로 교과목을 개설했다. 와세다대학 출신이 강세였던 교수진의 구성과 무관하지 않았을 것이다. 연희대 사학과도 처음에는 시대사 과목을 중심으로 교과를 운영

115) 이러한 교과목 개설은 1924~1931년도까지 각 연도의 〈학과배당표(學科配當表)〉를 확인한 것이다.

116) 1937년 이후부터의 교과목 개설 상황은 1943년도까지 각 연도의 〈학과배당표〉를 확인했다.

했지만, 1950년대 들어 확 바꾸었다. 이에 비해 고려대 사학과의 과목에서는 시대사를 볼 수 없다. 경성제국대학 사학과 출신 일색이었던 교수진 구성과 어떤 연관이 있을 것이다.

그런데 1950년대 중반을 지나면서 서울대와 연희대 사학과는 국사, 동양사, 서양사의 시대사를 기본과목으로 구성하고, 여기에 특강 등 전공별 심화과목을 3, 4학년에 집중 배치하는 방식으로 교과목을 운영했다. 오늘날 한국 대학의 사학과에서 일반적으로 운영하고 있는 이러한 교과목 배치방식은 1950년대 중후반에 정착되었다고 볼 수 있겠다. 해방 후 한국의 대학에서 강좌제를 기본으로 학과를 운영할 수 없었던 상황, 달리 말하면 미국식 대학 시스템을 받아들인 현실에서는 자연스러운 변화였다고 볼 수 있을 것이다.

물론 와세다대학 사학과의 교과목 운영에서 바뀌지 않은 것도 있었다. 학기를 구분하지 않고 같은 강의를 1년 동안 개설하는 방식을 여전히 유지했다는 점이다. 학점제가 아니라 강좌제의 특징인 통년제로 교과목을 운영했으며, 그렇기 때문에 과목당 이수 단위가 3학점이 아니라 2학점이었던 것이다. 비슷한 사례는 앞서 〈표 4-2〉에서 살펴본 1946년도 고려대 사학과 교과목에서 확인할 수 있었다.

와세다대학 사학과의 커리큘럼 구성과 배치방식은 교육보다 연구에 더 중점을 두고 소수의 사람들을 상대로 높은 수준의 학술지식을 생산하고 있던 제국대학의 강좌제와 비교하여 독립된 강좌 속에서 전문 학술지식을 갖춘 대학생을 육성하기 어려운 현실을 반영한 결과라고 볼 수도 있을 것이다. 특히 1937년 이후의 교과목 운영은 해방 후 한국의 사학과에서 운영했던 커리큘럼의 구성 및 배치방식과 유사한 측면이 더 많다고 볼 수 있다. 따라서 해방 이후 한국 대학에서의 교과목 구성과 운영은, 학과장을 중심으로 학과를 운영하고 학기 단위로 학점제를 실시하여 교과를 관리하는 미국식 학과중심제도라는 새로운 틀에 식민지 시기의 직간접 경험이 배어들어간 결과라고 볼 수 있다.

그런데 미국식 대학 시스템에 식민지 시기의 경험을 혼합한 사학과의 커리큘럼에서 예외라고 할 수 있는 교과목이 있었다. 연희대의 '실학사상'이 바로 그러한 경우다.[117] 이 수업은 홍이섭이 1953년 4월 연희대에 부임하며 개설한 강의다.[118] 당시 사학과의 주제사 관련 교과목의 경우 한국사상사, 한국경제사처럼 특정한 주제의 맥락에서 한국사의 긴 역사 과정을 파악하는 교과목이 대부분이었는데, 특정한 시기의 특정한 역사를 다루는 강의를 개설한 점이 이채롭다.[119]

전쟁과 냉전의 이념대립 분위기가 강력히 남아 있었음에도 불구하고 홍이섭이 실학에 관한 수업을 개설할 수 있었던 데는, 실학연구를 민족주체성 확립의 일환으로 간주하는 그의 역사인식과 무관하지 않을 것이다. 또한 식민지 시기에 안재홍과 함께 조선학운동에 크게 관여한 정인보 등에게서 역사를 배운 이력과도 깊은 연관이 있을 것이다.[120] 달리 말하면, 정인보가 주목한 실학에 대한 관심이 해방 직후 잠복되어 있다 사학과의 전공 과목으로 개설된 것이다. 당시 다른 대학교 사학과 수업에서는 흔히 볼 수 없었던 홍이섭의 이러한 행보는 1954년경 고려대 사학

117) 1950년대 한국사 연구의 새로운 특징 가운데 하나가 '내면적' 관점과 태도를 갖고 한국사를 연구한 결과물이 천관우와 김용섭에 의해 제출되었다는 데 있다. 이때 두 사람이 관심을 둔 연구주제 가운데 하나가 '실학'이었다. 필자가 이 교과목명에 주목하는 이유이다. 특기할 사실은, 천관우가 유형원의 실학사상에 관해 석사학위논문을 제출했다는 점이다. 신주백, 〈1950년대 한국사 연구의 새로운 경향과 동북아시아에서 지식의 내면적 교류 : 관점과 태도로서 '주체적·내재적 발전'의 태동을 중심으로〉, 《한국사연구》 160호, 한국사연구회, 2013, 254~263쪽 참조.

118) 홍이섭의 실학연구에 관해서는 정호훈, 〈홍이섭의 실학연구〉, 《동방학지》 130집, 연세대학교출판부, 2005 참조.

119) 당시에는 교과목명만 있고, 실제로는 개설되지 않은 경우가 많았지만, 학생들 스스로가 자신들이 배운 과목을 정리한 '표'에 근거한 것이므로 개설되었음이 분명하다(《학림》 2, 연희대학교 사학과, 1954, 81쪽).

120) 김도형, 〈홍이섭의 현실인식과 역사연구〉, 《동방학지》 130집, 연세대학교출판부, 2005, 15쪽.

과 학생으로 그의 수업을 들었던 강만길의 회고에서 확인할 수 있다. 강만길은 홍이섭의 '국사특강' 수업 때 신채호를 처음 알게 되었다고 회상하고 있다.[121] 식민지 시기 조선학운동의 주도자 가운데 한 사람이 연희전문의 정인보였고, 그가 운동의 뿌리를 실학에서 찾으려 했던 점, 그리고 민족주의사학을 대표하는 역사학자인 신채호를 강의를 통해 전달하려 했던 점까지 고려한다면, 연희대의 홍이섭은 해방 직후 일본의 제국대학 또는 사립대학 출신자들의 학문 경험과 구별되는 자신의 학맥을 대학이란 공간에서 유지하고 있었음을 알 수 있다. 이는 작은 흐름이지만 조선학의 정신을 계승한 학문이 대학의 사학과에 터 잡기를 시도하고 있었음을 의미한다.

사학과 안팎의 경계 형성과 연구활동

지금까지는 사학과와 관련된 제도를 가지고 위상과 운영방식을 검토했다면, 이제부터는 사학과를 거점으로 역사학이란 학문이 독자성과 독립성을 만들어가는 과정을 살펴보자.

먼저, 사학과 내부에서의 3분과체제가 정착하는 과정에서 어떻게 경계짓기가 이루어져왔는지 살펴보자.

해방 후 신설된 사학과의 교수진과 학생은 위에서 언급한 고려대, 동국대, 서울대 그리고 연희대뿐 아니라 나머지 모든 사학과에서 3분과체제를 기본 축으로 선발되었다. 교수진은 국사, 동양사, 서양사와 시대별 또는 주제별 전공을 고려하게 되었다. 국사, 동양사, 서양사라는 3분과

---

121) 강만길, 《역사가의 시간》, 창비, 2010, 177쪽.

사이의 관계를 놓고 보면, 사실상 별도의 학과처럼 수업과 학생활동, 연구발표회를 운영한 서울대 사학과가 가장 두드러진 모습을 보여주었다. 국사, 동양사, 서양사가 각자 독립된 합동연구실을 두고 있었기 때문이다. 국사 전공자의 합동연구실 모습과 면학에 대해서는 아래와 같이 묘사된 글이 있다.

> …… **각 과에 공동연구실이 있어** 학생이 공부하고 싶으면 얼마라도 공부하게 되어 있다. 일례로 사학과 공동연구실을 보면 이조실록(영인본)을 비롯하여 고문헌이 어마어마하게 서가에 쌓여 조수의 감독하에 공부를 하고들 있다. 요사이 대학생의 사회적 평가가 낮아졌다고들 하지마는 이 연구실에 들어와보면 그러한 잡음은 일소될 것이다. 열심한 학생은 그 실력이 놀라워서 이 혼란한 시대에 여기까지 도달했는가 하면 눈시울이 뜨거워질 적이 있다. 작하(昨夏) 졸업생의 졸업논문 중 이조의 실학을 연구제목으로 쓴 방대한 논문 같은 것은 거리의 대가(大家)의 논문이 부럽지 않을 정도이다.[122] [강조—인용자]

고려대 사학과를 졸업한 최영희의 증언에 따르면, 학생들도 자신이 국사, 동양사, 서양사 전공이라는 자각을 하면서 학교를 다녔다.[123] 그럼에도 불구하고 학생 수가 적어 서울대 사학과와 달리 학과 전체가 하나의 단위로 활동했다. 그 중심에 학과 단위의 연구모임이 있었다.

연구모임들은 고려대의 사학회(1948. 9)와 서울대의 조선사연구회처

---

122) 심악(心岳), 〈도하각대학순례기(都下各大學巡禮記) : 문리과대학편〉, 《신천지》 5권 2호, 서울신문사, 1950. 2, 173~174쪽. 심악은 국어학자 이숭녕의 호이다. 여기서 심악이 극찬한 실학 논문이란 1949년 7월 3회 졸업생인 천관우의 〈반계 유형원 연구〉(《역사학보》 2집, 1952)일 것이다. 인용문에 나오는 '사학과 공동연구실'이란 국사 공동연구실을 가리킨다.

123) 최영희, 〈사학과 학생시절을 회고하며〉, 고려대학교사학회 편, 《고려대학교 사학과 50년사》, 184쪽.

럼 학생들만 참여하여 활동한 경우가 있었고,[124] 학생과 교수가 함께 모임에 참가한 서울대 사학과의 조선사학회(1946. 11),[125] 연희대의 사학연구회(1947. 11),[126] 동국대 사학과의 동국사학회(1948. 8)의 경우가 있었다. 후자와 같은 유형의 모임에서는 곧바로 잡지를 발행했는데, 사학연구회는 《사학회지》(1950), 동국사학회는 《동국사학》(1948)을 간행했다. 하지만 이후 지속적으로 발행하지는 못했다. 《사학회지》는 학술논문지가 아니라 '회지'였으며, 《동국사학》에는 1호부터 전문 학술논문이 게재되었다. 연세대에서는 《사학회지》를 학과의 학술지인 《학림》의 제1호로 간주하고 있다. 소수의 몇몇 사람들이 결집한 모임도 있었다. 예를 들어 손진태와 이인영을 정점으로 하고 한우근, 손보기 등 경성대학에서 한국사를 전공하는 일부 학생들이 모여 만든 조선사연구회, 또 이인영의 주도 아래 이광린도 참가한 《조선왕조실록》 강독 모임[127] 등이 그러한 경우이다.

이러한 모임과 활동은 사학과 구성원들의 결속력과 역사학도로서의 정체성을 강화하는 데 촉매작용을 했을 것이다. 그 과정에서 성장한 사람들은 다시 대학원에서 전문 연구자로서의 훈련과정을 거쳤다. 강좌제 방식과 달리 전문 연구자로서의 훈련은 학부의 학과 위에 설치된 대학원이란 별도의 제도 속에서 실시되었다. 미국식 전문가 양성시스템의 핵심인 대학원이 제도화되면서 학과별 대학원을 중심으로 교육과 연구가 이루어진 것이다.

124) 조선사연구회는 바로 뒤에서 언급할 경성대학의 조선사연구회와 같은 조직이다. 다만, 1948년의 시점에서 이인영이 어느 정도 관여했는지는 모르겠다.

125) 《독립신보》 1946. 11. 2.

126) 《연세사학의 발자취 1946~2006》, 연세대학교 사학과 60주년 기념사업회·연세사학 동문회, 2006, 17쪽.

127) 이광린, 〈나의 학문 편력〉, 《한국사시민강좌》 6집, 일조각, 1990, 158쪽.

대학원 석사과정을 마친 사람들이 다시 역사학 연구와 교육을 담당하는 전문조직에서 활동하게 되면서, 역사학이 다른 학문과 구별되는 독자성을 갖추어가고, 안으로도 자기만의 정체성과 방법론을 심화시킬 수 있었다. 서울대 사학과는 1947년 7월 국사학, 동양사학을 전공할 대학원생을 처음으로 모집했고, 연희대와 고려대 사학과는 1950년 6월 사립대학교로서는 처음으로 대학원생을 모집했다. 동국대 사학과도 1954년에 처음 대학원생을 받았다. 이에 따라 1950년대 들어 서울대, 연희대, 동국대 세 대학의 대학원 졸업생이 모교에 전임으로 자리 잡는 경우가 생기기 시작했다.[128] 학과의 학풍을 이어갈 수 있는 연구자가 충원되기 시작한 것이다.

다음에는 대학 간 경계를 넘어 연구자들이 학교 바깥에서 맺는 네트워크 속에서 어떻게 경계짓기를 했는지 살펴보자.

역사학자들은 일본으로부터 독립하자 곧바로 학회를 조직하기 위해 움직였다.[129] 진단학회는 해방된 다음 날인 16일에 좌우세력 모두가 참여한 가운데 송석하를 회장으로 선출하고 조직을 재건했다. 이들은 한때 건국준비위원회와 손잡고 '국사강습회'를 개최하고, 미군정과 교섭해 '임시 중등국사 교원양성 강습회'를 열었으며, 미군정청 문교부에서 《국사교본》(1946)이란 중등 역사교재를 출판하기도 했다. 식민지하에서 조선인만의 유일한 학술단체에 결집했던 경험이 진단학회의 신속한 복구를 가능케 했다고 하겠다. 하지만 진단학회의 총무를 맡고 있던 조윤제가 "진단학회 안에는 친일파가 적지 않아서 이들을 완전히 제거해야

---

128) 연희대의 이광린, 서울대 사회생활과의 변태섭, 김용섭, 사학과의 한우근, 동국대의 이용범, 안계현이 이러한 경우이다. 이들에 관해서는 부록의 〈표〉 '해방 직후부터 1950년대까지 주요 대학 전임교수'를 참조.

129) 이 글에서 소개하는 학회의 현황에 대해서는 조동걸, 〈5장 해방 후 한국사연구의 발흥과 특징〉, 《현대 한국사학사》, 322~329쪽을 정리하고, 필자 나름대로 그것에 대해 분석했다.

학회가 떳떳이 학회 구실을 할 수" 있다며 친일파 회원의 제명문제를 제기했다.[130]

갈등이 지속되는 가운데 역사를 전공하는 회원들은 크게 둘로 갈라섰다. 이병도, 신석호, 김상기 등은 진단학회를 탈퇴했는지는 모르겠지만 별도로 조선사연구회(1945. 12. 12)를 결성했다. 조선사연구회는 한국사만을 연구하는 첫 전문연구단체라 할 수 있겠다. 조선사연구회에 참여한 사람들보다 연배가 낮은 젊은 학자들은 좌우 정치이념을 불문하고 미술사 같은 특수사 연구자까지 포함해 역사학회(1945. 12. 25)를 결성했다. 홍순혁은 이런 역사학회가 "어느 의미로 진단학회나 조선사연구회와는 대립적인 모임이다"라고 보았다.[131] 홍순혁이 말한 '대립적'이란 말의 의미는 아마도 문헌고증사학을 지향하는 사람과 이를 비판하는 사람 사이의 거리감도 포함되었을 것이다.

역사학회는 진단학회 내부에서 조윤제가 제기하면서 일어난 친일파 회원의 제명에 찬성하거나 소극적으로 동조하는 사람들이었을 것이다. 남한에 단독정부를 수립하기 위한 5·10총선거가 실시된 1948년 5월의 시점에 35명의 회원 명단을 보면 좌우성향의 젊은 학자들이 함께하고 있다. 좌우대결이 격렬해지는 가운데 남북한에 각각 단독정부가 들어서는 상황에서도 역사학회에 결집했다는 사실은, 이들이 분단을 거부하고 통일을 열망하고 있었음을 짐작할 수 있는 대목이다. 결성 당시 역사학회의 간사 4인(염은현, 홍이섭, 김일출, 민영규)은 모두 연희전문학교 관련자들이었다. 염은현과 민영규는 연희전문학교 교수였고, 홍이섭은 연희전문학교를 졸업하고 교사로 재직하고 있었으며, 김일출 역시

---

130) 이숭녕, 〈진단학회와 나〉, 《진단학보》 57호, 진단학회, 1984, 241~242쪽에 좀 더 상세히 언급되어 있다.

131) 홍순혁, 〈해방 후 국사학계의 동향〉, 연세학풍사업단 편, 《홍순혁 저작집》, 혜안, 2015, 300쪽. 한국전쟁이 일어나기 딱 두 달 전인 4월 25일 새벽에 탈고한 원고로 《신천지》 5권 6호(1950. 6)에 실린 글이다.

연희전문학교 출신이었다.[132] 이는 보성전문학교나 경성대학과 달리 연희전문학교의 재건이 빨라 1945년에도 정규 수업을 진행한 데다, 식민지 시기부터 내축(內蓄)해온 민족주의 학풍, 연구와 현실의 소통을 중시한 사풍(史風)과 무관하지 않은 현상일 것이다. 더구나 식민지 시기에 문과가 없었던 보성전문학교는 사학과를 새로 만들어야 할 처지였다. 앞서 자세히 언급했지만 경성대학 사학과는 조윤제를 법문학부장에 임명하는 문제와 그가 제기한 진단학회 내 친일파라고 간주되는 사람을 제명하는 문제를 둘러싼 앙금, 거기에 내재하고 있던 좌우갈등까지 얽히면서 1945년 말 내홍에 휩싸였다.[133]

해방공간에서 학회는 재건되거나 새로이 조직되었지만 학회 중심의 연구활동은 제대로 기능하지 못했다. 진단학회는 11월부터 월례발표회를 5회 개최하고 중단했고, 식민지 시기에 14호까지 발행했던 《진단학보》를 해방 이후 5년 동안 두 차례만 발간했다. 조선사연구회는 창립 당시 1946년 1월경 기관지 《사해》를 간행할 계획이라고 했는데, 1948년 12월에 가서야 딱 한 차례 발간했다.[134] 역사학회도 1949년 5월에야 《역사학연구》 창간호를 발행했다.[135] 이는 1946년 이후부터 끊임없이 지속된 좌우대결로부터 역사학 연구자들도 자유로울 수 없었고 사학과를 비롯해 대학을 새로 세워야 하는 상황 등으로 학교 바깥의 연구자 간 네트워크를 안정화시키기 어려웠기 때문일 것이다.[136] 해방은 되었지만 학술

132) 김일출은 이상백이 만든 신문화연구소의 간사이자 역사과학연구소의 운영에도 관여했다.

133) 경성대학의 내홍에 관해서는 김성준, 〈나의 한국사 연구〉, 151~152쪽.

134) 《자유신문》 1945. 12. 28.

135) 역사학회는 1948년 2월의 3차 간사진 개편 때, 3분과체제에 맞추어 간부진을 개선했다. 조선사부는 김정학, 동양사부는 김일출, 서양사부는 조의설이 책임이었고, 총무부는 고재국과 한상진이 담당했다.

136) 홍순혁은 이 밖에 '학회'로 인민당 성향의 신문화연구소, 국사관 또는 국사편찬위원회의 신석호가 주도한 국사연구회, 백남운이 주도한 민족문화연구소를 들었다(홍순혁, 〈해방 후 국사학계의 동향〉, 300~301쪽).

장의 형성은 그만큼 요원했음을 알 수 있다. 앞서도 보았듯이 한국전쟁으로 인해 거의 강제적으로 연구 인력이 교체되면서 학술장의 형성은 더 늦어졌다.

위의 세 단체가 발행한 학술지와 월례발표회에서 공통으로 주목되는 점의 하나는, 식민지를 경험한 민족으로서 새로운 민족국가 건설이란 시대의 과제에 직면해 역사학의 진로를 논의한 흔적을 찾을 수 없다는 점이다. 최소한 식민사관에 대해서조차 비판적인 분석을 시도한 경우를 찾아볼 수 없다. 다만, 1947년 2월 2일에 열린 역사학회 제2회 발표회에서 와세다대학 출신의 홍순창이 〈장래의 동양사학〉이란 주제로 발표했는데, 내용을 알 수 없어 아쉽지만 제목만 보면 동양사의 진로에 관해 언급했을 것으로 추측된다.[137] 식민사관을 극복하고 우리 힘으로 새로운 역사연구와 역사교육의 방향을 설정하려는 주체의 노력이 부족했을 것이라는 추론은 3분과체제가 대학에 정착하는 과정에서도 확인할 수 있다.

좌우대결과 단독정부 수립, 그리고 전쟁으로 이어지는 일련의 커다란 격동이 지나는 동안 대학 밖에서의 연구활동은 사실상 중단될 수밖에 없었다. 그러다가 1945년 12월에 결성되었던 역사학회와 이름은 같지만 구성원과 학문 경향이 조금 새로운 역사학회가 1952년 3월 부산에서 결성되었다. 서울대 문리과대학 출신의 젊은 연구자들을 중심으로 창립된 역사학회는 "과학적인 냉철한 방법을 구사하여" "역사학 재건의 초석"이 되겠다고 밝혔다.[138] 연구자의 중복성과 경험의 연속성을 고려할 때

---

137) 홍순창은 1941년 12월 와세다대학 문학부 지나학과를 졸업했고, 이듬해 4월 대학원 동양철학과에 입학하여 한국사상사를 전공했다. 1946년 8월에 귀국하여 고려대 강사로 있다가 이듬해 4월 홍익대학교 전임강사 겸 서울대 문리과대학 강사로 근무했다. 이상은 〈백초 홍순창박사 연보〉, 《대구사학》 12집, 대구사학회, 1977을 참조했다.

138) 〈역사학회 창립당시를 회고하며 : 자료1-발기취지서〉, 《역사학보》 75~76합집, 역사학회, 1997, 407쪽.

1952년 역사학회는 1945년 역사학회를 재건한 것으로 보아야 합당하다는 주장도 있지만,[139] 그와는 확연히 다르다고 볼 수 있다. 1945년에 결성된 역사학회는 민족주의적 학풍을 간직한 연희전문학교 문과 출신자들이 주도했다면, 1952년에 결성된 역사학회는 이병도와 김상기의 그늘에 있던 서울대 사학과 출신자들이 주도했다는 점이 크게 달랐다. 1945년의 역사학회가 현실을 직시하며 좌우를 가리지 않고 함께 모여 토론하고 연구하는 사람들 중심이었다면, 1952년의 역사학회는 현실에 개입하지 않고 문헌고증사학에 입각해 역사를 연구하는 사람들이 모인 단체였다.

휴전선에서 공방전이 치열하게 벌어지고 한국전쟁을 끝내려는 휴전회담이 진행되고 있던 와중임에도 불구하고 역사학회를 결성한 이유 가운데 하나는 일본에서 조선학회가 결성되고《조선학보》를 발행한 데 자극받았기 때문이다.[140] 일본과의 경쟁의식이 학문활동에 촉매제가 된 것이다. 이후 한국 역사학의 발달에서 일본 역사학계는 사안에 따라 경쟁과 배제 또는 협력의 대상으로 다가왔다.

하지만 역사학회의 경쟁의식이 조선학회의 식민사관을 비판하는 데까지 아직 이어지지는 않았다. 경성제국대학 교수 출신인 시카타 히로시(四方博)는《조선학보》 1~3호(1951)에 연속해서 발표한 〈구래의 조선사회의 역사적 성격에 대하여(旧來の朝鮮社會の歷史的性格について)〉라는 논문에서 한반도의 반도적 성격, 사대주의, 정체성, 당쟁, 봉건제의 결여 등을 '구래의 조선사회의 성격'으로 파악했다. 이는 식민지배를 합리화한 일본의 관학자와 동양사학의 개척자들이 끈덕지게 추구한 식민주의

---

139) 조동걸,《현대 한국사학사》, 334~335쪽.

140) 〈한국사연구회 창립 25주년 기념 좌담회〉,《한국사연구》79호, 한국사연구회, 1992, 133쪽. 손보기, 한영우의 발언이다.

역사학의 특징이었다.[141)]

그러나 1952년에 결성된 역사학회는 이 문제에 침묵했다. 어쩌면 식민사관이 재현된 현실을 1950년대 내내 외면할 수밖에 없었을 것이다. 식민지 잔재 청산이라는 문제를 정면으로 다룰 수 없는 태생적인 한계와 더불어, 당면한 한국의 현실과 거리를 두려는 문헌고증사학의 학문태도 때문이었다.

이후 1952년에 결성된 역사학회가 서울대 문리과대학 출신자를 중심으로 운영되자 반발하는 움직임이 일어났다. 1958년 "전국 역사학계를 망라"하여 "한국의 역사학계를 대표할 수 있는 전국적인 기관"을 표방한 한국사학회가 결성된 것이다.[142)] 한국사학회는 결성 당시 한국사 이외의 여러 전공의 역사학자를 망라했지만, 이후 몇 차례의 고비를 겪으면서 '한국의 사학회'가 아니라 '한국사 학회'라는 분과학문 단체로 바뀌어 현재에 이르고 있다. 한국사학회의 결성은 새로운 대안을 추구하는 역사학이라는 측면에서 반발했다기보다는 학연 중심의 독과점 현상에 대한 반발의 측면을 드러낸 데 불과한 움직임이었다. 이즈음 3분과체제에 어울리는 역사단체들이 속속 등장했다. 역사교육 연구자들은 1955년 역사교육연구회(《역사교육》), 서양사 연구자들은 1957년 한국서양사학회(《서양사론》)를 각각 결성했다.[143)]

이처럼 학교 내에서의 3분과체제가 학교라는 울타리를 넘어 연구 차원에서도 제도화되기 시작했다. 하지만 역사학회나 한국사학회 모두 1950년 한국전쟁이 일어나기 이전까지 있었던 '학회'들을 계승한 학회는 아니었다. 두 단체는 한국전쟁을 계기로 분단체제의 고착화가 더욱

141) 김용섭, 〈일본·한국에 있어서의 한국사서술〉, 142쪽.

142) 〈취지서〉, 《사학연구》 1호, 한국사학회, 1958, 133쪽.

143) 동양사학회는 1965년 11월 창립되었다.

심하게 진행되던 와중에 연구자의 급속한 교체까지 동반되면서 질서 있게 하나하나 계승하는 과정 없이 사실상 새로 만들어진 학술단체였다. 더구나 역사연구의 각 분야와 역사교육에 걸쳐 한국의 역사학계를 망라한 조직이 아니었다는 점에서 출범 당시부터 종합성에 한계를 드러냈다. 오늘날 매년 열리고 있는 전국역사학대회에서 역사학회가 여러 학술단체의 하나로 참가하고 있는 현실이 이를 상징한다고 볼 수 있으며, 일본의 역사학연구회가 지금도 각 분과의 결집체로 움직이고 있는 모습과 대조된다고 하겠다.

역사학의 범위를 넘어선 학술공간도 대학의 안과 밖에서 새로 만들어지기 시작했다. 대학 밖에서는 인문학 단체로 국어국문학회(1952. 12)와 한국철학회(1953. 10)가 결성되어 기관지인 《국어국문학》(1952. 11)과 《철학》(1955)을 발행했고, 사회과학분야에서는 한국경제학회(1952.11), 한국정치학회(1953. 10), 한국사회학회(1956. 10)가 결성되어 《경제학연구》(1953), 《한국정치학회보》(1959), 《한국사회학》(1964)을 각각 발행했다.[144] 또한 사회 의제를 학술 의제화하여 담론을 생산하던 《사상계》를 매개로 역사학은 다양한 접촉면을 안정되게 확보할 수 있었다.[145] 미약하지만 새로운 학술장의 싹이 조금씩 돋아나고 있었던 것이다.

대학 안에서는 연구대상을 한국이란 공간을 넘어 '동방' 혹은 '아세아'를 내세운 《동방학지》(1954)와 《아세아연구》(1958)가 발행되기 시작했다.[146] 이는 한국전쟁을 전후하여 역사학을 비롯해 학문 전반이 크게

---

144) 아카데미즘을 추구한 사회과학분야 학회의 성립에 관해서는 김성은, 〈한국 사회과학의 전문화와 대중화〉, 서울대학교 박사학위논문, 2015, 83~101쪽 참조.

145) 그 하나가 후진성담론을 정당해준 동양특수담론일 것이다. 《사상계》의 동양담론에 관해서는 김주현, 〈'사상계' 동양 담론 분석〉, 《현대문학의 연구》 16호, 한국문학연구학회, 2012 참조.

146) 동방학지에 관해서는 김현주, 〈《동방학지》와 국학 동방학 연구 : 《동방학지》를 통해 본 한국학 종합학술지의 궤적〉, 《동방학지》 151집, 연세대학교출판부, 2010 참조.

위축되어 있던 상황에서 역사학이란 분과학문이 인접 학문 및 사회와의 소통을 통해 국내외에서 외연을 확장할 수 있는 공간이 넓어지고 있었음을 시사한다. 대학의 교내 신문도 이와 비슷한 역할을 했다. 《고대신문》(1947), 《동대신문》(1950), 《연희춘추》(1953), 《대학신문》(1952)과 같은 교내 신문은 정보지이자 교양지였으며, 학술지이기도 했다.[147] 한국사회와 역사연구자들 사이의 네트워크나 역사연구자들 사이의 학문 유대는 학내외에서 발행되던 출판물을 매개로 지식을 공유하며 이루어졌다. 출판물이 일정한 간격을 두고 꾸준히, 그러면서도 다양하게 발행될수록 네트워크와 지적 공유는 당연히 강화되었을 것이다. 한국의 역사학계도 1950년대 중후반에 이르면 3분과체제가 학내외에서 자리를 잡아가고 자신만의 고유성을 강화하는 가운데 다른 분과학문과의 제도상의 경계 또한 더욱 뚜렷하게 만들어갔다.

사학과의 전임교수들

사학과를 설치한 대학은 국사, 동양사, 서양사를 전공한 우수인재를 확보하고자 경쟁했다.[148] 그리고 저마다 특색 있는 교수진을 갖추기도 했다. 여기에서는 고려대, 동국대, 서울대 그리고 연희대 4개 대학 교수진의 약력을 간략히 살펴보겠다(부록의 〈표〉 '해방 직후부터 1950년대까지 주요 대학 전임교수' 참조).

147) 최기숙, 〈1950년대 대학생의 인문적 소양과 교양 '지(知)'의 형성 : 1953-1960년간 〈연희춘추/연세춘추〉를 중심으로〉, 《현대문학의 연구》 42호, 한국문학연구학회, 2010.

148) 고려대 사학과에서 경성제국대학 출신인 이인영과 김성근을 데려가려 했던 움직임이 그러한 보기일 것이다.

우선 4개 대학의 사학과는 일본의 역사학이 제도화한 국사, 동양사, 서양사라는 3분과체제를 그대로 적용하여 전공을 구분했다. 우리와 똑같이 일본의 식민지를 경험하고 제국대학도 설립되었던 타이완에서는 모든 대학의 역사학 관련 학과가 교과영역을 중국사와 세계사로 구분했지만,[149] 한국의 현대 역사학은 출발부터 일본이 구축한 학문분류 방식을 따랐다. 타이완의 대학들이 새로이 개편된 것은 중화민국의 통치를 받게 되면서부터이다. 1917년 중화민국 베이징대학(北京大學)의 역사학계는 새로운 '사학과정'을 수립할 때부터 중국사와 세계사로 영역을 구분했으며, 이후 교과과정은 중국사에서 세계사로 점차 확장하는 구조로 조직되었다.[150] 한편, 한국의 대학에서 동양사는 일본사가 빠진 중국사였다. 더 나아가 중국사라 하더라도 경성제국대학에서의 동양사는 만몽사나 마찬가지였으므로, 해방 직후 사학과에서 동양사 연구는 한중관계사로부터 출발했다고 보아도 지나치지 않다.[151] 왜냐하면 동양사 전공자로 분류되던 사람들 대부분이 한중관계사라는 맥락에서 중국사를 연구하며 동양사 강의를 담당했기 때문이다. 앞서 언급한 《동방문화교류사논고》(1948)를 출판한 김상기의 경우가 하나의 보기일 것이다. 그는 서울대와 동국대 사학과에서 전임으로 재직하며 동양사를 가르치면서도 고려시대를 연구했다.

149) 1980년대 후반을 거치며 대만의 대학들은 대만의 민주화에 따라 대만사를 중국사, 세계사를 같은 영역으로 두고 '균형발전'을 추진해왔다. 시대상황에 따라 '학군(學群)', 곧 교과영역을 재조정한 것이다. 타이완대학의 경우는 홈페이지를 참조(http://homepage.ntu.edu.tw/~history/c_introduction.htm(2016. 6. 8))했고, 타이완사범대학의 경우는 자체 책자를 참조했다(國立臺灣師範大學 歷史學系 編印, 《國立臺灣師範大學 歷史學系概況》, 2000. 8, 17~18쪽).

150) 1917년부터 1946년경까지의 변화과정은 郭衛東·牛大勇 主編, 《北京大學歷史學系簡史(草稿)》, 2003, 52~75쪽 참조.

151) 백영서, 〈중국학의 궤적과 비판적 중국연구 : 한국의 사례〉, 《대동문화연구》 80집, 성균관대학교출판부, 2012, 583쪽. 이 글은 임형택 편, 《한국학의 학술사적 전망 2 : 근현대편》, 소명출판, 2014에 수록되어 있다.

해방 직후 세 분야의 시대별 전공자를 찾기 쉽지 않았음에도 불구하고 4개 대학의 사학과에서는 국사, 동양사, 서양사라는 역사학의 3분과 체제에 맞추어 교수진을 구성했다. 손보기나 김정학처럼 고고학 전공자가 한국고대사 등의 강좌를 담당하여 한국사 전공자로 간주되었다. 독일근대사를 전공한 김재룡이 전임강사로 잠시 재직(1949. 7~1950. 6)한 것을 제외하면 서양사 담임교수를 두지 않았다. 그 공백은 연희대 또는 연세대 사학과 교수인 조의설이 강의를 담당함으로써 메울 수 있었다.[152] 그의 제자로 1961년 8월 서울대 사학과의 첫 서양사 교수가 된 민석홍은 "시간강사이지만 전임이나 다름없이 가르쳤던 분"이라고 조의설을 회고했다.[153]

이렇게 국사, 동양사, 서양사라는 구색에 맞추어 전임교수진을 충원할 수 있었던 것은 경성제국대학 출신자, 그리고 일본 본토의 제국대학과 와세다대학 같은 사립대학에서 역사를 전공한 사람들이 있었기 때문이다. 이와 관련하여 이원순은 해방 후 한국 역사학계의 주류를 경성제국대학, 와세다대학, 그리고 '제3의 흐름'으로 분류하고 앞의 두 학맥에 속하지 못한 사람들의 경우 "대개 겉돌거나 찬밥을 먹는 경우가 많았던 것이 사실입니다"라고 회고했다.[154] 실제 4개 대학 사학과 44명의 전임교수 가운데 경성제국대학 출신자가 일곱 명으로 가장 많았고, 이어 본토의 제국대학과 와세다대학 출신자가 각각 다섯 명이었다.[155] 그중 도쿄제국대학 출신자도 세 명이었지만, 그들이 사학과의 초창기 정착과정 때 특정 분야에서 뚜렷한 발자취를 남겼다고 평가하기는 어렵다. 이원

152) 조의설에 관해서는 최용찬, 〈한국 서양사학의 선구자 조의설(趙義卨)의 역사관〉, 《한국사학사학보》 17집, 한국사학사학회, 2008 참조.

153) 대담 최갑수, 〈민석홍 : 프랑스혁명 연구와 한국민주주의〉, 《역사비평》 16호, 1991, 185쪽.

154) 한국교육사고 편, 〈이원순선생님〉, 《서울대학교 사범대학 50년 : 구술사 자료집(1)》, 131쪽.

순의 표현을 빌리자면 겉돌았다고 볼 수 있다. 이 밖에 일본 본토의 다른 대학 졸업자 세 명을 추가하면 교수진 44명 중 46%에 해당하는 20명이 일본이 만든 대학에서 배운 사람들이었다. 앞에서도 언급했지만 1950년대에 들어서면 본교에서 대학원을 마치고 교수로 채용된 경우도 있었음을 고려할 때, 경성제국대학과 일본 본토의 대학을 나온 사람의 비중이 더 높았다고 말할 수 있다. 특히 서울대 사학과와 사회생활과의 역사 전공 교수진 가운데 그 비율은 46%나 되었다. 현대 한국 역사학의 주도권은 제도라는 형식뿐 아니라 그 제도를 운영하는 주체까지 사학과의 태동 단계에서부터 일본이 소화한 근대 지식으로 전문성을 갖춘 사람들이 장악했던 것이다. 달리 짚어보면, 조선학운동이나 여타의 민족운동에 관여한 역사학자는 극소수였다. 이는 새로운 민족국가 수립에 부응할 수 있는 역사상을 마련하려는 상상력과 연구기획을 애초부터 기대하기 쉽지 않았음을 의미한다.

학연의 힘도 학과 결성에 또 하나의 원동력이 되었다. 경성대학 사학과 설립 당시 교수진 4명 가운데 3명이 와세다대학 출신이었고, 연희대 사학과는 연희전문학교 출신자들이 중심이 되었다. 고려대 사학과는 신석호를 중심으로 경성제국대학 출신자들이 만들었다. 특히 연희대 사학과와 서울대 사학과 및 사회생활과에서 학연의 연속성이라는 측면이 뚜렷이 나타났는데, 이는 폐쇄성이란 측면도 있지만, 자신만의 학풍을 발빠르고 확실하게 수립하는 데 유리했을 것이다.

4개 대학 사학과의 전임교수들은 1946년 12월 미군정청 문교부가 정

155) 부록의 〈표〉에 의거하면 다음과 같다.
경성제국대학 출신 : 신석호 김정학 정재각 채희순 이인영 김성칠 유홍렬. 강사-김종무 김석형
와세다대학 출신 : 이병도 김학엽 김상기 손진태 김성근
도쿄제국대학 출신 : 이홍직 조좌호 이능식
기타 제국대학 출신 : 김성식 조의설

한 직급, 곧 교수-준교수(부교수)-조교수-전임강사로 구분되는 직급에 따라 직위가 정해졌다. 물론 미군정청이 정한 각 직급의 자격기준이 있기는 했지만 현실에 그대로 적용하기는 어려웠다 서울대의 경우 자체 인사내규에 따라 직급을 정했다고 한다. 서울대 문리과대학의 경우 1946년 발족 당시 오늘날의 조교에 해당하는 '교수조무원'을 포함하여 97명이 전임 교직원이었다.[156)]

전임교수의 직급은 일본과 확연히 다른 미국식을 적용했다. 경성제국대학의 직급은 교수-조교수-조수라는 체계였으며, 조교수는 특별한 경우를 제외하면 강좌장인 교수를 보조할 뿐 직접 강의를 담당하지는 않았다. 그럼에도 미군정청은 1945년 12월 27일 경성대학 법문학부 교수진을 발표할 때 제국대학 시절의 경력을 활용했다. 역사학의 김상기, 손진태, 이인영, 사회경제사학의 백남운, 박극채, 국문학의 조윤제, 철학의 안호상, 박종홍, 김두헌, 국어학의 이희승, 법학의 유진오를 비롯해 22명의 교수진과 함께 역사학의 이병도, 사회경제사학의 최호진, 사회학의 이상백, 국어학의 이숭녕 등 5명이 조교수로 임명되었다.[157)]

그런데 어떤 이유에서든 학교를 옮기는 교수들도 많았다. 가령 연희대 사학과 교수진 14명 가운데 정년까지 재직한 사람은 네 명뿐이었다. 부산대로 전근한 조좌호를 제외한 초창기 전임교수 여섯 명 가운데 세 명이 한국전쟁 때 학교를 떠났다. 그러한 변동은 동국대 사학과도 마찬가지였다. 전임교수가 처음부터 부족했던 동국대 사학과는 한국전쟁이 끝난 후, 1953년에 새로 임명한 황의돈과 조좌호를 중심으로 학과 교수진과 교과과정이 정비됨으로써 사실상 재출발했다고 보아도 무리가

156) 국대안 반대운동과 좌우갈등 등으로 1948년에 이르면 전임 교직원이 87명으로 감소했다.

157) 《자유신문》 1945년 12월 28일자. 이유를 알 수 없지만, 경력과 논문 등을 고려할 때 이병도가 조교수로 임명된 점은 조금 낯설다.

없을 정도다. 반면, 고려대 사학과는 이념, 학내 갈등 등으로 교수들이 직장을 옮기는 흐름으로부터 조금은 자유로웠다. 고려대 사학과의 초창기 교수진은 아무런 변동 없이 1950년대를 지나갔다. 오히려 도쿄제국대학 출신인 한국사 전공의 이홍직이 연희대에 재직하다 옮겨왔다.

서울대 사학과의 김상기와 사회생활과의 채희순처럼 다른 대학의 전임교수직을 겸임하는 교수들도 많았다. 겸임하지 않더라도 동국대의 학부 사학과에 출강한 서울대 사학과의 이병도와 손진태처럼 다른 대학에 강사로 나가는 사람도 있었다. 이러한 현상은 월급이 넉넉지 못했던 연구자들의 흔한 모습이었다. 그것은 강사진이 부족한 데도 원인이 있었지만, 한 학교의 전임교수직만으로는 생활을 유지하기 어려울 정도로 급여가 낮은 탓도 있었다. 그래서 아래와 같은 글처럼 불가피한 측면이 있는 실상을 말하면서도 학자로서의 전문성을 강화하는 문제에 대해 우려를 표명하는 여론이 있었다.

> 해방 후 많은 대학이 기성 미성을 물을 것 없이 1인의 교수가 2, 3교 심하면 4, 5교를 겸임하여야 학교가 경영되고 학자의 사생활이 지탱될까 말까 하니, 어느 겨를에 새로운 구상을 가다듬어 연구에 정진할 수 있겠는가.[158]

때문에 1952년 6월 전국의 총학장 회의에서는 교수가 두 개 대학에서 전임하는 것을 인정하는 대신, 세 개 대학 이상의 겸임은 허락하지 않기로 결정했다. 이처럼 겸임 자체를 금지하지 못하고 겸임하는 학교 수를 제한한 현실은 1950년대까지 대학의 대다수 전임이 교육과 더불어 연구를 전담할 형편이 아니었음을 알려준다.

---

158) 홍순혁, 〈해방 후 국사학계의 동향〉, 《신천지》 5권 6호(1950. 6), 115쪽.

독일이 훔볼트형 대학 시스템인 학과제의 원형을 만들고 그 중심에 강좌제라는 제도를 두는 근대 대학을 창출함으로써 학문의 세계 중심지로 거듭났던 것도, 또 19세기 들어 도쿄제국대학이 급속히 안정화되어 갔던 것도 대학교수의 신분보장과 생활안정 정책을 적극 펼친 것과 깊은 연관이 있다. 원래 대학에서 분과학문의 내용상의 독자성과 독립성은 사회경제상의 지위가 보장된 교수진의 깊이 있는 연구성과를 바탕으로 한다. 분과학문이 대학의 학과제도로 정착하여 학문의 핵심 생산지로 기능하고, 그것이 다시 사회로 확산되어가는 발신지로서 대학이 기능하는 데 반드시 필요했던 전제 조건의 하나가 대학교수의 신분보장과 생활안정이기 때문이다.[159] 일본이 후발 자본주의 국가로 성장하며 비서구 지역의 국가 가운데 유일하게 열강의 일원이 되고 침략국가가 되었던 데는 강좌제를 중심으로 대학의 제도를 개선한 점을 무시할 수 없다. 결국 총학장 회의가 겸임을 인정했다는 사실은 1950년대까지도 한국 대학에서 자기 분과학문만의 독립된 내용을 갖추고 심화시키는 과정에서 사회에 발신할 수 있는 학술 또는 공공담론을 만드는 데 필요한 핵심 조건이 아직 마련되지 않았음을 서로 공유하고 있었다는 의미이다.

한편, 교수들은 교재를 출판하는 활동에도 큰 관심을 보였다. 경제생활을 유지하는 데 보탬이 되기도 했지만, 교수들의 교재 출판 활동은 그 이상의 의미가 있었다. 4개 대학에 재직하고 있던 교수들은 특히 중·고교의 역사교과서와 대학 교재를 출판하는 일에 적극 나섰다. 그들이 집필한 저서는 전문연구서라기보다 불특정 다수의 대중을 향한 개설서가 대부분이었다. 많은 전임교수들이 연구가 뒷받침되지 않았음에도 불구

---

159) 吉見俊哉, 吉見俊哉,《大學とは何か》, 岩波新書, 2011, 88~89쪽 ; 天野郁夫,《大學の誕生 上》, 中央公論新社, 2009, 206~209쪽. 덧붙이자면, 이러한 일련의 역사적 사례는 오늘날 한국에서 진행되고 있는 대학의 구조 개편에 실질적인 시사점을 제공한다.

하고, 교과서와 개설서 발행에 참가한 데는 조선사(한국사)의 진실을 알려고 하는 대중의 열망, 그렇지만 학교 수업에서조차 참조할 만한 마땅한 역사책이 없는 현실도 큰 이유였다. 이들이 현실과 열망 사이의 거리를 메울 수 있던 것은, 일본의 연구성과 또는 일본어로 번역된 서구의 성과를 지식의 원천으로 삼았기 때문이다. 여기에서도 몸은 일본의 지배로부터 독립했지만, 역사인식은 여전히 크게 의존하고 있었음을 알 수 있다. 이제부터 그 실체를 확인해보자.

3. 역사교재와 '인식으로서 역사학'

해방 공간에서의 지적 원천—일본을 통한 역사지식의 습득

해방 직후 새로운 민족국가를 수립하려는 움직임에 호응하여 다양한 역사책이 필요했다. 학교교육에서는 더욱 절실했다. 하지만 책을 인쇄할 종이 수급 사정이 여의치 않았다. 또 아시아·태평양전쟁 등의 와중에 그나마 연구를 지속하고 있던 사람들도 식민지 조선의 총동원체제라는 시대상황에서 연구를 원활하게 진행할 수 없었다. 때문에 해방 직후에 나온 역사책은 대부분 식민지 시기에 출판된 것들이 많았다.

그런 가운데 그때까지 한국인과 일본인의 선행연구를 바탕으로 한 결과물들, 특히 한국사 관련 개설서가 출판되어 그나마 참조할 수 있었다. 예를 들어 경성대학 조선사연구회의 《조선사개설》(홍문서관, 1949 ; 서울대국사연구회),[160] 《국사개설》(1950), 손진태의 《조선민족사개론 상》(을유문화사, 1948), 이병도의 《조선사대관》(동지사, 1948), 《국사대관》(보문각, 1949), 이인영의 《국사요론(國史要論)》(민교사,[161] 1950)이 있었다. 이광린의 회고에 따르면, 손진태와 이인영의 저서는 신민족주의사관에 입각해 저술된 개설서로서 당시 "가장 잘된 것으로 소문이 나 있었다"고 한다.[162]

1950년대에 발행된 한국사 개설서로는 한우근·김철준의 《국사개론》(명학사, 1954), 이홍직·신석호·한우근·조좌호의 《국사신강(國史新講)》(일조각, 1958), 김용덕의 《국사개설》(동화문화사, 1958) 등이 있었다. 동양사와 서양사의 개설서는 한국사보다 더 늦었다. 당시 서양사 분야를 대표하는 일반교재로는 조의설의 《서양사개설》(동지사, 1950), 김성근의 《서양사개론》(정음사, 1953)이 있었다. 두 책은 서양사 분야에서 널리 읽히며 쌍벽을 이루었다.[163] 동양사 관련 책으로는 채희순의 《동양사개론》(조양사, 1949)과 조좌호의 《동양사대관》(제일문화사, 1955) 등이 있었다.[164]

이렇듯 개설서의 종류도 충분하지 않았는데, 시대사 전공서적을 찾기는 더더욱 어려웠다. 그만큼 한국인의 노력으로 축적된 연구가 취약한 현실이었다. 사학과의 전공수업은 대부분 교수 자신이 작성한 강의카드를 읽는 방식으로 진행되었다. 오늘날과 같이 칠판에 판서를 한다거나 시각자료를 동원하여 강의를 한다는 것은 꿈도 꿀 수 없었다. 또한 사학과의 전공수업은 사료강독과 연습이 많았는데, 전공수업에 맞는 전문연구서를 출판할 역량도 충분하지 않았다. 그나마 전공수업은 교수 개인이 소장하고 있던 책이나 자료를 가지고 수업을 진행할 수 있었지만, 많

---

160) 이 책의 발행 주체를 둘러싸고 대학의 이름이 바뀌는 등으로 인해 명칭의 변경이 몇 차례 있었다. 경성대학 조선사연구회 -> 서울대학교 조선사연구회 -> 서울대학교 국사연구회가 바로 그것이다.

161) 1950년에 발행된 책으로 김룡도서(金龍圖書)에서 발행된 것도 있었다. 필자는 민교사본을 참조했다.

162) 이광린, 〈나의 학문 편력〉, 《한국사시민강좌》 6집, 156쪽.

163) 차하순, 《서양사학의 수용과 발전》, 54쪽.

164) 이상은 조동걸, 〈5장 해방 후 한국사연구의 발흥과 특징〉, 《현대 한국사학사》, 338~346, 352~356쪽 참조. 문고본, 교양서라고 언급한 것은 생략했다.

은 인원이 듣는 교양수업은 사정이 달랐다. 그래서 특히 교양 역사서가 필요했다.

교양 역사서는 상급학교 진학시험과 공무원시험을 비롯한 각종 시험의 교재로, 그리고 역사지식에 관심 있는 일반인들의 독서용으로 어느 정도 시장의 수요가 있었다. 그나마 개설서가 꾸준히 출판된 이유도 여기에 있다. 앞에서도 보았듯이, 대학에서는 문화사를 교양필수로 배워야 했고 교양역사교육의 비중도 높았다. 그래서 1950년대까지 가장 시장성이 높은 교재가 '문화사' 교재였다. 앞서 언급한 사학과 교수들은 거의 대부분 이런 교재나 중고교 교과서의 집필에 참가했다.

그러면 해방 직후부터 1950년대까지 쓰임새가 다양했던 문화사 교재에 대해 살펴보자. 먼저 문화사 교재의 구성방식에 대해 살펴보겠다.

일본 지배하에서도 서양사 강의를 문화사로 한 경우는 있었지만, 해방 후 전국의 모든 대학에서 교양 '문화사' 강의로 실시한 세계문화사 수업은 본래 일본에서 이식된 문화였다. 한국인의 입장에서 보면 준비 없이 일단 시작해야 하는 형국이었다. 그러다보니 교양역사강의로 적합한 역사 주제나 내용이 무엇인지, 세계문화사를 강의한다면 문화와 문명의 개념을 차분히 따지며 어떻게 접근할지 미처 생각할 겨를도 없이, 미군정청의 지침에 따라 무턱대고 강의를 준비하고 교재를 집필해야 하는 실정이었다. 따라서 문화사를 다루는 방법론상의 혼란은 불가피했다. 그 경향을 아래와 같이 정리할 수 있을 것이다.

> 세계문화사를 다루는 방법에는 ① 인류문화의 발전과정을 몇 개의 발전단계를 설정하여 설명하는 것, ② 몇 개의 문화권을 설정함으로써 인류문화를 유형적으로 파악하는 것, ③ 동서양의 문화교섭을 중심으로 다루는 것 따위의 몇 가지 방법이 있다. 그러나 그 어느 경우에도 허다한 결함

이 내포되어 있어, 따라서 문화사에는 아직 확고한 방법론이 세워져 있지 않다.[165] [번호—인용자]

동서양을 아우르는 가운데 양자를 어떻게 배치하고 가르쳐야 하는지에 대해 크게 보면 세 가지 의견 차이가 있었던 것이다.

위에서 언급한 방법 가운데 ②형에 입각하여 출판된 교재를 필자는 보지 못했다. 대신 ③형에 입각하여 출판된 교재가 채희순의 《세계문화사》(조양사출판부, 1949)이다. 저자는 〈서언〉에서 "본서의 목적은 주로 인류문화의 발달 경로와 및 동서문화교류에 치중했기 때문에 각 민족과 각 국가의 정치·경제 및 문화에 대하여서는 될 수 있는 한 이를 간략히" 했다고 밝히고 있다.[166] ①형에 입각하여 출판한 교재가 조좌호의 《세계문화사》(제일문화사, 1952)이다.[167] 그는 단순히 각 시대의 문화가 생겨난 기반, 곧 사회·경제·정치 등 사회환경의 특색을 밝히려고 노력했다고 밝혔다.[168] 광의의 문화사를 다루어야 한다는 견해가 해방공간에서 다수였듯이, 1950년대에도 문화의 영역만을 다루는 특수사로서의 문화사가 아니라 '보통사(普通史)'로서의 문화사여야 한다는 흐름이 대세였다.[169] 그래서 1950년대에 발행된 많은 세계문화사 교재에서도 ①의 유형, 곧 '보통사'의 측면에서 시대를 구분하고 광의의 문화 개념에 따라

---

165) 김성근·김성식·고병익·조의설·조좌호, 〈머리말〉, 《세계문화사》, 동국문화사, 1960, 1쪽.

166) 채희순, 〈서언〉, 《세계문화사》, 조양사출판부, 1949, 4쪽.

167) ①형에 입각한 교재이지만 서양의 역사만을 다룬 교재로는 이능식, 《서양문화사》, 동지사, 1947를 들 수 있다. 이능식은 고대—중세(게르만의 '침입'~종교개혁)—근대(전제군주제~산업혁명·구라파의 팽창)으로 시대를 나누어 기술했다.

168) 조좌호, 〈개정판을 내면서〉, 《개정 세계문화사》, 제일문화사, 1959, 2쪽.

169) 김성근, 〈문화사관의 성찰 : 문화사개념의 광정(匡正)을 위하여〉, 《가난한 편력》, 교육출판사, 1969, 225쪽(원전 : 《대학신문》 1954. 6. 23) ; 김학엽, 〈문화사시론〉, 《사상계》 37호, 사상계사, 1956. 8, 108~109쪽.

문화사를 취급했다.[170)]

그러면 이제 해방 직후부터 1950년경까지의 문화사 교재에 관해 살펴보자.

먼저, 과연 당시 해방공간에서 교양문화사 강의교재로 쓸 만한 책이 있었을까? 제일 먼저 드는 의문은 해방 직후부터 최소한 1949년까지 대학의 문화사 수업에서 사용할 수 있는 한글교재가 있었는지 여부다.

해방 직후 한국인의 손으로 제작된 문화사 강의교재는 1947년에 들어서야 간행되기 시작했다. 이능식의 《서양문화사》(동지사, 1947), 김유방의 《문화사개론》(한성도서, 1948), 채희순의 《동양문화사》(민중서관, 1948)가 여기에 해당된다.[171)] 이능식은 서울대 사범대 사회생활과에 재직 중이었고, 채희순은 1946년 9월 동국대학교 교수로 근무하면서 서울대 사범대학 사회생활과의 강사로도 출강했다. 김유방은 이화여대 교수로 재직 중이었다. 이들 세 책은 각자 자신의 강의와 관련된 내용이라고 누구나 추측할 수 있을 것이다. 실제 김유방의 책은 강의를 위해 요약식으로 골자만 기술되어 있는 전체 73쪽에 불과한 교재이며, 이능식의 책 또한 103쪽에 불과하다. 채희순의 책은 196쪽으로 어느 정도 책다운 형태를 갖추었다고 볼 수 있겠다.[172)] 식민지 시기를 포함하더라도 강의와 연구경력이 짧은 이들로서는 처음부터 두툼한 교양 수업용 개설서를 집

---

170) 이동윤, 《세계문화사》, 대지사, 1955 ; 홍순창·조좌호, 《세계문화사대관》, 한국출판사, 1956 ; 강동진, 《세계문화사》, 경기문화사, 1958 ; 이화여자대학교 편, 《(개설)세계문화사》, 이대출판부, 1958 ; 신녕만·이춘란, 《(개설)세계문화사》, 이대출판부, 1959. 또한 집필자가 누구인지 드러나지 않으나 유물사관의 입장에서 세계문화사를 기술한 인문과학연구소의 《문화사개론》(한성도서주식회사, 1952. 6)도 광의의 문화사 개념에 입각하여 기술되었다. 이 책은 각 '장'마다 참고문헌을 달고 있는 점도 특색이다.

171) 1948년에 발행된 문화사 관련 서적으로 정용식, 《세계신문화사》(문화사, 1948)가 있으나 출판되었다는 것만 확인된다(오영식 편저, 《해방기 간행도서 총목록 1945~1950》, 소명출판, 2009, 490쪽). 필자가 한국교육학술정보원(KERIS), 국립중앙도서관, 국회도서관을 모두 검색했으나 찾을 수 없었다.

172) 채희순은 이 책을 1947년 8월 15일경에 탈고했음을 책의 말미에 밝히고 있다. 채희순에 관해서는 신석호, 〈석정 채희순 교수〉, 《역사교육》 10권, 역사교육연구회, 1967 참조.

필하기는 어려웠을 것이다.

그런데 이후 발행된 문화사 관련 교재 가운데 '동양문화사'라는 제목이 달린 책이나 동양의 문화사만을 언급한 책을 필자는 찾지 못했다. 더불어 '서양문화사'에 관해서도 마찬가지였다.[173] 거의 대부분의 문화사 강의 교재가 '세계' '문화'의 역사를 설명한다는 제목을 붙이고 있었다. 일본으로부터 독립한 이후 세계질서에 편입된 한국으로서는 동서양의 관계까지 설명할 수 있으면서 인류의 문화 전체를 이해하기 위한 문화사 교육이 필요했던 현실 때문에 동서양을 아우르는 교재를 냈을 것이다.[174] 또한 1945년 이전 일본 지식계가 문명보다 문화, 서양보다 세계라는 용어를 더 많이 사용한 영향도 있었을 것이다. 더구나 '대동아'를 꿈꾸었던 일본에 대해 연구할 상황도 아니었고, 인도에 관한 자료는 턱없이 부족했으며, 중국은 1949년 사회주의 국가가 되었으니, '동양'을 말하기도 어려웠을 것이다.

앞서 언급한 세 권의 문화사 책 가운데 저자 스스로 대학의 문화사 강의교재로 집필했다고 밝힌 첫 번째 책은 김유방의 《문화사개론》이다.[175] 김유방은 책의 〈소서(小序)〉에서 "현재 이화여자대학에서 문화사 교재로 사용하고 있는 요강을 출판한 것"이라고 명확히 밝히고 있다.[176]

---

173) 한국교육학술정보원(KERIS), 국립중앙도서관, 국회도서관을 검색한 결과이다.

174) '동양문화사'와 '서양문화사'라는 이름의 책은 1960년대 들어 간행되기 시작했다. 예를 들어 80면 분량으로 발행처가 불분명한 김용기의 《동양문화사개론》이 1955년에 발행되기는 했지만 오히려 예외적인 경우이고, 1960년대 들어 에드윈 O. 라이샤워·존 K. 페어뱅크 공저, 전해종·고병익 공역, 《동양문화사》 상·하(을유문화사, 1964)와 김성근, 《서양문화사》(정음사, 1962)가 있었다. 특히 앞의 '동양문화사' 책은 사학과 학생들의 필독서 가운데 하나로 오랜 동안 큰 영향을 끼쳤다. 개정판 역시 김한규, 전용만, 윤병남이 번역하여 1991년에 발행한 이래 지금까지 유통되고 있다.

175) 김유방의 본명은 김찬영이다. 그는 '한국 최초의 모더니스트 미술가'라는 평가를 듣는 사람으로 동경예술학교를 나온 서양화가이자 문학비평가로 1920년대에 활발하게 활동했다(김현숙, 〈김찬영연구〉, 《한국근현대미술사학》 6집, 한국근대미술사학회, 1998). 이후 영화업에 종사한 것으로 확인되며, 언론 관련 일에도 종사했다고 한다.

강의용 요강은 저자가 1년 동안 강의할 때 시간을 절약하기 위해 프린트물로 제작한 교안이다. 그래서 책 자체도 목차를 포함하여 본문이 48쪽에 불과하며, 씨족사회부터 제2차 세계대전까지를 말 그대로 골자만 요약하여 소개하고 있다.

《문화사개론》의 나머지 21면도 〈부록〉으로 구성되어 있는데, 문화사와 관련하여 한중일 3국에서 발행된 책과 영어, 독일어 책의 목록을 제시하고 있다. 〈부록 1〉에서는 통사와 함께 시대별로 참고할 수 있는 서적의 목록이 작성되어 있으며, 〈부록 2〉에서는 조선사(2면) 및 중국사(5면)와 관련한 책의 목록이 제시되어 있다. 부록에 제시된 목록은 문화사 수업에 필요한 책이 무엇인지를 다양하게 소개하고 있어 필요로 하는 사람들에게 길 안내 역할을 했을 것이다. 이를 언어별로 구분해보면, 일본인 연구자가 일본어로 발행한 책이 1/5 정도만 차지하며, 오히려 영어 책이 가장 많이 제시되어 있다. 이는 비록 해방 직후라 할지라도 문화사 강의 담당자들이 영어권의 연구성과를 비중 있게 참조했음을 시사한다.

당시 영어서적은 예전의 경성제국대학 도서관에 특히 많았으며, 연구자들도 전공 관련 영어서적을 조금씩은 가지고 있었다. 더구나 미군정이 한국의 고등교육을 위해 많은 서적을 제공했다. 그래서 해방 후 한국 사람들이 활용한 문화사 교재 가운데는 미군 관련 기관인 미국군 연구소(United States Armed Forces Institute, USAFI)의 편집진이 채택한 미군 교육용 도서로 나온 역사책도 있었다. 그중 한국에 흘러들어온 대표적인 책이 에드워드 보악(Edward R. Boak) 등이 집필한 《세계사(World History) 1 · 2》(USAFI, 1942)와 T. 월터 월뱅크(T. Walter Wallbank)와 앨러스테어 테

---

176) 김유방, 〈소서(小序)〉, 《문화사개론》, 한성도서, 1948. 김유방은 스스로 이 책이 강의안으로 채 정리되지 않았는데 출판되었다고 고백했다. 그는 이듬해 5월 219면의 《문화사개론》(한성도서)이란 책을 '학생 참고용'으로 간행했다.

일러(Alastair M. Taylor)가 집필한 《문명—과거와 현재(Civilization : Past and Present) 1 · 2》(Chicago : Scott, Foresman, 1942)였다.[177] 이 책들은 해방 직후 한국에서 정식으로 번역 출간되지는 않았는데, 유럽에서 탄생하여 변화하고 미국이 계승한 '서구문명'의 역사와 문화를 해명한 책이라고 말해도 과언이 아니다. 당시 미국의 대학과 각급 교육기관에서 말하는 서구문명의 역사란 그리스와 로마의 고대문명에 뿌리를 두고 중세와 근대의 서유럽에서 성장했으며, 19세기 중반을 지나며 미국에서 열매를 맺은 문화 전통과 역사를 말한다.[178] 세계문화사라 했지만 사실상 서양문화사, 또는 서구문화사였던 것이다.

미국 등지에서 출판된 영어 교재 가운데 한국어로 번역 출판된 첫 교재는 허버트 조지 웰스(H. G. Wells)의 《세계사 개관(A Short History of the World)》(New York : The Macmillan company, 1922 ; 개정판 1934)을 오장환이 번역한 《세계문화발달사 : 서력(西歷) 편》(건국사, 1947)이다.[179] 오장환은 모두 67장으로 구성된 개정판 가운데 서력 편의 경우 '제37장 야소(耶蘇)의 가르침'에서부터 '제63장 구라파(歐羅巴) 아세아(亞細亞)의 침략과 일본의 흥륭(興隆)'을 번역했다.[180]

오장환이 번역한 허버트 조지 웰스의 개정판은 일본의 이와나미쇼텐에서 28번째 신서(新書)인 《세계문화사개관》이란 이름으로 1939년에 이

177) 권상선, 〈우리나라 서양사교육의 변천과 배경에 대한 연구〉, 《신라대학교 · 부산여자대학교 논문집(사범대학 편)》 41집, 1996, 250~251쪽. 권상선은 인용한 부분의 근거를 제시하고 있지 않다. 첨언하자면, 김유방의 《문화사개론》 '부록'에 나오는 문화사 강의를 위한 참고목록에는 두 책 모두 언급되어 있지 않다.

178) 강선주, 〈미국 대학의 교양 교육과정에서 '서구문명' 강좌의 변천〉, 《역사와 담론》 44호, 호서사학회, 2006, 149쪽.

179) "서울 사범 대학"에서 강의를 맡고 있던 오장환은 《중등문화사 : 우리 나라의 문화》(정음사, 1949)라는 교과서를 집필하기도 했다. 이후 그는 북한에서 활동했다. 이에 대해서는 김정인, 〈오장환 저, 《중등문화사 : 우리 나라의 문화》〉, 《한국사학사학보》 1집, 한국사학사학회, 2000 참조.

180) 현재까지 필자가 확인바로는 전편(前篇)이라고 말할 수 있는 36장까지의 번역문은 출판되지 않은 것 같다.

미 번역 출판되었다. 오장환이 원서를 직접 번역했는지, 아니면 일역서를 중역한 것인지 확인할 수 없지만, 목차의 제목이 일치한다는 점을 고려하면 최소한 일본어 책을 많이 참조했을 것이다. 조규동도 같은 개정판을 완역하여 《세계문화사개론》이란 이름으로 1953년(대중문화사)과 1955년(박영사)에 출판했다.[181] 조규동은 이와나미쇼텐의 번역서에 의거하여 번역했다고 '역자서(譯者序)'에서 밝혔다. 뒤에서 언급할 채희순의 《세계문화사》(1950)에서도 웰스의 이 책을 폭넓게 참조했는데, 그가 참조한 책은 영어 책이 아니라 이와나미쇼텐에서 간행한 일본어판이었다.

오장환과 조규동이 적극 참조한 허버트 조지 웰스의 《세계사개관》은 중국, 일본과 식민지 조선의 지식층에게도 꽤 낯익은 책이었다. 중국 상하이에서는 주잉후이(朱应会)가 《세계문화사강》(쿤룬서점(昆仑书店), 1930), 차이무후이(蔡慕晖)·차이쓰타오(蔡希陶)가 《세계문화사》(다지앙서포(大江书铺), 1932)로 각각 번역했다.[182] 베이징대학 역사학계에서는 구미의 대학에서 유행하고 있던 교과서 가운데 하나인 이 책을 1920년대부터 세계사 수업 교재로 활용했다.[183] 일본에서는 이치하타 모스케(一旗茂助)가 《세계문화사개설》(하쿠요샤(白揚社), 1928), 야마모토 마사키(山本政喜)가 《문화와 기술총서 7 : 세계문화소사》(미카사쇼보(三笠書房), 1939)로 각각 번역했다. 그의 서적은 일본어 번역판본만도 여럿일 정도로 일본사회에서 오랫동안 광범위하게 영향력을 발휘했다. 일본의 고등학교와 전문학교의 입학시험에도 몇 차례 나올 정도였다.[184] 한국에서도 오장환과 조규동의 번역서를 비롯하여 웰스의 《세계사개관》를 번역한 이 책이 여러 사람에게 꾸준히 읽혔다. 웰스의 책 제3판은 1964년

181) 조규동은 중앙대학교 교수이자 서울대 강사로 근무하고 있었다.

182) 발행상황은 유성생명과학고의 역사 교사인 윤세병 박사가 알려주었다.

183) 郭衛東·牛大勇 主編,《北京大學歷史學系簡史(草稿)》, 55쪽.

에 을유문화사에서 기획한 '세계사상교양전집'의 제12권에도 수록되었고(지명관 번역),[185] 1987년 금성출판사에서 기획한 '현대인 교양 선서'의 제33권으로도 출판되었다(문일영 번역).[186] 웰스는 1946년 사망했는데, 마지막 개정판은 1944년 제2차 세계대전까지 언급했다. 마지막 개정판은 가람기획에서 2003년에 '역사 명저 시리즈'의 열네 번째 책으로 출판했다.[187]

여기서 잠시 허버트 조지 웰스에 대해 살펴보자.

그는 1866년 영국에서 태어났으며 공상과학소설의 원형을 제공한 문학가로 이름을 알렸다. 시간여행을 다룬 모든 소설의 유래인 《타임머신》(1893)은 100년이 지난 오늘날까지 한 번도 절판된 적이 없을 정도다.[188] 한국에서도 2014년 그의 단편소설 모음이 출판된 데서 알 수 있듯이, 지금까지도 그의 작품이 유통되고 있다.

세계사 인식과 관련하여 허버트 조지 웰스의 탁월한 이력은 1,270쪽이나 되는 《역사대관(The outline of history)》(London : Cassell 등등, 1920)란 대저서를 집필한 데서 확인할 수 있다.[189] 이 책은 일본에서 《세계문화사대계》(다이토카쿠(大鐙閣), 1921)로 처음 번역된 이래 1927년, 1934년,

---

184) 山本政喜, 〈ウェルズと東洋〉, 《文化と技術叢書 月報》 2, 三笠書房, 1939. 2, 2쪽. 전후에도 가도가와쇼텐(角川書店)에서 가도가와분코(角川文庫)의 하나로(1971, 下田直春 訳), 헤이본샤(平凡社)에서 '세계교양선집(世界教養選集)'의 제18권으로 각각 출판했다(茅誠司·中野好夫 監修, 藤本良造 訳, 1975). 두 출판사에서 번역할 때는 '세계문화소사(世界文化小史)'라고 제목을 붙였다.

185) H. G. 웰즈, 지명관 옮김, 《세계사상교양전집 12 : 세계문화소사》, 을유문화사, 1964. 이 책에는 A. J. 토인비의 《현대문명비판》이 함께 수록되었다.

186) H. G. 웰스, 문일영 옮김, 《현대인교양선서 33 : 세계문화소사》, 금성출판사, 1987.

187) H. G. 웰스, 지명관 옮김, 《웰스의 세계문화사》, 가람기획, 2003

188) 최용준, 〈옮긴이의 말 : 과학의 상상력으로 문학을 하다 : SF의 거인, 웰스〉, 《세계문학 단편선 6 : 허버트 조지 웰스》, 2014, 현대문학, 641~642쪽.

189) Worldcat에 따르면, 이외에도 런던과 뉴욕에 있는 5개의 출판사에서 1920년대 이 책을 발행한 것으로 나온다. http://www.worldcat.org/search?q=The+outline+of+history&dblist=638&fq=ap%3A%22wells%2C+h+g%22+%3E+yr%3A1920&qt=facet_yr%3A(2016. 10 .4)

1947년, 1951년에도 발행되었다. 1951년판의 경우 기타가와 사부로(北川三郞)의 번역본을 세이분도(清文堂)에서 일곱 권으로 출판했다. 이 책과 짝을 이루는 명저가 바로 《세계문화소사(A Short History of the World)》이다. 이 책은 당시부터 이미 세계에서 베스트셀러였으며, 오늘날까지 전 세계에 여러 언어로 번역되어 수백만 부가 판매되고 있다.

허버트 조지 웰스는 《세계문화소사》가 《역사대관》의 입문서일 수는 있으나 발췌본이나 요약본은 아니며, "더욱 일반화된, 새로운 계획에 따라 기록된 역사"라고 〈서문〉에서 밝히고 있다.[190] 그가 밝힌 새로운 계획이란 마지막 개정판의 맨 끝부분에서 언급한 "인간의 이상적인 운명은 지상에 평등과 통일을 실현시키는 방향으로 나아가는 것이라는 사실을 인정할 준비를 갖추어야" 하며, "우리는 이제 좋든 싫든 간에, 세계민주주의, 세계평화로 매진해야 하며, 그보다 나쁜 것이 우리 모두에게 일어나지 않도록 우리들 자신을 훈련하지 않으면 안 된다"는 점일 것이다.[191]

웰스의 세계사 책에 이어 나온 영역본 문화사 책으로는 예일대학교 철학과 교수인 필머 노스럽(Filmer S. C. Northrop)의 저서 《동양과 서양의 만남(The Meeting of East and West)》(1947, 4판)을 저자로부터 직접 받아 번역한 조규동의 《세계문화사론 상》(삼성출판사, 1948)이 있다. 상권의 말미에는 "세계문화사론(속간 목차 일부) 예고"라는 제목으로 하권의 출판을 안내하면서 상권이 "예약으로 초판 매진"이었으므로 하권 구매 희망자는 출판사로 직접 예약 주문하기 바란다는 내용이 있다.[192] 나름대로 반향이 있었다고 볼 수 있다. 책의 상권은 '제1편 현대세계론', '제2편 영

190) H. G. 웰스, 지명관 옮김, 〈서문〉, 《웰스의 세계문화사》.

191) H. G. 웰스, 지명관 옮김, 《웰스의 세계문화사》, 355~356쪽. 21세기 세계화 시대에도 손색이 없는 〈서문〉이다.

192) 하권은 출판되지 않았다(오영식 편저, 《해방기 간행도서 총목록 1945~1950)》, 소명출판, 2009, 144쪽).

국민주주의의 특이한 제요소', '제3편 미국의 자유문화', '제4편 독일이상주의', '제5편 소련공산주의'로 구성되어 있는 데서 알 수 있듯이 통사와 같은 문화사 책이 아니었다. 하권은 소련공산주의와 '전통적 민주주의와'의 통합을 지향했다는 점에서 좌우대결이 격화되고 한국전쟁을 거치며 분단이 고착화되어가고 있던 한국의 현실에서 환영받지 못할 논지와 편집형식을 가진 책이었다.

이렇게 번역된 책들이 1949년까지 대학강의에서 어느 정도 활용되었는지 확인할 수 없지만, 관심 있는 사람들에게 안내 역할을 했음이 분명하다. 특히 방대한 역사정보를 제공하면서도 읽기 쉽게 쓴 웰스의 책은 많은 사람에게 읽혔을 것이다. 반면에 대학교수들이 집필한 책은 통사와 같은 완결성과 정보 제공이란 측면에서 볼 때 1년간 진행하는 4학점짜리 교양 문화사 수업의 교재로서 불만족스러운 부분이 많았을 것이다. 그런 점에서는 보통사처럼 구성방식을 취하며 르네상스의 기원까지 기술한 채희순의 《세계문화사》(1949)도 마찬가지였을 것이다.

그렇지만 당시까지 동서양을 아우르며 이렇게 상세하고 긴 시기를 기술한 한글 단행본이 없었다는 점에서 보면, 채희순의 《세계문화사》는 해방 직후부터 그때까지 출판된 교재와 차원이 다른 문화사 교재였던 것만은 분명하다. 이 책은 중고교용 교과서를 제외하고 개설서와 같은 일반교양서에 '세계문화사'라는 이름을 가장 먼저 붙인 책이다. 채희순은 1949년 4월부터 성균관대학교 교수로 재직하면서 고등고시 위원이자 고려대 강사로 출강하는 도중 이 책을 간행했다. 그는 문화사를 종교, 학술, 예술과 같은 정신문화에 관한 역사만이 아니라, 정치, 경제, 사회 분야를 비롯하여 인류 생활 전반의 역사적 상호관계를 종합하며 체계화한 것으로 보았다. 앞서도 언급했듯이 전자를 협의의 문화사, 후자를 광의의 문화사, 달리 말하면 보통사로서 문화사라고도 말하는데, 채희순은 후자의 입장이었다. 앞서 언급한 김유방도 같은 측면에서 문화사를 강의하고 있다고 명확히 밝혔고,[193] 이능식, 허버트 조지 웰스, 에드워드 보악, T. 월터 월뱅크와 앨러스테어 테일러도 그와 같은 입장에서 세계사 책을 기술했다. 초기부터 광의의 문화사 개념이 한국에서 널리 받아들여졌던 것이다.

한국전쟁 이후의 지적 원천과 교재 다양화의 노력

채희순은 1949년에 발간한 교재에서 종합적인 문화사의 관점으로 세계사를 보려 했지만, 근대 유럽의 형성 시기부터 1945년 이후까지를 기술하지 않았다. 그 이유는 알 수 없지만, 세계사 교재로서 큰 한계를 드러낸 것이다. 이후 한국전쟁 기간 동안 부산에 피난해 있던 조좌호가 채희순의 한계를 뛰어넘는 《세계문화사》(제일문화사, 1952)를 집필했다.[194] 그는 이 교재에서 세계사를 원시사회, 고대사회, 중세봉건사회, 근세절대주의시대, 근대자유주의시대, 제국주의시대로 구분하고, 1930년대 세계경제공황과 파시즘이 대두하는 시기까지 서술했다. 그래서 한국전쟁 중에 발행되었음에도 2년 만에 "판을 거듭하기 7, 8회"에 이르렀고, 1954년에 전면 개정판을 출판했는데 1959년 4월에는 개정 5판을 발행할 정도로 지속적인 인기를 얻었다.[195] 조좌호의 말에 따르면 초판에서 특히 빈약했던 동양문화사 부분을 대폭 증보하고, 동양의 시대구분은 일본

193) 김유방, 〈소서(小序)〉, 《문화사개론》, 5쪽.

194) 이해남이 1950년에 《세계문화사》(서울책사)를 집필했는데 고급중학교, 곧 고등학교의 교재로 집필했기에 분석대상에서 제외했다.

195) 조좌호, 〈개정판을 내면서〉, 《개정 세계문화사》, 1쪽.

등의 학설에 따라 당(唐)까지를 고대, 송(宋) 이후를 중세에 편입시켜 개정판을 간행했다. 조좌호의 책이 오랫동안 독자들의 주목을 받은 이유 가운데 하나는 앞에서 언급한 교재들에서 볼 수 없었던 문화사 구성, 곧 시대구분에 입각한 구성과 상세하고 체계적인 근현대사 기술에 있었다.

조좌호는 도쿄제국대학 문학부에서 동양사를 전공했다. 그가 동양문화사 부분을 보강할 때 일본의 연구성과를 많이 참조했다고 밝혔듯이, 당시 동양문화사와 세계문화사에 관한 중·고교 교과서와 대학 교재를 집필한 사람들의 상당수는 일본어 서적을 많이 참조했다.[196] 1950년대에 발행된 문화사 관련 서적에는 오늘날 당연하게 여기는 참고문헌에 관한 언급이 전혀 없어 조좌호가 이 정도를 밝힌 것만으로도 당시로서는 낯선 모습이라고 할 수 있겠다.

그런데 채희순은 《세계문화사》의 각 '장'에 최소한의 각주를 달아 참고한 문헌을 언급했다. 이러한 글쓰기 방식은 당시로서는 매우 보기 드문 사례였다. 채희순은 동양의 문화사에 관해 언급한 부분에서 자신의 저서인 《동양문화사》와 《동양사개론》(조양사, 1949)을 이용하거나 원사료를 출전으로 제시한 데 비해, 서양의 문화사와 관련된 대부분의 '장'에서 웰스의 책 일본어판인 《세계문화사개관》과 《세계문화사대계》 가운데 한 가지를 반드시 인용했으며,[197] 원사료와 일본인 역사가들이 집필한 《세계역사대계 1~25》(헤이본샤, 1934~1936)도 때때로 참조했다. 경성제국대학 출신인 채희순도 결국 일본어 책을 기본으로 세계문화사를 집필했던 것이다.

---

196) 이 시기 중고교 문화사 교과서에서 사학과 교수들의 참여 현황은 신주백, 〈대학에서 교양 역사강좌로서 '문화사' 교재의 현황과 역사인식(1945~1960)〉, 《한국근현대사연구》 53집, 한국근현대사학회, 2010, 182~183쪽 참조.

197) 앞서 언급했듯이 《세계문화사대계》는 일본에서 여러 차례 번역되었다. 하지만 채희순은 어느 판본을 이용했는지 밝히지 않았다.

채희순과 조좌호가 교재를 출판한 이후에도 몇 권의 세계문화사 책이 더 발행되었다. 그렇지만 한국 서양사학의 개척자이자 1세대인 연희대의 조의설, 서울대 사회생활학과의 김성근, 고려대의 김성식은 세계문화사에 관한 대학 교재를 집필하지 않았다. 이들이 '문화사'라는 이름이 들어간 대학 교재를 집필하여 처음 출판한 것은 1960년이었다.[198] 대신에 조의설은 《서양사개설》(동지사, 1950), 김성근은 《서양사개론》(정음사, 1953)이란 교양서를 각각 출판했다. 앞서도 언급했듯이 두 사람의 책은 1950~60년대 널리 읽히며 쌍벽을 이루었다. 대중의 인기라는 측면에서 볼 때, 조좌호의 문화사 교재도 여기에 견줄 만했다.

한국 서양사학계를 이끌어가던 이들 세 사람이 문화사 강의용 대학 교재를 집필하지 않은 이유는 무엇일까? 아래와 같은 김성근의 언급도 중요한 이유 가운데 하나였을 것이다.

> 일부에 일본서적이 타성적으로 이용되고 있으나 재래의 일본적 서양사관과 서술방식에 근본적인 수정이 요구되고 있는 이때 그것이 유감된 현상임은 말할 것도 없다. 내가 자신의 비재(菲才)임에도 불구하고 본서의 술작(述作)을 발념(發念)하게 된 동기이다.[199]

김성근이 말하는 '일본적 서양사관'이 무엇인지 알 수 없으나, 그가 문화사 교재를 서둘러 집필하지 않은 이유는 일본적 역사인식을 거부하고, 스스로 강의하고 연구하면서 이해한 서양사를 집필하기 위해서였

198) 김성근·김성식·고병익·조의설·조좌호, 《세계문화사》. 조의설이 대학 교재로 문화사 교재를 처음 출판한 것은 1963년이었다. 조의설, 《문화사》, 연세대학교출판부, 1963.

199) 김성근, 〈서언〉, 《서양사개론》, 1955, 2쪽. 이 책은 1953년에 처음 출판되었는데, 필자는 1955년판을 참조했다.

다. 김성근의 단호한 태도는 조의설이 자신의 서양사 개설서에서 문화라는 측면을 전면에 내세우며 '서론 : 문화사의 문제', '제1장 원시문화의 발달', '제2장 오리엔트의 문명', '제3장 고전문화', '제4장 기독교적 문화', '제5장 인간주의의 성장' 등으로 나누어 '제11장 전환기의 세계'까지 서술한 점과 대조를 이룬다.

그렇다고 김성근이 이후 다른 글이나 《서양사개론》에서 '일본적 서양사관'이 무엇인지를 명확히 밝히고 학문 차원에서 비판을 시도한 경우는 찾아볼 수 없다. 오히려 한국 서양사학계에서는 일본학계의 성과 자체를 백안시하려는 경향이 점차 뚜렷해져 갔다. 이는 《문명사(A History Of Civilization)》(1960, 2판)을 번역 출판할 때 언급한 역자들, 달리 말하면 한국 서양사학계의 2세대 가운데 선두 주자들이 밝힌 〈서언〉에서 확인할 수 있다.

> 우리나라에서도 이미 여러 권의 서양사개설이나 세계문화사의 저술이 나와 있다. 양심적이고 믿을 만한 것이 전연 없지도 않으나 유감스럽게도 일본학자의 저작에 너무 많은 영향을 받지 않았나 의심되는 저작이 꽤 많은 것 같다. 일본학자의 견해가 무조건 나쁘다거나 그릇되었다고는 할 수 없으나 적어도 서양의 역사나 문화에 관한 한, **우리는 구태여 일본학자의 눈을 통해서 볼 필요는 없다**고 생각한다. 그럴 바에는 일본학자인들 의존하지 않을 수 없는 서양학자의 견해를 직접 듣고 소화하여 그것을 토대로 **우리 자신의 서양을 보는 눈을 길러나가는 것**이 학문연구나 지식탐구의 정도가 아닐까 생각한다.[200] [강조—인용자]

200) 크레인 브린톤·존 B. 크리스토퍼·로버트 L. 울프, 양병우·민석홍·이보형·김성근 공역, 〈역자서언〉, 《세계문화사》 상·중·하, 을유문화사, 1963, 3쪽.

한국 서양사학계는 1950년대 들어 자신들의 지적 원천을 바꾸어가려고 시도한 것이다. 최소한 자신의 전공과 관련된 어학에서 자유로웠으니 더더욱 그랬을 것이다.

위 번역서의 원제목을 번역하면 '문명사'이다. 그런데 목차에서 던져주는 전체 내용은 '서구문명사'이고, 번역자들이 붙인 책 제목은 '세계문화사'이다. 책 자체가 문명사=서구문명사라는 인식을 드러냈다는 점에서 유럽중심주의 역사인식을 그대로 표출했다고 볼 수 있다. 문명사를 문화사로 번역한 것 자체가, 직접 서구와 자유롭게 소통하고 있는 오늘날과 달리 아직은 일본 학계의 그림자에서 자유롭지 못했던 실정임을 보여준 것이기도 하다.

한편, 1950년대 후반으로 가면서 문화사 교양 강좌에 쓰는 교재들의 출판경향에 나타난 새로운 특징은 최소한 두 사람 이상이 공동으로 집필한다는 점과 대학에서 직접 교재를 출판하기 시작했다는 점이다. 두 사람이 공동 저자인 경우는 동국대의 조좌호와 대구대의 홍순창이 집필한 《세계문화사대관》(1956)을 들 수 있다.[201] 이보다 더 주목되는 경향은 여러 전공자가 자신이 전공한 시기를 집필한 경우이다. '서울대학교문화사교재편찬위원회'에서 편찬한 《세계문화사》(1956)는 여러 사람이 집필에 참여한 최초의 문화사 교재이다.[202] 당시로서는 매우 보기 드문 집필방식이었다.

서울대학교의 《세계문화사》 집필에는 한국 서양사학계의 2세대라고 할 수 있는 미국사의 이보형, 영국사와 서양사학사를 전공한 길현모, 도쿄제국대학 출신의 안정모와 함께 한국사의 김철준, 한우근, 동양사의

---

201) 홍순창·조좌호, 《세계문화사대관》, 한국출판사, 1956.

202) 서울대학교문화사교재편찬위원회, 《세계문화사》, 보문각, 1956.

김준엽, 정병학이 필진으로 참여했다. 한국사와 서양사 2세대가 대학의 이름을 건 첫 교양교재를 출판한 것이다.[203] 그러나 필자들이 모두 서울대에 재직 중인 교수는 아니었다. 김준엽은 고려대에, 안정모는 이화여대에 재직 중이었기 때문이다. 하지만 타이완에 유학한 김준엽을 제외한 이들 모두 서울대 사학과 출신이라는 공통분모가 있다.

《세계문화사》는 여러 대학에서 수업교재로 채택함으로써 판을 거듭했다. 그러다 '전폭적으로 개정'되어 1960년 4월 역사학회의 이름으로 다시 세상에 나왔다. 집필진에도 민석홍, 전해종, 고병익이 새로 참가했다. 집필자들 일부는 1952년에 역사학회 결성을 주도했고, 이후에도 학회를 지탱해왔던 사람들이다. 학회의 기금을 마련하기 위해 의기투합한 결과라고 볼 수 있다. 한국사와 서양사 2세대의 공동저서와 대비되는 교재도 나왔는데, 서양사학계의 1세대이자 이들의 은사인 조의설, 김성근, 김성식과 조좌호, 고병익이 나서서 집필한《세계문화사》(1960)다.

두 문화사 교재는 각 집필자들이 평소 관심을 두고 있는 시대의 특색을 나름대로 밝히려고 했다는 점에서 1950년대 한국 역사학계가 도달한 세계사의 이해 수준을 드러낸다고 할 수 있다. 특히 서양사 연구자들은 일본의 연구성과와 무관하게 자기 나름대로 자신이 전공하는 시대와 지역을 이해한 결과를 기술에 반영했다. 따라서 공동작업의 결과물인 두 문화사 교재는 새로운 지적 원천을 다양하게 찾아가고 있었음을 시사한다고 하겠다.

이상에서 알 수 있는 사실은 첫째, 해방 직후에는 영어 책이나 그 번역본이 문화사 교재로 많이 참조되었으나, 1950년부터 발행된 세계문화

203) 이것이 효시가 되어 이화여대에서도 교재를 출판했다(이화여자대학교,《(개설)세계문화사》, 이대출판부, 1958). 이것과 같은 교재인데, 이듬해 필자의 이름을 직접 드러낸 책으로 다시 출판되었다(신영만, 이춘란,《(개설)세계문화사》, 이대출판부, 1959).

사 교재의 기본 지식은 주로 일본어로 된 서적에서 나왔다는 점이다.[204] 여기서 말하는 일본어 서적이란 일본인의 연구성과만이 아니라 영어책을 일본어로 번역한 것까지를 포함한다. 특히 허버트 조지 웰스의 책이 많이 참조되었다.

둘째, 중고교의 교과서와 달리 대학의 교양문화사 수업에서 사용한 교재는 모두 '세계문화사'라는 이름으로 출판되었다. 1948년에 출판된 채희순의 《동양문화사》와 이능식의 《서양문화사》는 아주 보기 드문 경우였다. 세계와의 연관을 이해하기 위해 문화사를 배워야 한다는 취지에서 보면 동양의 문화사만을 배우는 것은 현실의 요구에 못 미치는 일이었다. 또한 '서양문화사'라는 이름의 교재도 매우 드물었다. 뒤의 '지(知)의 식민성' 부분에서 확인되겠지만 '서양'이 곧 '세계'의 문화를 대변하고 표상한다고 보는 집필자들의 관점과도 무관하지 않을 것이다.[205]

셋째, 문화사의 구성방식은 보통사, 곧 광의의 문화사가 매우 많았지만, 사회환경을 보통사의 측면에서 다루더라도 서유럽 이외의 지역까지 포괄하는 범위에 따라 교재마다 강조점이 조금씩 달랐다. 조좌호는 교재에서 현대 일본의 침략을 제외하면 조선과 일본을 거의 언급하지 않았다. '동양'의 경우 철저히 중국만을 언급했다. 인도도 거의 언급하지 않았다. 이에 비해 서울대에서 발행한 교재는 조선과 일본, 인도에 관해 주변의 역사처럼 취급하더라도 '항' 단위에서 조금씩 언급했다.[206] 이를 대폭 보완한 것이 역사학회에서 개정해 출간한 교재이다. 일본에 대

---

204) 앞서도 언급했지만, 이것이 어떤 내용이었는지에 대해서는 별도의 기회에 규명해보겠다.

205) 필자가 도쿄대학도서관, 일본국회도서관, 일본 학술정보센터(NACSIS)를 검색한 결과, 1945년 이전 일본에서도 《서양문명사》라는 책은 여러 권 발행되었지만, '서양문화사'라는 이름의 서적은 극히 보기 드물었다. 다이쇼 시대 문화사 책은 주로 《세계문화사》였던 것이다.

해 여전히 거의 언급하지 않고 있지만, '제6장 동양문화의 발전'에서 '제1절 중세 이후의 인도문화', '제4절 한국문화의 발전'처럼 고대와 중세를 기술하는 곳에서 '절' 단위로 인도와 조선의 문화사가 상세히 언급되어 있다. 역사학회의 교재에서 한국사 관련 부분이 크게 보강된 점은 한국 역사학계 2세대들의 주체의식이 반영된 결과라고 볼 수 있을 것이다.

반면에 같은 시기에 출판된 '김성식 외 4인'의 교재는 조선, 인도의 문화사를 서울대의 교재보다 덜 다뤘다. 대신에 조선, 인도와 달리 일본에 대해서는 꾸준히 기술했는데, 특히 중세 일본은 '절'로 구분하여 기술했다. 한국 서양사학계의 1세대 연구자들로서 일본에서 대학을 졸업했고, 일본 학계의 동향을 나름대로 파악할 수 있는 위치에 있던 현실과 무관하지 않을 것이다. 또한 이 교재에서 주목되는 점은 중세 시기를 기술한 곳에서 '제2장 이슬람교의 발전과 십자군원정'을 두고 있으며, 근대사회에 관한 기술에서 '라틴아메리카 제국(諸國)의 독립'이란 '절'을 설정하고 있다는 사실이다. 서술대상을 포괄한 지역의 범주라는 측면에서 볼 때 김성식 외 4인이 집필한 교재가 가장 '세계'문화사에 근접한 교재라고 볼 수 있다. 반면, 조좌호의 교재는 세계문화사가 아니라 '외국문화사', 특히 '중국과 유럽의 문화사'라고 할 수 있다.

이처럼 중국사를 중심에 두고 일본사와 조선사를 빼거나 주변으로 위치시키며 동양사를 서술하는 경향은 1945년 이전에 흔했던 일본식 오리엔탈리즘의 한국적 재현이라고 말할 수 있다. 오늘날 한국에서 제기되고 있는 '지역사으로서 동아시아사'는 이를 극복하는 과정에서 나

206) 조좌호 및 서울대의 교재와 비교되는 책이 강동진의 책이다. 그는 조선, 일본, 중세의 인도에 대해서는 언급하지 않았지만, '제2부 중세봉건사회'에서 아시아와 유럽의 민족운동을 똑같이 기술하면서 '제2장 유우롭의 중세봉건사회', 중국사만을 기술한 '제3장 아시아의 중세제국'으로 구분하여 봉건사회라는 틀에서 동서양을 동등한 구성으로 배치했다(강동진, 《세계문화사》, 경기문화사, 1958, 목차 참조).

온 역사인식 방법이자 태도이다.

넷째, 문화사 수업 교재들은 문화를 문명과 구분하여 정신의 측면만을 내포하는 개념으로 사용하지 않았다. 물질 문명의 개념까지를 포함하는 광의의 문화 개념을 사용했다. 문화사 수업 교재들에 '문명사'라는 이름이 붙지 않은 것도 이러한 범주 개념과 무관하지 않다. 원래 문화는 독일어의 'Kultur'에서 유래했고, 문명은 영어의 'Civilization'을 번역한 말이지만, 일본의 지적 풍토에서는 둘 다 '문화'로 번역했다.[207] 특히 1918년 제1차 세계대전이 끝난 이후 문화 문제를 취급한 서적 가운데 다수가 문화사라는 말을 채용할 정도로 문화사 전성시대였다.[208] 앞서도 보았듯이, 조지 웰스의 《역사대관》이라는 책이 '역사의 윤곽(범위)'라는 직역과 비슷하게라도 번역되지 않고 '세계문화사대계'라는 전혀 엉뚱한 말로 번역되고, 《세계사개관》이 '세계문화사개관', '세계문화사개론', '세계문화소사'란 이름으로 출판되어 일본사회에서 널리 읽혔다는 사실에서도 확인할 수 있다. 한국의 1세대 역사연구자들은 모두 이러한 일본사회의 분위기 속에서 대학을 다닌 사람들이었다.

다섯째, 문화사 수업교재는 특정 시대를 집중 고찰하지 않고 개설서 형식으로 발행되었다. 대부분의 집필자들이 식민과 해방, 좌우대결과 한국전쟁을 거치며 연구에 집중할 시간이 부족했을 것이고, 교수조차 한 대학에서 받는 월급으로는 안정된 경제생활을 할 수 없어 많은 강의를 해야 생계를 유지할 수 있었다. 또 자료와 참고서적 또한 턱없이 부족한 현실 때문에 자신의 연구를 바탕으로 시대사 내지는 주제사 중심의 문화사를 집필하는 작업이 불가능했을 것이다. 그래서 대부분의 개

207) 니시카와 나가오, 한경구·이목 옮김, 《국경을 넘는 방법》, 일조각, 2006, 211쪽. 물론 메이지 시기에는 Civilization이 문명으로 번역된 경우가 훨씬 많았다는 사실을 부정하지는 않겠다.

208) 芳賀登, 《批判近代日本史學思想史》, 柏書房, 1974, 211쪽.

설서 교재는 집필자가 강의하고 연구하면서 보강하고 정리한 내용을 바탕으로 집필되었다. 달리 보면, 해방 후 5년이 경과하고 있던 1950년에 와서야 단행본으로서의 볼륨을 갖추면서 여러 시대를 언급한 세계문화사 교재가 나올 수 있었던 이유도 집필자들이 전공을 심화시키고 자유롭게 강의할 수 없었던 식민지 시기 및 해방 직후의 현실과 깊은 연관이 있었다.

그러면 이제 세계문화사 교재로 1950년까지 발행된 책 가운데 형식상의 완성도가 높았던 채희순의 책(1950), 체계 있으면서도 계속 좋은 반응을 얻었던 조좌호의 책(1952), 그리고 집단작업의 결과인 서울대의 세계문화사 교재(1957)와 서양사학계 1세대가 집필한 교재(1960)를 중심으로 당시 세계문화사 속의 동양의 역사, 그리고 그 속에서 한국과 한국사에 관한 이해를 검토해보자.

지(知)의 식민성—아시아적 정체성론의 확산

1950년대 들어 정착한 문화사 교재에서는 고대문명의 발생 → 동양문화의 발전 및 쇠퇴와 중세 유럽문화의 형성 → 산업혁명을 이룩하고 민주주의를 확립한 유럽에서의 근대문화 형성 → 이러한 문화를 계승해 서구문명을 발전시킨 미국이라는 흐름으로 세계사를 구성했다. 서양에 대비되는 동양이란 구도는 이때 이미 익숙한 서사구도였는데, 당시의 역사학자들은 '동양'을 어떻게 파악하고 있었을까?

채희순은 동양사에 관한 첫 개설서인 《동양문화사》(1948)의 〈서언〉에서 동양을 다음과 같이 정의했다.

동양이라는 말은 중국에서 일어난 것인데 원래 명초에 남해에서 선박으로 교통하는 지방을 그 위치에 의하여 구별하고 동부의 것은 동양, 서부의 것은 서양이라고 부른 데서 시작된다. 본시(本是)는 해양을 가르쳐 말한 칭호인 듯한데 후에는 그 방향에 있는 토지를 지칭하게 되는 것이다. 명말청초부터 서양인이 해양을 경유하여 중국에 오게 되면서부터는 그들의 본국까지 서양이라고 부르게 된다. 서양에서 관용어로 쓰는 동양 지칭어는 East 또는 Orient인데 최초에는 지중해 이동(以東)의 지방을 가르쳐 붙였으나 차차 그 이동 지방 전체를 전부 표현하는 용어가 되었다.

그러므로 본서가 전아세아 지역문화의 발전상을 포섭하는 것이 당연하겠으나 중앙아세아 이서(以西)에 문화가 지리적 필연성으로 인하여 서양문화에 공헌하게 되었음으로 특별히 동양문화의 관련과 영향이 있을 경우에만 기술하기로 하고 대체로 동양문화의 정치를 창성(創成)하고 지배한 중국과 인도를 중심으로 하여 설명하고자 하는 바이다.[209]

채희순은 중국과 서유럽에서 동양이라는 말의 출발이 달랐다는 점을 언급하면서도 인도까지 포괄하는 개념으로 동양을 파악했다. 동양의 범주에 인도를 포함하는 인식은 앞서 1장에서 보았듯이 일본의 동양인식이다.

그런데 1950년대 후반으로 가면서 동양의 범주에서 인도를 제외한 역사인식이 나타났다. 조좌호의 《동양사대관》(1955)에서는 아예 인도의 역사가 빠져 있다. 그에게 동양사란 곧 중국사였다. 채희순도 매우 많은 비중으로 중국사를 기술했지만 인도사를 조금이라도 다뤘던 데 비하면 상당히 다른 역사인식을 드러낸 것이다.

---

209) 채희순, 〈서언〉, 《동양문화사》, 민중서관, 1948, 2쪽.

조좌호와 같은 동양인식이 오늘날 한국의 동양사학계로 이어진다고 볼 수 있다. 동양사학계가 매년 분야별 연구성과를 정리해《역사학보》에 게재하는 〈회고와 전망〉이라는 글들에서는 인도사를 동양사의 범주에 넣기도 하지만, 서아시아사 속의 인도사 또는 독립된 인도사라는 명칭을 사용하는 경우가 일반적이다. 2016년 현재 한국의 고등학교에서 사용하고 있는《세계사》교과서에서도 인도는 동아시아사가 아니라 서아시아 지역사의 일부로 서술되어 있다.

서양에 대비되는 동양이란 존재의 역사는 중세까지 발전했다가 쇠퇴했다. 채희순은 그 원인에 대해 아래와 같이 기술하고 있다.

> (각 개인의 참다운 생활과 사상에 침투하는 '민주적 경향'으로 나아가야 하는—인용자) 이렇게도 중요한 인류 본래의 역사적인 욕구가 동양 세계에 있어서는 거의 최근까지 고대사적인 비교적 소수의 **전제 귀족사회의 지배**에 의하여 말할 수 없이 침체해지고 말았던 것이니, 그 까닭은 비교적 대다수의 민주주의적 열정에 의하여 꾸준히 발전 성장해 나온 서양문화보다도 뒤떨어진 데 그 최대의 원인이 있다. 그렇다고 해서 그 출발점으로부터 동서양의 문화적 차이가 오랜 옛날부터 벌어진 것은 결코 아니었다. 유사 이전부터 중세에 이르기까지 동양은 실로 인류문화의 보금자리였으며 그 발생지였다. 다만 근세 문예부흥기에 이르러 동양문화의 모든 요긴통을 흡수하여 인류 **본래의 민주주의적인 발전을 급속도로 전개**시킴으로써 서양문화가 훨씬 앞서 버리고 만 것 뿐이다.[210] [강조—인용자]

요컨대 중세까지는 동양도 서양처럼 진보 발전했으며 동서교류를 통

210) 채희순, 〈서언〉,《세계문화사》, 1쪽.

해 동양문화가 서양문화에 큰 영향을 끼치기도 했는데, 근세 들어 서양이 동양문화를 흡수하여 민주주의를 꾸준히 성장시킴으로써 동양을 앞서갔다는 것이다.

발전하다 정체된 동양과 절대주의를 거치며 민주주의를 진보시켜 강력해진 유럽이란 관점은 서울대의 문화사 교재에서도 그대로 확인할 수 있다.[211] 조좌호는 자신의 교재에서 분명히 언급하고 있지 않지만, 중세봉건사회라는 틀에서 송 이후부터 1840년까지 수백 년의 중국사를 4면 분량으로 모두 다루고 있다. 아시아가 정체되었다는 시각을 전제하지 않으면 나올 수 없는 구성이다. 물론 1960년에 간행된 역사학회의 교재에 있는 '제5절 중국문화의 발전'의 '제3장 정복왕조하의 중국'과 김성식 외 4인의 교재에 있는 '제4장 아시아 전제국가의 발달'이란 부분에서 중국사를 언급하고 있어 변화가 나타나고 있기는 하다. 그렇지만 두 교재가 아시아가 정체되었다는 관점에서 벗어난 것은 아니었다. 여전히 유럽의 근대가 성립하는 과정에서 전 세계가 유럽화하는 경향이 뚜렷이 나타나게 되면서 유럽에서 완성된 신예 문화로서 서양문화가 세계문화로, 서양사가 세계사로 성립되는 시기에 들어섰다는 관점을 전제했다. 그래서 두 교재에도 근대문화에 관한 내용에 동양문화가 포함되지 않은 것이다.

문화사 교재들에서는 근대문화를 완성한 유럽이 서세동점(西勢東漸)한 시기를 서술한 부분에서 동양을 다시 등장시킨다. 아시아가 정체되었다는 시각에 입각한다면 그것은 당연한 관점이다. 왜냐하면 아시아가 변동할 수 있는 유일한 원천은 외부, 곧 서구 열강의 침략일 수밖에 없다는 관점이기 때문이다. 일찍이 마르크스조차 영국이 인도의 벵골

211) 서울대학교문화사교재편찬위원회, 《세계문화사》, 126쪽.

지방에 방적공과 기계를 보내 "아시아 최대의, 아니 실은 아시아 유일의 사회 혁명을 만들어냈다"고 진단하며 영국의 인도 지배를 정당화했다.[212]

그렇다면 동양이 정체된 원인을 한국인 역사학자들은 어디에서 찾았을까? 채희순은 자신의 책 〈서언〉에서 "지리적 제(諸) 조건에 속박되어 전제군주제도의 폐해가 오래 계속된 필연적 결과"로 동양문화의 후진성이 발생했다고 주장했다. 또한 채희순은 당의 문화처럼 진보 발전하던 동양문화가 유럽과 달리 지속적으로 발전하지 못한 큰 원인의 하나로 "한자 학습이 매우 곤란하여 대중의 교육적 보편화가 이루어지지 않았던" 점도 들었다.[213] 이는 허버트 조지 웰스의 견해와 일치한다. 그는 "지나의 이지(理智)를 속박한 것은 무엇인가"라고 스스로 던진 질문에 "문자와 관용어구의 감옥에 지나인의 두뇌가 유폐되었기 때문이다"라고 답했다.[214] 그러면서 이를 "소극적이며 따라서 보수적인 농경생활로서의 인순고식(因循姑息)적인 현상에서 우러나온 자연적인 산물"로 간주했다.[215]

동양적 전제군주와 농경문화에서 동양이 정체된 원인을 찾은 것은 채희순만이 아니었다. 김유방도 평지와 산골짜기에 국가를 건설한 동양의 여러 나라에서 유일한 경제조건인 농업생산을 "장악한 전제적인 군주의 지배형태가 수천 년 계속"되었다는 데서 동양이, 무역과 상공업 도

212) 칼 맑스, 〈영국의 인도 지배(1853. 6. 10)〉, 《칼 맑스 프리드리히 엥겔스 저작 선집 2》, 박종철출판사, 1993, 416쪽.

213) 채희순, 《세계문화사》, 336쪽.

214) H · G · ウェルズ, 北川三郎 譯, 《世界文化史大系 3》, 大鐙閣, 1941, 141쪽. 반면에 서구인의 지력은 희랍과 아랍, 중국 등지에 영향을 받아 발전시키는 과정에서 과학의 연구, 신세계 탐험, 상업의 대발전에만 몰두하여 흡수시키는데 머무르지 않고 "창조적이고 수태적(授胎的)인 정신을 서구인 마음에 흐르도록 하는" "지성의 저변 역류"와 깊은 연관이 있다고 보았다(H · G · ウェルズ, 北川三郎 譯, 같은 책, 351~352쪽).

215) 채희순, 〈서언〉, 《세계문화사》, 1~2쪽.

시가 발달한 서양에 비해 "후진 국가가 된 원인"을 찾았다.[216] 동서양의 역사를 동등하게 배치하고 기술했던 강동진 또한 "1. 아시아적 성격"이라고 '항'의 제목을 붙일 정도로 마찬가지 이유에서 동양의 후진성의 원인을 찾았다.

이에 관한 강동진의 글을 살펴보자.

> 유우롭[유럽]에서 봉건사회가 변질되고 초기자본주의가 싹트기 시작한 무렵 14세기 후반에 아시아에 있어서는 정복제국 원(元)에 대신하여 한민족의 명제국이 일어나고 있었다.
>
> 그러나 그 제국도 역시 아시아적인 봉건사회의 연장으로서 유우롭에서 보는 바와 같은 근대적인 절대주의국가는 아니었다. 그리하여 **강력한 전제적 제권과 정비된 관료제도를 배경**으로 하는 전제국가의 권력이 아시아적인 봉건사회의 붕괴를 가로막고 있었던 것이 **아시아적인 정체성**을 오래 동안 지속케 한 하나의 요인이라고 본다.[217] [강조—인용자]

강동진의 정리처럼 동양이 서양에 뒤떨어진 동양적인 원인을 설명할 때 동양적 전제군주제와 관료제, 그리고 그것의 배경으로서 농경문화를 드는 관점을 흔히 아시아적 정체성론이라고 한다. 아시아적 정체성론은 '가부장적 전제주의' 혹은 '도덕적 전제주의'로 동양에서 '주체적 자유'가 국가에 속하여 결코 변화가 생겨날 수 없다고 본 헤겔의 주장에 학문의 뿌리를 두고 있다.[218] 헤겔이 관념적으로 접근을 했다면, 마르크스는 자본주의 생산에 선행하는 여러 형태를 분석해 아시아만의 특징을 도

216) 김유방, 〈소서〉, 《문화사개론》, 23쪽.

217) 강동진, 《세계문화사》, 경기문화사, 1958, 176쪽.

218) 송두율, 《계몽과 해방》, 당대, 1996, 69쪽에서 재인용.

출했다. 마르크스는 전통적인 아시아 사회에서 근대 자본주의가 발생할 수 없었던 이유로 군주의 토지소유권 독점과 사적 토지소유권의 결여, 미분화된 '촌락체제' 내의 농업과 가내수공업 간의 긴밀한 결속을 들었다.

열등한 동양 대 발전한 서양이란 인식 구도에 확신을 준 아시아적 정체성론에 대해 실증하며 근거를 제시함으로써 학문적으로 정당화시킨 사람이 카를 비트포겔(Karl A. Wittfogel)이다. 비트포겔은 막연하게 정리했던 헤겔, 마르크스, 베버의 동양적 특수성론을 방대한 자료를 동원하여 실증한 사람으로 유명하다. 그는 독일공산당 당원이면서 코민테른의 선전위원을 역임했지만, 1934년 미국으로 망명하여 컬럼비아대학 교수로 재직했다. 비트포겔은 1935년부터 3년 동안 중국에서 필드워크를 하며 헤겔, 마르크스, 베버와 달리 이론과 현장을 구체적으로 결합시켜 동양적 특수성론을 실증했다.[219)]

비트포겔은 일본에서 '수(水)의 이론'이라 불리는 기본 입장을 바탕으로 치수관개와 토지국유제, 가족경제와 가족제도 등을 들어 동양, 곧 중국의 경제와 사회를 분석했다.[220)] 그의 저서는 모두 일본어로 번역되었다. 일본 학계에서 큰 주목을 받은《해체과정에 있는 지나의 경제와 사회 상·하》(주오코론샤[中央公論社], 1934)도 그 중 하나였다. 특히 3년간 중국에서의 필드워크 경험을 집대성한 결과물인《동양적 사회의 이론(東洋的社會の理論)》(니혼효론샤[日本評論社], 1939)은 한국의 연구

219) 첨언하자면, 비트포겔은 1950년대 미국사회를 뒤흔든 반공 열풍인 매카시 열풍에서도 살아남은 사람이었다.

220) 물론 '수의 이론'과 다른 맥락에서 동아시아의 정체성을 말하는 학자들도 있었다. 김준엽의 경우가 그러한 지식인의 한 사람이었다. 그는 '후진성'의 원인, 달리 말하면 아시아사회가 서구에 비해 뒤처진 근대화 과정을 밟을 수밖에 없는 이유로 유목국가들의 반복된 정복과 곧 이어진 제국주의의 침입을 들었다(김준엽, 〈아시아사회의 후진성에 관한 일고찰〉,《사상계》25호, 사상계사, 1955).

자들에게도 마치 성서처럼 읽혔다.[221] 1945년 이후에도 비트포겔에 대한 관심은 이어졌는데, 1949년에 간행된 그의 《중국사회사 : 요 907~1125(History of Chinese Society : Liao 907~1125)》가 타이완 연구자에 의해 번역되자 고병익이 《역사학보》 창간호(1952)에 서평했다.[222]

정체성의 원인을 규명하려는 한국의 역사연구자들은 대부분 비트포겔의 일본어 번역서를 읽고 오늘날 식민사관으로 불리는 역사인식을 더욱 체계화했다. 그것은 학문경향을 불문했다. 여러 이유가 있겠지만, 그 이유 가운데 하나는 1930년대 일본의 강좌파[223] 경제학자인 모리타니 가쓰미(森谷克巳), 히라노 요시타로(平野義太郎)가 이 책의 역자였기 때문일 것이다. 특히 모리타니 가쓰미는 한국사회의 정체성을 앞장서 주장한 사람이었다. 그는 비트포겔의 이론을 적극 받아들여 《지나사회경제사》(쇼카샤[章華社], 1934), 《아시아적생산양식론》(이쿠세이샤[育生社], 1937)에서 '동양적 특수성'을 주장했다. 뒤의 책은 1941년까지 4판이 발행될 정도였는데, '부록2'에서 한국사의 특수성과 정체성을 별도로 언급했다.

또 다른 한 가지 이유를 들면, 한국사회에 정착된 반공메커니즘의 영향도 있을 것이다. 1950년대 한국의 역사연구자들이 한국사회의 정체성 원인을 규명하려 할 때, 마르크스나 헤겔, 일본 강좌파의 아시아적 생산양식 논쟁을 빌려 해명하기는 부담스러웠을 것이다. 그들은 이에 따른 위험을 비트포겔의 동양특수담론을 빌려 비켜가려 했을 것이다. 반공메

221) ウィットフォゲル, 森谷克巳 平野義太郎 訳, 《東洋的社會の理論》, 日本評論社, 1939. 비트포겔은 자신의 입장을 총정리한 책을 1981년에 발행했는데, 한국에서는 1991년에 번역되었다. 칼 A. 비트포겔, 구종서 옮김, 《동양적전제주의 : 총체적 권력의 비교연구》, 법문사, 1991.

222) 고병익, 〈'중국사회사-요대' : 위트프오겔 〈서평〉 고병익 평)〉, 《역사학보》 1집, 1952. 9.

223) 강좌파란 1927년 이후 일본사회에서 노농파와 대척점에 서서 일본의 경제와 혁명을 말한 사람들이다. 강좌파는 메이지정부를 절대주의국가로 간주하며, 농촌이 봉건요소인 고율 현물 소작료에 기반한 지주제하에 있다고 보았다. 이에 따라 일본에서의 혁명은 1단계 혁명론을 주장한 노농파와 달리 부르주아 민주주의혁명에 이어 사회주의혁명으로 이어지는 2단계 혁명론을 주장했다.

커니즘이 학술연구에 어떻게 작동했는지를 확인할 수 있는 대목이다. 예를 들어《국사개설》의 저자이자 중앙대학교 교수로 재직하며 정체성을 '국사의 기본성격'이라 규정하고 그 원인이 무엇인지를 언급한 김용덕의 글을 살펴보자.[224]

그에 따르면, 우리의 농촌사회는 산간에 둘러싸인 작은 평야를 중심으로 자급자족하며 소규모의 폐쇄된 농업공동체를 형성하고 있어 이 사이에서 물질 교역이 성행할 수 없었다. 농경의 핵심인 치수관개사업은 국가의 힘을 필요로 하는 가장 큰 공공영역이지만 국가가 동양적인 토지공유제도에 기반을 두고 있어 자체 모순으로 분열과 부패의 길을 밟기 시작하면서 농민반란이 속출해 첨예한 위기에 직면했다는 것이다.[225]

> 이러한 위기의 양상은 신라 말기에 있어서 또 고려 이조 말기를 통하여서도 발견할 수 있는 현상이었다. 이른바 '아시아적 악순환'(註4)[226] 으로 이 특색은 중국에서 일층 전형적이지만 한국을 포함한 동양사회를 수천 년을 두고 정체시키고 만 것이다.
>
> 구래의 농업사회의 속성으로서의 보수와 소극, 상업의 미발달로 인하여 서구사회 발전상 항상 진보적이며 적극적인 활동을 담당하던 시민계급의 결여 그리고 왕조 말기에 되풀이되는 **농업위기는 모두 정체성의 내부적 요인**으로 지적되어야 할 것이다.[227] [강조—인용자]

위의 인용문에서 확인할 수 있듯이 김용덕은 한국적인 이유를 나름

---

224) 김용덕의 논문이 위에서 제시한 논문들 가운데 시대를 불문하고 가장 폭넓게 정체성의 원인을 제시하고 있어 정리했다.

225) 서울대 사학과의 한우근과 김철준은 토지국유제라는 관점을 갖고 있었다(한우근·김철준,《국사개론》, 명학사, 1954, 255~256쪽).

226) 원문에 다음과 같은 각주가 달렸다. "위트 포으겔(K. A. Wittvogel),《동양적 사회의 논리》P. 40.

대로 제시하며 정체성의 원인을 언급했지만, 그 밑바탕은 비트포겔의 '동양적 사회'이론, 곧 중국사회의 정체성에 대한 풍부한 실증과 관점을 재활용한 것이었다.

이처럼 한국사를 비롯해 3분과체제에 속한 대부분의 역사학자들은 확신을 갖고 아시아적 정체성론의 입장에서 한국사와 세계사를 이해했다. 그들이 보기에 한국사회의 오래되어 바로잡기 어려운 나쁜 정체성은 적어도 다음 두 가지 폐단을 초래했다.

하나는, 빈곤의 원인을 정체성에서 찾았다. 《국사신강》의 저자 가운데 한 사람인 고려대 사학과의 이홍직은 한국사회 "후진성의 요인"을 "국민의 독자적인 힘으로 봉건사회를 지양하고 근대적 민주주의 사회를 이루지 못했다"는 데서 찾았다.[228] 또한 후진국인 한국이 빈곤한 국민생활에서 벗어나지 못하고 있는 원인으로 "필연적 숙명적 원인이 잠재해" 있는 "과거의 유산"을 드는 역사연구자도 있었다.[229] 그래서 역사 유산을 당연시하는, 달리 말하면 후진성 내지는 정체성의 원인을 학문적으로 밝히겠다는 연구물이 많이 나왔다.[230] 달리 말하면, 1950년대 한국

227) 김용덕, 〈국사의 기본성격 : 우리 사회의 정체성을 중심으로〉, 《사상계》 1권 7호, 사상계사, 1953. 11, 53쪽. 이 밖에도 정체성의 내부 요인으로 대외관계와 대륙의 정세, 토지사유제와 분권적 봉건제가 결여된 동양사회의 특징, 그리고 사회의 고정성을 들었다.

228) 이홍직, 〈후진성 극복의 길〉, 《독사여적(讀史餘滴)》, 일조각, 1960, 28쪽(원전: 《서울신문》 1958년 2월 27일자)

229) 조동세, 〈이조사회(李朝社會)에 있어서 생산력 정체성의 제요인분석(諸要因分析)〉, 《논문집》 2집, 청주대학교, 1958. 12, 177쪽.

230) 한국의 역사와 관련한 주요 논문과 서적을 언급하면 아래와 같다. 김용덕, 〈국사의 기본성격 : 우리 사회의 정체성을 중심으로〉, 《사상계》 1권 7호 ; 이방환, 〈한국봉건사회의 정체성연구 : 고려시대의 생산구조분석〉, 《논문집》 2집, 전북대학교, 1958. 7 ; 조동세, 〈이조사회에 있어서 생산력 정체성의 제요인분석〉, 《논문집》 2집, 청주대학교, 1958. 12 ; 이방환, 〈한국의 고대사회와 봉건제에 대한 소고〉, 《논문집》 3집, 전북대학교, 1960. 5 ; 오영모, 〈이조의 봉건적 토지 소유 형태 : 전제 전세의 추이 과정〉, 《논문집》 3집, 전북대학교, 1960. 5 ; 최호진, 《근대한국경제사연구 : 이조 말엽에 있어서의 생산력 연구》, 동국문화사, 1956. 9. 최호진에 관해서는 홍성찬, 〈최호진의 경제사 연구와 저술의 사회사 : 1940~1960년대〉, 《동방학지》 154집, 연세대학교출판부, 2011. 6 참조.

의 역사학은 동양특수담론을 통해 오리엔탈리즘을 내면화해 갔으며 정체성론이라는 식민사관을 스스로 생산했다. 당대의 지식인들은 다수의 여론이자 의견으로서의 '공(共)'을 말하며 정의로서의 '공(公)'을 추구한다고 했지만, 식민지 시기 조선학운동을 비롯해 민족운동가들이 내세운 '공(共)'을 구현하지 못함으로써 결국 통치권력의 '공(公)'에 호응하는 공공담론을 생산한 것이다.

후진성, 침체성, 정체성을 구분하지 못하고 혼용한 당대 대부분의 지식인들은 후진성의 원인을 역사적으로 규명하는 연구가 경제개발계획을 더욱 치밀하게 수립하는 데 도움이 된다고 믿었다.[231] 후진성의 극복이란 바로 근대화의 성취를 의미하는 것으로 받아들였다.[232] 정체성론이 후진성담론과 뒤섞여 학문의 연구주제로 당당히 복귀한 것이다. 1960년대 들어 월트 W. 로스토(Walt W. Rostow)류의 근대화론이 한국에서 급속히 확산될 수 있었던 내적 토양의 하나도 여기에 있었다.

연세대가 1948년에 동방학연구소를 설립하여 '동방'을 말하고, 1957년 고려대가 아세아문제연구소를 설립하며 '아세아'를 내세웠지만, 정체성론과 후진성담론을 결합한 인식을 가지고는 '아세아인의 아세아연구'라는 구호 아래 "한국 및 아세아의 연구에 집중적 노력을 감행"하더라도 자신을 독자적으로 이해하기는 어려웠다.[233] 달리 말하면 1950년대에 사학과라는 제도가 정착되고, 그것을 중심으로 학과의 안과 밖에서

---

231) 이러한 관점이 매우 일반적인 인식으로 확산되어 있었음을 다음 논문의 결론에서 시사받을 수 있다. 이동원, 〈한국경제의 후진국적 특질과 국제적위치〉, 《부산상대학보》 4권 2호, 부산대학교상과대학, 1958. 10.

232) 배성룡의 논지가 대표적이다. 자세한 것은 배성룡, 〈자료 : 동양사회 근대화 과정의 추이와 제(諸) 문제점〉, 《아세아연구》 7권 1호, 고려대학교 아세아문제연구소, 1964 참조. 편집자의 말에 따르면, 10년 전에 작성된 글을 발굴하여 논문이 아니라 '자료' 소개라는 취지에서 수록했다.

233) 이상은, 〈아세아인의 아세아연구-창간사에 대하여〉, 《아세아연구》 1권 1호, 고려대학교 아세아문제연구소, 1958.

역사학이란 분과학문이 사회적으로 유통되어 갔지만, 당시까지 한국 대학의 사학과는 한국에서 발신하는 자신만의 독립된 역사학의 내용을 담고 있지 못했다.

다른 하나는, 민주주의의 발전을 저해하고 사회를 혼란스럽게 하는 근인(根因)으로서 정체성에 주목했다. 채희순은 유교입국의 건국정신이 한반도를 폐쇄적인 사회로 만들었고 당파싸움에만 몰두하게 함으로써 민주와 진보를 담아내는 문화의 형성을 가로막았으며 소극적인 전제관료주의를 조장한 결과, 사회의 혼란과 민족의 타락을 조장했다고 보았다.[234] 일본 식민사학자들이 주장한 조선인 당파성론과 한반도 정체성론이 아시아적 정체성론과 연관되어 정당화되고 있는 것이다.

이런 논리는 봉건제를 극복한 유럽이 민주주의를 진전시키며 근대 자본주의를 발달시켰다는 관점으로 이어진다. 동양의 주체성을 무시하고 유럽을 중심에 두는 관점은 1950년대 문화사 교재들 곳곳에서 확인할 수 있다. 이를 명시적으로 언급한 강동진의 글을 통해 확인해 보자.

> 이와 같은 현상은 [아시아적 정체성을 오랫동안 지속되게 만든 전제권력—인용자] 다음을 이은 청제국에도 그대로 답습되었을 뿐더러 인도나 회교권에 있어서도 볼 수 있는 일이다. 그러므로 자본주의를 기반으로 하는 유우롭 열강이 그 강력한 경제력과 무력을 가지고 아시아의 여러 지역에 진출해 오자 아무런 저항을 하지 못하고 그 식민지가 되고 말았다.[235]

동양근대화의 발단이자 모범이며 표준이기에 추구해야 할 대상인 근

234) 채희순, 《세계문화사》, 434쪽.

235) 강동진, 《세계문화사》, 경기문화사, 1958, 176쪽.

대문화에 대한 서유럽 중심적인 서술은, 열강이 동남아시아와 동북아시아로 움직인 행동을 '진출'로 표현했지 '침략'으로 적극 규정하지 않는 역사인식으로 이어졌다. 그래서 유럽 열강의 진출을 제국주의적 행위로 규정했음에도 불구하고 "후진 미개 또는 반개의 비자본 지역"에 대한 "유럽세계의 확대"라는 시각에서 보게 되었다.[236] 이러한 인식은 일본의 행위를 침략으로 규정하는 역사인식과 모순되는 내면적 인식, 달리 말하면 일본의 발전한 문명이 침략과 지배를 통해 획득한 이윤이 있었기에 가능했다는 인식으로까지 이어지지 못하게 했다. 또한 근대문화의 밝은 측면만을 부각시켜 문명화가 곧 서구화이며, 서구의 문명을 추구하는 길이 정당하다는 편견과 그 반대편에 있는 동아시아의 열등성을 조장하는 선입견을 학생들의 뇌리 속에 남게 했을 것이다.

세계문화사 교재는 유럽에서 완성된 서양문명을 현대에는 미국이 담당하고 있음을 드러냈다. 역사학회의 교재와 김성식 외 4인의 교재를 포함하여 1950년대에 발행된 《세계문화사》 책들은 대략 다음과 같이 세계사 속에서 미국을 묘사하고 있다.

봉건사회와 절대주의 정치제도가 남아 있던 유럽과 달리, 미국은 독립전쟁을 통해 민주주의 헌법을 채택하고 공화국을 세움으로써 민주주의를 실현할 수 있었다. 남북전쟁을 통해 국가를 통일하고 자유주의와 국민주의를 실현했으며, 자본주의 경제가 급속도로 발전함에 따라 1896년부터 세계 제일의 공업생산국가가 되었다. 다른 한편 이 시기부터 아메리카 대륙의 리더로 자리매김했다. 이어 제1차 세계대전을 승리로 이끌면서 유럽에서의 민주주의를 더욱 확대시켰고 국제정치의 영도적 지위를 확립했다. 미국은 제2차 세계대전에서 자유민주주의에 대항하는

236) 김성근·김성식·고병익·조의설·조좌호, 《세계문화사》, 262쪽.

전체주의 국가들과 싸워 연합국이 승리하는 데 지도국가로서의 역할을 했다. 전후 전개된 냉전체제에서 자본주의진영의 결속을 주도함으로써 자본주의체제를 취하는 나라를 자신의 지도력 아래에 두었다. 이처럼 다양한 사실을 적시하고 이들 사이의 연관성을 서술하는 과정에서 미국은 근대 유럽문명을 창조하며 계승한 국가이고 수호자로 묘사되었다. 앞서도 언급했지만 미국이 말하고자 하는 근대문명이란 유럽과 자신을 포함하는 서구문명이었다.

때문에 부정적인 측면에 대한 기술이 눈에 띄지 않는다. 세계문화사 교재들에서는 남북전쟁에도 불구하고 인종차별이 강력히 남아 있던 미국사회, 이즈음부터 동아시아에서의 영토 확장과 경제이권을 획득하기 위해 적극 움직인 제국주의적인 모습에 대해 제대로 기술하지 않은 서술이 그 보기이다. 그러다 보니 한반도의 식민화과정에서 미국의 움직임과 미일관계에 대해 정확한 진실을 알기 어렵게 하고, 미국과 한반도 분단문제의 연관성에 대해서도 집중하지 않는다. 비록 "미·소 양국의 약소민족 희생정책으로 말미암아 미·소 양군의 점령하에 남북으로 양단되고 말았다"고 비판적으로 언급한 교재도 있지만,[237] 결국은 반공·반소를 전제로 한 자유민주주의의 수호자로서 미국을 부정하고 있지 않다.

지(知)의 식민성을 넘어서려는 움직임

동양적 특수성으로 더욱 치장된 식민사관에서 벗어나지 못하고 있던 분위기 속에서도 주체적 역사인식을 가지려는 움직임이 싹트고 있었다.

237) 서울대학교문화사교재편찬위원회, 《세계문화사》, 331쪽.

동양, 달리 말하면 중국의 역사와 문화를 통해 한국의 역사와 문화를 보려 하지 않고 한국사의 고유하고 독자적인 맥락 속에서 역사와 문화를 보려는 움직임이 일어나고 있었다. 1950년대 초반의 천관우와 후반의 김용섭이라는 두 개인의 움직임이 바로 그러한 경우였다.

천관우는 1953년《역사학보》에 발표한 반계 유형원에 관한 자신의 석사학위논문에서 새로운 관점을 제기했다. 그의 논문은 후학으로부터 "해방 전의 [연구—인용자] 수준을 커다랗게 능가"한 논문이라고 평가받았다.[238] 천관우는 실학이란 영정조기에 등장한 신학풍이라 규정하며 실정(實情), 실용, 실증의 어느 한 면만을 가져도 실학의 범위에 포함시킬 수 있다고 보았다. 그는 실학의 범위를 매우 폭넓게 규정하고 있지만, 근대와의 관계에 대해서는 매우 제한하면서도 적극 평가했다. 천관우는 "실학은 결코 근대의 의식도 근대의 정신도 아니다"라고 규정하고, "정체된 봉건사회를 극복하고 '근대'를 가져오는 거대한 별개의 역사적 세계와의 접촉을 준비하는" 의미에서 "근대정신의 내재적인 태반(胎盤)의 역할을 담당"했다고 평가했다.[239]

그렇다고 천관우가 정체성론을 극복했다고 보기에는 무리가 따른다. 천관우는 하타다 다카시(旗田巍)의《조선사》에 대해 한반도 최초의 국가를 '기자조선국'이라고 한 점, 한사군이 한반도의 거의 전부를 차지했다고 한 점, 변한과 임나가 일본의 지배하에 있었다고 한 점을 들어 하타다 다카시가 "종래 일본학자가 '조선민족의 타율적 본질'을 의식적으로 주장한 점과 거리가 멀지 않음을 알 수 있는 것이다"고 한계를 지적했다.[240] 이처럼 하타다 다카시의 역사인식에 내재된 타율적 인식을 짚

238) 김용섭, 〈최근의 실학연구에 대하여〉,《역사교육》6권, 역사교육연구회, 1962, 119쪽.

239) 천관우, 〈반계 유형원 연구 하 : 실학발생에서 본 이조사회의 일단면(一斷面)〉,《역사학보》3집, 역사학회, 1953, 138쪽.

어냈음에도 불구하고, 재지(在地)농장이 확대되는 방향으로 토지소유가 발전했고 관인체제의 지방적 성격이 강화되어갔다는 주장에 대해 서평자인 천관우는 그대로 인용만 했지 분화와 동요의 측면에 주목하며 비판적으로 분석하지 않았다.[241] 어쩌면 1950년대 한국 역사학계가 정체성론 자체를 당연시할 정도의 분위기였던 현실에서 천관우 역시 그럴 수 있었다고 말할 수 있을지 모르겠다. 더구나 실학에 관한 새로운 관점이 역사적 의미를 부여받으려면 조선 후기의 사회경제적 상태에 대한 연구와 연동시킬 필요가 있었지만, 그것은 여러 사람들의 노력을 동반해야 가능한 인식이었다.

'내재적 태반'으로서 실학에 주목하며 조선 후기를 보려는 관점과 태도는 김용섭에 의해 더욱 뚜렷이 정립된다. 그는 1956년《역사교육》창간호에 발표한 논문에서 "민란이(1862년 진주민란에서 1894년 동학란에 이르는) 조선사의 발전과정에 있어서 봉건 관료체제의 붕괴와 근대 사회에의 태도 여부의 측정에 중대한 위치를 차지하는 것"이므로 19세기 후반 "사상 초유의 광범한 민중의 움직임을" 해명할 필요가 있다고 지적했다. 이를 위해 "민란 자체의 과학적 성격 분석"을 시도해야 하는데, 그것은 "이즈러진 사회형태", 곧 복잡하고 혼란스러운 사회현실 "내에서 내면적인 주체적인 계기", 달리 말하면 주체의 내재적 계기를 가렴주구의 문제와 연관지어 분석해야 한다고 자신의 연구태도와 관점을 제시했다.[242]

김용섭의 새로운 관점과 연구태도는 '내면적' 접근에 더하여 '주체적' 태도를 하나의 짝으로 만들었다는 점에서 '내재적 태반'으로서 실학을 강조한 천관우의 관점보다 한 발짝 더 진전된 역사관이었다. 이는 하타

---

240) 천관우, 〈'조선사', 기전외(旗田巍) 저 〈서평〉〉,《역사학보》1집, 역사학회, 1952, 127쪽.

241) 천관우, 같은 글, 125쪽.

242) 김용섭, 〈철종조 민란 발생에 대한 시고(試考)〉,《역사교육》1권, 역사교육연구회, 1956, 83~84쪽. 90쪽.

다가 《조선사》에서 제창한 '조선인을 주체로 한 조선사를 한국인으로서 더욱 발전시킬 수 있는 문제의식'을 드러낸 서술이며, 이를 실증으로 보여주기 시작했다고 볼 수 있다. 또한 동양특수담론을 통해 한국사를 보지 않고 한반도 거주자의 위치와 입장에서 한국사를 보는 관점과 태도를 처음으로 제시했다고 말할 수 있겠다.

민란을 바라보는 김용섭의 내면적이고 주체적인 관점과 태도는 동학농민운동에 관한 선행연구의 문제점을 파악한 다음과 같은 언급에서도 확인된다.

> 종래의 동학란연구에는 이조봉건사회의 붕괴과정이라는 전환기의 역사의식이 결여되고 있는 때문이며, 혹 그것이 의식되고 있다 하더라도 그것은 **이질적인 자본주의 세력의 침투로 인한 급격한 사회경제체제의 변동 관계에만 치중하고 이조(李朝)사회 자체 내에서 성장하여 오는 발전적인 소인에 대해서는 전혀 배려하고 있지 않은 탓**이 아닌가 생각된다.[243] [강조—인용자]

그러면서 그는 동학농민운동에 관한 연구가 좀 더 진전되기 위해 다음과 같은 연구가 이루어져야 한다고 제시했다.

> 특히 동학난이 근대화에로의 사회개혁운동일 수 있는 전제조건 다시 말하면은 이조봉건사회 후반기에 있어서의 사회적 변동관계와 발전적 소인의 형성이 분석 해명되어야 하겠으며, 제국주의의 침략에 항거하는 민족적 성격의 문제가 식민지화의 위기에 대응해서 어떻게 질적으로 변화되

243) 김용섭, 〈동학란연구론 : 성격문제를 중심으로〉, 《역사교육》 3권, 역사교육연구회, 1958, 80~81쪽.

어가는가 하는 것이 그 전단계의 난(亂)의 추진력과 연관되면서 검토되어야 할 것으로 생각한다.[244]

이처럼 김용섭의 주장에서 또 한 가지 우리가 주목해야 하는 점은 단순히 조선 후기를 사회경제적 맥락에서 이해하기 위해서만 '내면적인 주체적인' 접근을 강조하지 않았다는 점이다. 그는 조선 후기의 사회경제적 변화와 1876년 이후의 한국 근대사를 어떻게 연결지을 것인가까지 시야에 넣고 새로운 관점과 태도를 강조했다. 그리고 그 연결의 매개로서, 제국주의의 침략에 저항하는 민족운동으로서, 그리고 연속된 민란의 '발전적 소인'으로서 동학농민운동에 주목했다. 그에게는 이렇게 접근하는 관점이 정체성론을 극복하는 길이었다. 한국전쟁을 계기로 싹트기 시작한 전쟁과 사회 관계의 모순에 관한 자신의 의문을 역사연구에 투영한 실천적 문제의식의 결과인 것이다.

김용섭의 관점과 태도는 정체 상태이던 조선사회가 일본에 의한 개항과 침략으로 봉건사회가 해체당하고 자본주의 사회로 바뀌어갔다는 식민사관 내지는 1950년대의 주류 역사인식과 상당히 다른 역사인식이었다. 그것은 1950년대 한국사회가 빈곤한 상태에 놓여있을 수밖에 없던 역사적이고 숙명적인 원인을 해명하는 이론이자 동양특수담론이던 정체성론에 입각한 동양적 특수성, 내지는 한국적 특수성에 지배당하고 있던 학계의 분위기를 고려할 때 매우 보기 드문 도전이었다.[245]

그의 도전은 곧바로 일본의 조선사 연구자들 사이에서도 관심을 불러일으켰다. 우선 일본의 신진 조선사 연구자들을 중심으로 1959년 1

244) 김용섭, 같은 글, 89쪽.

245) 관련하여 시사받을 수 있는 분위기는 김용섭, 《역사의 오솔길을 가면서 : 해방세대 학자의 역사연구 역사강의》, 지식산업사, 2011, 98~99쪽을 보면 파악할 수 있다.

월에 결성된 조선사연구회의 월례발표회(1959. 5)에서 재일조선인인 박종근이 〈전봉준공초(供草)의 분석 : 동학란의 성격일반〉(1958)을 소개했다. 박종근은 동학농민운동을 비롯한 "반봉건투쟁의 형성과정을 반란의 진행과정에서 추적한 점은 종래 연구를 일보 전진시킨 것"으로 평가했다.[246] 가지무라 히데키(梶村秀樹)도 월례발표회(1961. 1, 1961. 7)에서 〈양안(量案)의 연구 : 조선후기의 농가경제〉(1960)라는 논문을 소개하고,[247] 강덕상 역시 월례발표회(1963. 3)에서 〈진주내동리대장에 대하여〉(1961)라는 논문을 소개했다. 강덕상은 "이조말기의 농민반란을 사회경제사 관점에서 분석하려고 하는 점"에서 "문제의식은 매우 선열(鮮烈)하다"고 하면서 "외적 요인에서만 이조 말기사를 추급하고 있는 우리들에게 생각하게 하는 많은 점이 있다"고 의미를 부여했다.[248] 이제 막 석사학위논문을 집필했거나 준비하고 있던 세 사람, 달리 말하면 한국사를 이제 막 연구하기 시작한 일본인과 재일조선인 신세대에게 김용섭의 연구는 자극이 되기에 충분했을 것이다. 이들은 1960년대 중반을 지나며 일본에서 '내재적 발전'이란 관점과 태도를 갖고 사회경제사 측면에서 한국사 연구를 선도했고, 이후 한국에도 큰 영향을 주었다.

그렇다면 김용섭의 도전적이고 개척적인 관점과 태도를 압축하는 '내면적이고 주체적인' 문제의식과 시야에 영향을 주었던 것은 무엇일까?

우선은 신민족주의사학과의 연관성에 주목할 필요가 있다. 김용섭은

246) 《조선사연구회회보》 1호, 조선사연구회, 1959. 8, 2쪽. 이 논문은 《사학연구》 2호(한국사학회, 1958)에 수록되었다.

247) 《조선사연구회회보》 2호, 조선사연구회, 1962. 2. 이 논문은 《사학연구》 7~8호(한국사학회, 1960)에 수록되었다.

248) 《조선사연구회회보》 6호, 조선사연구회, 1963. 7, 3쪽. 이 논문은 《아세아연구》(4권 2호, 1961)에 실리고, 《서양사론》 3권 1호(한국서양사학회, 1962)에도 실렸다. 강덕상은 《역사교육》 3권(1958)에 실린 논문 〈동학란 연구론 : 성격문제를 중심으로〉도 파악하고 있었다.

신민족주의사학자로 분류되는 이인영의 지도를 받은 손보기의 제자이다. 이인영과 손보기는 그냥 스승과 학생의 관계가 아니라, 이인영이 서울대학교 사학과로 복직한 1949년부터 지도교수와 제자로 김성준, 정해영, 홍덕유, 정태민과 함께 연구서클에서 활동한 관계였다.[249] 마치 1946년의 경성대학 조선사연구회와 같은 모임인 것이다. 이인영은 앞서도 보았듯이 해방공간에서 손진태와 보조를 맞추었다. 학맥의 측면에서 설명할 수는 없지만, 천관우도 신민족주의사학으로 분류되는 안재홍과 해방 직전에 만났을 때 이루어진 개별 역사강의에서 '시사'를 받아 실학을 당면한 연구주제로 결정할 수 있었다.[250]

이처럼 학적이고 사적인 인연을 계기로 특정한 역사상이 학문화할 수 있었던 데는 당시 국내외 학계의 흐름과 맞닿는 측면도 있다. 당시 동북아시아에서 진행되고 있던 연구성과를 중심으로 한 지식 교류에 주목할 필요가 있는 것이다.[251] 비록 한국전쟁을 계기로 동아시아에서 냉전이 전면화하고 분단체제가 고착되면서 이념을 달리하는 개인과 집단 사이에 사람의 교류는 근본적으로 불가능했지만, 1950년대의 남북한, 일본, 중국의 연구자들은 과거의 학연을 끈으로 직접[252] 또는 재일조선인 연구자 등을 매개로 직접 학문내용을 전파하거나 연구내용으로 교감하는 교류를 하고 있었다. 특히, 일본 학계의 사람 또는 성과물을 매개로 여러 학문경향을 접할 수 있었던 것이 큰 배경이었다. 이와 관련하여

249) 김성준, 〈회고 학산선생과 6·25〉, 428쪽.

250) 천관우, 〈나의 한국사 연구〉, 《한국사시민강좌》 2집, 1988. 2, 134~136쪽.

251) 김용섭 개인의 연구 경향 또는 태도 또한 반드시 주목해야 한다고 생각한다. 그의 성장배경, 학자로서 교유관계를 무시하면 안될 것이다. 그러나 여기에서는 그의 회고록 '제1, 2, 3장'으로 대신하겠다.

252) 연희대학 사학과에 재직 중이던 이홍직이 그러한 경우일 것이다. 그는 《역사학보》 8집(1955. 12), 9집(1957. 7)에 서평한 스에마쓰 야스카즈의 《신라사의 제문제》, 《임나흥망사》라는 책을 모두 저자로부터 직접 받았다고 밝혔다(《역사학보》 8집, 1955, 535쪽 ; 《역사학보》 9집, 1957, 136쪽). 둘 사이에는 서신도 오고 갔다.

강진철은 한국전쟁 당시부터 이후의 정황을 다음과 같이 회고했다.

> 당시 부산의 책방에서는 돈만 있으면, 일본서 나오는 신간서적을 쉽게 살 수가 있었다. 일본의 역사학연구회가 연례대회에서 보고한 연도별《역사학의 성과와 과제》라는 시리즈는 나에게 큰 감동을 주었다.[253)] 《세계사의 기본법칙》,《국가권력의 제(諸)단계》도 이 무렵에 읽었다.[254)] ……《일본사회의 사적구명》,《사회구성사대계》 등을 비롯해서 일본사에 관한 책들도 꽤 많이 읽었다. …… 시대구분의 문제에 대해서는 오래 전부터 내 나름대로의 관심을 가지고 있었다. 나는 전후 일본에서 나온 저술이나 잡지들을 읽고, 경제적 사회구성의 제단계로서 설정된 유명한 '정식(定式)'에 대한 재래의 해석에 큰 혼란이 일어나고 있다는 사실을 알게 되어 일종의 충격을 느꼈다.[255)]

강진철의 회고에서 알 수 있듯이, 일본 역사학계의 선진 학문경향 가운데 1950년대 한국사 연구에 큰 영향을 끼친 주제 가운데 하나가 시기구분 문제였다. 시기구분 문제는 1950년대 일본 역사학계의 가장 큰 주제였던 세계사의 기본법칙, 곧 발전론적인 시각에서 역사 구조를 파악

253) 1949년도 보고에 기초하여 1950년 8월 1권이 나왔는데, '동양 : 중세성립기 중국사에서 중세의 설정을 둘러싸고', '동양 : 중세후기 중국근대화의 제전제'라는 주제도 들어 있었다. 1951년 12월 2권이 나왔는데, '중세 : 봉건사회 성립기를 둘러싼 제문제', '현대 : 현대사에 관한 이론적 제문제'라는 주제도 있었다. 1952년 12월 3권이 나왔다.

254) 역사학연구회 1949년 대회는 '세계사의 기본법칙 : 각 사회구성에서 기본적 모순에 관하여', 1950년 대회는 '국가권력의 제단계'를 주제로 열렸고, 참고로 말하면 1956년도 대회는 '시대구분에서 이론적 제문제', 1957년도 대회는 '전후 역사학의 방법적 반성'를 주제로 열렸다.

255) 강진철, 〈학창시절과 연구생활을 되돌아보며〉,《한국사시민강좌》 3집, 154~155쪽. 김용섭도 회고록에서 서점을 통해 일본 학계의 성과를 접하기 어렵지 않았다고 기억하고 있다. 김용섭은 한국전쟁 당시에도 부산의 국제서점을 통해 일본의 역사서를 구해 보았다고 증언했다(이헌창, 〈조선 후기 자본주의 맹아론과 그 대안〉,《한국사학사학보》 17집, 한국사학사학회, 106쪽). 전쟁이 끝난 후에도 서울에 거주하는 학자들은 일본서적을 전문으로 취급하고 있던 충무로와 광화문 근처의 서점, 특히 충무로에 있던 전문서점을 애용했다.

하려는 노력의 하나였다. 그래서 유물사관에 동조하지 않는 한국의 역사학자에게도 왕조를 중심으로 한 시기구분을 지양해야 한다는 공감대를 얻었던 것으로 보인다. 가령 '국립서울대학교 문리과대학 국사연구실'의 한우근과 김철준이 집필한 《국사개론》(1954)에서는 원시사회(단군조선, 한씨조선=기자조선, 위만조선)—고대사회—집권적 봉건국가시대(고려, 조선)—근대국가로의 전환으로 시기를 구분했다.[256] 또한 동양사 개설서로 당시 상당한 인기를 끌었던 조좌호의 《동양사대관》(1955)에서도 원시—고대(진~당)—중세(남북조~청말)—근대로 구분했다.[257]

1950년대 한국사 연구에 큰 영향을 끼친 일본의 연구를 하나 더 들라면 하타다 다카시의 《조선사》일 것이다. 그의 책은 이미 한국전쟁 당시 "명논문·명개설책"이라 평가되고 있었다.[258] 그의 저서는 '인간이 없는 역사학' 대신 "인간 중심의 개설을 구상"하도록 한국의 연구자들을 자극했다.[259] 그래서 당시 한국의 유일한 전국 역사학 잡지라고 할 수 있는 《역사학보》 창간호(1952. 9)에 서평이 수록되었다. 서평자인 천관우는 하타다의 책에 대해 "양식 있는 일본인의 참회로 보아도 좋을 것이다"라고 극찬하는 한편, "외국인의 손에 이 개설이 있다 함은 국내 국사학계의 일대 경종이 아닐 수 없다"며 서평을 끝맺고 있다.[260] 김용섭도 1963년 2월의 시점에서 하타다의 《조선사》가 "지금도 한국의 사학계에 큰 영향을

256) 한우근·김철준, 《국사개론》.

257) 조좌호, 《동양사대관》, 제일문화사, 1955. 저자는 '머리말'에서 서양사와 같은 발전법칙을 동양에 그대로 적용하기는 곤란하더라도 "동양사에는 동양사대로의 역사적 발전법칙이 있을 것이다"는 입장을 밝히며 이 책을 집필했다.

258) 김철준, 〈연구생활의 일단면〉, 《한국사시민강좌》 5집, 171쪽.

259) 이기백, 〈학문적 고투의 연속〉, 《한국사시민강좌》 4집, 175쪽. 이기백과 강만길은 부산 피난 시절에 한 권의 책을 여러 사람이 돌려가며 읽었다고도 기억하고 있다(姜在彦, 李進熙 編, 旗田巍 ほか 외 著, 〈對談 : 刊行にあたって〉, 《朝鮮學事始め》, 青丘文化社, 1997, 254쪽. 재일조선인학자 이진희의 발언이다).

260) 천관우, 〈나의 한국사 연구〉, 《한국사 시민 강좌》 2집, 127쪽, 128쪽.

미치고 있"다고 언급하며, 그 이유로 연구목적이 "순수학문의 입장"이며 "한국의 입장에서" 한국사를 이해하려 함으로써 "종래의 관을 탈피하여 새로운 입장에서 출발"한 점을 들었다.[261)]

재일조선인 연구자의 논문도 주목 대상이었다. 예를 들어 김용섭은 1958년에 발표한 '동학란'에 관한 연구동향을 정리하면서 박경식과 강재언이 《역사학연구》에 각각 발표한 동학농민운동 관련 논문(1953, 1954)도 요약·분석했다.[262)] 김용섭이 두 사람의 논문을 한 쪽 넘게 소개하고 있는 내용은 당시 김용섭의 문제의식과 다르지 않았다. 예를 들어 박경식이 침략을 받은 한국인의 입장에서 갑오농민전쟁을 분석하고 있다거나, 강재언이 동학사상과 농민전쟁의 "내적 연관성을 파악했다"며 "새로운 종합적인 성과"라고 높이 평가한 점 등이 그러한 경우이다.[263)] 김용섭은 두 사람의 연구를 인용하며 자신의 생각을 과감하게 드러냈다고 보아야 할 것이다.

또한 한국의 일부 연구자들은 일본어 출판물을 통해 간접적이고 미약하지만 북한 학계의 1950년대 연구경향도 조금은 파악할 수 있었다. 김용섭이 "일본 학자들의 연구를 통해서, …… 우리의 북쪽 동지에서의 연구동향을 접할 수가 있었다"고 회고한 데서 알 수 있듯이,[264)] 그를 비롯한 많은 한국의 연구자가 박경식 등 재일조선인 연구자들이 《역사학연구》 등에 소개하는 북한 학계의 역사연구 동향에 관한 글도 볼 수 있었을 것이다.[265)]

---

261) 김용섭, 〈일제관학자들의 한국사관 : 일본인은 한국사를 어떻게 보아 왔는가?〉, 《사상계》 117호, 1963. 2, 258~259쪽.

262) 朴慶植, 〈開國と甲午農民戰爭〉, 《歷史學研究》 特集號, 青木書店, 1953. 6 ; 姜在彦, 〈朝鮮における封建體制の解體と農民戰爭(1) : 甲午農民戰爭に関する若干の問題〉, 《歷史學研究》 173号, 青木書店, 1954. 7.

263) 김용섭, 〈동학란연구론 : 성격문제를 중심으로〉, 《역사교육》 3권, 86쪽.

264) 김용섭, 《역사의 오솔길을 가면서 : 해방세대 학자의 역사연구 역사강의》, 107~108쪽.

또 중국에서 벌어진 자본주의 맹아 논쟁도 간과하지 않았을 것이다. 흔히 제1차 자본주의 맹아 논쟁이라 불리는 1950년대의 논쟁은 1954년 《홍루몽(紅樓夢)》을 둘러싼 문학 논쟁으로 시작되어 1960년대 초반까지 중국의 중앙과 지방을 가리지 않고 광범위하게 전개되었다. 한국사 연구자들이 중국어로 된 논쟁문을 직접 구하지 못했을 가능성은 높지만, 일본어로 출판된 소개 글을 통해 1950년대 후반경에 이르면 충분히 파악하고 있었을 것이다. 그중 하나가 《중국사의 시대구분》(도쿄대학출판회, 1957)이다. 김용섭의 경우도 이 책의 1쇄본을 구해 보았는데, 책에는 자본주의 맹아 논쟁을 정리한 다나카 마사토시(田中正俊)의 글뿐 아니라 중국과 일본 연구자들의 논문 10편이 수록되어 있었다.[266]

중국에서의 자본주의 맹아 논쟁에 대해 강만길도 어느 정도 알 수 있었다고 회고하고 있다. 그는 1962년 1월 조선시대의 장인(수공업자) 문제를 가지고 석사학위논문을 제출할 수 있었던 이유 가운데 하나로 "자본주의 맹아론적 사론을 채택한 것은 당시 일본과 중국 쪽의 연구경향에서 조금 영향을 받았"기 때문이라고 말했다.[267] 이기백도 중국 학계에서 "서구 자본주의 침투 이전에 이미 중국 사회에 자본주의의 맹아가 있었다는 증거를 찾으려 열심"이라고 언급해, 그도 중국에서의 자본주의 맹아 논쟁을 파악하고 있었음을 알 수 있다.[268]

이처럼 동북아시아에서의 내면적인 지적 교류는 김용섭이 자신만의

265) 朴慶植, 〈海外動向 : 1955-56年における朝鮮歷史學界の動向〉, 《歷史學硏究》 207, 1957. 5. 그는 이 밖에도 《歷史學硏究》 184호(1955. 5), 191호(1956. 1), 213호(1957. 11)에서 북한 역사학계의 소식을 알렸다.

266) 1950년대에 중국에서의 자본주의 맹아 논쟁을 소개한 글은 田中正俊, 〈中國歷史學界における'資本主義の萌芽' 硏究. 鈴木俊·西嶋定生 編, 《中國史の時代區分》(東京大學出版會, 1957)이다. 이 글은 민두기 엮음, 《중국사시대구분론》(창작과 비평사, 1984)에 번역되어 있다. 이후 판본에서는 이 대목이 빠져있다. 5·16군사정권의 등장과 무관하지 않을 것이다.

267) 강만길, 《역사가의 시간》, 175쪽.

268) 이기백, 〈서론〉, 《국사신론》, 태성사, 1961, 9쪽.

내재적이고 주체적인 발전의 관점과 태도를 정립하는 데 큰 원동력이 되었을 것이다. 여기에 국내의 연구환경이 자신의 학문 발전에 자양분이 되는 데 큰 도움이 되었을 것이다. 달리 말하면, 김용섭이 내재적이고 주체적인 관점과 태도를 유지할 수 있었던 '지속의 힘'은 그의 학문 활동과도 맥이 닿는 학계의 새로운 흐름과도 연관이 있었다. 이는 강만길의 다음과 같은 회고에서 확인할 수 있다.

> 어떻든 1958년부터 《사학연구》가 간행되고 거기에 김용섭, 차문섭과 나의 연구논문 등이 실림으로써 비로소 해방 후 남한 학계의 '사회경제사적 연구'가 시작되었다고 할 수 있지 않을까 생각한다. 이 시기 사회경제사적 연구를 한 우리들은 모두 국편에 근무하면서 학문적 고민을 함께했으며 그 논문들은 모두 《사학연구》에 실렸다. 《사학연구》에 이런 논문들이 실리는 것을 보고 역사학계의 일부에서는 "저들은 좀 이상하다"고 말하는 것이 들리기도 했으나 한국사학회 내외를 막론하고 학문의 방법론이나 경향 문제를 두고 별다른 문제가 있던 것은 아니었다.[269)]

그러나 《사학연구》에 발표된 성과물들은 공동연구의 결과도 아니었고, 일본의 소그룹이나 조선사연구회처럼 정례적인 토론과 회의를 거치는 과정에서 나온 결과도 아니었다. 1950년대 한국에서 한국사의 내재적 발전에 관한 연구는 개인의 노력에 따른 태동이었다. 1960년대 들어 새로운 관점과 태도에 동의하더라도 연구가 진행될수록 국내외 상황과 맞물려 국내 연구자들 사이에서 다양한 편차가 조금씩 드러날 수밖에 없었다. 왜냐하면 북한 학계처럼 조직적이고 체계적으로 연구를 진행하

269) 강만길, 《역사가의 시간》, 169쪽.

지도 않았고, 일본의 일부 조선사학계처럼 식민사관에 대해 여럿이 머리를 맞대고 다양한 측면에서 꼼꼼히 재검토하는 한편, 현재와의 연관성을 연구영역에서 의식하려고 노력하지도 않았기 때문이다.[270]

270) 한국사의 내재적 발전과 관련하여 북한, 일본, 중국 역사학계의 동향에 관해서는 신주백, 〈관점과 태도로서 '내재적 발전'의 형성과 1960년대 동북아시아의 지적 네트워크〉, 《한국사연구》 164호, 한국사연구회, 2014 ; 신주백, 〈관점과 태도로서 '내재적 발전'의 분화와 민중적 민족주의 역사학의 등장 : 민중의 재인식과 분단의 발견을 중심으로〉, 《동방학지》 165집, 연세대학교출판부, 2014 참조.

나오며

한국 역사학의 새로운 패러다임을 위해

지금까지 19세기 말부터 1950년대까지 한국 역사학의 역사를 제도·주체(역사학자)·역사인식이라는 세 가지 측면에서 정리하며 현대 한국 역사학이 어떻게 성립되었는지를 살펴보았다. 이를 실현하기 위해 역사학계의 전체 지형과 그 안의 네트워크, 대학사와 고등교육정책, 지식사회사와 연관시켜 접근하였다. 또한 1945년을 전후하여 식민지 시기까지의 경험과 인식이 해방 이후에 어떻게 연속되고 단절되었는지, 그리고 변용된 부분은 무엇인지도 주목했다.

한국의 근대 역사학은 러일전쟁을 전후하여 경학에서 사학·문학·철학으로 분화하는 과정에서 형성되기 시작했지만, 대한제국이 일본의 식민지로 전락함에 따라 근대 학문으로의 전환에 큰 위기를 맞이했다. '국수'를 발견한 역사학은 식민통치하에서 위기의식이 높아지는 가운데 민족을 전면에 내세우는 민족주의사학의 성격을 띠기 시작했다. 문학과 철학도 유학사상을 적대하며 부정하는 과정에서 자기 학문의 존립기반을 마련해갔다. 문학이 조선문학을 새롭게 정의하는 데서부터 출발했다면, 철학은 조선철학이란 존재를 철저히 배제하고 서양철학을 중심으로 수립되었다. 이때 동양철학은 중국철학으로 간주되면서 서양철학의 주변에 배치되었다. 반면, 조선역사는 유학을 개신(改新)하는 과정에서 경학과 거리를 두기 시작했고, 일본을 적대시하는 대결 자세와 역사인식을 가짐으로써 독립 학문으로 분립할 수 있었다. 한국에서 근대 역사학은 '운동으로서 역사학'으로 시작된 것이다.

일본의 지배를 부정하는 저항담론을 만들어가며 형성된 조선역사학은 '태도로서 역사학'을 먼저 강조했다. 흔히 이를 민족주의사학의 특징이라 말한다. 민족주의사학은 조선사의 타율성을 주장하는 식민주의 역사학에 맞서 주체적인 민족사로서 조선역사를 전면에 내세웠다. 단군을 민족의 시조로 내세우고 발해와 (통일)신라를 병립하는 관점을 정립했으며, 1920년대 초반에 이르러 조선역사를 조선인이 주체가 된 조선학의 일부로 자리매김하려는 시각을 갖기 시작했다.

민족주의사학보다 조선의 역사를 먼저 체계화한 부류는 단군을 부정하고 '통일신라'를 강조한 식민주의 역사학이었다. 일본 내에서 먼저 제도화된 식민주의 역사학은 근대 역사학의 기법으로 조선역사의 주체성을 부정하고 타율성을 전면에 내세우는 한편, 대륙과 연계된 한반도의 역사를 차단하고 일본 본토와의 관련성을 강조했다. 그래서 지배기구로서 임나일본부라는 존재의 해명은 그들에게 매우 중요한 과제였다. 조선총독부는 직접 조선사를 편찬해 식민주의 역사학의 주장을 공식적인 역사인식으로 탈바꿈시켜 통치에 활용하고자 했다. 1910년대 들어 여러 영역에서 시도된 새로운 공공담론 만들기의 일환이기도 했던 《조선반도사》 편찬사업은, 관제적 공공성을 구축함으로써 계속 지배 담론을 장악하려는 일본의 제국주의 통치전략의 일환이었다

일본은 1925~1926년에 걸쳐 조선사편수회를 조직하고 경성제국대

학에 사학과를 설치해 제국주의 입맛에 맞는 역사인식을 안정적으로 계속 확대 재생산할 수 있는 시스템을 갖추었다. 분과학문으로서 식민주의 역사학이 식민지 조선에서 제도화된 것이다. '제도로서 역사학'의 성립을 계기로 조선의 역사에 관한 식민주의 역사학의 연구와 교육의 무게중심이 일본 본토에서 식민지 조선으로 옮겨오기 시작했다.

이 제도화 과정에서 주도권을 장악한 사람들은 도쿄제국대학 일본사 계열의 전공자가 아니라 도쿄제국대학과 교토제국대학에 소속되어 있거나 인맥이 닿는 동양사 전공자 가운데 일부였다. 그들은 조선인의 민족주의사학과 대립하는 위치에서 조선의 역사를 제도권으로 끌어들여 학문화하기 시작했다. 조선이란 대상을 역사화하려는 관제사학의 움직임은 식민주의 역사학의 기반인 조선사, 동양사, 서양사라는 3분과체제와 강좌제를 도입하는 시도로 나타났다. 일본이 창안한 3분과체제는 자신과 유럽이 세계사의 주류이고 나머지 외국사는 타율적이고 정체된 후진 지역의 역사라는 인식을 제도화한 결과였다. 강좌제는 짧은 시간에 일본이 제국주의화할 수 있도록 학문적 뒷받침을 해준 제도로, 특정한 분야를 좁고 깊게 연구하는 방식을 통해 3분과체제를 더욱 세밀하게 분절화시켰다. 또한 관제사학은 식민주의자들이 계속 연구하고 활동할 수 있는 인식 기반을 제공하기 위해 《조선사》를 비롯한 사료집을 꾸준히 발간하는 활동에 집중했다. 관찬사업의 중점을 사료의 수집과 간행에 둠으로써 식민주의 역사학의 근거가 될 조선사에 관한 공식 개설서를 간행하는 사업은 뒤로 미뤄질 수밖에 없었다.

관제사학이 식민주의 역사학을 중심으로 제도화를 달성하고 있던 그때 민족주의사학은 조선역사에 관한 여러 개설서를 간행해 자신의 역사인식을 드러내며 대중과 접촉면을 확대해갔다. 이는 관제사학이 가지고 들어온 3분과체제라는 제도를 대중이 어색하지 않게 받아들이는 환경으로도 작용했다. 그러면서도 민족주의사학은 제국의 분과학문화 시도에 흡수되지 않고 대립점을 제시하였다. 조선역사와 마찬가지로 조선문학도 문학이란 분과학문을 자연스럽게 받아들일 수 있는 자기만의 토양을 1910년대부터 마련해왔으므로 제국의 분과학문화 시도에 흡수되지 않고 별도의 한 축을 독립적으로 형성해갔다. 조선역사와 조선문학은 식민주의자들이 쉽게 넘볼 수 없는 언어라는 무기를 갖고 있었다. 두 학문은 근대 학문으로 전환하는 과정에서 자신의 학문언어를 한자에서 한글로 전환했기 때문이다. 하지만 동양철학은 서양철학 중심의 철학과에서도 부수적 존재로 자리잡았다. 조선인 사회의 지식인들 역시 조선철학과 유학의 경계를 구분하지 않았으므로 식민주의자들이 조선철학을 제도화하지 않는 데 대해 아무런 이의를 제기하지 않았다.

조선의 역사를 제도화하는 데 선봉에 선 조직은 관제사학의 두 축인 조선사편수회와 경성제국대학 사학과였다. 두 조직에 참가한 사람들은 청구학회에 결집하여 협력적인 관계를 맺으며 조선 내에서 식민주의 역사학을 확대 재생산했다. 다른 한편에서 두 조직은 식민주의 역사학의 주도권을 놓고 경쟁하는 관계였다. 조선사편수회는 점차 만선사관을 드러낸 데 비해, 경성제국대학 사학과의 교수들은 일본사의 일선동조론에 쉽게 동조하지 못하면서도 만선사관이란 역사인식의 흐름에도 선뜻 합류하지 못했다. 일본이 패전할 때까지 두 조직의 구성원들을 포함한 식민주의 역사학자들은 조선사를 일본사와 만선사 중 어느 영역에 두어야 할지에 대해 견해를 일치시키지 못했다. 의견의 불일치는 식민지 조선을 내지로 인식하는가, 외지로 인식하는가의 차이에서 비롯되었다. 달리 말하면 겉으로는 동화를 내세우며 제도로서 내지화를 말하지만, 속으로는 차이를 내세워 조선인에 대한 차별을 정당화하며 조선인의 동화를 거부하고 지배를 지속하기 위한 공간으로서 외지라고 말하고 싶은 의지의 또 다른 표현이었다. 식민주의 역사학은 본질적으로 조선인과 일본인의 공동 이익 또는 다수의 여론으로서 공(共)을 추구할 수 없는 한계를 내포하고 있었던 것이다.

식민주의 역사학에 내재된 한계를 비집고 들어가 자신들의 '공(共)'을 내운 사람들이 민족주의사학자들이었다. 식민주의 역사학이 제도화를 완성해갈 무렵 이와 (비)대칭적으로 경합할 수 있는 여론이 조선인 사회에서 형성되기 시작했다. 미약한 흐름이었지만 조선사정조사연구회는 조선인의 조선을 조사하고 연구하려는 움직이었다. 연희전문학교도 조선의 역사와 언어, 문화를 깊이 있게 연구할 수 있도록 문과 교수진을 보강했다. 이로써 제국주의 제도 안의 조선사 연구 집단과 제도 밖에서 조선인 사회의 조선역사를 연구하려는 집단 사이에 학문 내용을 놓고 상대방과 (비)대칭적으로 경합하며 배제하는 관계가 형성되었다. 하지만 연희전문학교는 식민지 조선의 위계적이고 차별적인 고등교육정책 때문에 제도권에 있으면서도 비제도권의 대우를 받는 불안정한 재생산 구조를 가지고 있어 문과 졸업생들의 영향력이 학교 밖으로 확장되는 데 한계가 있었다. 이를 대신한 사람들이 경성제국대학의 조선인 졸업생이었다. 일부 졸업생들이 여러 분야에서 성과를 내기 시작하면서 식민주의 역사학과 조선인 역사학 사이에 공공담론을 선취하기 위한 (비)대칭적 경합과 배제의 관계는 더욱 증폭되어갔다. 조선인 사회는 그 과정에서 조선학이 무엇인지를 놓고 고민했고, 문화운동으로서 조선학운동을 일으키기도 했다. 경합하는 공공성 경쟁이 더욱 치열해진 것이다.

1930년대 들어 '조선연구열'이란 말이 회자될 만큼 조선을 학문대상으로 하는 움직임이 눈에 띄게 나타났다. 조선학이란 학술장이 형성된 것이다. 조선연구열이 지속되는 과정에서 식민주의 역사학과 민족주의사학 사이에 경계가 선명해지기 시작하였다. 공식 사료집에서 단군이 부정되고 조선총독부가 공식적인 조선사 개설서를 내면서 식민주의 역사학과 민족의 현실을 직시하는 조선인의 역사학 사이에 경계가 더욱 뚜렷해졌다. 이로써 청구학회에 결집한 식민주의 역사학과 조선학운동을 주도한 민족주의사학 사이에서 조선의 역사에 관한 하나의 공공지식이 출현하기란 애초부터 불가능했다는 점이 증명되었다.

민족주의사학의 일부가 주도한 조선학운동은 조선인의 공공 역사인식을 획득하는 데 있어 근대 역사학이 요구하는 엄밀한 실증도 충족해야 함을 반증했지만, 현실을 직시하는 태도 역시 중요하다는 점을 보여주었다. 지배자와 피지배 민족 사이에 공공지식을 선점하기 위한 노력이 치열하게 전개되는 가운데 조선인 사회 내에서 마르크스주의사학과 문헌고증사학이라는 두 갈래의 뚜렷한 흐름이 나타났다. 마르크스주의사학은 관제적 공공영역의 역사학과 역사인식에서 경쟁하고 식민지 지배를 둘러싸고 대립하는 태도를 취하며 형성되어갔다. 문헌고증학도 관제적 공공역역과 경합했지만, 민족주의사학이나 마르크스주의사학과 달리 자신이 지향하는 공공성 또는 저항적 공공성을 만들기 위한 움직임을 보이지 않았을 뿐 아니라 관제적 공공성 만들기에 협조적인 태도를 취했다. 달리 말하면 문헌고증사학은 식민주의 역사학의 주장에 동조하는 글을 발표한 적도 없지만, 한국 근대 역사학의 특징인 '운동으로서 역사학'도 부정하며 출현하였다.

식민지 시기에 성립한 서구적 근대 지식체계, 그중에서도 문학, 사학, 철학으로 대표되는 인문학은 해방공간에서 한국인이 주체적으로 운영하는 대학에서 각 학과로 제도화됨으로써 분과학문으로 정착할 수 있게 되었다. 대학 바깥에서의 학술장은 좌우대립과 한국전쟁, 그리고 역사학 관련 학과의 대거 등장으로 한동안 형성되기 어려웠다.

한국의 대학은 경성제국대학의 유산인 학부와 강좌제 대신 학과 중심인 미국식 대학 시스템을 받아들였다. 학과가 다르다는 점은 분과학문의 영역, 곧 학문의 대상과 방법 그리고 주요 언어가 다르다는 점을 의미했다. 미국식 학과 시스템 내에서 강좌제는 결국 사라졌지만, 3분과체제는 처음부터 견고하게 이식되었다. 크게 분류하면 문헌고증사학, 신민족주의사학, 마르크스주의사학 사이에서 경합하고 있던 역사학 관련 학과 내부의 흐름과 달리, 모든 역사학 관련 학과는 3분과체제를 자연스럽게 받아들이며 제도로서의 식민성을 내재화해갔다. 3분과체제는 식민지 잔재로서 유럽 또는 서구를 중심에 두고 중국을 부중심(副中心)에 두는 세계사 인식을 제도화했다. 일본에서 일본사가 빠진 중국 중심의 역사를 동양사로 여겼듯 한국에서도 조선사가 빠진 중국 중심의 역사가 동양사가 되었고, 일본에서 일본사를 국사라 불렀듯 한국에서도 조선사가 국사라는 지위를 얻으며 3분과체제가 그대로 자리를 잡았다. 3분과체제를 내재화한 주체는 교수들이었다. 이들 가운데 상당수는 일본식 대학제도 속에서 성장한 사람들로 식민지 유산이란 측면을 고민하지 않고 일본식 경험의 형식과 내용, 곧 식민지 유산을 학과 속에 유입하는 가교 역할을 했다. 3분과체제는 교수들의 그러한 인식과 행동을 정당화하고 보호해준 제도적 장치이기도 했다. 결국 3분과체제는 한국 대학의 사학과를 비롯해 역사학 관련 학과에 당연하다는 듯이 뿌리내린 제도가 되었다. 동시에 한국 현대사 속에서 연구와 교육의 식민성과 분절성을 그대로 내면화한 장치였다.

해방 후 한국 대학의 사학과가 성립하는 과정에서 내재화된 것은 식민성, 분절성만이 아니었다. 식민지라는 억압 구조가 사라지고 고등교육이 재편되는 와중에 역사학 연구자들이 대학에 대거 흡수되었다. 식민지 시기와 달리 제도권과 비제도권을 구분하는 선택적 지향이 무의미해진 것이다. 하지만 새로운 민족국가를 수립해야 하는 현실에 관심을 두고 여기에 참여하는 사람과 이를 비판하는 측에 선 사람이 있는가 하면, 무관심한 사람도 있었다. 현재를 대하는 태도의 차이는 연구방법과 역사관의 차이로 드러났다. 그것은 식민지 시기 경험의 연속이었다.

3장에서 살펴봤듯이 1930년대 조선학이라는 학술장에서 ④경향을 띠었던 사람은 ②경향의 사람까지 흡수하며 현실에 대한 무관심과 실증주의를 그대로 계승하고, 서울대를 비롯한 거의 모든 대학에서 인문교육의 주도권을 장악하며 한국 인문학의 주류로 자리를 잡아갔다. 학문권력을 장악해간 이들은 한국고대사 구성 체계, 곧 단군을 우리 역사의 시작으로 간주하지만 민족주의사학과 달리 남북의 (통일)신라와 발해를 병렬하는 관점을 배제하고 '삼국통일'만을 인정하는 역사인식을 확산시켰다. 민족주의사학의 일부 성과를 부정하고 국가권력과 결합하여 새로운 관제적 공공성을 만들어갔다. 이들의 역사학을 문헌고증사학이라고 한다.

문헌고증사학자들은 학문 연구의 방법과 태도에서 여전히 치밀한 실증력을 통해 학문의 완성도를 높인다고 하면서 식민지 시기 제도뿐 아니라 태도와 방법까지 그대로 계승했다. 문헌고증사학을 추구한 사람들에게 '제국대학'의 경험은 청산의 대상이 아니라 계승하여 전수해야 할 유산이었다. 3분과체제를 바탕으로 한때는 강좌제와 유사한 방식으로 학과를 운영했고, '사실(史實)은 한 세대가 지나야 진실을 말해준다'며 오늘의 현실에는 무관심했다. 대중과의 소통을 방기한 채 연구를 위한 연구에 몰두하는 자세는 식민지 시기의 유산을 답습하는 데 지나지 않았다. 현재와의 소통을 거부한 연구태도는 한반도의 분단 상황을 외면하는 모습으로 이어져 38도선 이남의 현실을 비판하고 성찰하는 태도보다 분단체제와 결합하려는 모습을 보이기도 했다. 통치권력으로서 '공(公)'을 말하며 관제적 공공성을 추구하는 사람들을 대하는 이들의 태도는 1945년 이전과 별반 다르지 않았던 것이다.

이에 반해 비록 마르크스주의사학과 (신)민족주의사학은 상호 비판적이고 대결적이기까지 했지만, 식민지 시기에 일본인의 역사인식에 대해서는 분명한 선을 긋고 현실을 직시하는 태도를 중시하며 조선인의 역사학을 추구한 사람들이었다. 이들은 해방 후에도 조선연구의 현재성을 중시하며 현실과의 소통을 강조했다. 그래서 미군정과 대한민국 정부의 정책 수립에 직접 참여하거나 그에 대립하는 쪽의 활동을 지원하고 주도했다. 두 경향은 실증의 중요성을 간과하지 않으면서도 실증의 완성도에 대해서도 크게 집착하지 않았다. 이들은 조선을 연구하는 사람의 의식과 태도 역시 중요시했다. 하지만 미국식 분과학문과 학과 시스템의 산물인 역사 관련 학과들 사이에 냉전과 분단의 그림자가 짙어질수록 두 경향의 역사학을 추구하는 사람들의 입지는 좁아졌다. 두 경향의 학문적 장점 또한 역사학계에 안착하지 못했다. 그래서 조선학운동의 정신은 학문 속에 뿌리내리지 못하고 오히려 심연 속에 갇힐 수밖에 없었다.

한국전쟁은 한국의 역사학계가 문헌고증사학을 추구하는 사람들로 사실상 일원화되는 데 결정적인 역할을 했다. 1950년대에 역사학회를 시작으로 역사교육연구회, 한국사학회가 3분과를 망라한 학회로 결성되면서 대학 바깥에서도 역사학과 다른 분과학문과의 경계가 더욱 명확해져갔다. 3분과를 망라했다고 하지만 사실상 내부를 들여다보면 3분과 체제를 넘어서는 결집은 아니었고, 오히려 그 체제를 전제로 문헌고증사학의 지배력이 더욱 확대되는 양상이었다.

제도로서 3분과체제가 확장되고, 1950년대까지도 분과학문 간 또는 분과학문 내 전공 영역 간의 경계 또는 구별 짓기가 제도로 보장되었음에도 불구하고, 내용이 제도를 뒷받침해주지 못했다. 1950년대 당시만

하더라도 분과학문의 중심인 교수의 사회적 지위와 생활경제가 불안정했기 때문에 그들이 교육과 연구에 몰두할 수 없었다. 전임 교수를 중심으로 분과학문의 연구를 심화하고 사회를 향해 발신하면서 다른 분과학문과의 차별성을 학문 내용으로 담보할 수 있게 된 때는 1960년대 중반을 지나면서였다.

지난 시기의 역사적 경험, 특히 식민지 시기와 해방공간에서의 경험을 비판하며 점검하는 과정은 대학의 학과에서만이 아니라, 어느 학회에서도 결성의 전제 조건으로 간주되거나 검토된 적이 없었다. 오히려 한국 역사학계의 경우 동양특수담론과 맞물려 정체성론을 더욱 정당화하며 자신도 모르는 사이에 식민주의 역사학을 확대 재생산하는 경우가 많았다. 동시에 서구문명이 우월하고 '동양'이 열등함을 정당화해주었다. 한국사 학계에는 1950년대 민족주의사학의 흐름이 남아 있어 식민주의 역사학의 타율성론을 조금이라도 비판하는 논지가 있었으나, 정체성론을 제대로 주목한 연구를 찾아보기는 힘들다. 비록 단군을 한국사의 시작으로 해석하는 인식이 일반화되었지만, 그렇다고 해서 일본의 식민주의 역사학이 깔아놓은 레일 위에서 벗어나거나, 벗어나려는 문제의식을 연구 속에 반영하여 성과를 거둔 경우는 거의 없었다고 말해도 지나치지 않다.

그런 가운데서도 타율성과 정체성으로 대변되는 식민주의 역사학을 비판하려는 싹이 '국학'이란 이름으로 돋아나고 있었다. 1950년대라는 시점에서 그것은 극소수의 개인 차원에서 시도된 매우 제한적인 움직임이었다. 하지만 조선학의 전통을 학문 차원에서 계승하려는 움직임은 먼저 실학에 주목하여 한국사를 주체적이고 내재적인 측면에서 해명하기 시작했다. 이후 후진성 담론에서 벗어난 새로운 역사인식과 태도의 등장은 1961년 4·19혁명이란 전환점과 '근대화론'이란 새로운 담론이

유입될 때까지 기다려야 했다.

이어 1964~1965년의 한일기본조약 체결 반대운동과 1969년의 3선 개헌 반대운동을 거치며 민주화운동이 성장하는 가운데 마르크스주의 사학과 민족주의사학의 장점이 다시 수면 위로 떠올라 자리를 잡아갔다. 자본주의 맹아와 분단시대의 발견은 이 과정에서 비로소 가능해졌다. 이러한 발견은 이후 1970년대 후반에 이르러 '비판적 한국학'으로 압축되었다. 조선학-국학-한국학-비판적 한국학으로 이어진 것이다. 오늘날 분과학문보다는 융합학문을 강조하는 흐름 속에서 제기되고 있는 '지역학으로서 한국학', '지역학으로서 동아시아학'의 연원이 여기에 있다.

한국학, 동아시아학의 중심에 한국사, 동아시아사가 있다. 새로운 한국사, 동아시아사를 형성하기 위해서는 식민주의 역사학과 반민식주의 사학의 경계와 중첩을 뚜렷하게 할 필요가 있다. 더 나아가 반식민주의 역사학을 명확하게 재구성하는 노력이 필요하다. 한국 역사학, 더 넓게는 한국 인문학의 식민성을 재해석하는 길의 하나이기 때문이다.

사실 역사학을 포함해 한국의 인문학은 식민성 이외에도 분단성, 분절성이라는 특징을 가지고 있다. 강한 규정력을 발휘하고 있는 세 가지 특징은 한국 인문학의 탈사회화뿐 아니라 한국사회의 탈인문화에도 큰 영향을 미쳤다. 따라서 오늘날 한국 인문학에 대한 비평을 통해 한국 역사학의 인문정신과 한국 인문학의 사회성을 회복하는 노력 역시 절실히 필요하다. 한국사 담론은, 조선인에 의한 근대 학문의 본격적 출발기라고 말할 수 있는 1930년대 초중반의 조선학이라는 학술장을 재구성하려는 시도에서부터 이후 국학-한국학-비판적 한국학 그리고 오늘날의 지역학으로 흐름이 이어져왔다. 이러한 역사적 맥락에서 한국사 담론을 비판하며 재구성하려는 노력은 대안적인 학문 패러다임으로서의 '사회인문학'을 구성하려는 노력의 한 부분이다.

부록

<표> 해방 직후부터 1950년대까지 주요 대학 전임교수

참고문헌

찾아보기

〈표〉 해방 직후부터 1950년대까지 주요 대학 전임교수

대학	학과	전공	성명	재직 기간	담당 과목	학력	활동
고려대	사학	한국사	신석호	1946. 9 ~ 1966	국사, 국사학, 조선문화사	경성제국대학 법문학부 사학과	**1945.** 국학대학 교수 겸 국사관 관장, 서울대 사학과 출강, 건국실천원양성소 강사(세계사) **1949.** 국사관 관장 겸 국학대학 전임강사 **1957.** 《우리 나라의 생활 : 국사 부분》 출간 **1958.** 《국사신강》(조좌호·한우근·이홍직 공저) 출간 **1966.** 성균관대 전근
고려대	사학	한국사	김정학	1947. 6 ~ 1967. 2	사학개론, 국사	경성제국대학 법문학부 사학과	**1946.** 서울대 사범대학 사회생활과 강사(고고학 강의) **1948.** 역사학회 간사, 《서양사》 출간 **1951.** 《(중등 사회생활과) 먼 나라 역사》 출간 **1954.** 56년까지 하버드대학에서 구석기 연구 **1968~1970.** 영남대 교수 겸 박물관장 **1970~1977.** 부산대 교수 겸 박물관장
고려대	사학	한국사	이홍직	1958 ~ 1970. 7		도쿄제국대학 문학부 사학과	**1953.** 연희대 사학과 교수 **1954.** 《한국고대문화논고》 출간 **1956.** 《우리나라 역사 : 중학교 사회생활과》, 《우리나라 문화사 : 고등학교 사회생활과》 출간 **1958.** 연세대에서 고려대로 전근 **1960.** 《독사여적》 출간
고려대	사학	동양사	정재각	1947. 2 ~ 1978. 2	동양사강독, 동양사개설	경성제국대학 법문학부 사학과	**1946.** 국학전문학교 교수 **1951.** 《이웃 나라의 생활 : 역사 부분》 출간 **1957.** 《세계사 : 중학교용》 출간 **1957.** 고전국역위원회 위원장
고려대	사학	동양사	김준엽	1949. 9 ~ 1985. 8		난징(南京)중앙 대학교 대학원	**1943.** 게이오대학 문학부 사학과 때 학도병 징집 **1944.** 한국광복군 활동 **1958.** 《중국공산당사》 출간
고려대	사학	서양사	김성식	1946. 9 ~ 1973. 8	서양사학, 서양사강독	규슈제국대학 법문학부 사학과	건국실천원양성소 강사(각국 혁명사) **1950.** 《대학사》 출간 **1957.** 《(독일)학생운동사》 출간
고려대	사학	서양사	김학엽	1948. 8 ~ 1976	서양사, 독일어	와세다대학 문학부 사학과	**1945.** 평안북도 정주공립상업학교 교원 **1947.** 월남하여 서울공립중학교 교원 **1957.** 《현대인의 세계관》(공저) 출간
동국대	전문 1부	서양사	채희순	1946. 9~ 1949. 3		경성제국대학 법문학부 사학과	한국전쟁 때 이화여대 교수 겸임 자신의 책에서 '고등고시위원' 약력 밝힘 동국대 전문1부 사학과 주임, 경성제국대학 예과 강사 **1948.** 국대안 문제로 때 사퇴 표명, 《동양문화사》 출간 **1949.** 《세계문화사》, 《동양사개론》 출간 **1949.** 성균관대로 전근, '동양문화사' 강의 **1952.** 서울대 사범대학 사회생활과 전임교수 **1955.** 《문화사대요》 출간

대학	학과	전공	성명	재직 기간	담당 과목	학력	활동
동국대	전문 2부	동양사	민영규	1946. 9~ 1980	중국신사학, 청대사, 동양특수사, 동양사개설	다이쇼(大正) 대학 문학부 사학과	**1939.** 연희전문학교 문과 졸업 전문2부 사학과 주임(학교사 자료) 연희대 겸직 **1945.** 역사학회 간사
동국대	사학	동양사	김상기	1946. 9~	동양사개설, 동양사연습	와세다대학 사학과	학부 사학과 주임 **1946.** 서울대 사학과 교수 겸직, 전문2부 주임 겸임으로 나오는 자료도 있음.
동국대	사학	서양사	오봉순	1946. 9~ 1950	서양사개설, 서양사학사		학부 사학과 주임 **1950.** 전쟁 중 사망
동국대	사학	한국사	황의돈	1953. 1~ 1962			**1909.** 《대동청사》 출간 **1923.** 《신편조선역사》 출간 **1926.** 《중등조선역사》 출간 해방직후 문교부 편수관 건국실천원양성소강사(고대사)
동국대	사학	한국사	조좌호	1953. 3~ 1966. 6		도쿄제국대학 문학부 사학과	사학과 주임 **1947.** 부산대 교수 부임 **1951.** 《세계문화사》 출간 **1952.** 동아대 교수 부임 **1955.** 《동양사대관》 출간 **1958.** 《국사신강》(신석호·한우근·이홍직 공저) 출간 **1966.** 성균관대 전임(1966. 7~1982. 8)
동국대	사학	한국사	안계현	1959~ 1981		동국대학교 문학부 사학과	불교사 전공
동국대	사학	한국사	길현모	1959~ 1963. 9		서울대학교 문리대 사학과	**1956~1960.** 서울대 사학과 대우 부교수 **1963.** 서강대 전근 **1966.** E. H. 카 《역사란 무엇인가》 번역 **1980.** 지식인 성명 주도하다 서강대에서 해직 **1983.** 한림대로 전직
동국대	사학	동양사	이용범	1958. 11~ 1986		동국대학교 문학부 사학과	만몽사 전공
동국대	사학	서양사	안정모	1958~ 1960		서울대학교 문리대 사학과	도쿄제국대학 입학 후 중퇴 **1954.** 이화여대 부임 후 단국대로 전근 서울대 사학과 출강(중세사)
서울대	사학	한국사	이병도	1945. 11~ 1961. 9		와세다대학 문학부 사학급 사회학과	동국대 출강 **1946.** 《국사교본》(김상기 공저) 출간 **1948.** 《조선사대관》, 《새국사교본》, 《고려시대의 연구》, 《상대사》, 《고려사》2, 《국사대관》 출간 **1950.** 《우리나라의 생활(역사) : 중등 사회생활과》 출간 **1952.** 《국사상으로 본 우리 지도이념》(김상기 공저) 출간 **1953.** 《국사와 지도이념》 출간 **1954.** 《우리나라 문화의 발달》 출간 **1955.** 《국사개설》 출간 **1956.** 《두계잡필》, 《국사대관 신수》, 《(신수)한국사대관》, 《중등 국사 : 중학교 사회생활과》 출간 **1959.** 《한국사 : 고대편》, 《자료 한국유학사 초고》 출간

대학	학과	전공	성명	재직 기간	담당 과목	학력	활동
서울대	사학	한국사	이인영	1945. 11~ 1947. 12, 1949. 3~ 1950		경성제국대학 법문학부 사학과	학생들과 경성대 조선사연구회 결성. 《조선사개설》(1949) 출간을 지원 **1947.** 서울대 사퇴 후 연희대 교수 부임 **1948. 8~1949. 2** 문교부 고등교육국장 **1949.** 서울대·연희대 겸임. 건국실천원양성소 강사(국사개론) **1949.** 성균관대 출강. 《신국사 : 우리 나라 역사》 출간 **1950.** 《국사요론》 출간
서울대	사학	한국사	김성칠	1948. 11~ 1951. 10		경성대학 사학과	**1948.** 《신동양사》(김상기 김일출 공저) 출간 **1993.** 《역사앞에서》(창비) 출간
서울대	사학	한국사	손진태	1945. 11~ 1950		와세다대학 문학부 사학과	**1946.** 동국대에서 시간강사 **1947.** 《조선민족설화의 연구》 출간 **1948.** 《조선민족사개론》, 《우리 민족이 걸어온 길》 출간 **1950.** 《국사강화》 출간 **1955.** 《국사대요》 출간
서울대	사학	한국사	강진철 (본명 : 강대량)	1946. 10~ 1950. 5		게이오대학 문학부 사학과	**1946~** 동국대 전문부 출강 **1946. 11.** 서울대 국사연구실 조교, 조교 발령 후에는 공대에서도 문화사 강의 **1948.** 조교수 승진, 강진철로 개명 **1954.** 동아대 교수 부임 **1957.** 《역사도감》(조좌호 공저) 출간 **1962.** 숙명여대 교수 부임 **1967.** 고려대 교수 부임
서울대	사학	한국사	유홍렬	1946. 10~ 12, 1947. 7~ 1966. 8		경성제국대학 법문학부 사학과	**1949.** 《조선천주교회사 상》 출간 **1950.** 《한국문화사》 출간 **1953.** 《우리나라 역사 : 중등 사회생활과》 출간
서울대	사학	한국사	한우근	1959. 7~ 1981. 2		서울대학교 문리대 사학과	이인영이 주도한 조선사연구회원 **1949.** 《조선개설》(공저) 출간, 고등학교 교사 겸 서울대 출강 **1954.** 《국사개론》(김철준 공저) 출간 **1955~1959.** 홍익대 재직 후 서울대로 전근 **1958.** 《국사신강》 (신석호, 조좌호, 이홍직 공저) 출간 **1981.** 퇴임
서울대	사학	동양사	김상기	1945. 11~ 1962		와세다대학 사학과	동국대 겸직 **1947.** 《동학과 동학란》 출간 **1948.** 《신동양사》(김일출, 김성출 공저), 《동방문화교류사논고》, 《중국고대사요강》 출간 **1951.** 《동양사기요:교수용》 출간 **1952.** 《중국고대정치사상》, 《국사상으로 본 우리 지도이념》(이병도 공저) 출간 **1961.** 《(한국전사)고려시대사》 출간

대학	학과	전공	성명	재직 기간	담당 과목	학력	활동
서울대	사학	동양사	김종무	1946. 9~ 1948	동양사개설	경성제국대학 법문학부 사학과	대한민국 정부 수립 후 '얼마 안되어' 경기중학교 교장으로 '전출' **1948.** 1학기 때 고대 사학과에서 문화사개론 강의, 건국실천원양성소 강사(아세아와 한국)
서울대	사학	동양사	김일출	?~1950		연희전문학교 문과	**1945, 1947, 1948.** 역사학회 간사 **1948.** 《신동양사》(김상기, 김성출 공저) 출간, 이상백의 신문화연구소 간사 **1950.** 월북 후 김일성종합대학 교수 **1958.** 《조선 민속탈놀이 연구》(과학원출판사)
서울대	사학	동양사	전해종	1947. 10~ 1968. 2		서울대학교 문리대 사학과	**1957.** 《로씨아의 장래》 번역 출간 **1964.** 《동양문화사》(라이샤워, 페어뱅크의 공저, 고병익과 공역) 번역 출간
서울대	사학	서양사	김재룡	1949~ 1950			**1949.** 유급 조교에서 전임강사로 부임 **1950.** 전쟁 중 사망 독일사 전공
서울대	사회 생활	한국사	유홍렬	1945. 10~ 1947. 7	조선중세사, 조선사연습, 조선구미관계사, 조선사개론, 조선사특강	경성제국대학 법문학부 사학과	**1947.** 사학과로 이동
서울대	사회 생활	한국사	김석형	1946. 3~ 1946. 7		경성제국대학 법문학부 사학과	**1946.** 월북해 김일성종합대학 역사학부 교수 부임
서울대	사회 생활	한국사	손진태	1949. 2~ 1950. 2		와세다대학 문학부 사학과	**1946.** 《조선민족 설화의 연구》 출간 **1948.** 《조선민족사개론 상》 출간 **1950.** 《우리나라 생활: 중등 사회생활과 역사부분》, 《국사강화》 출간 **1954.** 《국사대요》 출간
서울대	사회 생활	한국사	손보기	1949. 5~ 1957		서울대학교 문리대 사학과	'한반도 구석기 연구의 아버지' **1950.** 연희전문학교 문과 졸업 이인영이 주도한 국사연구회원 **1950.** 《국사개설》(공저) 출간 **1957.** 미국 UCLA 사회과학연구소 연구원 **1964.** 미국 UCLA에서 박사학위, 연세대 교수로 부임
서울대	사회 생활	한국사	변태섭	1956. 4~ 1975. 2		서울대학교 사범대학 사회생활과	한국사 전공
서울대	사회 생활	한국사	김용섭	1959. 3~ 1967. 7		서울대학교 사범대학 사회생활과	한국사 전공 **1957.** 고려대 석사학위 취득

대학	학과	전공	성명	재직 기간	담당 과목	학력	활동
서울대	사회생활	동양사	이능식	1945. 10~1950	사학개론, 문화사, 동양사 연습, 사회생활과교육연습(공동)	도쿄제국대학 문학부 사학과	학생들과 사학회 조직 **1947.** 《조선교회사》 출간 **1948.** 《근대사관연구》, 《서양문화사》 출간 **1949.** 국학대학 전임강사 부임
서울대	사회생활	동양사	채희순	1952. 6~1971	동양사사료강독, 중국정치, 교육제도사	경성제국대학 법문학부 사학과	한국전쟁 때 이화여대 교수 겸임 자신의 책에서 '고등고시위원' 약력 밝힘 동국대 전문1부 사학과 주임, 경성제국대학 예과 강사 **1948.** 국대안 문제로 때 사퇴 표명. 《동양문화사》 출간 **1949.** 《세계문화사》, 《동양사개론》 출간 **1949.** 성균관대로 전근, '동양문화사' 강의 **1952.** 서울대 사범대학 사회생활과 전임교수 **1955.** 《문화사대요》 출간
서울대	사회생활	서양사	김성근	1947. 8~1974. 2	서양사개설, 서양사개론, 서양사특강, 사회생활과교육연습(공동)	와세다대학 문학부 사학과	서울대 문리과대학 사학과 출강 **1953.** 《서양사개론》 출간
연세대	사학	한국사	홍순혁	1945. 11~1950		연희전문학교 문과	'서지학의 대가' 1946년 2월 명단에 없는 경우(《연세대학교백년사》) **1949.** 국학대학 전임강사 겸임
연세대	사학	한국사	염은현	1945. 11~1950		연희전문학교 문과	**1945, 1947.** 역사학회 간사
연세대	사학	한국사	이인영	1947. 12~1950		경성제국대학 법문학부 사학과	**1948. 8~1949. 2** 문교부 고등교육국장 **1949.** 연희대 · 서울대 겸직. 건국실천원양성소 강사(국사개론) **1949.** 성균관대 출강. 《산국사 : 우리 나라 역사》 출간 **1950.** 《국사요론》 출간
연세대	사학	한국사	이홍직	1947~1958		도쿄제국대학 문학부 사학과	**1947.** 서울대 사회생활과 강사(국사특강) **1948.** 서울대박물관진열과정 **1949.** 국학대학 전임강사 및 국립박물관 부관장 겸임 **1950. 4.** '강사'로 나오는 자료도 있음 **1958.** 《국사신강》(신석호, 조좌호, 한우근 공저, 고려대로 전근
연세대	사학	한국사	홍이섭	1953~1960. 12, 1962. 7~1974		연희전문학교 문과	연희대 부임 전 정음사, 국학대, 고려대를 차례로 출강 **1945.** 역사학회 간사 **1946.** 《조선과학사》(한국어) 출간(1944 일본어 출간) **1954.** 고려대 출강(국사특강) **1958.** 《정약용의 정치경제사상연구》, 공백기에 숙명여대 근무

대학	학과	전공	성명	재직 기간	담당 과목	학력	활동
연세대	사학	한국사	이광린	1952~ 1964. 2		연희대학교 사학과	**1964.** 서강대로 전근
연세대	사학	한국사	김철준	1959~ 1963		서울대학교 문리대 사학과	단국대에서 전근 **1954.** 《국사개론》(한우근 공저) 출간
연세대	사학	동양사	민영규	1945. 11~ 1980. 2		다이쇼대학 문학부 사학과	**1945.** 연희전문학교 문과 부임 **1945.** 역사학회 간사 학교사에 따르면 동국대 전문2부 주임 겸직 건국 실천원 양성소 강사(국학의 재정립)
연세대	사학	동양사 한국사	조좌호	1945. 9~ 1947		도쿄제국대학 문학부 사학과	**1947.** 부산대로 전근
연세대	사학	동양사	고병익	1958. 3~ 1962. 9		뮌헨대학(서울 대 석사)	**1959.** 《직업으로서의 학문》 번역 **1960.** 동국대로 전근
연세대	사학	서양사	조의설	1939~ 1971		도호쿠제국대학 법문학부 사학과	**1945.** 연희전문학교 문과 재부임 **1948.** 역사학회 간사 **1949.** 연세대 사학과 학과장 취임, 서울대 사학과 출강 **1950.** 《서양사개설》 출간
연세대	사학	서양사	민석홍	1953~ 1961		서울대학교 문리대 사학과	서울대 사학과 출강(근대사, 프랑스사) **1954.** 서울대 사학과 대우강사 부임 **1959~1960.** 대우부교수 겸임 **1961.** 전임교수 부임
연세대	사학	서양사	이옥	1955~ 1959		연희대학교 사학과 석사	한국사로 전공 전환 **1970.** 파리7대학 부임
연세대	사학	서양사	김정수	1959~ 1992. 2		연희대학교 사학과 석사	코넬대학에서 수학

* 비고 : 담당한 강의 과목은 1946년부터 1959년까지 변동이 매우 심해 특정하기가 어려워 확인 가능한 것만 언급했다.

참고문헌

1. 신문, 잡지

《경향신문》, 《대한매일신보》, 《독립신문》, 《독립신보》, 《동아일보》, 《매일신보》, 《시대일보》, 《연세춘추》, 《자유신문》, 《조선일보》, 《조선중앙일보》, 《황성신문》

《경성제대사학회보》, 《개벽》, 《동광(東光)》, 《동명(東明)》, 《대동학회월보(大東學會月報)》, 《대한흥학보(大韓興學報)》, 《보전학회논집(普專學會論集)》, 《삼천리》, 《신문계(新文界)》, 《신조선》, 《신흥》, 《역사학보》, 《조선사연구회회보》, 《조선사학》, 《조선총독부관보》, 《진단학보》, 《청구학총(青丘學叢)》, 《청춘(青春)》, 《학림》, 《학술》, 《학지광(學之光)》

2. 회고, 대담

강만길, 《역사가의 시간 : 강만길 자서전》, 창비, 2010.
김성칠, 《역사 앞에서 : 한 사학자의 6 · 25 일기》, 창작과 비평사, 1993.
김용섭, 《역사의 오솔길을 가면서 : 해방세대 학자의 역사연구 역사강의》, 지식산업사, 2011.
유진오, 《양호기(養虎記) : 보전 · 고대 삼십오년의 회고》, 고려대출판부, 1977.
유진오, 《젊음이 깃 칠 때》, 휘문출판사, 1978.
이병도, 《두계여적(斗溪餘滴)》, 박영사, 1975.
이병도, 《두계잡필(斗溪雜筆) : 이병도 수필집》, 일조각, 1956.
이병도, 《풀뭇간의 쇠망치》, 휘문출판사, 1971.
조윤제, 《도남잡식(陶南雜識)》, 을유문화사, 1964.

강진철, 〈학창시절과 연구생활을 되돌아보며〉, 《한국사시민강좌》 3집, 일조각, 1988.

〈근대 한국사학의 발전 : 두계선생과 이기백교수의 대담(1)〉, 진단학회 편,《역사가의 유향 : 두계이병도선생추념문집》, 일조각, 1991.
김성식,〈고대 회고담〉, 고려대학교 사학회 편,《고려대학교 사학과 50년사》, 신유, 1998.
김성식,〈서양사학의 초창기 사정〉,《사총》27호, 고려사학회, 1983.
김성준,〈나의 인생과 학문을 말한다〉,《역사와 회고》, 국학자료원, 1997.
김성준,〈나의 한국사 연구〉,《한국사학사학보》2집, 한국사학사학회, 2000.
김성준,〈회고 학산선생과 6 · 25〉, 김성준 편,《학산이인영전집 4》, 국학자료원, 1998.
김철준,〈연구생활의 일단면〉,《한국사시민강좌》5집, 일조각, 1989.
노명식,〈나의 서양사 연구〉,《한국사학사학보》1집, 한국사학사학회, 2000.
藤田亮策,〈朝鮮古蹟事業〉,《古文化の保存と研究 : 黒板博士の業績を中心として》, 黒板博士紀念會 編, 1953.
末松保和 외,〈朝鮮史の研究と私〉, 日本歴史学会 編,《日本歴史》560号, 霞ヶ關書房, 1995.
末松保和 외,〈朝鮮史編修會の事業〉, 旗田巍 編,《日本と朝鮮 : シンポジウム》, 勁草書房, 1969.
민석홍,〈나의 학문 나의 인생 민석홍 : 프랑스혁명 연구와 한국민주주의〉(대담 최갑수),《역사비평》14호, 1991.
박성수,〈나의 스승, 신석호 선생님〉, 치암신석호선생 기념사업회 편,《신석호박사 탄생 100주년 기념사업지》, 수서원, 2007.
白鳥庫吉,〈滿鮮史研究の三十年〉,《白鳥庫吉全集》10, 岩波書店, 1971.
〈백초(白初) 홍순창 박사 환력(還暦) 기념사학특집 : 백초 홍순창박사 연보〉,《대구사학》12집, 대구사학회, 1977.
손보기,〈한국 구석기고고학의 개척자〉, 한국고고학회 편,《(일곱 원로에게 듣는) 한국 고고학 60년》, 사회평론, 2008.
손진태,〈'진단학보' 10책의 발간과 이병도형〉, 진단학회 편,《역사가의 유향 : 두계이병도선생추념문집》, 일조각, 1991.
유홍렬,〈진단학회와 나〉,《진단학보》57호, 1984.
이광린,〈나의 학문 편력〉,《한국사시민강좌》6집, 1990.
이광린,〈잊을 수 없는 스승의 은덕〉(1984), 김성준 편,《학산이인영전집 4》, 국학자료원, 1998.
이기백,〈학문적 고투의 연속〉,《한국사시민강좌》4집, 1989.
이병도,〈나의 연구생활의 회고〉,《두계잡필》, 일조각, 1956.
이보형,〈학계 원로 인터뷰 : 한국 미국사 연구의 개척자를 찾아서〉,《서양사론》102호, 2009.
이숭녕,〈진단학회와 나〉,《진단학보》57호, 1984.
이원순,〈나의 조선서학사 연구와 역사교육〉,《한국사학사학보》2집, 2000.
田川孝三,〈京城帝國大學文學部と朝鮮文化〉, 京城帝國大學創立50周年記念誌編輯委員會 編,《紺碧遙かに》, 京城帝國大學同窓會, 1974.

中村榮孝, 〈朝鮮史の編修と朝鮮史料の募集：朝鮮總督府朝鮮史編修會の事業〉, 黑板博士紀念會編,《古文化の保存と研究》, 1953.
천관우, 〈나의 한국사 연구〉,《한국사시민강좌》2집, 1988.
한국교육사고 편, 〈이원순 선생님〉,《서울대학교 사범대학 50년：구술사 자료집(1)》, 서울대학교 사범대학, 1999.

3. 대학사

〈京城帝國大學文學會の組織と事業〉, 京城帝國大學文學會 編,《史學論叢 第二(京城帝國大學文學會 論纂 第10輯)》, 岩波書店, 1941.
〈京城帝國大學法文學部規程〉,《朝鮮總督府官報》76, 1928.
〈京城帝國大學始業式に於ける總長訓辭〉,《文教の朝鮮》, 1926. 6.
〈服部總長の訓辭〉, 朝鮮史學同攷會 編,《朝鮮史學》, 1926. 5.
〈總督の訓辭〉, 朝鮮史學同攷會 編,《朝鮮史學》, 1926. 5.

《枢密院会議筆記：大正十一年一月二十五日》, 1922. 1. 25.
《枢密院会議筆記：一˝京城帝国大学ニ関スル件・大正十三年四月三十日》1924. 4. 30.

고려대학교,《고려대학교 교과과정표(1961~1962)》.
《교육법 교육법시행령》, 문교부, 1951.
《국립서울대학교 문리과대학 교과내용》, 1946년도(추정), 서울대학교 기록관 소장
서울대학교,《서울대학교일람》, 1955.
서울대학교,《서울대학교 일람: 1959~60》, 1960,
연희대학교,《연희대학교학칙》, 1956, 연세대학교 박물관 소장
연희전문학교,《사립연희전문학교학칙》, 1921・1924・1925・1930・1932・1940, 연세대학교 박물관 소장
연희전문학교,《연희전문학교상황보고서》, 1932, 연세대학교 박물관 소장
전남대학교,《전남대학교학생요람》, 1953. 4.
전북대학교,《전북대학교일람》, 1959.
早都田大學, 〈1924年度 學科配當表〉~〈1931年度 學科配當表〉, 〈1936年度 學科配當表〉, 〈1937年度 學科配當表〉~〈1945年度 學科配當表〉.

경북대학교 20년사편찬위원회 편,《경북대학교 20년사：1952～1972》, 경북대학교 20년사편찬

위원회, 1972.
고려대학교 90년지 편찬위원회 편, 《고려대학교구십년지(1905~1995)》, 고려대학교, 1995.
고려대학교 100년사 편찬위원회 편, 《고려대학교100년사 2》, 고려대학교출판부, 2008.
고려대학교 사학회 편, 《고려대학교 사학과 오십년사》, 신유, 1998.
郭衛東 · 牛大勇 主編, 《北京大學歷史學系簡史(草稿)》, 2003.
國立臺灣師範大學 歷史學系 編印, 《國立臺灣師範大學 歷史學系概況》, 2000.
東京大學百年史編纂委員會 編, 《東京大學百年史 部局史 1》, 東京大學出版會, 1986.
동국대학교 90년지 편찬위원회 편, 《동국대학교90년지 1(약사편)》, 동국대학교 교사편찬실, 1998.
부산대학교 사학과 50년 간행위원회 편, 《부산대학교 사학과 50년》, 부산대학교 사학과 동문회 · 부산대학교 인문대학 사학과, 1998.
서울대학교 문화사교재 편찬위원회, 《세계문화사》, 보문각, 1956.
서울대학교 사범대학 역사과 60년사 편찬위원회 편, 《서울대학교 사범대학 역사과60년사》, 역사교육학과 동문회, 2008.
서울대학교30년사편찬위원회 편, 《서울대학교30년사 : 1946~1976》, 서울대학교출판부, 1976.
서울대학교50년사편찬위원회 편, 《1946~1996 서울대학교 50년사 상》, 서울대학교출판부, 1996.
숭실대학교100년사편찬위원회 편, 《숭실대학교 100년사 1 평양숭실편》, 숭실대학교출판부, 1997.
숭실대학교100년사편찬위원회 편, 《숭실대학교 100년사 3 학술사 · 부편》, 숭실대학교출판부, 1997.
연세대학교 국학연구원 편, 《연세국학연구사》, 연세대학교출판부, 2005.
연세대학교 문과대학, 《연세대학교 문과대학 100년 1 : 문과대학, 학과사》, 연세대학교 문과대학, 2015.
연세대학교 문과대학 사학과, 《연세사학의 발자취 1946~2006》, 연세대학교 사학과 60주년 기념사업회 · 연세사학 동문회, 2006.
연세대학교 백년사편찬위원회 편, 《연세대학교백년사 : 1885~1985》, 연세대학교출판부, 1985.
연세창립80주년 기념사업위원회 편, 《연세대학교사》, 1969.
이화100년사편찬위원회 편, 《이화100년사》, 이화여자대학교출판부, 1994.
전남대학교 사학과 50년사 편찬위원회, 《전남대학교 사학과 50년사 : 1952~2002》, 전남대학교 사학과 50년사 편찬위원회, 2002.

http://edu.snu.ac.kr/history(2016. 4. 18 검색)
http://homepage.ntu.edu.tw/~history/c_introduction.htm(2016. 8. 1 검색)

http://humanities.snu.ac.kr/Mullidae-history(2016. 4. 18 검색)

4. 학회 창립 및 기관지 발간사

〈發刊之辭〉,《朝鮮史學》1, 1926. 1.
〈아세아인의 아세아연구 : 창간사에 대하여〉,《아세아연구》1권 1호, 고려대학교 아세아문제연구소, 1958.
〈역사학회 창립당시를 회고하며 : 자료 1 발기취지서〉,《역사학보》75 · 76합집, 역사학회, 1977.
이병도,〈震檀學會の創立〉,《青丘學叢》18, 1934.
〈'朝鮮史講座'發刊の辭〉,《朝鮮史講座 要領號》, 朝鮮史學會, 1923.
〈朝鮮史研究の一大中心〉,《朝鮮史學》2, 1926. 2.
〈진단학회창립〉,《진단학보》1호, 1934.
〈창간사〉,《독립신문》, 창간호, 1896. 4. 7.
〈青丘學叢論文著者別索引(自第一號 至第三十號)〉,《青丘學叢》30, 1939. 10.
〈青丘學會の創立〉,《青丘學叢》1, 1930. 8.
〈青丘學會會報〉,《青丘學叢》2, 1930.
〈青丘學會會報 : 青丘學會 委員會 記事〉,《青丘學叢》18, 1934. 11.
〈青丘學會會則〉,《青丘學叢》29, 1937.
〈취지서〉,《사학연구》1호, 한국사학회, 1958.
〈한국사연구회 창립 25주년 기념 좌담회〉,《한국사연구》79호, 한국사연구회, 1992.
〈彙報 : 青丘學會の創立〉,《青丘學叢》1, 1930. 8.
〈彙報 朝鮮學叢書の刊行〉,《青丘學叢》9, 1932. 8.

5. 논설

신남철,〈조선연구의 방법론〉,《청년조선》1권 1호, 1934. 10.
신남철,〈최근 조선연구의 업적과 그 재출발 (1~4) : 조선학은 어떠케 수립할 것인가〉,《동아일보》1934. 1. 1, 2, 5, 7.
안재홍,〈단군론과 은기자말살론〉,《신조선》, 11호, 1935. 6.
안재홍,〈수다(數多)한 미해결의 문제〉,《조선일보》1932. 1. 5.
안재홍,〈조선사 문제〉, 안재홍선집간행위원회 편,《민세안재홍선집 1》, 지식산업사, 1981.

안재홍, 〈한양조 5백 년 총평〉, 《개벽》 71호, 1926.
안재홍, 〈현대사상의 선구자로서의 다산선생 지위 : 국가적 사회민주주의자〉, 《신조선》 12호, 1935. 12.
안재홍선집간행위원회 편, 〈권두에 서함〉, 《민세안재홍선집 3》, 지식산업사, 1992.
안확, 〈조선의 문학〉, 《학지광》 6호, 학지광사, 1915.
안확, 〈조선철학사상개관〉, 《신천지》 11호, 신천지사, 1922.
염석우, 〈서양철학사서론〉, 《학지광》 4호, 학지광사, 1915.
육당학인, 〈동도역서기〉, 《매일신보》, 1916. 12. 5.
이광수, 〈문학이란 하(何)오〉, 《이광수전집 1》, 삼중당, 1962.
이광수, 〈신생활론〉, 《이광수전집 10》, 삼중당, 1962, 329쪽(《매일신보》 1919. 9. 6~1919. 10. 19).
저산, 〈조선과 문화운동 : 권두언에 대함〉, 《신조선》 8호, 1935.
저산, 〈조선학의 문제 : 권두언(卷頭言)에 대(代)함〉, 《신조선》 7호, 1934.
정인보, 〈조선고전해제(13) 이조원충익(李椒園忠翊)의 초원유고(椒園遺藁)〉, 《동아일보》 1931. 3. 30.
地內宏, 〈序〉, 瀨野馬熊, 《瀨野馬熊遺稿》, 1936.
천태산인(天台山人), 〈사관의 비판 : 사학연구의 회고, 전망, 비판(2)〉, 《조선중앙일보》 1936. 1. 4.
천태산인, 〈정인보론 (2 · 3)〉, 《조선중앙일보》 1936. 5. 16, 17.
최남선, 〈조선역사통속강화(1 · 4)〉, 《동명》 3 · 10호, 1922. 9, 10.
최두선, 〈철학이란 하(何)오〉, 《청춘》 11호, 1917.

6. 전집

김태준 : 정해렴 편역, 《김태준 문학사론선집》, 현대실학사, 1997.
內藤虎次郎 : 《內藤湖南全集 14》, 筑摩書房, 1976.
박종홍 : 《박종홍전집 1 초기논고》, 형설출판사, 1980.
백낙준 : 《백낙준 전집 9 회고록 · 종강록》, 연세대학교출판부, 1995.
백남운 : 하일식 옮김, 《백남운전집 4 휘편》, 이론과 실천, 1991.
신남철 : 정종현 엮음, 《신남철 문장선집 1 식민지 시기편》, 성균관대학교출판부, 2013.
신채호 : 단재신채호선생기념사업회 편, 《단재신채호전집 하》(개정판), 형설출판사, 1977.
단재신채호선생기념사업회 편, 《단재신채호전집 별집》(개정판), 형설출판사, 1987.
단재신채호전집편찬위원회 편, 《단재 신채호 전집 3 역사》, 독립기념관 한국독립운동사연구소, 2007.
안재홍 : 고려대학교박물관 편,《민세안재홍선집 6》, 지식산업사, 2005.
언더우드 : 이만열 · 옥성득 편역,《언더우드 자료집 V》, 연세대학교출판부 · 연세대학교 국학연구원, 2010.
이명선 :《이명선전집 1~4》, 보고사, 2007.
이인영 : 김성준 편,《학산이인영전집 1 · 4》, 국학자료원, 1998.
정인보 :《담원 정인보전집 2 · 4》, 연세대학교출판부, 1983.
정양완 옮김,《담원문록 중(中)》, 태학사, 2006.
홍순혁 : 연세학풍사업단 편,《홍순혁 저작집》, 혜안, 2015.

7. 그 밖의 참고자료

〈京鍾警高秘 第11428號 昭和6年9月26日 朝鮮社會事情硏究所檄文郵送ノ件〉
近藤英勇,〈學生勤勞動員の要義〉,《文教の朝鮮》224, 朝鮮教育會, 1944. 7.
신주백 편,《조선총독부교육정책사자료집 1》, 선인, 2002.
오영식 편저,《해방기 간행도서 총목록 1945~1950》, 소명출판, 2009.
《原敬日記》1919. 4. 4, 4. 8.
朝鮮總督府警務局,《最近に於ける朝鮮治安狀況》, 1936. 5.
朝鮮總督府朝鮮史編修會,《朝鮮史編修會事業槪要》, 朝鮮總督府朝鮮史編修會, 1938.
〈조선통치사견(朝鮮統治私見)〉,《사이토 마코토(齊藤實)문서 : 조선총독시대관계자료》13, 고려서림, 1999.
중앙일보사 편,《광복30년중요자료집》, 중앙일보사, 1975.
〈진단학회 육십년약사〉,《진단학회육십년지 : 1934~1994》, 진단학회, 1994.
〈勅令 第218號 朝鮮史編修會官制〉,《朝鮮總督府官報》, 1925. 6. 12.
친일반민족행위진상규명위원회,《친일반민족행위관계사료집 V : 일제의 조선사 편찬사업》, 친일반민족행위진상규명위원회, 2008.
한국학문헌연구소 편,《한국 개화기 교과서 총서 15 : 국사편 5》, 아세아문화사, 1977.

8. 단행본

가타기리 요시오 · 기무라 하지메 외 지음, 이건상 옮김,《일본 교육의 역사 : 사회사적 시각에서》, 논형, 2003.

강동진, 《세계문화사》, 경기문화사, 1958.
경성대학조선사연구회, 《조선사개설》, 홍문서관, 1949.
구장률, 《근대 초기 잡지와 분과학문의 형성》, 케포이북스, 2012.
김성근, 《서양사개론》, 정음사, 1953.
김성근·김성식·고병익·조의설·조좌호, 《세계문화사》, 동국문화사, 1960.
김영하, 《신라중대사회연구》, 일지사, 2007.
김영하, 《한국고대사의 인식과 논리》, 성균관대학교출판부, 2012.
김용섭, 《남북학술원과 과학원의 발달》, 지식산업사, 2005.
김유방, 《문화사개론》, 한성도서, 1948.
니시카와 나가오, 한경구·이목 옮김, 《국경을 넘는 방법》, 일조각, 2006.
류시현, 《최남선 연구 : 제국의 '근대'와 식민지의 '문화'》, 역사비평사, 2009.
문교40년사편찬위원회 편, 《문교40년사》, 문교부, 1988.
민두기 편, 《중국사시대구분론》, 창작과비평사, 1984.
박걸순, 《식민지 시기의 역사학과 역사인식》, 경인문화사, 2004.
방기중, 《한국근현대사상사연구》, 역사비평사, 1992.
서울대학교국사연구회 편찬, 《국사개설》, 홍문서관, 1950.
서울대학교문화사교재편찬위원회, 《세계문화사》, 보문각, 1957.
송두율, 《계몽과 해방》, 당대, 1996.
신영만, 이춘란, 《(개설)세계문화사》, 이대출판부, 1959.
신주백 편, 《한국 근현대 인문학의 제도화 : 1910~1959》, 혜안, 2014.
안자산, 최원식 옮김, 《조선문학사》, 을유문화사, 1984.
애너벨 메이저 니스벳, 한인수 옮김, 《호남 선교 초기 역사(1892~1919)》, 경건, 1998.
에드윈 O. 라이샤워·존 K. 페어뱅크, 전해종·고병익 옮김, 《동양문화사 상·하》, 을유문화사, 1964.
H. G. 웰스, 문일영 옮김, 《현대인 교양선서 33 세계문화소사》, 금성출판사, 1987.
H. G. 웰스, 오장환 옮김, 《세계문화발달사 : 서역편》, 건국사, 1947.
H. G. 웰스, 지명관 옮김, 《세계사상교양전집 12 세계문화소사》, 을유문화사, 1964.
H. G. 웰스, 지명관 옮김, 《웰스의 세계문화사》, 가람기획, 2003.
오영식 편저, 《해방기 간행도서 총목록 1945~1950)》, 소명출판, 2009.
윤사순·이광래, 《우리 사상 100년》, 현암사, 2001.
윤용균, 《윤문학사유고》, 조선인쇄주식회사, 1933.
윤해동, 《근대 역사학의 황혼》, 책과함께, 2010.
윤해동, 《탈식민주의 상상의 역사학으로》, 푸른역사, 2014.
윤해동·이성시 엮음, 《식민주의 역사학과 제국 : 탈식민주의 역사학 연구를 위하여》, 책과함께,

2016.
이기백, 《민족과 역사》, 일조각, 1971.
이기백, 《한국사학의 방향》, 일조각, 1978.
이능식, 《근대사관연구》, 동지사, 1948.
이능식, 《서양문화사》, 동지사, 1947.
이동윤, 《세계문화사》, 대지사, 1955.
이만열, 《한국 근현대 역사학의 흐름》, 푸른역사, 2007.
이만열 · 옥성득 편역, 《언더우드 자료집 V》, 연세대학교출판부, 2010.
이병도, 《국사대관》, 백영사, 1953.
이병도, 《국사와 지도이념》, 일조각, 1953.
이병도, 《조선사대관》, 동지사, 1948.
이병도, 김상기, 《국사상으로 본 우리 지도이념 / 중국고대정치사상》, 국민사상지도원, 1952.
이인영, 《국사요론》, 민교사, 1950.
이지원, 《한국 근대 문화사상사 연구》, 혜안, 2007.
이충우, 《경성제국대학》, 다락원, 1980.
이해남, 《세계문화사》, 서울책사, 1950.
이홍직 · 신석호 · 한우근 · 조좌호, 《국사신강》, 일조각, 1958.
이화여자대학교, 《(개설)세계문화사》, 이대출판부, 1958.
인문과학연구소, 《문화사개론》, 한성도서주식회사, 1952.
임형택 편, 《한국학의 학술사적 전망 2 근현대편》, 소명출판, 2013.
자산 안확, 송강호 역주, 《조선문명사》, 우리역사연구재단, 2015.
자산 안확, 최원식 · 정해염 편역, 《안자산 국학논선집》, 현대실학사, 1996.
정근식 외, 《식민권력과 근대지식 : 경성제국대학 연구》, 서울대학교 출판문화원, 2011.
정용식, 《세계신문화사》, 문화사, 1948.
정재철, 《일제의 대한국식민지교육정책사》, 일지사, 1985.
조규동, 《세계문화사개론》, 대중문화사, 1953.
조규동, 《세계문화사개론》, 박영사, 1955.
조동걸, 《한국현대사학사》, 나남출판, 1998.
조의설, 《문화사》, 연세대학교출판부, 1963.
조의설, 《서양사개설》, 동지사, 1950.
조의설, 《서양사개설》, 장왕사, 1950.
조좌호, 《동양사대관》, 제일문화사, 1955.
조좌호, 《세계문화사》, 제이문화사, 1952.
조좌호 · 홍순창, 《세계문화사대관》, 한국출판사, 1956.

주진오 외, 《고등학교 한국사》, 2014.
주진오 외, 《역사 2》, 천재교육, 2013.
차하순, 《서양사학의 수용과 발전》, 나남, 1988.
채희순, 《동양문화사》, 민중서관, 1948.
채희순, 《동양사개론》, 조양출판부, 1949.
최기영, 《식민지시기 민족지성과 문화운동》, 한울, 2003.
칼 A. 비트포겔, 구종서 옮김, 《동양적전제주의 : 총체적 권력의 비교연구》, 법문사, 1991.
칼 맑스, 〈영국의 인도 지배(1853. 6. 10)〉, 《칼 맑스 프리드리히 엥겔스 저작 선집 2》, 박종철출판사, 1993.
크레인 브린톤 · 죤 B. 크리스토퍼 · 로버트 L. 울프, 양병우 · 민석홍 · 이보형 · 김성근 옮김, 〈역자서언〉, 《세계문화사 상 · 중 · 하》, 을유문화사, 1963.
한영우, 《역사학의 역사》, 지식산업사, 2002.
한우근 · 김철준, 《국사개론》, 명학사, 1954.
현채, 《동국사략》, 보성관, 1906.
홍순창 · 조좌호, 《세계문화사대관》, 한국출판사, 1956.
황의돈, 《중등조선역사》, 홍문원, 1927.

高桑駒吉, 《東洋大歷史》, 寶文館, 1906.
高桑駒吉, 《中等東洋歷史詳解》, 三省堂書店, 1908.
教科教育百年史編集委員會 編, 《原典對譯 美國教育使節團報告書》, 建帛社, 1985.
今西龍 遺著, 《朝鮮史の栞》, 近澤書店, 1935.
吉見俊哉, 《大學とは何か》, 岩波書店, 2011.
吉田悟郎, 《自立と共生の世界史學》, 青木書店, 1990.
稻葉岩吉 · 矢野仁一, 《世界歷史大系 11 朝鮮滿洲史》, 平凡社, 1935.
馬越徹, 한용진 옮김, 《한국 근대대학의 성립과 전개 : 대학 모델의 전파연구》, 교육과학사, 2001.
末松保和, 《新羅史の諸問題》, 東洋文庫, 1954.
末松保和, 《任那興亡史》, 吉川弘文館, 1949.
茅誠司 · 中野好夫 訳, 《世界文化小史》, 平凡社, 1975.
芳賀登, 《(批判)近代日本史學思想史》, 柏書房, 1974.
北川三郎 譯, 《世界文化史大系 3》, 大鐙閣, 1941.
北川三郎 訳, 《世界文化史大系》, 清文堂, 1951.
ウィットフォゲル, 森谷克巳 平野義太郎 譯, 《東洋的社會の理論》, 日本評論社, 1939.
ウィットフォゲル, 平野義太郎 驛, 《解體過程にある支那の經濟と社會》, 中央公論社, 1933.

寺崎昌男, 〈'講座制'の歷史的研究序說 : 日本の境合(1)〉, 《大學論集 1》, 1972.
寺崎昌男, 《東京大學の歷史》, 講談社, 2007.
森谷克巳, 《アジア的生産樣式論》, 育生社, 1937.
森谷克巳, 《支那社会経済史》, 章華社, 1934.
H. G. ウェルズ, 山本政喜 訳, 《文化と技術叢書 7 世界文化小史》, 三笠書房, 1939.
H. G. ウェルズ, 一旗茂助 訳, 《世界文化史概説》, 白揚社, 1928.
H. G. ウェルズ, 長谷部文雄 譯, 《世界文化史概觀》, 岩波書店, 1939.
H. G. ウェルズ, 下田直春 訳, 《世界文化小史》, 角川書店, 1971.
五井直弘, 《近代日本と東洋史学》, 青木書店, 1976.
外務省 編, 《外地法制誌 第9巻 : 日本統治時代の朝鮮》, 1990.
長谷部文雄 譯, 《世界文化史概觀》, 岩波書店, 1939.
秦郁彦, 《旧制高校物語》, 文藝春秋, 2003.
津田左右吉, 白鳥庫吉 監修, 《朝鮮歷史地理 1》, 南滿洲鐵道株式會社, 1913.
天野郁夫, 《大學の誕生 上·下》, 中公新書, 2009.
青柳綱太郎, 《總督政治史論 前篇》, 京城新聞社, 1928.
青柳南冥, 《總督政治史論》, 京城新聞社, 1928.

梁思成, 《世界文化史纲》, 上海商務印書館, 1927.
朱应会, 《世界文化史纲》, 昆仑书店, 1930.
蔡慕晖·蔡希陶, 《世界文化史》, 大江书铺, 1932.
E. R. Boak 외, *World History 1 · 2*, USAFI, 1942.
H. G. Wells, *The outline of history*, London : Cassell, 1920.
H. G. Wells, *A Short History of the World*, New York : The Macmillan company, 1922.
T. Walter Wallbank · Alastair M. Taylor, *Civilization : Past and Present 1 · 2*, Chicago : Scott, Foresman, 1942.

9. 논문

강명숙, 〈대학 인문학의 제도적 기반과 학술 여건〉, 신주백 편, 《한국 근현대 인문학의 제도화 : 1910~1959》, 혜안, 2014.
강명숙, 〈미군정기 고등교육 연구〉, 서울대학교 박사학위논문, 2002.
강명숙, 〈일제시대 제2차 조선교육령 개정 과정 연구〉, 《교육사상연구》 23권 3호, 한국교육사상연구회, 2009.

강선주, 〈미국 대학의 교양 교육과정에서 '서구문명' 강좌의 변천〉, 《역사와 담론》 44호, 호서사학회, 2006.
강성윤, 〈북한의 학문분류체계〉, 《북한연구학회보》 10권 1호, 북한연구학회, 2006.
고병익, 〈중국사회사 : 요대, 위트포오겔 평쟈성(馮家昇) 著〉, 《역사학보》 1집, 역사학회, 1952.
고정휴, 〈태평양문제연구회 조선지회와 조선사정연구회〉, 《역사와 현실》 6호, 한국역사연구회, 1991.
권상선, 〈우리나라 서양사교육의 변천과 배경에 대한 연구〉, 《論文集(師範大學 篇)》 41집, 부산여자대학교, 1996.
권중달, 〈한국 동양사학에 있어서 연구시각의 문제〉, 《한국사학사학보》 7집, 한국사학사학회, 2003.
김도형, 〈근대 한국학의 형성 : '실학'의 전통과 연희전문의 '국학'〉, 《다산과 현대》 8호, 연세대학교 강진다산실학연구원, 2015.
김도형, 〈홍이섭의 현실인식과 역사연구〉, 《동방학지》 130집, 연세대학 국학연구원, 2005.
김동식, 〈한국문학 개념 규정의 역사적 변천에 관하여〉, 《한국현대문학연구》 30집, 한국현대문학회, 2010.
김상기, 〈서(序)〉, 《동방문화교류사논고》, 을유문화사, 1948.
김성근, 〈문화사관의 성찰 : 문화사개념의 광정(匡正)을 위하여〉, 《가난한 편력》, 교육출판사, 1969.
김성근, 〈서언〉, 《서양사개론》, 1955.
김성근 · 김성식 · 고병익 · 조의설 · 조좌호, 〈머리말〉, 《세계문화사》, 동국문화사, 1960.
김성민, 〈조선사편수회의 조직과 운용〉, 《한국민족운동사연구》 3집, 한국민족운동사회회, 1989.
김성보, 〈연희전문학교 학생들의 졸업 이후 사회 진출 기초 연구〉, 연세대학교 국학연구원 편, 《근현대 한국의 지성과 연세》, 혜안, 2016.
김성식, 〈학생과 교양〉, 《역사와 현실》, 민중서관, 1968.
김성은,〈한국 사회과학의 전문화와 대중화〉, 서울대학교 박사학위논문, 2015.
김여칠, 〈개화후기의 국사교과서연구(하)〉, 《논문집》 19집, 서울교육대학, 1986.
김용덕, 〈국사의 기본성격 : 우리 사회의 정체성을 중심으로〉, 《사상계》 1권 7호, 사상계사, 1953.
김용섭, 〈동학난연구론 : 성격문제를 중심으로〉, 《역사교육》 3권, 역사교육연구회, 1958.
김용섭, 〈우리나라 근대 역사학의 발달〉, 이우성 · 강만길 편, 《한국의 역사인식 하》, 창작과 비평사, 1976.
김용섭, 〈일본 · 한국에 있어서의 한국사서술〉, 《역사학보》 31집, 역사학회, 1966.
김용섭, 〈일제관학자들의 한국사관 : 일본인은 한국사를 어떻게 보아 왔는가?〉, 《사상계》 117호, 사상계사, 1963. 2.

김용섭, 〈철종조 민란 발생에 대한 시고〉, 《역사교육》 1권, 역사교육연구회, 1956.
김용섭, 〈최근의 실학연구에 대하여〉, 《역사교육》 6권, 역사교육연구회, 1962.
김유방, 〈소서〉, 《문화사개론》, 한성도서, 1948.
김윤식, 〈초창기의 문학론과 비평의 양상〉, 《근대한국문학연구》, 일지사, 1973.
김재현, 〈한국에서 근대적 학문으로서 철학 형성과 그 특징 : 경성제국대학 철학과를 중심으로〉, 《시대와 철학》 18권 3호, 한국철학사상연구회, 2007.
김정인, 〈책소개 《중등문화사 : 우리 나라의 문화》(오장환 저)〉, 《한국사학사학보》 1집, 한국사학사학회, 2000.
김주현, 〈'사상계' 동양 담론 분석〉, 《현대문학의 연구》 16호, 한국문학연구학회, 2012.
김준엽, 〈아시아사회의 후진성에 관한 일고찰〉, 《사상계》 25호, 사상계사, 1955.
김진한,〈구한말 일제하 장도빈의 활동과 현실인식〉,《동양학》 60호, 단국대학교 동양학연구원, 2015.
김태식, 〈고대 한일관계 연구사 : 임나문제를 중심으로〉, 《한국고대사연구》 27집, 한국고대사학회, 2002.
김학엽, 〈문화사시론〉, 《사상계》 37호, 사상계사, 1956. 8.
김현구, 〈'임나일본부' 연구의 현황과 문제점〉, 《한국사시민강좌》 11집, 일조각, 1992.
김현숙, 〈김찬영연구〉, 《한국근현대미술사학》 6집, 1998.
김현주, 〈《동방학지》와 국학 동방학 연구 : 《동방학지》를 통해 본 한국학 종합학술지의 궤적〉, 《동방학지》 151집, 연세대학교 국학연구원, 2010.
도면회, 〈조선총독부의 문화 정책과 한국사 구성체계〉, 《역사학보》 222집, 역사학회, 2014.
도면회, 〈한국 근대 역사학의 창출과 통사 체계의 확립〉, 《역사와 현실》 70호, 한국역사연구회, 2008.
도면회, 〈한국에서 근대적 역사 개념의 탄생〉, 《한국사학사학회보》 27집, 한국사학사학회, 2013,
도현철, 〈홍순혁의 학술활동과 한국사학〉, 연세학풍사업단·김도형 외, 《해방 후 연세학풍의 전개와 신학문 개척》, 혜안, 2015.
류시현, 〈1920년대 최남선의 '조선학' 연구와 민족성 논의〉, 《역사문제연구》 17호, 역사문제연구소, 2007.
류준필, 〈'논어'경학에서의 '학(學)' 개념과 그 인식 층위 : 조선 주자학자의 '학이시습지(學而時習之)'장(章) 주석을 중심으로〉, 《한국한문학연구》 45집, 한국한문학회, 2010.
문경호, 〈이능식의 생애와 역사연구〉, 《歷史教育》 126집, 역사교육연구회, 2013.
박광현, 〈다카하시 도오루와 경성제대 '조선문학' 강좌 : '조선문학' 연구자로서의 자기동일화 과정을 중심으로〉, 《한국문화》 40집, 서울대학교 규장각한국학연구원, 2007.
박성봉, 〈금서룡의 한국 고사(古史)연구와 그 공과〉, 《한국학》 12집, 중앙대학교출판부, 1976.

박용규, 〈경성제국대학과 지방학으로서의 조선학〉, 민족문학사연구소, 《조선적인 것의 형성과 근대문화담론》, 소명출판, 2007.
박종린, 〈'조선사'의 서술과 역사지식 대중화〉, 《역사문제연구》 31호, 역사문제연구소, 2014.
박찬승, 〈다보하시 기요시(田保橋潔)의 근대한일관계사 연구에 대한 검토〉, 《한국근현대사연구》, 67집, 한국근현대사학회, 2013.
박찬승, 〈한말 신채호의 역사관과 역사학 : 청말 양계초와의 비교를 중심으로〉, 《한국문화》 9호, 서울대학교 한국문화연구소, 1988.
박헌호, 〈근대지식과 근대문학의 교호 양상에 대한 한 고찰: 《신흥》을 중심으로〉, 《외국문학연구》 31호, 한국외국어대학교 외국문학연구소, 2008.
박홍식, 〈일제강점기 '신천지'에 발표된 안확의 〈조선철학사상개관〉에 대한 고찰〉, 《동북아 문화연구》 16집, 동북아시아문화학회, 2008.
배성룡, 〈자료 : 동양사회 근대화 과정의 추이와 제 문제점〉, 《아세아연구》 7권 1호, 고려대학교 아세아문제연구소, 1964.
백영서, 〈'동양사학'의 탄생과 쇠퇴〉, 《한국사학사학보》 11집, 한국사학사학회, 2004.
백영서, 〈중국학의 궤적과 비판적 중국연구 : 한국의 사례〉, 《대동문화연구》 80집, 성균관대학교출판부, 2012.
손진태, 〈서〉, 경성대학조선사연구회 편, 《조선사개설》, 홍문서관, 1949.
손진태, 〈자서〉, 《조선민족사개론 상》, 을유문화사, 1948.
스테판 다나카, 박영재·함동주 옮김, 《일본 동양학의 구조》, 문학과 지성사, 2004(Stefan Tanaka, Japan's Orient: rendering pasts into history, Berkeley: University of California Press, 1993).
신가영, 〈'임나일본부' 연구와 식민주의 역사관〉, 《역사비평》 115호, 역사비평사, 2016.
신석호, 〈석정 채희순 교수〉, 《역사교육》 10권, 역사교육연구회, 1967.
신주백, 〈관점과 태도로서 '내재적 발전'의 분화와 민중적 민족주의 역사학의 등장 : 민중의 재인식과 분단의 발견을 중심으로〉, 《동방학지》 165집, 연세대학교출판부, 2014.
신주백, 〈관점과 태도로서 '내재적 발전'의 형성과 1960년대 동북아시아의 지적 네트워크〉, 《한국사연구》 164호, 한국사연구회, 2014.
신주백, 〈당재건운동〉, 〈최후의 재건운동 조직, 경성꼼그룹〉, 《1930년대 국내 민족운동사》, 선인, 2005.
신주백, 〈대학에서 교양 역사강좌로서 '문화사' 교재의 현황과 역사인식(1945~1960)〉, 《한국근현대사연구》 53집, 한국근현대사학회, 2010.
신주백, 〈民族運動勢力の共和主義·共存意識の變化に關する試論〉, 《世界の日本研究 2002》, 国際日本文化研究センター, 2003.
신주백, 〈일본의 '동화'정책과 지배전략〉, 강만길 외, 《일본과 서구의 식민통치 비교》, 선인,

2004.
신주백, 〈일제의 교육정책과 학생의 근로동원(1943~1945)〉, 《역사교육》 78권, 역사교육연구회, 2001.
신주백, 〈일제의 새로운 식민지 지배방식과 재조일본인 및 '자치'세력의 대응(1919~22) : 3·1운동 직후 '자치'에 대한 논의〉, 《역사와 현실》 39호. 한국역사연구회, 2001.
신주백, 〈'조선학운동'에 관한 연구동향과 새로운 시론적 탐색〉, 《한국민족운동사연구》 67집, 한국민족운동사학회, 2011.
신주백, 〈1945년 한반도에서 일본군의 '본토결전' 준비 : 편제와 병사노무동원을 중심으로〉, 《역사와 현실》 49호, 한국역사연구회, 2003.
신주백, 〈1950년대 한국사 연구의 새로운 경향과 동북아시아에서 지식의 내면적 교류 : 관점과 태도로서 '주체적·내재적 발전'의 태동을 중심으로〉, 《한국사연구》 160호, 한국사연구회, 2013.
신주백, 〈1929~36년 공청재건운동의 전개 및 성격〉, 한국역사연구회 근현대청년운동사 연구반, 《한국근현대청년운동사》, 풀빛, 1995.
신주백, 〈호남의병에 대한 일본 군·헌병·경찰의 탄압작전〉, 《역사교육》 87집, 역사교육연구회, 2003.
심악(心岳), 〈도하각대학순례기((都下各大學巡禮記)) : 문리과대학편〉, 《신천지》 5권 2호, 서울신문사, 1950.2.
심희찬, 〈근대역사학과 식민주의 역사학의 거리 : 이마니시 류가 구축한 조선의 역사상〉, 《한국사학사학보》 28집, 한국사학사학회, 2013.
안재홍, 〈'조선상고사감' 권두에 서함〉, 《조선상고사감 상》, 민우사, 1947.
양정현, 〈근대 개혁기 역사교육의 전개와 역사교재의 구성〉, 서울대학교 박사학위논문, 2001.
오영모, 〈이조의 봉건적 토지 소유 형태 : 전제 전세의 추이 과정〉, 《논문집》 3집, 전북대학교, 1960.
왕현종, 〈연희전문의 한국사 연구와 민족주의사학의 전개〉, 연세대학교 국학연구원 편, 《근대학문의 형성과 연희전문》, 연세대학교출판부, 2005.
위가야, 〈임나강역고〉, 《인문학연구》 30집, 경희대학교 인문학연구원, 2016.
위가야, 〈한사군 한반도설은 식민사학의 산물인가〉, 《역사비평》 114호, 역사비평사, 2016.
윤남한, 〈광복30년 한국 역사학계의 반성과 방향 : 동양사연구의 회고와 과제〉, 《역사학보》 68집, 역사학회, 1975.
윤덕영, 〈1920년대 중반 민족주의 세력의 정세인식과 합법적 정치운동의 전망 : 동아일보 주도 세력을 중심으로〉, 《한국근현대사연구》 53집, 한국근현대사학회, 2010.
윤선태, 〈'통일신라'의 발명과 근대역사학의 성립〉, 《신라문화》 29집, 동국대학교 신라문화연구소, 2007.

윤용균, 〈書評 朝鮮語文硏究 延禧專門學校文科硏究室〉, 《靑丘學叢》 3, 1931. 2.
이계형, 〈대한제국기 통감부의 식민교육정책 연구〉, 국민대학교 박사학위논문, 2008.
이근우, 〈일본학계의 한국고대사 연구동향 : '임나' 문제 인식을 중심으로〉, 《지역과 역사》 13호, 부경역사연구소, 2003.
이기백, 〈근대 한국사학의 발전〉, 《한국사학의 방향》, 일조각, 1978.
이기백, 〈서론〉, 《국사신론》, 태성사, 1961.
이동원, 〈한국경제의 후진국적 특질과 국제적 위치〉, 《부산상대학보》 4권 2호, 부산대학교 상과대학, 1958.
이동윤, 〈서문〉, 《동양사요론》, 장왕사, 1959.
이방환, 〈한국봉건사회의 정체성연구 : 고려시대의 생산구조분석〉, 《논문집》 2집, 전북대학교, 1958.
이방환, 〈한국의 고대사회와 봉건제에 대한 소고〉, 《논문집》 3집, 전북대학교, 1960.
이병도, 〈삼한문제의 신고찰(6) : 진국급삼한고(辰國及三韓考)〉, 《진단학보》 7호, 1937.
이병도, 〈삼한문제의 신고찰(7) : 진국급삼한고〉, 《진단학보》 8호, 1937.
이상린, 〈일제강점기 잡지를 통해 본 당시 동양철학의 현황〉, 《동북아문화연구》 16집, 동북아시아문화학회, 2008.
이상현, 〈한국 서양사학(1945~1990)의 반성〉, 《한국사학사학보》 5집, 한국사학사학회, 2002.
이성시, 〈구로이타 가쓰미(黑板勝美)의 역사학 연구와 식민주의〉, 윤해동·이성시 엮음, 《식민주의 역사학과 제국》, 책과함께, 2016.
이영화, 〈북한 역사학의 학문체계와 연구동향〉, 《한국사학사학보》 15집, 한국사학사학회, 2007.
이영화, 〈일제시기 단군을 둘러싼 한일간의 공방〉, 《한국사학사학보》 22호, 한국사학사학회, 2010.
이예안, 〈대한제국기 "유신(維新)"의 정치학 : 개념의 치환과 《일본유신 30년사》〉, 《개념과 소통》 14호, 한림과학원, 2014.
이인영, 〈새로운 역사학의 과제〉, 김성준 편, 《학산이인영전집 4》, 국학자료원, 1998.
이정빈, 〈식민주의 사학의 한국고대사 연구에 대한 최근의 비판적 검토〉, 《역사와 현실》 83호, 한국역사연구회, 2012.
이준식, 〈일제 강점기의 대학 제도와 학문 체계 : 경성제대의 '조선어문학과'를 중심으로〉, 《사회와 역사》 61집, 한국사회사학회, 2002.
이진경, 〈근대 계몽기 《대한매일신보》에서 근대적 역사 개념의 탄생〉, 《사회와 역사》 74호, 한국사회사학회, 2007.
이진한, 〈민세 안재홍의 조선사 연구와 신민족주의론〉, 《한국사학보》 20호, 고려사학회, 2005.
이태훈, 〈일제하 신남철의 보편주의적 역사인식과 지식인 사회 비판〉, 연세대학교 역사문화학과 BK21플러스 사업팀, 《식민지 조선의 근대학문과 조선학연구》, 선인, 2015.
이행훈, 〈신구(新舊) 관념의 교차와 전통 지식 체계의 변용〉, 《한국철학논집》 32집, 한국철학사연구회, 2011.
이행훈, 〈학문 개념의 근대적 변환 : '격치(格致)' '궁리(窮理)' 개념을 중심으로〉, 《동양고전연구》 37집, 동양고전학회, 2009.
이헌창, 〈조선 후기 자본주의 맹아론과 그 대안〉, 《한국사학사학보》 17집, 한국사학사학회, 2008.
이홍직, 〈후진성 극복의 길〉, 《독사여적(讀史餘滴)》, 일조각, 1960.
임영정, 〈동국사학 60년의 성과〉, 《동국사학》 42집, 동국사학회, 2006.
임형택, 〈국학의 성립과정과 실학에 대한 인식〉, 《실시구시의 한국학》, 창작과비평사, 2000.
장신, 〈경성제국대학 사학과의 자장(磁場)〉, 《역사문제연구》 26호, 역사문제연구소, 2011.
장신, 〈조선총독부 학무국 편집과의 교과서 편찬〉, 《역사문제연구》 16, 역사문제연구소, 2006.
전윤선, 〈1930년대 '조선학' 진흥운동 연구 : 방법론의 모색과 민족문제 인식을 중심으로〉, 연세대학교 대학원 사학과 석사학위논문, 1999.
정덕기, 〈위당 정인보의 실학인식과 학문주체론〉, 연세대학교 역사문화학과 BK21플러스 사업팀 편, 《식민지 조선의 근대학문과 조선학연구》, 선인, 2015.
정병준, 〈식민지 관제 역사학과 근대 학문으로서의 한국 역사학의 태동〉, 《사회와 역사》 110호, 한국사회사학회, 2016.
정상우, 〈조선총독부의 '조선사' 편찬 사업〉, 서울대학교 박사학위논문, 2011.
정선이, 〈연희전문 문과의 교육〉, 연세대학교 국학연구원 편, 《근대학문의 형성과 연희전문》, 연세대학교출판부, 2005.
정재철, 〈일제하의 고등교육〉, 《한국교육문제연구논문집》 5호, 중앙대학교 한국교육문제연구소, 1989.
정준영, 〈1910년대 조선총독부의 식민지교육정책과 미션스쿨 : 중고등교육의 경우〉, 《사회와 역사》 72호, 한국사회사학회, 2006.
정준영, 〈경성제국대학과 식민지 헤게모니〉, 서울대학교 박사학위논문, 2009.
정준영, 〈식민지 제국대학의 존재방식〉, 《역사문제연구》 26호, 역사문제연구소, 2011.
정해성 · 여지숙, 〈일제강점기 한국 대학 및 전문학교 도서관 현황 연구〉, 《한국도서관.정보학회지》 38권 3호, 한국도서관 · 정보학회, 2007.
정호훈, 〈홍이섭의 실학연구〉, 《동방학지》 130집, 연세대학교 국학연구원, 2005.
조광, 〈개항기 및 식민지시대 실학연구의 특징〉, 《한국실학연구》 7호, 한국실학학회, 2004.
조동세, 〈이조사회(李朝社會)에 있어서 생산력 정체성의 제요인분석〉, 《논문집》 2집, 청주대학교, 1958. 12.
조윤제, 〈書評 朝鮮漢文學史〉, 《靑丘學叢》 7, 1932.

조인성, 〈이병도의 한국고대사 연구 : 한사군·삼한의 역사지리 연구를 중심으로〉, 《한국고대사 연구》, 55집, 한국고대사학회, 2009.
조인성, 〈이병도의 한국고대사 연구와 식민주의사학의 문제 : 《한국고대사 연구》를 중심으로〉, 《韓國史硏究》 144호, 한국사연구회, 2009.
조좌호, 〈개정판을 내면서〉, 《개정 세계문화사》, 제일문화사, 1959.
조좌호, 〈해원 황의돈 선생님을 추모하면서〉, 《동국사학》 8집, 동국사학회, 1965.
채희순, 〈서설〉, 《동양사개론》, 조양사출판부, 1949.
채희순, 〈서언〉, 《동양문화사》, 민중서관, 1948.
채희순, 〈서언〉, 《세계문화사》, 조양사출판부, 1949.
천관우, 〈'조선사', 기전외(旗田巍) 저 〈서평〉〉, 《역사학보》 1집, 역사학회, 1952.
천관우, 〈반계 유형원 연구 하 : 실학발생에서 본 이조사회의 일단면(一斷面)〉, 《역사학보》 3집, 역사학회, 1953.
최기숙, 〈1950년대 대학생의 인문적 소양과 교양 '지(知)'의 형성 : 1953~1960년간 〈연희춘추/연세춘추〉를 중심으로〉, 《현대문학의 연구》 42호, 한국문학연구학회, 2010.
최기영, 〈권덕규의 생애와 저술〉, 《애산학보》 42호, 애산학회, 2016.
최석영, 〈일제의 조선고적조사 및 발굴 사업 : 1910년대~1940년대〉, 《일제의 조선 연구와 식민지적 지식 생산》, 민속원, 2012.
최용준, 〈옮긴이의 말 : 과학의 상상력으로 문학을 하다 : SF의 거인, 웰스〉, 《세계문학 단편선 6 : 허버트 조지 웰스》, 현대문학, 2014.
최용찬, 〈한국 서양사학의 선구자 조의설(趙義卨)의 역사관〉, 《한국사학사학보》 17집, 한국사학사학회, 2008.
최재석, 〈금서룡의 한국고대사론 비판〉, 《한국학보》 13권 1호, 일지사, 1987.
최재석, 〈스에마쓰 야스카즈(末松保和)의 신라상고사론 비판〉, 《한국학보》 12권 2호, 일지사,, 1986.
최재석, 〈스에마쓰 야스카즈의 일본상대사론 비판〉, 《한국학보》 14권 4호, 일지사, 1988.
최혜주, 〈오다 쇼고(小田省吾)의 교과서 편찬활동과 조선사 인식〉, 《동북아역사논총》 27호, 동북아역사재단, 2010.
최호진, 《근대한국경제사연구 : 이조 말엽에 있어서의 생산력 연구》, 동국문화사, 1956.
최호진, 《근대한국경제사연구》, 동국문화사, 1958.
칼 A. 비트포겔, 구종서 옮김, 《동양적전제주의 : 총체적 권력의 비교연구》, 법문사, 1991.
칼 맑스, 〈영국의 인도 지배(1853. 6. 10)〉, 《칼 맑스 프리드리히 엥겔스 저작 선집 2》, 박종철출판사, 1993.
크레인 브린톤·죤 B.크리스토퍼·로버트 L. 울프, 양병우·민석홍·이보형·김성근 공역, 〈역자 서언〉, 《세계문화사 상·중·하》, 을유문화사, 1963.

하야시 다이스케, 편무진·김현욱·이태훈 옮김, 〈제1편 총설〉, 《조선사 번역·해제》, 인문사, 2015.
한영우, 〈한국학의 개념과 분야〉, 《한국학연구》 1집, 단국대학교 한국학연구소, 1994.
한응수, 〈'매조군(賣祖群)' 두상(頭上)에 일봉(一棒)〉, 《비판》 25, 1935.
허재영, 〈지식 수용의 차원에서 본 《황성신문》 〈일본유신30년사〉 역술(譯述) 과정과 그 의미 : '학술사상사'과 '교육적' 측면의 지식 수용을 중심으로〉, 《한민족어문학》, 70호, 한민족어문학회, 2015.
홍성찬, 〈최호진의 경제사 연구와 저술의 사회사 : 1940~1960년대〉, 《동방학지》 154집, 연세대학교 국학연구원, 2011.
홍순혁, 〈해방 후 국사학계의 동향〉, 《신천지》 5권 6호, 신천지사, 1950.
홍이섭, 〈한국식민지 시대사의 이해방법〉, 《동방학지》 7집, 연세대학교 국학연구원, 1963.
황종연, 〈문학이라는 역어(譯語) : 〈문학이란 하(何)오〉 혹은 한국 근대 문학론의 성립에 관한 고찰〉, 《동악어문논집(東岳語文論集)》 32집, 동악어문학회, 1997.

姜在彦, 〈朝鮮における封建體制の解體と農民戰爭(1) : 甲午農民戰爭に関する若干の問題〉, 《歷史學研究》 173, 歴史学研究会, 1954.
高橋亨, 〈序言〉, 《朝鮮思想史大系 1 : 李朝 佛教》, 大阪寶文館, 1929.
旗田巍 외 4인, 〈對談 刊行にあたって〉, 《朝鮮學事始め》, 青丘文化社, 1997.
旗田巍, 〈日本における朝鮮史研究の傳統〉, 《日本人の歷史觀》, 勁草書房, 1969.
礪波護, 〈內藤湖南(東洋史學)〉, 礪波護·藤井讓治 編, 《京大東洋學の百年》, 京都大學學術出版會, 2002.
末松保和, 〈書評 朝鮮社會經濟史〉, 《青丘學叢》 14, 1933. 11.
朴慶植, 〈開國と甲午農民戰爭〉, 《歷史學研究》 特集號, 青木書店, 1953.
朴慶植, 〈海外動向 : 1955~56年における朝鮮歷史學界の動向〉, 《歷史學研究》 207, 青木書店, 1957.
白鳥庫吉, 〈高桑駒吉著 《參考東洋大歷史》 序〉, 《白鳥庫吉全集 10 : 雜纂》, 岩波書店, 1971.
福田德三, 〈韓國の經濟組織と經濟單位〉, 《內外論叢》, 寶文館, 1903. 9~1904. 11.
ウィットフォゲル, 森谷克巳·平野義太郎 譯, 《東洋的社會の理論》, 日本評論社, 1939.
寺崎昌男, 〈'講座制'の歷史的研究序說 : 日本の境合(1)〉, 《大學論集》 1, 1973.
山口正之, 〈書評 朝鮮新教史〉, 《青丘學叢》 7, 1932. 2.
山本政喜, 〈ウェルズと東洋〉, 《文化と技術叢書 月報》 2, 三笠書房, 1939. 2.
船田享二 編, 〈後記 朝鮮經濟研究所に就いて〉, 《京城帝國大學 法文學會 第一部論集 第2册 朝鮮經濟の研究(1)》, 刀江書院, 1929.
小田省五, 〈總序〉, 《朝鮮史大系 1 : 上世史》, 朝鮮史學會, 1927.

松田利彦, 〈京城帝國大學の創設〉, 《帝國日本と植民地大學》, ゆまに書房, 2014.
이타가키 류타(板垣竜太), 〈월북학자 김수경 언어학의 국제성과 민족성〉, 신주백 편, 《한국 근현대 인문학의 제도화 : 1910~1959》, 혜안, 2014.
田中正俊, 〈中國歷史學界における'資本主義の萌芽'研究〉, 鈴木俊·西嶋定生 編, 《中國史の時代區分》, 東京大學出版會, 1957.
土持法一, 〈新制大學における'一般教育'の導入と展開の過程〉, 教育史学会機関誌編集委員会 編, 《日本の教育史学 : 教育史学会紀要》 40, 1997.
板垣竜太, 〈學金壽卿の朝鮮語研究と日本 : 植民地'解放'越北〉, 同志社大学人文科学研究所 編, 《社會科學》 102, 2014.

찾아보기

일반

ㄱ

ㄴ

ㄷ

ㅇ

ㅈ

ㅊ

ㅌ

ㅎ

인명

ㄱ

ㅈ

ㅊ

ㅋ·ㅍ·ㅎ

한국 역사학의 기원

근현대 역사학의 제도·주체·인식은 어떻게 탄생했는가

지은이 | 신주백

1판 1쇄 발행일 2016년 10월 31일

발행인 | 김학원
경영인 | 이상용
편집주간 | 김민기 위원석 황서현
기획 | 문성환 박상경 임은선 김보희 최윤영 조은화 전두현 최인영 이혜인 이보람
디자인 | 김태형 유주현 구현석 박인규
마케팅 | 이한주 김창규 이정인 함근아
저자 독자 서비스 | 조다영 윤경희 이현주(humanist@humanistbooks.com)
스캔 출력 | 이희수 com.
조판 | 홍영사
용지 | 화인페이퍼
인쇄 | 청아문화사
제본 | 정민문화사

발행처 | (주)휴머니스트 출판그룹
출판등록 | 제313-2007-000007호(2007년 1월 5일)
주소 | (03991) 서울시 마포구 동교로23길 76(연남동)
전화 | 02-335-4422 팩스 | 02-334-3427
홈페이지 | www.humanistbooks.com

ISBN 978-89-5862-903-0 93910

이 도서의 국립중앙도서관 출판예정도서목록(CIP)은 서지정보유통지원시스템 홈페이지(http://seoji.nl.go.kr)와 국가자료공동목록시스템(http://www.nl.go.kr/kolisnet)에서 이용하실 수 있습니다.(CIP제어번호: CIP2016025570)

만든 사람들
편집주간 | 황서현
기획 | 최인영(iy2001@humanistbooks.com) 엄귀영
편집 | 조건형
디자인 | 김태형 박인규